새로운 사회를 여는 희망의 조건

새사연 신서 ③

새로운 사회를 여는 희망의 조건

지은이 ㅣ 새로운 사회를 여는 연구원
펴낸이 ㅣ 김성실
편집주간 ㅣ 김이수
편집기획 ㅣ 박남주 · 천경호
마케팅 ㅣ 이동준 · 이준경 · 강지연 · 이유진
편집디자인 ㅣ 하람 커뮤니케이션(02-322-5405)
인쇄 ㅣ 중앙 P&L(주)
제본 ㅣ 대흥제책
펴낸곳 ㅣ 시대의창
출판등록 ㅣ 제10-1756호(1999. 5. 11)

초판 1쇄 발행 ㅣ 2008년 3월 10일
초판 2쇄 발행 ㅣ 2008년 4월 11일

주소 ㅣ 121-816 서울시 마포구 동교동 113-81 (4층)
전화 ㅣ 편집부 (02) 335-6125, 영업부 (02) 335-6121
팩스 ㅣ (02) 325-5607
책임편집 ㅣ skawn@chol.com

ISBN 978-89-5940-095-9 (03320)
값 16,000 원

새로운 사회를 여는 희망의 조건

상위 10%만을 위한 시장국가에서 하위 90%는 어떻게 살아야 할까!?

새로운사회를여는연구원 지음

시대의창

더는 희망을 찾지 않는 까닭

새로운 사회. 아직 오지 않은 그 사회는 그림을 그리는 것만으로는 결코 오지 않는다. 아니, 올 수 없다. 누군가 그림을 현실로 만들어야 한다. 〈새로운사회를여는연구원(새사연)〉이 세 번째 연구신서로 새로운 사회를 열어갈 사람들, 주체를 분석한 까닭이다. 우리는 앞서 생산해낸 연구물에서 새로운 사회의 상상력과 그것의 현실 가능성을 짚어보았다. 이어서 무엇을 연구과제로 설정할까를 놓고 논의했을 때, 우리의 답은 명쾌했다.

주체. 새로운 사회를 열 주체의 문제를 짚어보자는 데 연구원 상근자 누구도 이의가 없었다. 새로운 사회를 여는 상상력에서 '상상력'을 누가 떼어버릴 것인가, 누가 새로운 사회를 현실로 만들어갈 것인가의 문제는 우리 연구의 고갱이일 수밖에 없다. 그렇다. 주체야말로 새로운 사회를 여는 '희망의 조건'이 아닌가.

하지만 그 연구과제 앞에서 우리는 겸손하기로 했다. 찬찬히 접근해가기로 했다. 주체가 될 사람들의 현실을 냉철히 분석하는 것으로 출발한 까닭이다. 기실 정확한 현실인식이야말로 모든 문제 해결의 지름길 아닌가. 우리가 '이명박 시대'를 맞고 있기에 더욱 그렇다.

새사연은 새로운 사회를 연구하고 실천하는 꿈을 갖고 있다. 우리가 구체적 삶을 통해 실현할 수 있는 새로운 사회의 그림을 제시하고 그것을 현실화할 정책을 새사연은 벅벅이 생산해낼 터다.

흔히 이론과 실천을 별개의 문제로 여기기 십상이다. 하지만 우리는 이론과 실천이 결코 둘이 아니라고 판단한다. 새로운 사회를 일궈낼 주체에 대한 연구는 구체적 정책연구와 결코 분리될 수 없다.

이 책은 노동자와 농민, 영세자영업인과 청년학생들의 '오늘'을 다루고 있다. 그들은 새로운 사회를 구현해나갈 주체들이자 우리가 만나고 싶은 이 책의 독자들이다. 지금 이 순간도 한국의 경제사회를 책임지고 있는 생활인들, 노동자들, 농민, 영세자영업인들, 청년학생들이 이 책을 계기로 새로운 사회의 꿈을 더불어 꾼다면 더 바랄 게 없다.

이 책의 문제의식을 비롯한 새로운 사회의 정책과 실천에 대한 연구는 앞으로도 진보적 생활인의 정책마당인 〈이스트플랫폼〉과 연구신서, 지식캠프 시리즈 출판을 통해 공유해갈 것임을 독자께 약속드린다. 우리는 어디선가 희망을 찾을 생각이 더는 없다. 희망을 더불어 만들고 싶을 뿐이다.

새사연 원장실에서 원장 **손 석 춘**

진보적 대안은 오늘을 살아가는
나의 동료와 이웃에게서 나온다

2008년, 이명박 정부 5년이 시작되었다. 명실상부한 신자유주의 보수권력, 공공연한 '친기업적'인 정부가 들어서게 된 것이다. 친기업적이라고는 하지만 다수 중소기업 친화적 정부이기보다는 일부 대기업 친화적 정부일 가능성이 높다.

이로써 과거 참여정부와 같은 어설픈 개혁정부, '좌파 신자유주의' 정부에 이어서 진짜 신자유주의 정부, 전형적인 대자본의 이익을 위한 정부가 들어서게 된 것이다. 이미 재벌과 대기업의 목소리가 커지고 있고 한나라당과 보수세력의 거침없는 행보가 이어지고 있다. 반면 사회양극화 해소와 고용안정을 주장하는 진보의 목소리는 잦아들고 있고 규제완화, 개방화, 자유화, 금융화에 비판적인 사회세력은 극도로 위축되고 있다. 진보는 보수와 최소한의 균형이라도 이룰 힘마저 잃고 있고 한국의 미래는 보수의 손에 달려 있는 것처럼 보인다.

그런데 오늘의 세계는 보수화의 외길로 접어든 한국과는 다른 국면으로 치닫고 있다. 이명박 정부를 탄생시킨 한국의 보수세력이 '글로벌 스탠더드'라고 추앙해 마지않던 미국식 모델은 현재 예측하기도 어려운 혼란과 추락 행진을 시작하고 있는 중이다.

미래 핵심 산업으로 부상하던 미국 금융 시스템의 첨단화는 주택경기 거품과 서브프라임 모기지론 부실이 도화선이 되어 금융 불안정성을 폭발시키더니 급기야 실물경제로 전이되고 있다. 금융자산 위험을 분산시키기 위해 고안된 최신의 첨단 금융기법은 위험을 분산시킨 것이 아니라 끝이 어딘지도 모르게 위험을 전파시키고 확장시켰다.

세계화의 이름으로 자유화·개방화된 세계는 자본 이동의 자유화·세계화와 함께 위험과 불안의 세계화, 오류와 실패의 세계화를 촉진시키고 있는 중이다. 이것이 한때 '신경제'라는 용어가 나올 정도로 고속성장을 구가하던 미국 경제의 오늘이며, 한국의 보수세력에게 우리 사회 미래의 표준이자 시금석인 미국 모델의 현재형이다.

새사연이 독자들에게 내놓은 세 번째 신서인 이 책은, 진정 세계화 시대에 우리 국민이 어디서 미래의 희망을 발견할 것이며, 누가 그 희망을 현실로 만들어갈 것인지 하는 물음에 답하고자 쓰였다. 글로벌 시대의 대안은 역설적으로 세계 속에서가 아닌 우리 국민의 구체적이고 생동하는 삶과 생활 안에 잠재해 있다는 것이 새사연의 대답이다. 150만 대기업 노동자와 1300만 중소기업 노동자, 860만 비정규직 노동자를 아우르는 1500만 노동자에게서, 300만 농민과 300만 대학생, 그리고 600만 도시 자영업인들에게서, 나아가 30만 중소기업인들의 사회적 처지와 삶 속에서 우리 국민이 살아가야 할 미래를 발견해 보고자 했다.

이 책을 통해, 우리 사회는 1997년 외환위기를 분기점으로 하여 신자유주의화와 사회적 양극화가 심각한 수준으로 진행되었고 극소수의 양극화 수혜자와 90퍼센트 이상의 압도적 다수의 양극화 피해자로 사회가 양분되었음을 파악할 수 있었다.

중요한 것은 대한민국 90퍼센트 국민이 서로의 차이점을 인정하면서도 신자유주의를 넘어설 미래의 대안을 만들어나가는 주체로서 자각하고 공감하고 실천하는 것이다. 사실 우리 사회에서 신자유주의 양극화의 극복은 나와 내 주위의 동료들, 이웃들에게 달려 있는 것이지 학자들의 기상천외한 정책 모델 개발이나 대단한 지도자의 출현에 있는 것이 아니다. 그런 점에서 이 책은 독자들 자신과 독자들의 가족, 그리고 우리의 이웃들이 살고 있는 오늘과 내일에 관한 이야기이기도 하며 대한민국 90퍼센트의 생활보고서이자 희망보고서이기도 하다.

또 이 책은 그동안 적지 않게 과거의 도그마나 추상적인 이론에 머물렀던 진보세력에 대한 일정한 문제 제기를 담고 있다. 그동안 진보는 빠른 속도로 변해가는 우리 국민의 삶과 생활에 대해 애정과 긴장감을 가지고 성실하게 천착하지 못한 것이 사실이다. 그 결과 한국 사회의 계급계층 분석에 대한 의미 있는 연구결과가 현재 거의 전무하다시피 한 실정이다. 이 책은 21세기 한국의 계급계층에 대한 실사적 분석을 시도한 것이며 동시에 이 분야에 대한 활발한 후속 연구가 계속 필요하다는 문제 제기를 하고 있다.

아울러 그간 '진보의 대안 부재'를 소리 높여 주장해왔던 진보세력에게 이제는 '대안 모델론'의 범주를 벗어나서 '대안주체론'으로 관심의 지평을 확장해야 한다는 문제 제기를 하려는 것이다. 진보의 대안이론이 강단적 논의 틀을 벗어나서 구체적인 실천과 결합된 진정한 사회과학이 되려는 그 지점에 실천주체가 있기 때문이다.

새사연의 전작들과 마찬가지로 이번 책 역시 진보적 생활인과 함께 읽기 위하여 기획된 것이지 복잡한 학술 논쟁을 하고자 한 것이 아니다. 성실하게 오늘을 살아가는 직장인, 생활인들이 읽고 우리 사회를 변화시킬 동력을 우리 자신에게서 찾아야 한다는 주장에 공감할 수 있기를 기대한다.

또 이 책에 명기된 저자들은 단지 대표 집필자들일 뿐이며 모든 내용은 새사연 구성원들의 집합적인 의견과 토론의 산물이다. 그런 점에서 새사연의 주인인 100명의 운영위원과 온라인 회원들의 성원과 참여가 없었다면 이 책은 물론 새사연이 존재할 수 없다.

끝으로 이 책의 초고를 검토해주신 김호균 교수를 비롯하여 이회수, 정재욱, 민경우 운영위원에게 감사의 뜻을 전한다. 아울러 원고를 정리하고 다듬어준 정희용 새사연 미디어 센터장과 윤찬영 팀장, 이수연 씨, 그리고 새사연의 보잘것없는 연구결과를 늘 멋진 책으로 엮어주는 박남주 과장을 비롯한 시대의창 식구들에게 진심으로 감사드린다.

새사연 연구센터장 **김 병 권**

CONTENTS

PART 01

달라진 한국 경제의 지배구조와 산업구조

누가 새로운 사회를 만들 것인가

김병권 | 새사연 연구센터장

1. 1987년과 2007년 사이
2. 사회 변화의 동력은 사라졌을까
3. 달라진 한국 사회의 정치경제구조
4. 우리 국민은 어떻게 살고 있나

1

—

1987년과 2007년 사이

2007년은 6월 항쟁 20주년이 되는 해이자 7, 8, 9월 노동자 대투쟁이 발생한 지 20년이 되는 해였다. 지난 20년 동안 무엇이 달라졌나?

외형으로 보면 군부독재는 퇴진했고 민선정부와 '개혁정부'가 연이어 들어선 지 15년이 된다. 이를 두고 절차적 민주주의가 정착되었다는 평가도 나오고 있다.[1] 국가가 주도하여 차관을 들여오고 저임금 노동력을 공급하며 산업정책을 주도하여 중화학공업을 일으켰던 80년대식 경제구조도 지금은 더 이상 찾아보기 어렵다.

현재 우리 경제구조는 국가주도형 경제에서 신자유주의라고 표현되는 자본주도형 경제로 전환되었고 시장지상주의가 보편화되었다. 기술집약적 산업도, 지식기반 첨단산업도 거대 금융자본이 자본시장을 매개로 하여 주도하고 있다. 노동시장도 자본의 자유로운 운동에 적합하도록 '유연화'될 만큼 되었다.

권력은 이미 시장으로 넘어갔고 이러한 자본운동에 적응하는 과
정에서 국민들 중 소수만이 치열한 경쟁에서 살아남고 대부분은 비
정규직으로, 임시직으로 밀려났다. 이를 양극화 현상이라고 부르기
시작한 것도 이미 오랜 일이다.

◆ 외환위기가 불러온 한국 사회의 근본 변화

이러한 상황이 6월 항쟁과 7, 8, 9월 노동자 대투쟁을 통해 국민들
이 만들고자 했던 상황일까? 이에 대답하기 전에 우리는, 1987년 이
후 지난 20년간 한국 사회의 최대 국난이었으며 국민의 생활양식과
삶의 구조를 통째로 뒤바꿔버린 외환위기가 존재한다는 사실을 기
억해야 한다.

이 외환위기는 2001년 부채상환으로 IMF 졸업을 선언했다고 해
서, 현재 외환 보유고가 2600억 달러를 넘어섰다고 해서 종료되는
그런 성질의 것이 아니다. 외환위기는 단지 '외환지불 능력' 문제에
국한된 것이 아니라 한국 사회의 구조 변화, 즉 87년 체제[2]와 전혀 다
른 '97년 체제'를 심어놓았다. 이제 87년 체제의 특성은 외환위기를
거치면서 우리 사회에서 부차적이고 비본질적인 영향력만 남아 있다.

1987년 이후 문민정부에서 국민의 정부를 거쳐 참여정부에 이르
기까지 확실히 정치권력의 특권적 성격은 완화되었다. 그렇다고 그
만큼의 권력이 국민에게 돌아간 것도 아니었다. 1997년 외환위기는
정치가 내놓은 권력의 대부분을 시장으로, 외국 금융자본과 재벌 대
기업이 상징하는 경제권력으로 집중시켰고 87년 체제를 통해서 민

주주의의 이익을 얻을 것이라는 국민의 기대를 흔적도 없이 날려버렸다. 97년 체제는 경제체제일 뿐 아니라 정치를 잠식한 정치사회 체제다. 그런 점에서 사실상 87년 체제는 97년 체제로 교체되었다.

이제 국민들에게 아무런 공감도 실감도 주지 못하는, 명분만 남은 87년 체제를 이야기하는 것은 부질없다. 경제적으로도 정치적으로도 이제 한국 사회는 명백히 97년 체제다. 때문에 현재 한국 민주주의의 일차적 과제는 '87년 체제의 질적 발전'이 아니라 '97년 체제의 혁파'에 있다.

97년 체제로 전변된 한국을 '기업사회'로 부른 김동춘 교수는 "지배의 성격이 바뀌었으므로 물리적인 처벌은 없지만 사회경제적인 두려움은 훨씬 더 심하다. …… 기업사회에서의 처벌은 사유화된 한국통신 KT에서 나타나듯이 구금, 체포, 고문, 학살이 아니라 명예퇴직 강요, 분사, 비정규직화, 해고, 비연고지 근무 요구 등이다. 그리고 그것은 처벌이 아니라 기업경영 합리화라는 아름다운 이름으로 포장되어 있다. …… 기업사회의 소외와 차별, 억압은 사회적으로 주변화, 개인화되며 탈락자들은 그 책임을 자신에게 돌린다는 점에서 정치적 차별보다 더 무섭다"[3]고 실감나게 표현하고 있다.

이처럼 6월 항쟁과 7, 8, 9월 노동자 대투쟁을 겪으면서 우리 국민이 희망했던 새로운 사회는 20년이 지난 지금도 여전히 현재형이 아닌 미래형에 머물고 있으며 오히려 97년 외환위기로 국민의 삶과 처지는 뒷걸음질하고 있다.

그렇다면 지난 20년 동안, 특히 외환위기를 지나오면서 우리 국민의 삶과 처지는 어떻게 달라졌는가? 다시 우리 사회의 시계바늘을 20년 전으로 돌려 6월 항쟁의 시대, 노동자 대투쟁의 시대인 1980년대로 돌아가보자.

1980년대 한국의 산업은 섬유산업과 같은 노동집약적인 산업이 기초를 이루는 가운데 일부 자동차, 가전, 금속산업이 선도하는 구조였다. 노동운동은 1985년 공단지역 섬유 노동자들의 연대파업인 구로동맹파업과 부평 대우자동차 파업으로 상징되는 제조업 생산직 노동자들의 운동으로 대표되었고 1987년 노동자 대투쟁으로 폭발하였다. 저임금체제를 유지하려고 한 군부독재 정권은 노동운동 자체를 금지했고, 노동운동은 독재정권의 탄압에 대항하는 전투적인 투쟁으로 발전하였다.

그러나 1990년대 중반 이후 노동집약적인 전통 주력산업은 빠르게 축소되었고 대신 기술집약적인 반도체와 정보통신산업이 확장되어갔다. 또 신자유주의가 이식되면서 공단과 공장 단위 중심의 정규직 노동자들은 감소했고 비정규직이 절반을 넘는 비중으로 늘어났다. 이제 직장인 10명 중 8명은 다니고 있는 직장을 더 이상 평생직장으로 생각하지 않는다.[4] 정치권력은 약화되었지만 시장권력, 정확히 말하면 자본시장을 매개로 한 거대 금융자본 권력은 막강해졌다.

이런 상황에서 노동자들은 전체 노동자의 공통된 이익을 찾지 못하고 각자의 처지와 조건에 따라 분열되어갔다. 이는 제조업 생산직

노동자에게만 해당되는 것이 아니라 IT나 금융, 심지어 공무원에게
까지 파급되었다. 이런 가운데 임금의 극단적인 양극화는 물론이고
직장 안정성의 양극화도 심해져갔다. 이 과정의 정점에 1997년 외환
위기가 있었다.

1980년 우리나라 인구의 25퍼센트를 차지하고 있던 1000만 농민은
수적으로도 비중이 높았고 산업 생산에서도 실질 GDP 기준 11.2퍼센
트나 되는 중요한 비중을 차지했다. 도시의 저임금을 지탱하기 위한
저농산물가격 정책에 반대하는 당시 농민운동은 사회운동의 핵심
동력이었다.

25년이 넘게 흐른 2006년 현재 농가 인구는 330만 명으로 줄어들어
인구의 6.8퍼센트 수준에 불과하고[5] 농업생산 비중은 GDP의 3.6퍼
센트로 감소했다. 1990년대 WTO 가입과 최근 한-칠레 FTA, 한미
FTA에 이르기까지 농업은 인구 감소, 농민의 소득수준 감소, 농민
고령화로 끝을 모르게 몰락했다. 그러나 막다른 길에 몰린 처절한
농민의 생존 투쟁은 도시민의 호응 없이 고립되었다.

1980년대는 사회운동에서 학생운동의 선도적 역할이 눈부셨던
시기로 기록된다. 고등학교 졸업생 10명 가운데 3명 정도만 대학에
진학할 수 있었던 당시에, 대학생 신분은 안정된 사회생활을 보장받
은 일종의 특권층인 동시에 독재정권의 탄압 아래에서 사회 문제의
진실에 접근할 수 있는 환경에 있었다. 이들은 자신들의 특권적 지
위를 버리는 헌신적 결단으로 민중의 요구를 대변하고자 하였고, 사
회구조적 문제를 해결하는 데 선도적으로 앞장섰다. 20년 전 6월 항
쟁의 거리에는 학생들이 선두에 있었다.

그러나 고등학교 졸업자 10명 가운데 8명 이상(82.1퍼센트)이 대학에 진학하고 있는 지금, 무려 300만 명에 달할 정도로 팽창한 한국 대학생들의 처지는 현저히 달라졌다.[6] 그들에게는 더 이상 안정된 취업이 보장되는 특권적 지위가 없다. 오히려 기성 직장인들 때보다 훨씬 어려운 취업 관문이 기다리고 있다. 신자유주의가 만든 교육의 시장화 정책으로 연 1000만 원대의 등록금을 부담하면서 가까스로 학교를 졸업하지만 졸업하자마자 채무자 신세가 되고 있다.

이런 대학생들에게 지난 시기와 같이 선도적 정치투쟁 일선에 설 것을 요구하거나 1980년대와 비교하면서 학생운동의 위축을 나무라는 태도는 현재 대학생의 처지를 전혀 고려하지 않은 무책임한 비판이 아닐 수 없다.

1980년대 국민적 운동의 중추적 역할을 담당했던 제조업 생산직 노동자와 농민, 학생은 외환위기와 21세기를 맞이하면서 이처럼 변했다.[7] 우리는 이 기초 위에서 새로운 운동의 동력과 주체를 고민해야 한다.

2

―

사회 변화의 동력은 사라졌을까

변화된 상황에 대해 흔히들 '운동의 퇴조'를 논한다. 여기에는 20년 전 6월 항쟁과 7, 8, 9월 노동자 대투쟁 같은 국민적 운동이 '지금도 가능할까'에 대한 회의가 자리잡고 있다.

1997년 외환위기로 전면화된 신자유주의는 한국 경제는 물론 정치와 사회구조를 뒤흔들었고 국민 생활에 엄청난 영향을 주었다. 더욱이 신자유주의는 이른바 '글로벌 스탠더드'라는 이름으로 자칭 '개혁정부'가 주도적으로 추진하는 모양새를 띠면서 국민에게 환상과 혼돈을 심었고 극도의 노동유연화는 민중 내부의 분열과 개인화를 재촉했다.

양극화로 분열된 조건에서 신자유주의를 극복하려는 통일적 연대 없이 각자 즉자적인 자기 요구에 따라 고립되고 분열되어 생존권 저항운동을 벌여온 것이 지난 10년이다. 때로는 집단이기주의로 서로가 매도당하고, 때로는 고립된 투쟁으로 지쳐나가기도 했다.

그러나 극심한 양극화와 저성장, 내수 부진과 고용불안이 가중되면서 점차 한국 사회의 구조적 문제에 대한 인식이 자라기 시작했다. 많은 국민이 신용불량자로 내몰리면서 어째서 금융권이 국민을 상대로 무모한 대출 행각을 벌였는지 되돌아보게 되었다. SK, 외환은행, KT&G 등을 쥐락펴락하는 외국 투기자본의 행각을 보면서 외자 유치와 선진 경영기법에 대한 환상에서 벗어나기 시작했다.

국가주도형 경제 모델을 대신하여 들어선 신자유주의식 자본주도형 경제 모델[8] 역시 국민을 위한 경제구조가 될 수 없다는 사실을 깨닫기까지 이처럼 값비싼 대가를 치러야 했다. 자본주도형 경제를 넘는 대안경제 패러다임이 필요하다는 공감은 저변에서부터 서서히 번지고 있다.

그렇다면 이러한 인식의 전환을 바탕으로 하여 신자유주의를 극복할 사회운동의 주체들이 폭넓게 마련될 수 있을까? 운동의 퇴조를 거론하는 논자들이 말하듯 신자유주의는 6월 항쟁 주체들을 산산이 분열시키고 개인화하여 더 이상 사회변화의 동력으로 움직일 수 없게 만든 것일까? 한국 사회의 구체적 분석 이전에 잠시 다른 나라의 경험을 통해 이에 대한 간접 해답을 구해보자.

◆ 반신자유주의 운동의 폭발성을 입증한 남미와 프랑스

우리보다 10여 년 앞서 신자유주의를 도입하고 그 피해 역시 10여 년 일찍 겪은 남미 대륙 전반의 최근 움직임은 반신자유주의 국민운동이 군부독재를 청산하기 위한 민주화운동 못지않게 또는 그보다 훨씬 강도 높고 폭발적으로 전개될 수 있다는 강한 시사점을 던져준다.

베네수엘라를 필두로 볼리비아, 에콰도르, 니카라과는 물론이고 브라질, 아르헨티나에 이르기까지 신자유주의에 저항하는 거대한 대중운동은 이른바 신자유주의적 '개혁정부'를 속속 무너뜨리고 미국식 자본주의를 거부하는 새로운 정권을 연이어 탄생시키고 있다. 한발 더 나아가 이들은 미국에 의존하지 않는 남미를 위한 공동체를 구체화하는 것은 물론, 신자유주의 전도사이자 미국의 집행 대행자인 국제통화기금IMF과 세계은행WB에 대한 의존마저 끊어버리고 독자적인 남미은행 창설을 향해 나가고 있다.[9]

이런 상황은 남미뿐 아니라 2006년 3월 프랑스에서도 있었다. 신자유주의적 고용정책의 하나인 '최초고용계약법'에 반대하여 학생을 필두로 노동자까지 가세했던 300만 명의 저항운동 역시 반신자유주의 대중운동이 얼마나 큰 폭발력을 가질 수 있는지 입증하고 있다.[10]

우리 국민도 정부와 재계 일부의 일방적인 한미 FTA 추진을 계기로 한국 사회의 구조적 문제의 본질인 신자유주의에 대한 근본 인식을 높이면서 기존의 고립분산적 투쟁을 탈피하고 낮은 수준에서나마 통일적인 연대를 형성하고 저항에 나서기 시작했다.

신자유주의 세계화 추세 때문에 운동의 동력이 만들어지지 않는 것이 아니다. 잠재적 주체와 가능성은 풍부하다. 중요한 것은 신자유주의를 넘어서는 새로운 전망을 제시하고, 변화된 상황과 조건에 맞는 운동의 주체를 만들어나갈 전략이다.

◆ 운동주체에 대한 새로운 사고

새로운 사회를 만들어가는 운동은 항상 참여할 국민들의 구체적인 삶의 조건에서 출발해야 한다. 그럴 때 진정한 의미에서 사회운동이 시작될 수 있다는 것이 녹슬지 않는 진실이다. 그러나 한동안 이런 상식은 제대로 지켜지지 않았다. 몇 가지 사례를 들어보자.

1990년대 중반부터 급부상하기 시작한 NGO 운동에서 주로 사용한 주체 개념은 '시민'이었다. 이러한 운동이 기존의 계급운동에서 한발 벗어나 소액주주 운동이나 언론감시 운동, 환경운동, 소비자 운동이라는 새로운 주제를 가지고 운동의 지평을 넓히는 데 기여했던 점은 평가받아 마땅하다. 그러나 '시민운동'이라고 할 때 그 시민이 도시민인지 중간층인지도 모호하고 그 내부 구성이 어떻게 되는지 등 구체적인 사항은 지극히 모호하다. 이렇게 추상적인 시민을 주체로 전개하는 운동에 대해 지속적인 참여 동기와 동력화에 확신을 갖기는 상당히 모호한 데가 있을 수밖에 없었다.

외환위기 이후 전 사회계층에서 양극화가 심각해지고 중산층마저 붕괴하고 있는 신자유주의 시스템에서, 우리 국민이 과연 얼마나 '시민운동'이라는 이름으로 동질적인 주체를 형성할 수 있을까? 이는 2000년대에 들어서면서 시민운동에 대한 참여가 예전 같지 않은 이유 가운데 하나다.

국민을 역동적인 사회운동의 주체로 사고하지 못함에 따라 나타나는 현상 가운데 하나가 주체 형성에 대한 고민은 실종되고 '유권자 분석'이라는 기능적 형태만이 남는 것이다. 1987년 직선제 쟁취와 1990년대 지자체 도입 이래로 선거의 중요성은 높아졌고 선거혁명의 지평은 넓어졌다. 더욱이 2002년 대선과 2004년 총선을 거치면서 진보정당인 민주노동당이 제도정치권으로 진입하여 입지를 세우게 되었다. 그러다보니 진보에서도 주체에 대한 고려를 유권자 분석으로 환치하려는 경향이 어느 정도 존재한다. 이는 직업이나 소득 정도, 학력, 나이, 출신 지역에 따라 투표 성향을 분석하는 식으로 우리 사회 각 주체들을 재단하려는 사고방식이다.

국민의 선거 참여와 투표 성향 분석이 불필요한 것은 아니지만 유권자 분석 방식은 사회의 변화와 발전을 소망하는 각 계급계층의 지향과 요구를 종합하는 데 제한적일 수밖에 없다.

한편 이런 경향과 달리, 20년 전 참여주체의 동력구조에 대한 사고를 21세기 신자유주의화된 우리 현실에 아무런 재검토 없이 기계적으로 적용하는 경향도 적지 않다. 그러나 이것은 오늘을 살아가고 있는 우리 국민을 주체로 생각하는 것이 아니라 현실에 존재하지 않는 20년 전의 국민들에게 현재의 문제를 해결하라고 요구하는 것처럼 부당한 일이다. 역사 속에 고이 간직된, '머릿속에 상상하고 있는 가상의 국민'이 사회운동의 주체일 수는 없다.

분명 우리 사회에서 진보운동의 대중적 기반이 1990년대 이후 축소되어온 것은 사실이다. 여러 가지 이유가 있겠지만 사회운동에 참여할 주체들의 삶에 대한 구체적 검토, 즉 그들이 경제 활동을 하는 방식, 직장생활 공간인 기업구조의 변화와 노동조직의 변화, 노동을 수행하는 방식과 그에 따른 생활방식 등 전반적인 의식과 지향을 깊이 이해하지 못한 것이 가장 큰 원인이다.

저항적 주체에서 대안적 주체로

주체를 고려할 때 또 하나 지나쳐서는 안 될 사실은 오늘의 한국 사회 현실은 여전히 저항적 주체의 잠재적 폭이 넓어지고 있으며 한층 역동적이고 공세적인 대안적 주체의 발전 가능성도 높아지고 있다는 점이다.

돌이켜보면 1980년대 운동의 기저에는 민중생존의 절박한 요구와 눈앞에 보이는 '거대한 악'을 도저히 그냥 볼 수 없다는 '당위적 요구'가 컸다. 압축적으로 말하자면, 절박성과 당위성에 근거한 운동이라고 표현할 수 있다. 당위성을 중심으로 참여 동력을 형성하는 것은 '현실은 엄혹하고 미래 전망은 한참 멀리 있을 때' 사람들을 움직이는 방식이다. 이 경우 운동주체들의 기본 정서와 참여 형태는 '저항'이다. 군부독재 정권의 폭압이 극심하고 민주화의 실현 가능성이 도대체 실감되지 않았던 당시의 상황을 떠올린다면 납득할 수 있다.

그러나 당위로 민중을 사회운동에 불러내는 시대는 갔다. 국가보안법도 점차 국민에게 위협 요인이 되지 않고 있으며, 진보정당도 합법적 신분을 획득했다. 민중은 과거처럼 국가 폭력을 두려워하지 않으며 적어도 외적으로는 어떤 물리적, 사상적 제약이 있다고 생각하지 않거나 설령 있다 하더라도 올바른 길만 마련하면 돌파해나갈 수 있다고 생각한다. 더욱이 1990년대 정보기술 혁명은 비록 물질적인 생산 영역에 국한되기는 하지만, 먼 미래의 상상이 정말 빠르게 현실화되는 사례를 수없이 선보인다. 말하자면 우리 국민은 광고 카피처럼 '상상이 현실이 된다'는 것을 실생활에서 낯설지 않게 경험하고 있다.

이제는 전망은 까마득하되 결단과 희생을 각오한 당위적 요구로 국민이 움직이는 시대가 아니다. 당위가 아니라 가까운 장래에 쟁취할 수 있는 '현실적 전망성'이 국민의 자발적 참여를 낳는 시대다.

이렇게 본다면 지금 사회운동의 주된 동력을 '저항적인 투쟁주체'로만 한정할 이유는 없다. 21세기 사회운동에서는 사회의 현실 문제를 비판하는 저항주체 못지않게 전망과 대안을 현실로 구현하기 위해 창의적인 지혜를 모으는 대안적 주체의 중요성이 높아지고 있다.

운동에서 전망과 대안의 중요성은 최근의 한미 FTA 반대 투쟁에서도 입증되었다. 한미 FTA가 아니라면 어떤 대안을 추구해야 하는가에 대한 문제에 봉착하면서 국민운동이 어려움을 맞고 있는 것이다. 최근 전교조가 주력해온 교원평가 반대 투쟁에 대해 "교사를 평가하지 않고도 교육의 질을 발전시킬 대안은 무엇인가"라는 질문에 대답을 하지 못하면 한계가 있다는 지적도 마찬가지다. 신자유주의를 넘는 대안 모색에 진보가 치열하게 고민하고 있는 것 역시 같은 맥락이다.

이처럼 현실 사회 문제를 비판하고 저항하는 주체와 함께 사회 발전의 구체적 전망을 실현하고자 하는 주체까지 한층 넓게 사고해야만 오늘날 한국 사회운동의 주체 형성과 동력 조성에 대해 온전한 조망이 가능할 것이다.

3

—

달라진 한국 사회의 정치경제구조

대안 주체를 세우기 위한 전략은 무엇보다 국민이 살아가고 있는 생생한 삶의 현실조건을 충분히 이해하는 것에서 시작해야 한다. 국민 삶의 기저를 이루고 있는 '사회경제적 처지와 조건을 밝히는 작업'을 주체 분석의 출발점으로 삼는 이유다. 이를 위해 먼저 현재 한국 사회의 기본적인 특성과 성격을 살펴보기로 하자.[11]

◆ 경제구조 : 금융주도 주주자본주의 시스템

한국 경제는 '한국에 이식한 주주자본주의 시스템을 통해 미국 중심의 거대 금융자본이 경제의 명맥을 좌우하는 구조'로 압축할 수 있다.[12] 한국 경제는 국민경제 전반의 선순환과 균형보다 '주주이익을 최우선으로 하여 기업경영과 고용정책, 투자정책이 결정되는 시스템'에 가깝게 바뀌었다.

주주이익의 무제한 관철을 위해서 규제완화라는 미명 아래 시장에 대한 국가의 역할을 대폭 축소시키고 공적 영역에 속하는 공기업들까지 이른바 민영화를 통해 주주이익 실현의 대상으로 끌어들이면서 거대 금융자본의 독주에 아무런 제약이 없는 환경을 조성하고 있다. 이런 점에서 한국 사회는 이미 주주자본주의라는 최신의 자본주의로 변모했다고 할 수 있다.[13]

누가 국가주도형 자본주의를 지금 우리가 경험하고 있는 최신의 자본주의로 전환시켰는가? 물론 이전부터 한반도에 절대적 영향력을 가지고 있던 미국이라고 할 수 있다. 이 전환은 1990년대 초부터 진행되었지만 결정적 분기점은 두말할 나위 없이 1997년 외환위기다. 미국의 세계 경제 지배의 전도사인 IMF가 선두에 나서서 환란을 겪는 한국 경제에 현재와 같은 구조 변환을 요구했다는 사실은 이제 더 이상 비밀이 아니다.

그로부터 10년 뒤인 2007년 한미 FTA 추진에서 이 사실은 더욱 명백해진다. 진보적 식자들이 한미 FTA를 '미국 경제로의 완전한 통합' '새로운 경제 동맹'이라고 부르는 것처럼, 외환위기를 분기점으로 하여 한국 경제를 신자유주의 구조로 바꾼 미국이 오늘날 우리 경제를 자국 경제 하위에 묶어나가고 있는 것이다.[14]

이러한 전환을 환영한 것은 이미 외국자본에 장악된 국내 금융자본과 대재벌, 그리고 재계와 미국식 사고에 완전히 젖은 관료 엘리트들이다.[15] 한국의 재벌 대기업 소유자들은 한편으로는 미국 금융 주주자본의 기업경영 개입에 대해 경영권 방어 논리를 들이대며 갈등하기도 하지만[16] 그 자신들도 주주이익 제일주의의 수혜자로서 외국 금융자본과 이해를 같이하기도 한다.

◆ 정치구조 : 소수 엘리트주의 정치 시스템과 분단구조의 병존

한국의 정치구조는 주주자본주의 경제 시스템에 맞게 '금융 주주 자본에게 유연하고 민중에게 완강한 엘리트주의 정치'다. 노동시장 유연화 반대 등 시장지상주의에 대한 저항에는 과거 못지않게 물리적 폭력을 행사하면서도 시장과 자본에게는 최대한의 자유를 부여해줌으로써 실질적 권력을 주요 금융주주 권력에게 이양시킨 정치 체제다.

자본은 국가권력의 통제에서 벗어났고 국민은 더욱 더 정치로부터 배제당하고 있으며, 정치적으로 이를 가능하게 하기 위해 철저하게 엘리트주의 정치를 지향한다. 이의 외형적 표현이 '개혁정부'다. 개혁은 자본에게 덧씌워졌던 과거의 규제와 간섭을 풀어내는 개혁을 성공적으로 수행하는 동시에 자본의 이익 실현을 위해 제한 없이 노동을 통제하는 새로운 구조를 만들었다.

한국은 다른 나라와 달리 분단구조라는 특수 상황이 분단 60년을 넘기는 지금까지 사회구조에 영향을 미치는 나라다. 신자유주의의 견고함에 비하면 분단구조는 2000년 6.15 공동선언으로 이제 막 새로운 분기점에 접어들고 있다. 분단 문제에 대해 보수적이던 정치권에서 이른바 '평화세력'이라는 이름 아래 미약하지만 새로운 분화가 발생하고 있는 것이다.

분단구조는 여전히 국민의 삶을 억압하는 족쇄지만, 이 구조를 풀어나가는 가운데 대안을 실현하고 확장할 수 있는 기회가 될 가능성도 높아져가고 있다. 물론 이런 과정은 우여곡절을 겪으면서 진행되고 있다. 수년간 이어져온 6자회담의 전진과 후퇴 과정, 2000년 이후 북미관계 반전의 역사가 이를 여실히 보여준다.

이처럼 복잡한 요인을 제거하고 핵심 특징을 집약해볼 때, 한국 사회의 특성은 주주자본주의를 핵심으로 하는 신자유주의 경제와 엘리트주의 정치구조, 그리고 완고한 분단구조로 설명할 수 있다.

그렇다면 이러한 우리 사회구조에서 사회변화 주체의 폭과 범위는 어떻게 설정할 수 있을까? 한마디로 주주자본주의에 반대하고, 민족 구성원을 위해 분단구조 해체에 동의하며, 기존 관료주의와 엘리트주의를 극복하려는 공동의 목표와 대안을 가지고 사회운동에 참여할 수 있는 대안주체들이다.

물론 현대 사회는 과거에 비해 비교할 수 없이 복잡해지고 다양해졌다. 산업구조와 먹고사는 방식이 다양해졌을 뿐 아니라 독재시대에 억눌려왔던 다양한 의제도 분출하고 있다. 국민을 하나로 묶을 공동 의제 자체가 없어 보이기도 한다. 신자유주의가 심어놓은 노동유연화는 임금 수준을 천차만별로 분해시키고 파트타임, 기간제, 임시노동 등 무수한 신종 취업 규칙을 만들어 직장생활 처지를 다양하게 갈라놓았다. 따라서 외형만 볼 때 국민 삶의 조건과 처지는 국민 수만큼이나 다양하고 개별화되었다. 그러다보니 국민 내부의 세부적인 이해관계의 충돌이나 갈등이 적지 않게 표면화되기도 한다.

그러나 대안주체의 포괄 범위가 이러한 내부 차이 때문에 좁아지거나 갈라지는 것은 아니다. 내부 구성이 개인화·개별화되었어도 한국의 사회구조가 수천 가지 유형으로 존재하는 것은 아니며 국민들은 사회의 기본 특성으로부터 발생하는 공통 규정에 반드시 영향 받게 되어 있다.

국민 내부적으로 생활 처지와 요구가 다양해진 탓에 과거와 같은 '획일적 연대'는 어려워졌지만 '폭넓은 연대'가 불가능해진 것은 아니다. 국민들의 새로운 삶과 조건을 반영하여 획일적 연대를 넘어서 각자의 처지와 조건에 맞는 자율적이고 다양한 요구를 아우르는 연대를 만들어야 한다.

신자유주의에 반대하고 분단구조에 반대하며 관료주의와 엘리트주의에 반대하는 모든 국민들을 사회변화의 주체로 세운다고 가정하면 이 시기 운동의 동력은 20년 전 민주화 투쟁의 동력보다 결코 축소되지 않는다.[17]

4

우리 국민은 어떻게 살고 있나

한국 사회의 기본 성격과 특성을 확인한 데 이어, 이제 사회변화 주체의 내부 구성을 국민 삶의 기저를 이루고 있는 사회경제적 처지와 조건을 통해 좀더 세부적으로 살펴보기로 하자.

산업별, 직군별, 소득별로 살펴보는 국민 분포

우리 국민 약 4850만 명[18] 가운데 약 2400만 명이 실제 경제 활동에 참여해 전체 국민을 먹여 살리고 있다는 것이 정부의 공식 통계다.[19] 1차 산업이라고 하는 농촌과 어촌에는 각각 330만 명, 21만 명이 생활하고 있다. 농가 인구 가운데 실제 약 200만 명 미만이 농업에 종사하고 있고, 나머지는 농업 이외의 일을 하거나 학생, 전업주부로 생활하고 있다.[20]

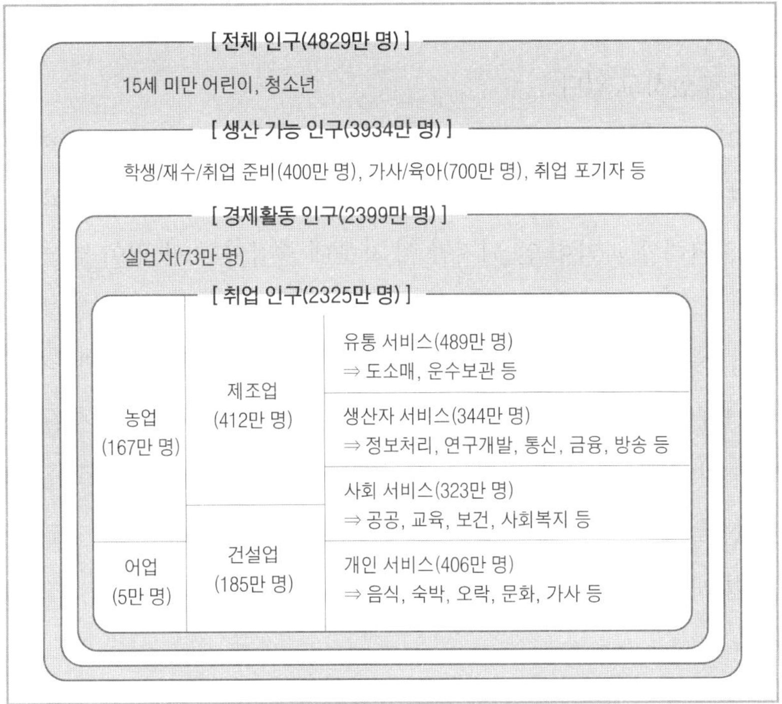

[그림 1] 우리나라 산업 분야별 취업자

* 통계청 자료에 근거하여 작성. 각 산업 분야 종사자는 2007년 평균치(2007년 12월 기준).

제조업 분야에서 경제 활동에 참여하고 있는 국민은 412만 명이다.[21] 건설업에도 185만 명이라는 적지 않은 수가 일하고 있다. 가장 많은 국민이 경제 활동을 하고 있는 서비스 분야에는 무려 1562만 명이 포함되어 있다. 이 가운데 유통 서비스(도소매, 운수보관) 분야에 약 500만 명, 생산자 서비스(정보처리, 연구개발, 통신, 금융, 광고, 방송 등) 분야에 약 340만 명이 종사한다. 또 사회 서비스(공공, 교육, 보건의료, 사회복지) 분야에는 320만 명, 나머지 개인 서비스(음식, 숙박, 오락, 문화, A/S, 가사 등) 분야에서 400만 명이 일하고 있다. 서비스 분야 가운데 지식집약도가 높고 부가가치 생산이 커서 최근 각광받고 있는 지식기반 서비스 분야에 종사하는 사람들도 대략 500만 명이 될 것으로 추산하고 있다.

그런데 이 통계에 잡히지 않고 빠진 부분이 있다. 20년 전만 해도 전혀 고려되지 않았던, 90만 명의 외국인이 우리나라에 체류하고 있다. 정확하게 파악이 안 되지만 이 가운데 줄잡아 40만 명이 넘는 외국인 노동자들이 최저임금을 조금 넘기는 월 100만 원 미만을 받으면서 평균 11시간의 장시간 노동을 하고 있다. 노동부는 2007년에도 총 15개국에서 약 11만 명의 외국인(동포 포함)을 국내에 취업시킬 계획을 발표한 바 있어 국내에서 일하는 외국인 노동자들은 계속 늘어날 전망이다.[22] 이들도 이제 우리의 경제 활동에서 중요하게 고려해야 할 대상이 된 것이다.

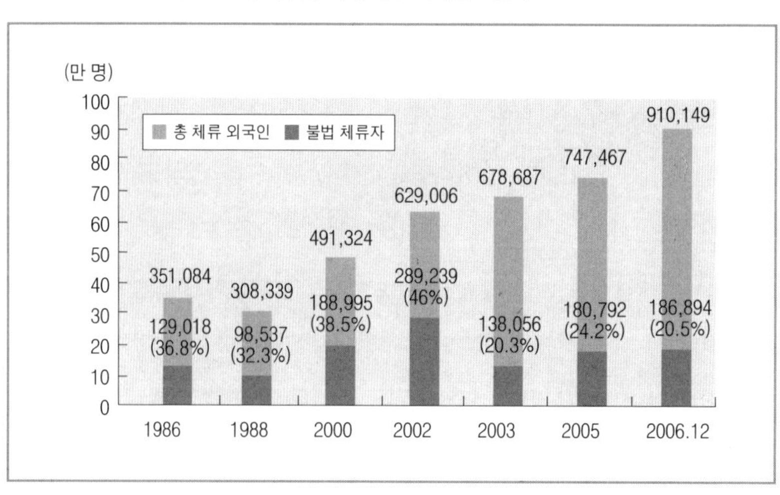

[그림 2] 국내 거주 외국인 노동자

* 노동부 보도자료(2007년 2월 22일자).

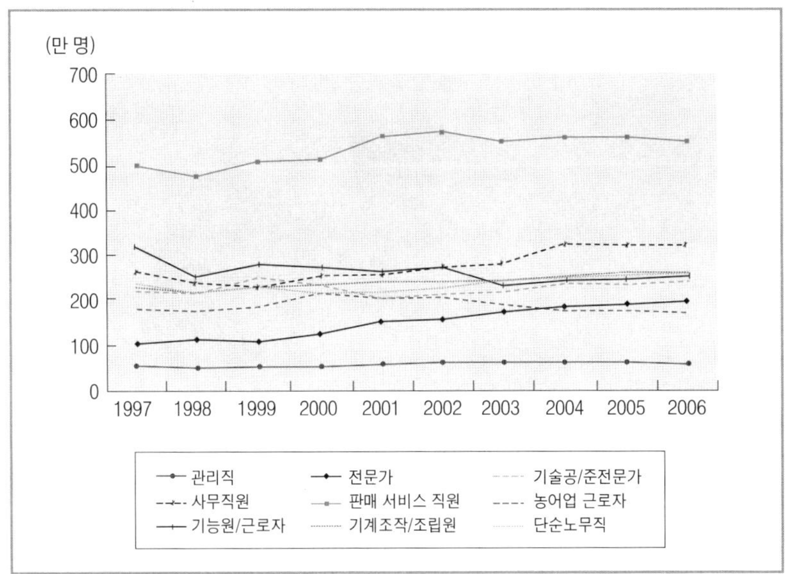

* 통계청 국가통계포럼 KOSIS.

어느 산업 분야에서 경제 활동을 하는지와는 약간 다른 각도에서 몇 가지를 보완적으로 살펴보자. 사회적 지위와 계급구조를 유추하는 보조적 방법으로 직군별 경제 활동 구성비를 살펴볼 수 있다.[23]

외환위기 이후 전통적인 산업의 노동자(기계기능원)와 농민이 지속적으로 줄어들고 있다. 대신 열악한 단순노동에 종사하는 사람들이 늘고 있고(단순노무직의 경우 230만 명에서 260만 명으로), 특히 고용의 불안정성은 단순 서비스업에 종사하는 숫자를 크게 늘렸다(500만 명에서 550만 명으로). 그리고 반대편에서는 정보통신과 지식기반 사회로의 전환에 따라 전문가(100만 명에서 200만 명으로)와 준전문가(220만 명에서 250만 명으로)가 꾸준히 늘어났다.[24] 이러한 추세는 전문직과

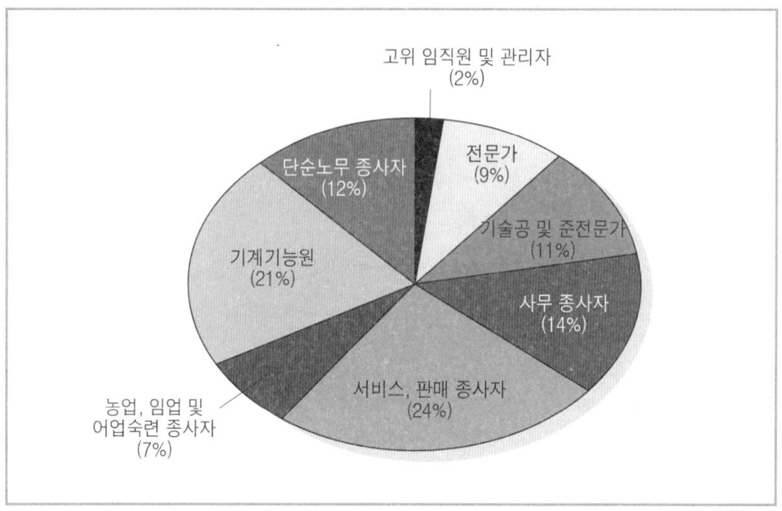

* 2007년 기준 통계청 자료.

단순직으로 직업 양극화가 진행되는 것으로 볼 수 있는데 2004년 이후 정체된 상태로 구조화되어 현재에 이르고 있다.

직군과는 다른 차원에서 소득을 기준으로 하여 우리 국민의 구성 변화를 추적할 필요도 있다. 우리 국민은 지난 10여 년 사이 상류층과 빈곤층이 양극화로 확대되어온 반면 이른바 중산층은 무려 10퍼센트가 넘게 줄어들었다. 현재 빈곤층은 20퍼센트에 달하여 10년 전에 비해 두 배가 되었다.[25] 양극화라 하지만 상층으로 올라가는 비율보다 중간층과 중하층이 빈곤층으로 전락하는 비율이 두 배나 높은 계층하향 분화 현상이 눈에 띈다.

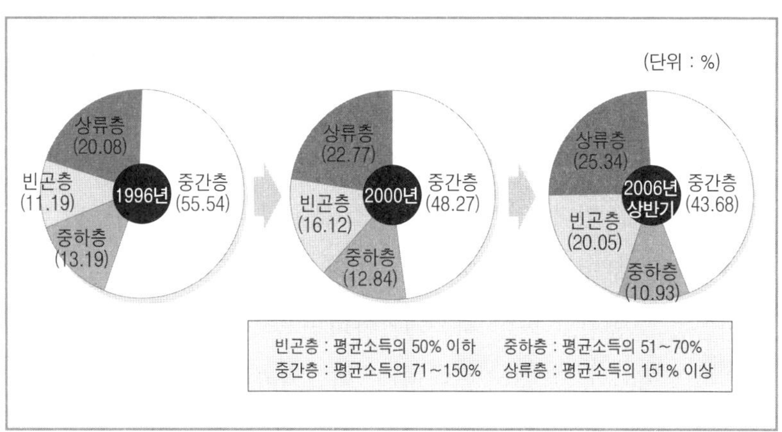

* 한국보건사회연구원(2007).

◆ 주주자본주의와 지식기반 경제 아래 노동자와 자영인

한국의 사회경제적 특징이 미국식 자본주의 시스템인 주주자본주의로 되었다면, 우리 국민 각 주체들의 삶을 살펴보기 위해서는 당연히 자본주의 내부의 계급관계를 살펴보는 자본-임노동 관계를 가장 기초적인 토대로 하여 현실 상황에 맞게 응용해야 한다.[26]

우선 핵심이 되는 노동자를 살펴보자. 주주자본주의로 변화된 한국 경제에서 과거 식의 전통적 제조업 생산직 노동자는 400만 명 정도에 불과하다. 전체 경제활동 인구의 6분의 1 수준이다. 제조업 노동운동이 강력히 부상했던 1990년 제조업 취업자가 27퍼센트였던 것이 2007년 현재 17.6퍼센트로 떨어졌다. 그나마 소수 대기업 노동자와 중소기업 노동자 사이에서, 그리고 대기업과 중소기업을 가릴 것 없이 정규직과 비정규직의 소득과 근무조건 격차는 계속 확대되었다.

1990년대부터 한국 사회도 지식기반 경제로 이행하기 시작하면서 일반사무직이나 관리직으로 단순하게 묶을 수 없는 다양한 직종과 직업이 나타났고 이들 역시 노동자 대열에 합류한다. 제조업 생산직 노동자 감소의 반대편에는 이들 지식 노동자(지능 노동자)의 팽창이 자리잡고 있다. 지식기반 서비스 분야의 취업 종사자들만 해도 2005년 기준 무려 500만 명을 넘는 23퍼센트 수준이다.[27]

이들을 노동자로 봐야 하는가? 아니면 중산층으로 봐야 하는가? 물론 노동자로 보는 것이 정당하다. 지식기반 경제로의 이행이라는 생산력과 기술적 변화 역시 자본주의가 포섭한 생산력이자 생산 형태고, 전통 기계제 대공장 산업이든 지식기반 산업이든 그것이 자본주의 생산관계 아래에서 작동하는 것은 틀림없는 사실이기 때문이다. 따라서 지식 노동자는 지식기반 산업을 경영하고 있는 자본주의 체제에서 임금을 받고 노동하는 노동자일 뿐이다.[28]

이제는 푸른 작업복 입고 망치 들고 체력을 소모하며 일해야 먹고 살 수 있는 사람만을 노동자의 유일한 표상으로 볼 이유가 없다. 지식기반 경제의 이행으로 노동자가 줄고 중간층이 늘어나는 것이 아니라 오히려 새로운 유형의 노동자 대열이 확대됐다고 이해하는 것이 정당하다.[29] 노동자의 범위를 제조업 생산직 노동자로 제한시키고 지식 노동자를 '중간계급'으로 분리시킨다면 이는 노동운동의 폭을 스스로 축소시키는 결과를 빚게 될 것이다.

더욱이 기존 전통 제조업과 기계제 대공장은 점점 축소되거나 자동화 시스템으로 전환되고 있고 새로 등장하는 산업들이 주로 지식기반 산업이라는 것이 추세라면, 미래 생산력의 열쇠를 쥔 이들 지식 노동자들을 노동운동 대열에 적극적으로 합류시키는 것이 진보가 가져야 할 바른 관점이다.

물론 이들 지식 노동자들은 전통적인 제조업 생산직 노동자와 여러 다른 모습을 보이기도 한다. 지식 노동자는 자본이나 생산설비와 같은 생산수단을 소유하지는 못했지만 지식을 소유했다는 점에서 자본에 대해 일정한 교섭력을 발휘하기도 하고 지적인 노동의 특성상 노동 과정에 대한 사용자 측의 세밀한 통제로부터 어느 정도 자유로움을 지닌다. 또 전문지식과 기술능력을 매개로 하여 해당 직업군에 대해 폐쇄적인 노동시장을 형성하고 있고 자본 소유자 입장에서도 해당 노동력을 마음대로 대체하기가 쉽지만은 않다. 이런 점에서 기존 제조업 생산직 노동자보다는 자본에 대해 상대적으로 우월한 지위를 갖고 있다.

그러나 반대의 경우도 존재한다. 우선 지식노동의 특성상 노동 과정을 통제하기 곤란하다는 점에서 자본은 철저히 성과주의에 입각하여 노동 성과를 압박한다. 따라서 이 분야 노동자의 노동 강도는 점차 강화되고 있다. 또 해당 분야의 지식 노동자가 일정한 수준을 넘어 양적으로 팽창해 내부경쟁 구조로 들어가면 자본에 대한 교섭력은 사라진다. 중하위 전문 기술을 소유한 지식 노동자들 가운데 비정규직이 제조업에 비해 적지 않고, 급여 수준도 높지 않은 이유다. 지식 노동자의 양극화 역시 제조업 생산직 노동자에 뒤지지 않는다. 따라서 지식기반 경제로의 이행에 따른 지식 노동자의 특성과 조건을 잘 이해하여 이들을 적극적으로 노동자 주체로 바로 세우는 것은 21세기 노동운동의 핵심적인 과제 가운데 하나다.[30]

소자산가(자영업인)나 자본가 역시 단순하게 이해해서는 아무런 실천적 결론도 얻지 못한다. 현재 취업자의 26퍼센트에 이르는 600만 도시자영업인은 비록 자가 경영을 할 수 있을 정도의 재산을 보유하고 있다 하더라도 그 경제적 지위가 임금 노동자보다 나을 바 없어져버린 것이 지금의 한국 사회다. 외환위기 이후 구조조정에서 떨어져 나온 직장인들이 상당수 자영업으로 돌아서고 생계가 막힌 경제활동 인구가 주로 서비스업 분야의 영세한 자영업으로 몰리면서 자영업인의 처지와 조건이 악화된 것이다.

중소기업인도 마찬가지로 단순히 자본가 집단으로 쉽게 묶을 수 없다. 우리나라 회사 법인 27만 개 기업들 가운데 300명 이상 대기업은 2300여 개에 불과하다.[31] 주주자본주의의 직접적 통제권 아래 들어간 증권거래소 상장기업이나 코스닥 등록기업도 1750여 개 수준이다. 30만 명이 넘는 대부분의 중소기업가들은 주주이익의 혜택을 보는 것과는 거리가 멀고 소득 수준도 높지 않다.

그럼에도 불구하고 이들이 고용에서 책임지고 있는 비중은 외환위기 이후 매우 높아졌다. 현재 중소기업에서 일하는 사람이 88퍼센트에 달하고 제조업만 해도 76퍼센트가 중소기업에서 일한다.[32] 그러나 생산성은 대기업에 비해 33퍼센트 수준, 영업 이익률은 2006년 기준 3퍼센트 수준으로 떨어져서 대기업 평균 7퍼센트의 절반 수준이다.

이는 주주자본주의 경영 풍토 아래 대기업들이 지속적인 감원으로 비용을 줄이고, 중소기업에게 납품단가를 내릴 것을 강요하면서 수익을 도모하기 때문이다. 일부 첨단 벤처기업 역시 주주의 압박이 거세지면서 지속적인 기술혁신과 투자에 어려움을 겪고 있다. 주주

자본주의 아래에서는 중소기업가 역시 제대로 기업을 성장시키고 안정적으로 경영하기가 갈수록 어렵다.

이처럼 주체에 대한 구체적 분석에 들어가면 기존의 전통적 자본주의 계급관계의 기초는 여전하지만 고전적 분석틀에 의존할 수 없는 많은 변화가 있음을 알 수 있다. 특히 형식적인 계급계층 구조를 뛰어넘어 소득 수준과 경제적 안정성 역시 다양한 편차를 보인다는 사실을 고려할 필요가 있다. 임금 노동자가 소득이 가장 낮고 그 위에 소자산가, 자본가가 있다는 가정은 현재 한국 사회에서 반드시 일치하는 것이 아니다.

앞에서 언급한 대로 도시자영업인의 평균 소득은 정규직 노동자보다 낮고 비정규직보다 조금 높은 수준이다. 특히 우리 국민은 통상 자산의 70퍼센트를 부동산으로, 20퍼센트를 금융자산으로 보유하고 있는데, 노무현 정부 출범 이후 각종 부동산 투기나 증시 과열 등 각종 자산 거품이 과도하게 형성되면서 계급, 계층, 직군이나 소득과는 별개로 자산 보유 정도에 따라 삶의 처지와 조건이 크게 달라진 점도 무시할 수 없다.

이처럼 국민의 구체적 삶을 규정하고 있는 다양한 측면에서 주체의 내부 구성을 이해하고 그들의 처지와 조건에 맞게 사회운동에 참여시킬 방안이 도출되어야 한다.[33] 그렇지 않고 획일적으로 추상적인 반신자유주의 운동에 참여할 것을 요구하거나 지나치게 각 주체 내부 차이를 확대 해석한다면, 신자유주의를 무너뜨릴 거대한 국민운동은 요원해진다.

1   노 대통령도 2007년 1월 19일 "(지난) 20년간 한국 사회에서 특권구조는 확실히 무너졌다"면서 마치 87년의 목표가 거의 완결된 것처럼 발언하고 있다. 노 대통령은 이제 한국 정치권의 수구세력과 보수언론 세력 정도가 남아 있는 민주화의 마지막 적이라고 생각하는 듯하다. 그런가 하면 국민의 절박한 요구인 사회적 평등(고용 문제나 양극화)이나 복지, 대미관계 균형화 등은 20~30년 이후에나 풀어야 할 과제라고 주장하고 있다.

2   "'87년 체제론'은 노동학계에서 처음 논의가 시작되었으나 《계간 창작과비평》 2005년 봄호에서 권두좌담을 펼치고, 학술회의를 개최하면서 사회과학 전반으로 확산되어 왔다. 87년 체제는 6월 민주항쟁을 통해 표출된 민주화에 대한 열망을 바탕으로 새로운 민주헌법을 합의함으로써 군부독재 체제를 청산하고 민주개혁을 국민적 과제로 만들었으나 구체제의 완전한 붕괴가 아니라 구체제의 권력이 유지되면서 개혁세력과 반개혁세력의 갈등 속에서 개혁이 진행되는 체제라고 할 수 있다."(이내영, 〈87년 체제와 한국 정치〉, 2006)

3   김동춘, 《1997년 이후 한국 사회의 성찰》, 길, 2006.

4   이들 8명은 퇴직 후 '같은 직종으로 이직'(34.42퍼센트) '개인사업'(30.42퍼센트) '현재 업무와 전혀 다른 새로운 직종의 일 시작'(22.85퍼센트) 등을 생각하고 있다고 조사되었다. (《매일경제》 2007. 2. 8)

5   통계청, 〈2006년 농업 및 어업 기본 통계조사 결과〉, 2007.

6   300만 대학생에는 전문대학, 4년제 대학, 교육대학이 포함된다. (통계청, 〈2006 한국의 사회지표〉, 2006)

7   물론 노동자와 농민, 학생만이 변화의 한가운데 있었던 것은 아니다. 도시자영업인, 사무전문직, 중소기업가 등도 예외는 아니다. 이는 이어지는 장에서 세부적으로 다룰 것이다.

8   새사연은 이러한 현실을 극복하기 위해서 주주자본주의 운영 원리를 근본적으로 탈피하고 지식기반 시대에 부합하는 노동주도형 모델을 대안으로 추구해야 함을 1996년 7월 출간한 《새로운 사회를 여는 상상력》을 통해 일관되게 주장하고 있다.

9   베네수엘라의 차베스는 2007년 4월 말 IMF와 WB 탈퇴를 선언했으며 브라질과 아르헨티나, 볼리비아, 에콰도르, 파라과이, 베네수엘라 등 남미 6개국 재무장관들은 5월 초 열린 회담에서 역내 국가들의 경제 성장을 돕는 '경제개발은행'(남미은행) 설립을 합의하고 2007년 12월 9일 아르헨티나에서 정식으로 남미은행을 출범했다.

10   프랑스 정부가 추진한 최초고용계약법CPE은 신자유주의적 노동시장 유연화 정책의 일환으로, 대학을 갓 졸업한 청년들(26세 미만)을 2년 내에 자유롭게 해고할 수 있도록 한 프랑스판 비정규 악법이라고 할 수 있다. 프랑스의 청년학생과 노동자들은 이에 맞서 대규모 전국 파업을 일으켰다. 특히 프랑스 언론이 '검은 화요일' 이라고 부른 3월 28일 전국 파업은 최대 규모였다. 또 공무원 및 국영기업체 직원과 회사원 수백만 명이 이날 24시간 파업에 참가했다 상당수 대학과 고교가 폐쇄된 가운데 교사들의 25퍼센트도 파업에 참가했다. 가판대에서 신문은 찾아볼 수 없었고 국영 라디오 방송도 뉴스 보도를 중단하고 음악만을 틀었다. 파업에 대해 베르나르 티보 노동총동맹 CGT 의장은 "약 300만 명이 가두시위에 참여했다" 며 "역사적인 기록" 이라고 주장했다. 그러나 경찰은 50만 명 정도가 시위에 참여한 것으로 추산했다.

11   이 문제는 새로운 사회를 여는 연구원의 첫 번째 신서인《새로운 사회를 여는 상상력》에 직간접적으로 정리되었기에 여기에서 상세한 설명은 피한다.

12   주주자본주의에 대해서는 이 연구서 1장에서 따로 상세히 다룰 것이다. 참고로 프랑스 경제학자 프레데릭 로르동은 2007년 4월 르몽드 디플로마티크에 기고한 글〈정치적 대안을 위한 제안 : 광기어린 금융자본에 고삐 채우기—주주이익 한정 인정제〉에서 주주자본주의의 단면을 잘 설명해주고 있다.
"주주들의 치부 욕망은 경영진의 자리 보전에 대한 욕망을 자극하고, 이 욕망은 다시 높은 생산 실적으로 전환하라는 명령이 되어 회사의 조직 피라미드 최정상에서부터 위계구조를 따라 거의 한 치의 오차도 없이 아래로 내려와 피라미드 최하단에 있는 노동자까지 전달되며, 심지어 피라미드를 넘어 회사의 모든 하도급업체들에게까지 전달된다. 모두들 각자 어떻게든 생산성을 높이고, 이익을 내는 정도가 아니라 인위적으로 '끌어올려서' , 주주들에게 바치는 공물로 내놓아야 한다."

13   새사연은 이를 자본주도형 경제라고 표현한다. 한국 자본주의에 지난 10년간 영미식 주주자본주의가 깊이 이식되었다는 증거는 무수히 많다. 게다가 당사국인 영국과 미국보다 더욱 가혹하고 조악한 형태로 이식된 사실을 부인할 수 없다. 이를 굳이 말하자면 기형적인 자본주의라고 할 수는 있겠지만 후진자본주의라고 보는 것은 맞지 않다.

이런 점에서, 산업 기반이 매우 취약하고 비공식 부문 종사자가 취업 인구의 절반을 차지하는 베네수엘라 혁명의 방식과 한국이 대안경제 모델을 설계하고 대안주체를 형성하는 방식은 상당한 차이를 보일 수 있다. 한국은 상당히 고도화된 자본주의를 극복해나가는 높은 수준의 운동이 필요하다.

14 과거 미국의 한국 지배는 정치군사적 지배권을 주요 지렛대로 이용했다. 이는 냉전시대에 한국을 반공기지로 삼으려는 그들의 요구와 관련이 있다. 그러나 1990년대 냉전이 해체되자 한국에 대한 미국의 주된 관심은 경제 분야로 돌려져 경제 장악을 주요 지렛대로 한국을 통제하는 상황으로 전환되었다. 한국 경제의 신자유주의 전환은 이런 맥락과 닿아 있다.

15 덧붙여 과거 국가주도형 경제 시스템과 독재정권 시대에 주류를 차지했던 한나라당의 수구세력을 어떻게 볼 것인가도 검토해둘 필요가 있다. 여전히 수구세력이 상당한 영향력을 행사하면서 잔존해 있는 것은 사실이다. 그러나 현재 과거 식의 수구 대 반수구가 한국 사회에서 주요 대립구도라고 보는 것은 과장된 것이다. 현재 과거 수구세력들도 말하자면 ‘신자유주의적 모습’으로 변신 과정에 있다. ‘공동체 자유주의’를 주장하는 우익 일각의 이데올로그나 이른바 ‘뉴라이트’를 주창하며 자기 변신을 꾀하는 부류가 그것이다. 과거 식 수구에 가까운 언론이 조선일보라면 중앙일보는 신자유주의의 세련된 모습에 더 가깝다.

16 최근 삼성경제연구소에서 주주행동주의에 대해 우려하는 보고서를 내는 것은 이를 반영하고 있다. (삼성경제연구소, 〈펀드 자본주의의 명과 암〉, 2006. 9. 20.; 〈헤지펀드 행동주의 대두와 대응과제〉 2007. 4. 30)

17 참고로 한국의 전체 인구는 4845만 명이다. 15세 이상 생산가능 인구는 3900만 명, 19세 이상 유권자는 2007년 17대 대선 기준으로 3765만 명, 그리고 현실적인 경제활동 인구는 2400만 명이다.

18 통계청 2007년 추계인구는 4845만 6000명이다. (통계청국가통계포탈(www.kosis.kr))

19 2007년 12월 현재, 15세 이상 인구인 생산가능 인구는 3934만 2000명이고, 이 가운데 경제활동 인구는 2399만 3000명이다. 실제 취업자는 2325만 7000명(고용률 59.1퍼센트)이고, 공식 실업자는 73만 명(실업률은 3.1퍼센트)이다. (통계청 2007년 12월 자료).

20   통계청, 〈농업 및 어업 기본 통계조사 결과〉, 2007.

21   411만 9000명으로 취업자의 17.6퍼센트에 해당한다.

22   노동부 2007년 2월 22일자 보도자료에 따르면 외국 인력이 국내에 취업하면 대부분
      제조업(70퍼센트)으로 들어가고, 나머지가 건설업(10퍼센트)과 서비스업(20퍼센트)에
      투입된다. 구성비가 보여주는 것처럼 외국인 노동자들은 대부분 임금 경쟁력이 없는
      사양 산업이나 식당 종업원 등에 투입된다고 봐야 한다.

23   신광영은 직업(직군)은 계급과는 서로 다른 차원의 분류이기 때문에 직업을 중심으로
      계급을 분석하는 것은 자본주의 사회에서의 계급구조와 계급 역학을 분석하는 데 한
      계가 있다는 점을 확인하고 있다. 그러나 그는 직업 종사자의 변화 추이를 분석하여
      전반적 추세를 알아보는 것은 가능하기 때문에 직업 분포의 변화를 중심으로 계급 구
      성의 변화를 추정할 수 있다고 했다. (신광영, 〈경제 위기와 계급구조〉, 《한국의 계급
      과 불평등》, 을유문화사, 2004)

24   2007년 기준으로 놓고 보면, 대략 임직원과 관리자 수가 60만 명, 전문가 200만 명,
      준전문가가 260만 명, 사무직이 330만 명, 판매 서비스직이 550만 명, 기능원/근로자
      /기계조작/조립원이 500만 명, 단순 노무직이 260만 명이다. 신광영은 1997년에서
      2000년까지의 자료를 분석하면서 전문가와 준전문가가 늘어난 것을 두고, 외환위기
      로 '중산층의 붕괴'를 말하는 것은 허구라고 주장한다. 그는 생산직 노동자가 급격히
      줄어든 것에 주목하여 오히려 노동계급의 위기라고 주장한다. 그러나 이것은 다소 성
      급한 판단일 수 있다. 왜냐하면 이 자료에는 이른바 전문가와 준전문가들 가운데 존
      재하는 비정규직이 반영되어 있지 않은데, 비정규직은 일반 노동자뿐 아니라 전문가
      와 반전문가에서도 폭넓게 나타나고 있고, 극히 소수의 자발적 프리랜서를 제외하면
      전문가와 반전문가 비정규직의 소득수준은 제조업 생산직보다 낮기 때문이다. (신광
      영, 〈경제 위기와 계급구조〉, 《한국의 계급과 불평등》, 을유문화사, 2004)

25   한국보건사회연구원, 〈사회 양극화의 실태와 정책과제 연구보고서〉, 2007.

26   1990년 소련과 동구 사회주의 몰락과 함께 한국 사회를 계급구조에 기초하여 연구하
      려는 경향은 대폭 축소되었다. 그러나 자본주의 사회의 대안주체를 분석해야 하는 이
      상, 계급적 관계를 보는 것은 여전히 기초적인 의미가 크다. 다만 그것을 신자유주의
      출현과 정보기술 혁명에 따른 산업구조 변동이라는 조건에서 어떻게 현대적으로 적

용할 것인지가 문제가 될 것이다.

신광영 교수의 《한국의 계급과 불평등》(2004)을 참조하라. 신광영 교수는 1990년대 이후 신산업 출현과 함께 나타난 서비스 노동자를 기존 포드주의의 전통적인 육체 노동자와 구분하여 평가하고 있다. (신광영, 〈서비스 사회와 계급 구성의 변화〉, 《동향과 전망 (68호)》, 2006) 아울러 계급론을 전통 마르크스주의적 관점에서 현대 사회변화에 맞추어 해석한 글로는 김호균의 〈맑스 계급론의 방법론적 재해석과 현대화〉(2005)가 있다.

27 산업연구원, 〈서비스산업 성장 동력화의 한계와 대응 방안의 모색〉, 2007.

28 흥미 있는 것은 북한도 이와 유사한 의견을 가지고 있다는 것이다. "기술노동에 종사하는 근로자건 정신노동에 종사하는 근로자건 그들은 다 생산수단의 소유자는 아닙니다. 기술노동과 정신노동을 하는 근로자들이 육체노동을 하는 노동자들과 기술문화 수준에서나 노동조건에서 일정한 차이가 있지만 그들은 다 같이 자본가에게 고용되어 임금을 받고 살아나간다는 점에서 본질적인 공통성을 가지고 있습니다. 오늘 발전된 자본주의 나라들에서 종래 의미에서의 노동자 대중과 새로 늘어난 기술노동과 정신노동에 종사하는 근로자들을 합하면 자본가에게 고용된 근로자들의 수가 전체 직업 주민의 80~90퍼센트를 차지합니다. 이것은 공산당, 노동당들의 사회계급적 지반이 약화된 것이 아니라 오히려 확대되었다는 것을 보여줍니다." (김정일, 〈반제투쟁의 기치를 더욱 높이 들고 사회주의 공산주의로 힘차게 나가자〉, 1987)

29 엄밀하게 본다면 21세기에는 완전한 육체 노동자와 완전한 정신(두뇌) 노동자란 없다. 육체노동에도 점점 더 지적 노동의 요소가 강하게 결합될 것이다. 따라서 기계적으로 육체 노동자와 정신 노동자를 분리시키는 것은 현실과 부합하지 않는다. 노동 과정에서 지적인 노동이 차지하는 비중이 계속 증대하는 것은 필연이다.

30 실제로 현재 민주노총만 봐도 금속노조 정도를 제외한다면 전교조, 공무원노조, 금융노조, IT 노조 대부분의 노동자들을 전통 제조업 생산직 노동자로 보기는 어렵다. 그러나 이들이 민주노총에서 차지하는 비중은 막대하다.

31 우리나라의 회사 법인은 2005년 기준 27만 4895개다. 그리고 300명 이상을 고용하고 있는 사업체 수는 2372개, 100명 이상을 고용하고 있는 기업을 모두 합쳐봐야 1만 1813개에 불과하다. (통계청, 〈2005년 기준 사업체 기초 통계조사 보고서〉, 2006)

32   반면 300인 이상 대기업 노동자의 비율은 1990년 38퍼센트에서 2006년 24퍼센트로
      무려 14퍼센트가 감소한다.

33   한 가지 덧붙인다면, 사람들의 사회경제적 처지 못지않게 그들이 과거와 현재에 가지
      고 있는 이념과 생각, 의식과 정서도 중요하다. 사람들이 주체로 참여하는 것은 결국
      자신이 가지고 있는 의지에 따르기 때문이다. 의지는 원칙적으로 자신이 처한 경제적
      처지로부터 형성되는 것이 일반적이지만, 특정 조건과 시점에서 서로 분리될 수 있다
      는 것을 인정해야 한다.

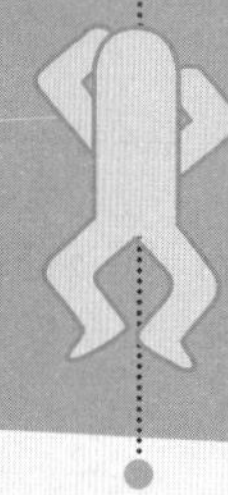

새로운 사회를 여는 희망의 조건

상위 10%만을 위한 시장국가에서
하위 90%는 어떻게 살아야 할까?

PART 01

달라진 한국 경제의 지배구조와 산업구조

근본부터 달라진 한국 경제

김병권 | 새사연 연구센터장

1

한국 경제의 주인은 누구인가

양극화가 심각해지고 있지만 이 피해를 전혀 보지 않으면서, 정확히 말하면 수혜자로 승승장구해온 기업과 자본이 있다. 외환위기 이후 주주자본주의 시스템이 이식되면서 이 새로운 시스템의 수혜자로 등장하여 한국 경제를 쥐락펴락하는 그들은 누구인가.

◆ 지배 블록의 구성을 바꾼 외환위기

외환위기 이전 한국 자본주의는 주요 공기업과 은행에 대해 지배력을 장악하고 있던 국가와 이른바 30대 재벌로 상징되던 재벌 대기업 그룹에 의해 통제되고 지배되었다. 외환위기 이전 재벌 그룹들은 국가의 각종 특혜와 '황제경영'이라고 비난받는 전근대적 경영 행태를 통해 한국 경제를 좌우했다.

주식시장이 발달하지 않았던 시대에 주요 자본조달 창구였던 은행은 '관치금융'이라는 표현으로 압축되듯이 사실상 국가에 의해 통제되었다. 포스코와 KT 같은 핵심 기간산업도 정부 수중에 있었다. 외환위기 이전에는 외국자본이 주식시장 등을 통해 가지고 있던 지분율은 10퍼센트가 넘지 않았다.

그러나 외환위기로 사정은 달라졌다. 재벌 그룹은 절반 정도만 살아남았다. 그런데 생존한 재벌 그룹은 이전보다 규모가 더욱 비대해졌으며 영향력도 그에 비례하여 확대되었다. '삼성공화국'이라는 표현이 단적인 사례다.

은행은 더 이상 국가 통제 아래 있지 않다. 수차례의 인수합병으로 7개 내외로 줄어든 거대 은행들은 평균 80퍼센트 이상의 지분이 외국인 수중에 들어간 채로 철저히 민영화되어 거대 기업군을 형성하고 있다. 이제 은행은 '금융기관'이 아니라 '금융회사'로서 한국 경제에 막강한 지배력을 행사하며 매년 막대한 수익을 올리고 있다.[1]

외환위기 이후 IMF의 주요 요구사항이자 신자유주의 정책 추진의 핵심 상징이기도 했던 것이 주요 공기업 민영화였다. 주요 기간산업이었던 공기업은 민영화되고 외국자본이 핵심 주주로 등장했다. 포스코(2000년 민영화), KT(2002년), KT&G(2002년) 민영화가 대표적 사례다. 이들 역시 독점적 시장지배력을 기반으로 하여 침체된 한국 경제에서 막대한 수익을 올리고 있다.

이처럼 우리 경제의 주인은 과거 국가와 30대 재벌에서, 외환위기에서 살아남아 더욱 거대해진 재벌 그룹과 은행, 민영화된 기간산업을 주축으로 하여 새롭게 재편되었고 국가는 중요한 경제적 권리를

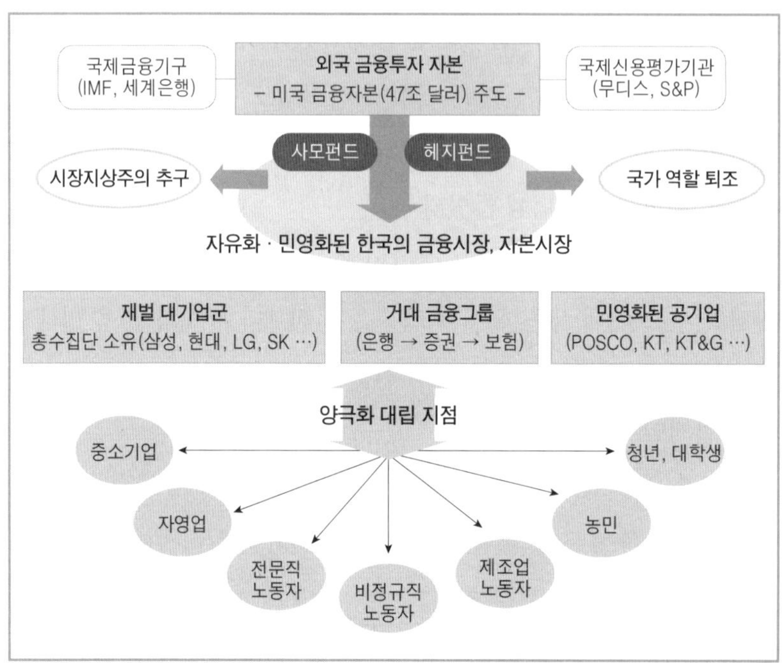

* 새사연.

포기했다. 그리고 그 위에 다시 미국을 중심으로 하는 외국 금융주주 자본이 자리잡고 있다. 이들이 주주자본주의 한국 경제의 실질적인 주인 노릇을 하고 있다.

외환위기 이후 우리나라 산업구조의 변화 과정을 제대로 보려면, 이들 주주자본주의 실세들이 어떻게 한국 경제를 운용했고 어떤 방법과 수단을 동원하여 이윤을 실현해왔는지를 반드시 알아야 한다. 그렇지 않으면 10여 년간 산업구조 변화의 원인과 동기, 그 추동 메커니즘을 제대로 알 수 없다.

최근 몇 년간 한쪽은 외국 투기자본을 규제한다면서 재벌의 역할

을 과도하게 설정하는 주장이, 다른 한쪽에서는 재벌 그룹의 총수일
가 지배체제를 견제해야 한다면서 사실상 외국 금융주주 자본과 한
짝으로 움직이는 주장이 나누어져왔던 것도 이런 맥락 아래 있다.
누구도 중소기업이나 국민과 함께 외국 금융주주 자본과 재벌을 견
제하려는 적극적인 시도를 하지 않았다. 진동추처럼 외국 금융주주
자본과 국내 재벌 대기업 사이를 방황하며 나오지 않는 답을 구하려
했던 것이 그간의 모습이었다.

실질적 지배자는 외국 금융주주 자본

우리나라에 들어온 외국인 투자자는 1998년 말 약 8000명에서
2007년 초에는 2만 명으로 불어나 있다. 2006년을 기준으로 하여 전
체 주식투자자 수는 360만 명으로 전체 경제활동 인구의 15퍼센트에

[그림 1-2] 유가증권시장에서 투자자별 시가총액 비중

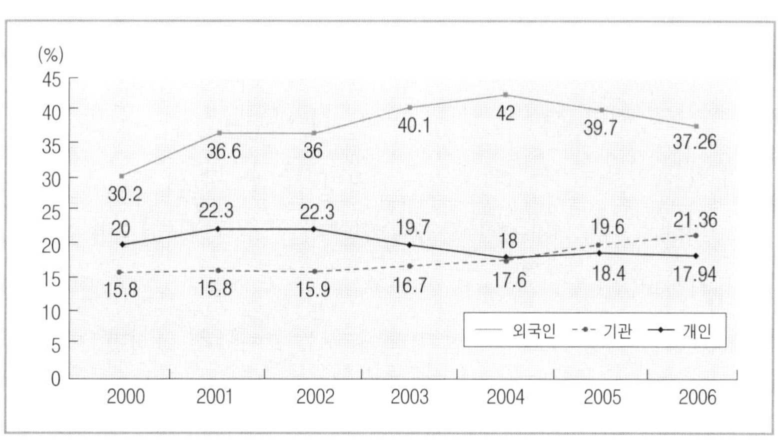

* 증권선물거래소 자료(www.krx.co.kr).

이르지만[2] 그 200분의 1에 해당하는 외국인 투자자들이 막대한 자본력을 이용해 자본시장을 사실상 좌우하고 있다. 이들 외국 금융자본은 주식시장을 매개로 하여 재벌 대기업과 거대 금융회사, 민영화된 기간산업에 막강한 영향력을 행사한다.

우리나라 주식시장에서 외국자본이 차지하는 비중은 37.3퍼센트(2006년 말 기준)로 세계 33개국 가운데에서 9위 수준이다. 우리나라보다 외국인 비중이 높은 나라들 가운데서 주주자본주의화가 심각한 멕시코(45.1퍼센트를 외국인이 소유)를 제외하면 나머지 국가는 네덜란드, 필리핀 등 규모가 크지 않은 나라들뿐이다.

외국자본이라고는 하지만 일본이나 영국의 비중이 각각 8퍼센트 미만인 반면 미국이 공식적으로 37퍼센트를 차지하여 압도적으로 많고 케이만 군도 등 조세회피 지역의 자본이 대부분 미국계인 것을 감안한다면 사실상 미국이 차지하는 비중은 절반이 넘는다고 봐야 한다. 실제 미국이 자체 조사한 한국 투자현황을 보더라도 이 점은 분명하다.

1994년 미국 자본은 한국 주식과 채권을 약 70억 달러 보유하고 있는 정도였지만 2005년 말 기준으로 1100억 달러를 보유함으로써 10여 년 사이에 금액이 25배로 늘어났다. 우리나라 증시 시가총액의 약 15퍼센트, 증시 외국인 투자액 전체의 약 50퍼센트를 미국 자본이 차지하고 있다.[3]

2004년을 정점으로 외국인 비중이 다소 줄어들긴 했지만, 이는 국내의 성장잠재력이 줄어들어 국내보다는 다른 아시아 신흥시장에 관심을 기울이기 시작했기 때문이다. 또 국내 재벌총수들이 경영권 방어를 위해 자사주를 매입하거나 자기지분율을 일정 정도 올린 것도 요인으로 작용했다. 코스닥 시장의 경우도 2006년 말 기준으로 아직 개인투자자들이 61.4퍼센트의 주식을 소유하고 있지만 외국인역시 2006년 말 기준으로 14.6퍼센트의 지분을 가지고 있다.

그 결과 국내 대부분의 은행은 외국자본이 80퍼센트 이상의 지분을 보유하고 있어 사실상 국내 은행이라고 할 만한 것은 우리은행뿐이다. 국내 재벌 대기업 역시 예외가 아니다. 삼성전자(48.9퍼센트)나 SK텔레콤(49.0퍼센트), LG전자(33.47퍼센트), 현대자동차(39.5퍼센트) 계열사의 주요 기업에 대해서도 2007년 7월 기준으로 외국인은 평균 50퍼센트에 가까운 지분을 소유하고 있다. 나아가 포스코(55.42퍼센트), KT&G(50.96퍼센트)와 같이 민영화된 공기업도 절반 이상의 지분을 외국인이 장악하고 있다. 민영화 당시 법적으로 외국인 지분율이 50퍼센트를 넘지 못하도록 규제한 KT에 대해서만 한도를 꽉 채운 47퍼센트의 지분을 가지고 있을 뿐이다.

외국의 금융주주 자본은 최근 은행뿐 아니라 보험시장에도 진출을 확대하고 있다. 그간 국내 판매망이 부족해서 고전했던 외국계 보험사들은 은행의 방카슈랑스 영업을 계기로 국내 시장을 대폭 늘리고 있다. 그 결과 생명보험사 수입보험료 가운데 8개 외국 생보사가 차지하는 비중은 1998년 1퍼센트에 불과하던 것이 2006년 19퍼센트까지 확대되었다.[4] 이처럼 외국자본은 외환위기 이후 주식시장을 매개로 하여 우리나라의 주요 기간산업, 금융, 대기업의 소유권을 장악해왔다. 그렇다면 자본시장을 통해 한국의 주요 기업을 소유하고 있는 외국 금융자본의 실체는 무엇인가.

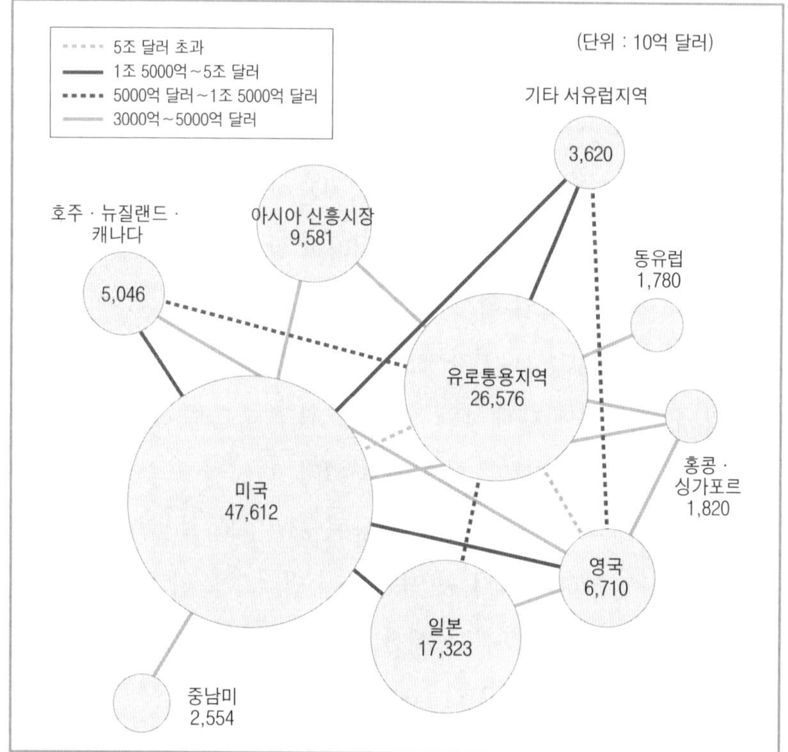

* 원은 자산 규모, 선은 거래 규모. 맥킨지 자료.

금융자본의 실체, 펀드자본

2006년 말 현재 전 세계 금융자산은 140조 달러로 세계가 생산한 재화와 서비스 총합의 세 배에 달하는 엄청난 규모로 커졌다. 이 규모는 지난 수년간 두 배로 커진 규모다. 전 세계적으로 볼 때 주식 소유의 20퍼센트는 외국인 투자자들이 차지하고 있다. 이 가운데 미국의 금융자산이 47조 6000억 달러로 세계 금융자본을 주도하고 있고

영국이 6조 7000억 달러로 뒤를 잇는다.[5]

특히 최근 외국 금융자본은 사모펀드와 헤지펀드 등 펀드자본 형태를 띠고 확대되고 있다. 100명 미만의 개인들이 펀드를 형성하여 금융 당국의 아무런 규제를 받지 않고 기업 인수합병 등을 공격적으로 수행하는 사모펀드PEF는 그 부정적인 모습 때문에 '메뚜기 떼'에 비유되기도 한다. 사모펀드는 단순한 기업 인수합병을 넘어서 글로벌 기업 판도를 좌우하는 공룡으로 떠올랐다. 대표적인 미국 소비자 기업인 던킨도넛과 버거킹도 현재 사모펀드 소유다. 미국의 대표적 렌트카 업체인 허츠도 사모펀드 소유다. 한국에서 외환은행을 소유했던 론스타도 그러하다.[6]

또 최근 10년 사이 규모가 열 배로 늘어나 2007년 1월 현재 자산 규모 1조 5600억 달러에 이르는 헤지펀드도 금융자본의 주요 실체다. 전 세계의 헤지펀드는 현재 1만 1000개가 활동 중이며 2008년 말에는 운영자금 규모가 2조 달러에 이를 것으로 전망된다. 이들 펀드자본이 주축이 된 외국 금융주주 자본이 우리나라 주요 기업의 소유권을 장악하고 단기 수익을 높이기 위해 경영권에까지 적극 개입하고 있다. 그렇다면 외국 금융주주 자본은 어떻게 주식시장을 통해 기업을 지배하고 자신들의 이익을 실현하고 있을까? 그들이 은행을 대신하여 기업에 자본을 조달하는 긍정적인 메커니즘은 없는 걸까?

2007년 7월에는 한때 종합주가지수가 2000을 넘어서기도 했다. 2007년 말 기준으로 시가총액을 보면 거래소 주식 951조 원, 코스닥 99조 원으로서 총액이 1000조 원을 넘는다. 우리나라 GDP 규모인 820조 원을 상회하는 것이다. 그간 한국 경제의 장기적인 내수 부진에 비추어볼 때 엄청난 기현상이다.

그런데 증권거래소 상장기업은 745개(2007년 말) 수준이고, 코스닥 등록기업은 1022개 정도로 다 합쳐봐야 1800개 미만이다. 주식시장을 통해 자금이 공급되는 기업은 실제 극소수에 불과하다는 얘기다. 30만 중소기업인의 입장에서 보면 주식시장은 자신들과 전혀 관계없는 자본시장이다. 특히 거래소의 경우 지난 5년 동안 24개 기업만 새로 상장했을 정도로 진입 문턱도 높다.

결국 외국자본은, 한국 경제 전체로 볼 때 일부 코스닥에 등록된 벤처기업을 제외하면 대부분은 우량기업인 극소수 대기업에만 자본을 집중 투자하여 다수 지분을 보유하고 있다. 그런데 이들의 투자가 실제로 기업들에게 신규 설비투자와 고용 확대, 첨단기술 도입

[그림 1-4] 상장사의 주주관리 비용 추이

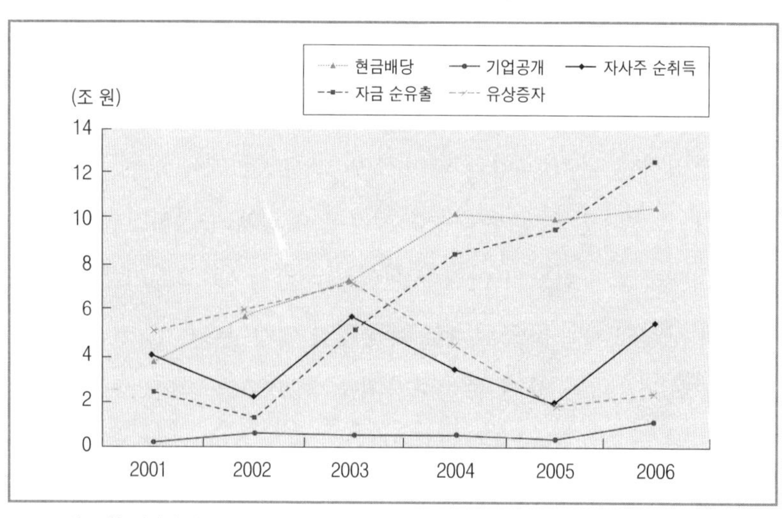

＊ 598개 12월 결산법인.
＊ 2006년은 추정치.

등을 위한 자본조달 효과를 낳기는 하는 걸까?

　외환위기 이후 자본시장의 움직임을 보면, 자본시장을 통해 상장 기업들에게 조달된 금액보다 기업들이 영업 활동으로 거둔 수익을 자본시장에서 회수해 간 금액이 훨씬 크다는 사실을 발견할 수 있다. 자본시장에서 기업으로 실제 자금이 투입되는 경우는 기업공개IPO를 통해 신규 주식을 발행하는 경우와 이미 상장된 기업이 유상증자를 하는 경우뿐이다. 반대로 기업에서 자본시장으로 자금이 유출되는 경우는 현금을 배당하거나 기업이 자사주를 취득하는 경우다.[7]

　말하자면 자사주 매입과 현금배당, 그리고 유상감자는 기업의 자본조달 목적과는 아무런 상관이 없으며 오직 기존 주주들의 주주이익 실현을 위한 수단이다. 증권시장에서 시세 차익을 바라고 주식을 매수하고 매도하는 행위도 마찬가지다. 이미 발행된 주식을 유통하는 과정에서 발생된 차익을 주주들이 나눠 가지는 것일 뿐 기업의 자금조달과는 전혀 상관이 없다.

　[그림 1-4]를 보면 2006년 말을 기준으로 지난 6년간 기업으로부터 주식시장으로 순유출된 금액((현금배당＋자사주 취득)－(기업공개＋유상증자))은 꾸준히 증가했다. 6년 동안 기업이 주식시장을 통해 조달한 자금은 30조 원을 조금 넘는 반면, 기업이 올린 수익 가운데 자사주 취득과 현금배당으로 지출한 금액이 무려 70조 원에 달한다. 주식시장을 통해 40조 원 가량이 기업으로부터 주주에게로 빠져나간 것이다.

　수년 전부터 12월 결산법인의 주주총회가 몰린 3, 4월만 되면 매년 엄청난 규모의 경상수지 적자가 발생하는 현상이 반복되고 있다. 한국은행이 발표한 자료에 따르면 2007년 3월 경상수지는 15억 달러로 큰 적자였다. 주주총회에서 외국인 주주에게 거액의 현금배당이 발생하고 이에 따른 21억 달러의 소득수지 적자가 경상수지 적자의 주범이 된 것이다.[8] 외국인이 안방을 차지한 주주자본주의 한국 경제의 신풍속도다.

주주를 배고프게 하지 말라

외국 금융주주 자본은 기업의 수익 창출을 기다려 배당을 요구하거나 주식을 되팔아 시세 차익을 남기는 것으로 만족하지 않는다. 이른바 '주주행동주의'라고 불리는 그들의 새로운 경영 간섭 양태는 투자한 기업의 경영 방식이 마음에 들지 않을 때 '싫으면 주식 팔고 떠난다'는 게 아니라 사전적, 사후적으로 기업경영과 성과 배분에 적극적으로 개입하고 단기간에 자신들의 투자 이익을 회수하기 위해 수단과 방법을 가리지 않는다.[9]

이미 우리나라에서도 대기업 그룹인 SK가 소버린으로부터 경영권 위협에 시달렸고 민영화된 공기업인 KT&G가 칼아이칸에게 마찬가지 곤경을 당했으며, 핵심 은행 가운데 하나인 외환은행이 론스타에게 넘어간 뒤 막대한 차익을 남겨주었던 사례가 있었다.

그러다보니 주요 상장기업들의 경영자들은 "결코 주주를 배고프게 하지 말라"는 명령을 경영의 지상 과제로 삼지 않을 수 없게 된다. 주로 단기 수익을 낼 수 있는 감원과 구조조정, 주가 관리 등에 매달리고 장기 설비투자나 사업 확대에는 지극히 소극적이고 보수적인 경영을 하고 있는 배후에는 언제든지 '주주행동'이라는 실력 행사를 준비하고 있는 외국 금융자본이 존재한다.

그러나 채찍만이 능사는 아니다. 금융주주 자본은 경영자들에게 엄청난 규모의 스톡옵션을 당근으로 주어 주주자본주의 경영을 회유하고 있다. 예를 들어 주요 은행들은 은행장을 포함한 임원들에게 2006년 9월 기준으로 국민은행 약 480만 주, 신한은행 80만 주, 하나은행 250만 주, 외환은행 600만 주를 스톡옵션(주식매수선택권)으로 부여해주고 있다. 이런 환경에서 연봉 1원을 받으면서 국민은행장에 취임했던 김정태 전 행장이 40만 주의 스톡옵션을 부여받아 4년 만에 110억 원 가량을 벌어들이는 상황이 연출됐다. 노동자를 잘라내 거둔 단기 수익으로 외국인 주주와 경영자들만의 잔치를 벌이고 있는 것이다.

주주들의 단기적인 기업 인수와 되팔기 행태, 경영 개입은 비교적 소규모 벤처기업들이 몰려 있고 개인 투자자들도 60퍼센트가 되는 코스닥 시장에서도 똑같이 나타난다. 2006년 코스닥 기업 가운데 최대 주주가 변경된 회사는 215개 사로 5개 회사 가운데 한 군데에서 최대 주주가 교체되었으며 두 번 이상 최대 주주가 바뀐 곳도 71개 사로 나타났다.[10] 코스닥 시장 전체로는 거의 하루에 한 건 꼴로 등록기업의 대주주가 바뀌었다는 얘기다. 이들이 안정적으로 기업경영에 전념할 수 없음은 물론이다.

이처럼 외국 금융주주 자본은 자본시장을 통해 주요 기업들을 지배하고, 지분을 소유하여 배당금을 챙길 뿐 아니라 공격적인 경영 개입으로 단기간에 투자 이익을 회수하기 위해 갖가지 기법을 동원하고 있다. 이들에게는 기업도 하나의 상품에 불과하다. 주주자본,

펀드자본에게 있어 인수기업이란 '사회적 기관이나 장기적인 부의 창조자가 아니라 사고팔아야 할 자산 목록에 불과'한 것이다. 외환위기 이후 한국 경제와 한국의 산업은 바로 이들 외국 금융주주 자본의 움직임에 따라 그 구조가 변해왔다고 볼 수 있다.

◆ 살아남은 재벌들, 더욱 강해지다

외환위기 이전까지 30대 재벌이라 불리는 대기업 집단은 정부의 각종 특혜와 전근대적 경영으로 한국 경제를 지배해왔다. 외환위기는 방만한 차입 경영과 중복 투자를 일삼은 재벌 그룹을 위기에 몰아넣어 대우그룹을 비롯한 몇몇 재벌은 몰락을 겪기도 했다. 그러나 외환위기에서 살아남은 절반 정도의 재벌 그룹들은 주주자본주의에 편승하여 더욱 확고한 독점적 지배력을 구축하게 되었다. 무너진 일부 재벌들의 자리를 신생기업이 채운 것이 아니라 절대 강자가 독식하는 구조로 변한 것이다. 그 정점에는 삼성이 있다.

현재 대기업 집단은 자산 규모 2조 원 이상으로 공정거래위원회에서 발표하는 '상호출자제한 기업집단' 자료에서 대략의 규모를 파악할 수 있다.[11] 2008년 1월 현재 자산 규모 2조 원 이상인 대기업 집단은 공기업을 포함하여 모두 61개 집단이며 이들이 거느린 계열사는 삼성이 59개, 현대자동차가 37개, SK가 58개를 비롯하여 모두 1274개에 달한다. 이들 기업 집단의 자산 총규모는 2006년 한 해 동안에만 106조 원이 늘어나 연말 기준으로 979조 원을 넘는다. 그리고 이들 가운데 오너와 그 가족 중심으로 운영되는 기업이 43개로

[표 1-1] 주요 대기업 집단

순위	기업 집단명	총　수	계열사 수
1	삼성	이건희	59
2	한국전력공사	한국전력공사	12
3	현대자동차	정몽구	36
4	SK	최태원	63
5	LG	구본무	36
6	대한주택공사	대한주택공사	2
7	롯데	신격호	43
8	한국도로공사	한국도로공사	4
9	포스코	(주)포스코	28
10	KT	(주)케이티	28
11	한국토지공사	한국토지공사	3
12	GS	허창수	54
13	금호아시아나	박삼구	35
14	한진	조양호	26
15	현대중공업	정몽준	8
16	한화	김승연	38
17	두산	박용곤	21
18	한국철도공사	한국철도공사	15
19	하이닉스	(주)하이닉스반도체	5
20	한국가스공사	한국가스공사	3

＊ 공정거래위원회 주요 대기업 집단, 총 61개 가운데 상위 20개(2008년 2월 1일 기준)

전체의 70퍼센트에 달한다.

특히 삼성, 현대자동차, SK, LG를 필두로 한 총수지배 재벌 그룹은 총수와 친인척의 지분을 합쳐 5퍼센트도 안 되는 지분으로 그룹사를 지배하고 있다.[12] 여전히 주력사 사이에 순환출자 구조를 가지고 있다는 뜻이다. 예를 들어 삼성은 '삼성에버랜드－삼성생명－삼성전자－삼성카드－삼성에버랜드' 현대차는 '현대자동차－기아자

동차–현대모비스–현대자동차' SK는 'SK–SKC–SK케미칼–SK'
의 순환출자 구조를 유지하고 있다.

실상 외환위기 이후 구조조정을 통해 비용을 줄이고 수출에 주력
하여 성장을 주도한 것은 이들 재벌 그룹들이다. 삼성, 현대차, SK,
LG 등 상위 4대 그룹의 수출액이 국가 전체 수출액의 절반에 이르고
국내총생산GDP 비중은 42퍼센트에 달하는 것이 이를 입증한다.[13]

또 이들은 우리나라 기업 수익의 대부분을 독점하고 있다. 2006년
수익성 상위 5퍼센트인 70여 개 기업들이 전체 기업 경상이익의
88.8퍼센트를 차지하고 있다. 삼성전자와 포스코 등 5개 기업이 차
지하는 경상이익률만 해도 전체 이익의 60퍼센트 정도다. 산업과 기
업 양극화의 극단적인 모습을 나타내고 있는 것이다. 우리나라는
'일하기 좋은 나라'가 아님은 물론 '기업하기 좋은 나라'도 아니다.
정확히 '극소수 대기업이 기업하기 좋은 나라'인 셈이다.

한편으로는 주주를 위한 배당금으로 나가기도 하지만 대기업들
은 엄청난 수익을 남긴다. 그러나 설비 투자를 공격적으로 확대하진
않는다. 그러다보니 기업이 쓰지 않고 쌓아놓고 있는 현금(현금유보
율=자본금 대비 잉여금 비율)은 어마어마한 수준으로 증가했다. 12월
결산 제조업체 487개 사의 2004년 평균 유보율은 500퍼센트, 2006년
에는 600퍼센트를 넘고 있다.

한국의 재벌은 금산법(금융산업의 구조 개선에 관한 법률)과 경영권
방어 문제로 외국 금융자본과 경쟁관계에 있기도 하지만 기본적으
로는 주주자본주의에 적응하여 외국 금융주주 자본과 동일한 이해
관계를 갖는다. 이는 삼성그룹의 총수인 이건희 일가의 배당 수익

[표 1-2] 이건희 삼성회장 일가 2006년 현금배당 현황

	회사명	유주식수(보통주)	주당 현금배당(원)	배당 총금액(원)	기타
이건희	삼성화재	151,565	1,500	227,347,500	3월 결산
	삼성물산	2,206,110	350	772,138,500	12월 결산
	삼성증권	67,347	1,500	101,020,500	3월 결산
	삼성전자	2,739,939	5,000	13,699,695,000	12월 결산
총계				14,800,201,500	
홍라희	삼성전자	1,083,072	5,000	5,415,360,000	12월 결산
이재용	삼성전자	840,403	5,000	4,202,015,000	12월 결산

* 《머니투데이》, 2007년 1월 22일자 인용.

증가에서 쉽게 발견할 수 있다. 이건희 삼성회장 일가는 2006회계연도에 244억 원 상당의 현금배당을 받은 것으로 추정된다. 이 회장은 2004회계연도에 287억 원을 배당받은 데 이어 2005회계연도에도 146억 원을 배당받았다.[14]

그러나 재벌 기업의 경영 관행도 주주자본주의의 영향력에서 자유로울 수는 없다. 재벌 대기업들도 외환위기 이후 구조조정이라는 이름으로 대거 감원을 실행했고, 설비 투자를 줄여왔으며 주주배당과 자사주 매입에 거액의 돈을 쏟아 붓고 있는 실정이다. 이종욱 전 경련 상생협력연구회 회장이 중소기업 납품단가 정상화 요구에 대해 대기업 입장에서 한 변명을 보면 알 수 있다. "수익을 내는 것이 경영진의 절체절명의 과제가 되었다. 삼성이고 LG고 외국인 투자자나 국내 주주들이 만족할 만한 이익을 내는 데 힘이 부칠 것이다."[15]

외환위기 이후, 수출 증대로 수익을 올린 재벌 대기업들에서 고용 방출이 일어났을 뿐 아니라 인력 훈련비를 줄이기 위해 신입사원 채용 비율을 줄이고 경력직 채용을 체계적으로 늘려왔다. 또 해외 생산

기지 이전으로 비용을 줄이려는 시도도 계속 이어졌다. 2007년에도 대기업은 변함없이 고용을 줄이거나 동결했다. 삼성전자는 2006년 4500명에서 2007년 3200명, LG전자는 2000명에서 1500명 수준, 현대와 기아자동차도 1200명 수준에서 묶인 것으로 조사되었고 이는 2008년에도 큰 변화없이 유지될 예정이다.[16, 17]

결국 이들의 주주자본주의적인 경영과 주주관리 비용은 재벌 대기업의 성장능력을 감소시키는 원인이 되어 최근 대기업의 수익률이 지속적으로 떨어지는 결과를 빚었다. 대기업들의 영업 이익률은 2005년 평균 7.2퍼센트에서 2006년 6퍼센트로 낮아졌는데 이를 단지 원화절상이나 고유가 때문으로 보기는 어렵다.[18] 2007년 초 삼성과 현대자동차 총수들이 연속적으로 샌드위치론을 주장한 것은 낮아지는 영업 이익률에 대한 일정한 반영이라고 볼 수 있다.

국내 재벌 기업들의 행태와는 다소 다른 양상을 보이고 있는 것이 최근 일본 기업들이다. 1990년대 10년간 장기침체를 경험한 바 있는 일본에서는 2003년 이후 '제조업의 국내 회귀 현상'이 일어나고 있다. 일본은 고용 비용이 싸서 그런 걸까? 물론 일본의 인건비는 대단히 비싸다. 그렇지만 생산 원가에서 차지하는 인건비의 비중은 줄어드는 대신 기술이 경쟁력을 결정짓는 핵심 요소가 되고 있고, 연구와 제조기술이 결합할 때 진정한 경쟁력이 나온다는 점을 일본 기업들은 깨달았다. 일본 기업은 싼 인건비를 노린 해외 진출이 결코 경쟁력 향상에 도움이 되지 않음을 경험으로 터득한 것이다.[19] 손쉽게 고용을 줄이고 해외로 생산기지를 이전하려는 국내 재벌과는 여러 모로 비교되는 대목이다.

◆ 은행, 거대 금융그룹으로 성장하다

외환위기로 가장 큰 변화를 겪은 분야가 금융산업이다. 그 가운데 특히 은행이 두드러지고 증권, 보험회사는 2008, 2009년에 변화가 닥칠 예정이다. 외환위기로 기업 부실을 떠맡은 은행은 막대한 공적자금 투입으로 회생되었고 이어서 민영화와 외국자본 유입이 빠른 속도로 진행되었다. 민영화되고 외국자본에게 문호가 개방된 은행은 국제 경쟁력이라는 이름 아래 대형화, 겸업화를 추구하는 인수합병을 추진했으며 최근 지주회사 형태로 다수의 자회사를 거느린 금융그룹으로 성장하고 있다.

현재 은행은 거의 대부분 외국자본에 지배구조가 장악되어 있다. 외국인이 소유와 경영을 완전히 장악하고 있는 한국씨티은행과

[그림 1-5] 국내 은행의 외국인 지분율(2007년 8월 23일 기준)

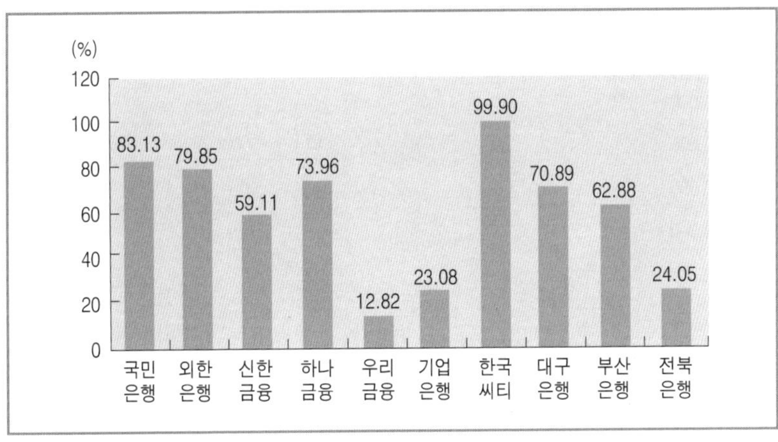

＊ 한국신용평가, 《상장, 코스닥 기업분석 2007년 가을》.
＊ 신한은행, 재일교포 지분 제외(재일교포 지분 17퍼센트를 합산하면 77퍼센트로 높아짐).
＊ SC제일은행은 상장폐지된 100퍼센트 외국계.

SC제일은행은 물론이고 국민은행, 신한금융지주회사, 하나금융지주회사, 외환은행 모두가 외국인 비중이 70퍼센트 이상에 이른다. 아직까지 민영화 과정에 있는 우리은행만이 2007년 7월 현재 예금보험공사 지분 72퍼센트가 남아 있을 뿐이다. 우리나라에는 사실상 외국인 은행만 있다고 볼 수 있는 것이다.

이렇게 외국인이 소유지분을 장악한 은행은 민영화되고 대형화, 겸업화되면서 외환위기 이전과는 완전히 다른 방식으로 경영에 나섰다. 위험 부담이 많고 장기적인 기업대출을 대폭 줄이는 대신 가계 신용대출과 주택 담보대출을 급속히 늘렸다. 은행들은 구조조정과 감원, 비정규직 고용에서도 재벌 대기업에 못지않은 행태를 보였다. 전통적으로 은행이 담당해온 산업에 대한 금융 중개 기능은 사라지고 철저한 수익성 위주 경영이 자리잡았다.

[그림 1-6] 국내 은행 순이익 가운데 외국인 배당액 규모

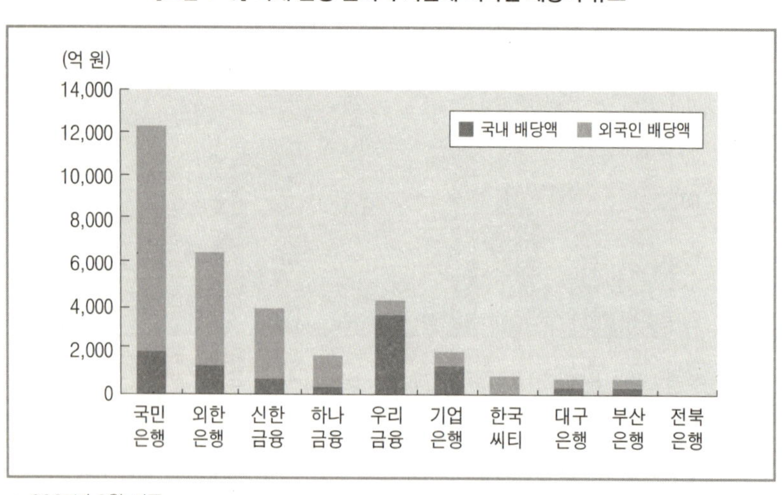

* 2007년 2월 기준.

그 결과 국내 최대 은행인 국민은행은 2005년 순이익 2조 2000억 원, 2006년 2조 4000억 원, 2007년 2조 7000억 원으로 역대 사상 최고치를 계속 갱신하는 등 막대한 수익을 올리게 된다. 금융감독원의 발표에 의하면 2006년 국내 은행의 순이익은 약 13조 5000억 원으로 2005년 13조 6000억 원과 비슷한 수준을 달성했다. 2006년에 시중 은행들이 2조 5000억 원을 대손충당금으로 적립한 것을 감안하면 연속적으로 순익이 크게 늘어난 셈이다.

은행이 올린 수익은 거액의 배당으로 외국인 주주들에게 돌아간다. 2006년에 올린 실적 가운데 국민은행은 순이익의 절반 수준을 배당으로 돌리기로 하여 1조 원 이상이 외국인 주주에게 돌아갔고, 10년 만에 첫 배당을 실시하는 외환은행 역시 대주주인 론스타를 비롯한 외국인 주주들에게 5000억 원 이상, 신한금융 역시 2700억 원 이상을 재일교포와 BNP 파리바 등 외국인 주주에게 배당했다. 하나은행의 800억 원, 우리금융지주의 400억 원도 외국인 배당 몫이다. 시중 은행들의 배당금을 합치면 2006년 수익 가운데 2조 2000억 원 이상의 거액이 외국인 주주에게 빠져나갔다.[20]

이에 대해 은행 관계자는 "외국인들에게 많은 배당금이 나가는데 대해 국민 정서가 좋지 않은 것은 이해하지만 주식회사가 주주의 이익을 극대화하는 것을 문제 삼는 것은 존재 목적에 대한 이의제기"라고 강변하고 있다.[21]

국민의 예금을 집중하고 가계대출과 중소기업 대출(대기업은 이미 축적된 내부 자본 때문에 더 이상 은행 대출을 필요로 하지 않는다)로 막대한 수익을 올리면서 그 수익을 고스란히 외국 금융 주주에게 배당으로 지불하고 있는 것이다. 그러면서도 중소기업 대출을 꺼리고 산업자금 중개 기능을 거의 하지 않음으로써 금융기관임을 포기하고 금융회사로 방향을 잡고 있다. 게다가 고용을 지속적으로 줄여 노동 인력을 방출하는 데 한 몫 하고 있다.

이처럼 첨단 수출 대기업, 민영화된 기간기업, 은행 등은 외환위기 이후 저성장 시대에도 불구하고 높은 수익을 내고 있지만, 다른 대부분의 기업은 그렇지 못한 것이 현실이다. 즉, 외국자본과 일부 재벌 대기업만 승승장구하고 중소기업인, 자영업, 노동자들은 그에 반비례해 전혀 자기 위치를 잡고 있지 못한 것이 주주자본주의 우리나라 경제의 현재 모습이다.

이러한 상황임에도 불구하고 참여정부는 기본적으로 대기업 중심의 기업정책, 산업정책을 펴왔고, 이명박 정부는 아예 '친기업business friendly 정책'을 공공연히 표방하고 있는 실정이다. 혁신형 중소기업 육성이나 대기업과 중소기업의 상생협력 정책은 실효성을 거두지 못하고 있고, 금융자본과 대기업의 자유로운 활동 폭은 계속 커져왔다. 한미 FTA는 이를 더욱 심화시킬 것으로 보인다.

한미 FTA로 구체화된 참여정부의 선진 통상국가론은 박정희 시대의 1차 압축성장에 비교되는 2차 압축성장 모델이라며 "5대 재벌이라는 강력한 펀더멘탈(경제 기초여건) 구축을 배경으로 하여 노동 배제적인 해외 자본, 국내 재벌, 국가의 삼각 편대를 중심으로 새로운 지배 블록 형성을 시도하는 것"이라는 주장은 그런 면에서 타당성이 있다.[22]

2

—

추락하는 중소기업들

외국 금융주주 자본을 최상위로 하여 재벌, 민영화된 공기업, 국내 은행이 막대한 수익을 올리면서도 거꾸로 고용을 계속 방출하는 동안 중소기업은 어떤 처지와 조건에 놓여 있을까? 결론을 먼저 말하면 중소기업은 대기업과 정반대의 길을 걸었다. 대기업의 절반도 안 되는 수익에 허덕이면서도 사업체 수는 늘고 대기업이 방출한 고용 부담을 떠맡고 있는 것이 오늘 중소기업의 현실이다.

◆ 중소기업을 사랑해야 하는 7가지 이유

우선 중소기업인 자신들이 생각하는 현재 우리나라의 중소기업 위상에 대해 알아보자. 2007년 중소기업중앙회가 발표한 〈대한민국이 중소기업을 사랑해야 하는 7가지 이유〉[23]를 보면 다음과 같다.

1. 우리나라 중소기업은 전 산업 사업체 수의 99.9퍼센트와 전체 고용의 88.1퍼센트를 담당하고 있다.

2. 우리나라에서는 전 산업 고용증가분의 157.1퍼센트(2000~2005년)를, 제조업 고용증가분의 77.8퍼센트(1963~2005년)를 중소기업이 창출하고 있다.

3. 우리나라에서는 매년 90만 개 정도의 사업체가 신규 창업되고, 이들 중 새로운 법인기업도 6만 6375개에 달하고 있다.

4. 우리나라 중소기업은 전체 수출업체의 98.9퍼센트와 총 수출액의 32퍼센트를 차지하고 있다.

5. 우리나라에는 1인 이상 중소사업체 수가 300만 개로 이들 중소기업이 각 지방 및 지역 사회에 널리 분포되어 있다.

6. 우리나라 전 산업 사업체의 37퍼센트(111만 8000개)가 여성 사업

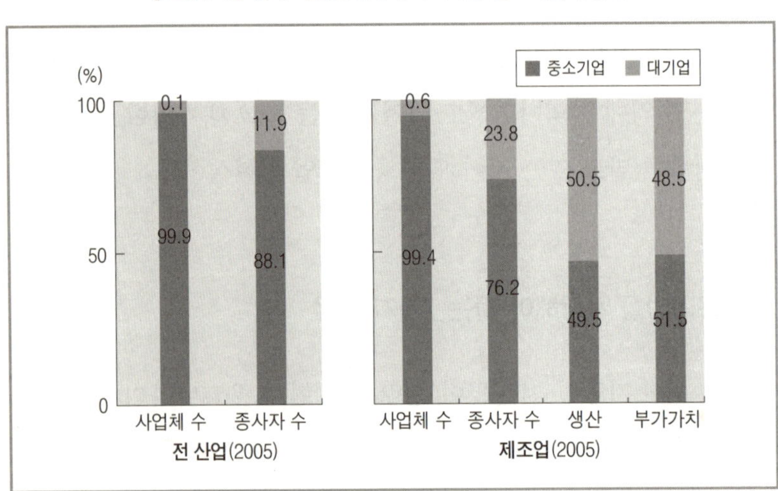

[그림 1-7] 현재 국민경제에서 차지하는 중소기업의 위상

* 중소기업중앙회, 〈중소기업 위상지표〉(2007).

체이며, 이들 중 거의 대부분은 중소기업이다.

7. 우리나라 중소기업은 제조업 부가가치의 51.5퍼센트를 차지하고, 비농업 민간 부분 GDP의 59.4퍼센트를 창출하고 있다.[24]

오늘날 중소기업은 소매에서 정보기술 분야에 이르기까지 거의 모든 분야에서 활동하고 있으며, 여기에서 일하는 사람들은 1000만 명을 넘어서 전체 고용의 88퍼센트를 담당하고, 생산액 비중으로 보아도 절반이 넘어 대기업보다 생산에서 차지하는 비중이 커졌다. 이러한 중소기업의 모습은 특히 10년 전 외환위기 이후 가속화된 것이다.

우선 산업 생산에서 중소기업이 차지하는 비중이 어떻게 달라졌는지 확인해보자. 우리나라 중소기업은 1990년대 이후로 산업 생산에서 차지하는 비중이 계속 높아졌고 현재 제조업만 보더라도 절반

[그림 1-8] 생산액 비중의 변화(제조업 기준)

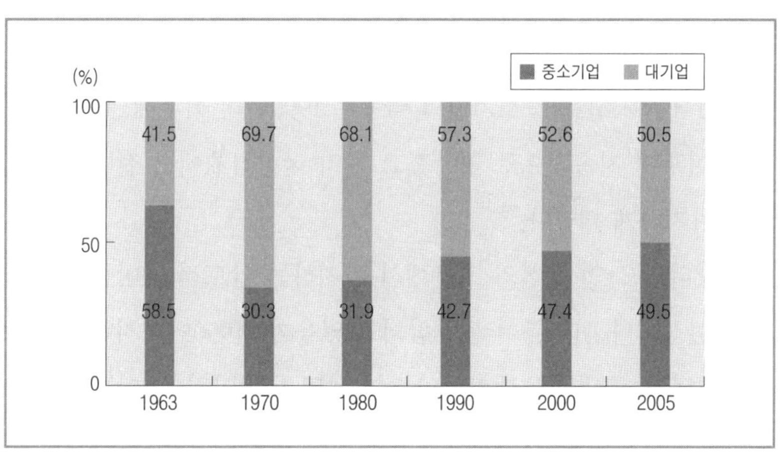

* 중소기업중앙회, 〈중소기업 위상지표〉(2007).
* 제조업 기준.

[그림 1-9] 종사자 수 비중 변화(제조업 기준)

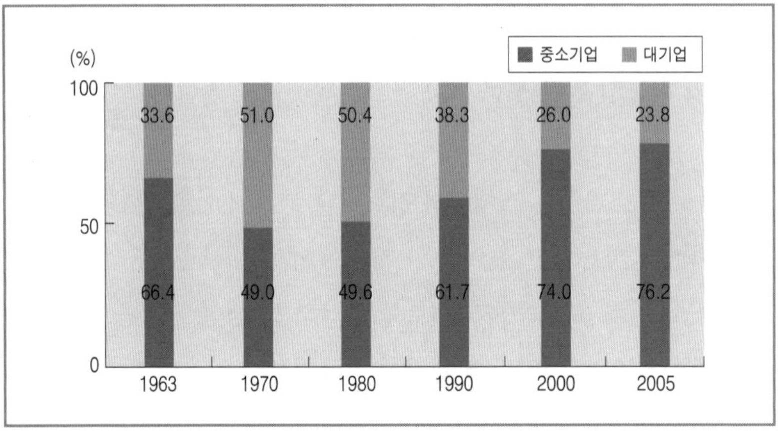

* 중소기업중앙회, 〈중소기업 위상지표〉(2007).

수준에 육박하는 생산을 담당하고 있다.

이와 함께 중소기업이 고용에서 차지하는 비중도 계속 증가한다. 전체 산업 기준으로 보면 1990년 중소기업의 고용 비중은 70퍼센트였던 것이 2005년 88퍼센트로 증가했다. 제조업만 놓고 보아도 1990년 62퍼센트에서 2005년 76퍼센트로 증가한다. 이처럼 산업 생산과 고용에서 차지하는 중소기업의 비중은 1990년대 이후에, 특히 외환위기 이후에 지속적으로 높아졌고 우리 국민경제에서 절대적인 위치를 차지하게 되었다.[25]

그렇다면 산업 생산과 고용에서 차지하는 압도적인 비중만큼 실제 생산성이나 이익률이 뒷받침되고 있을까? 1990년까지만 하여도 중소기업의 생산성은 대기업의 50퍼센트 수준이었다. 이는 일본과 비슷한 수준이고 다른 선진국들보다 조금 낮은 수준이다. 그러나 이후 중소기업의 생산성은 계속 낮아졌고 2000년대에는 30퍼센트 수

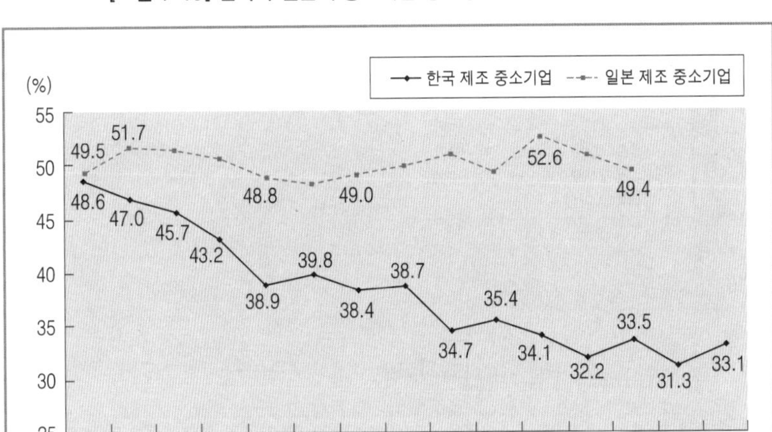

* 한국과 일본 대기업의 종업원 1인당 부가가치를 100으로 했을 때, 중소기업의 종업원 1인당 부가가치 비율.

* 조덕희(2007)에서 재인용.

준으로 떨어졌다. 이는 일본 중소기업이 대기업의 50퍼센트 수준에서 일정한 생산성 격차를 유지하고 있는 것과 확연히 대비된다.[26] 따라서 이런 현상이, 규모가 필요한 기술집약적 산업화로 전환하는 과정에서 일반적으로 발생하는 현상이 아님은 명백하다. 더구나 규모별 생산성 격차는 중소기업 내부에서도 발생하고 있다. 규모가 작은 소기업들과 중기업 사이의 생산성 격차도 1990년대와 2000년대를 거치면서 지속적으로 확대되고 있다.(그림 1-11 참조)

낮은 생산성에도 불구하고 고용 인원이 확대되는 것은 이익구조의 악화로 이어질 수밖에 없다. 대기업의 영업 이익률이 외환위기 이후에도 7퍼센트 이상을 유지하면서 일정한 폭을 그리고 있고, 특히 2001년 이후에는 2005년을 제외하면 가파르게 상승하고 있는데 반

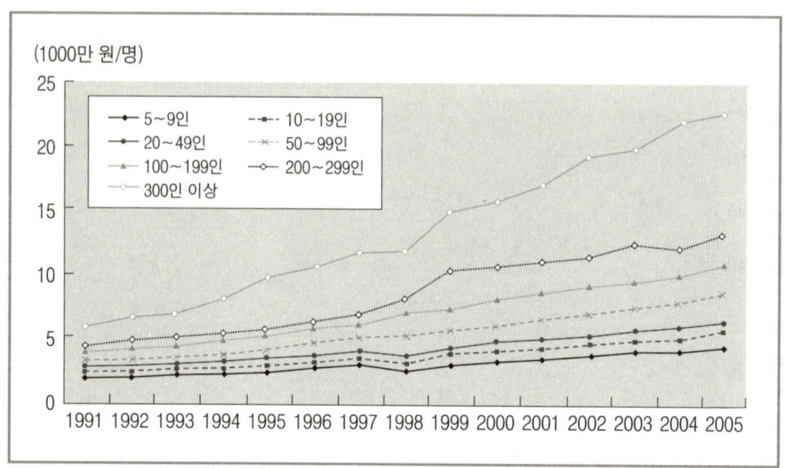

[그림 1-11] 기업 규모별 노동생산성의 변화 추이

* 불변가격 기준.
* 통계청, 광공업 통계조사.

해 중소기업은 외환위기 이전의 6퍼센트 수준에서 외환위기 이후 지속적인 내리막길을 걸어 현재는 4퍼센트에서 맴돌고 있다. 대기업의 절반 수준으로 이익률이 떨어진 셈인데 2005년 기준으로 최근 3년간 대기업과의 이익률 평균 격차가 3.8포인트다.(그림 1-12 참조) 미국의 1.0포인트, 일본의 2.4포인트에 비해서 매우 높다는 사실을 발견할 수 있다.[27] 결국 우리나라 중소기업은 외환위기 이후 생산성 감소와 이익률 감소에도 불구하고 대기업에서 방출되는 대부분의 고용을 떠맡는 구조로 양적인 확대를 해왔다. 이로써 중소기업과 소수 대기업의 격차가 양적인 규모 확대와 질적인 하락을 통해 외환위기 이후 꾸준히 확대되는 양극화 현상을 보이고 있다.

수출과 내수, 제조업과 서비스업 사이의 양극화는 결정적으로 대기업과 중소기업의 양극화로 집중되어 표현된다고 할 수 있다. 특히

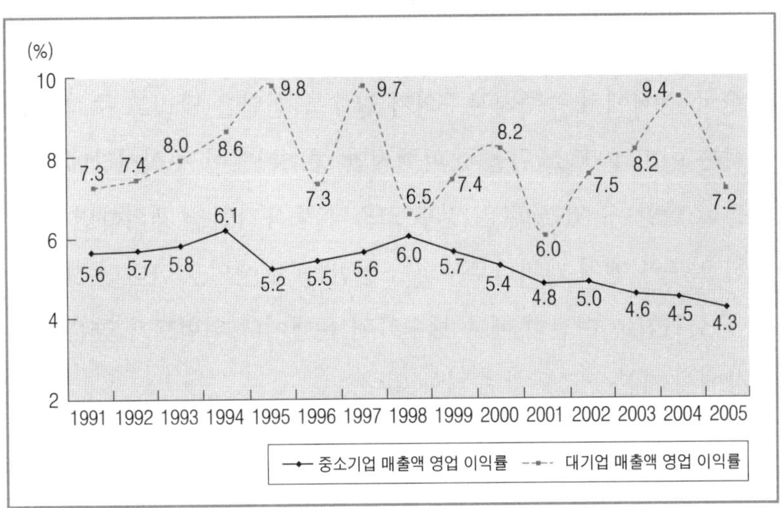

* 한국은행, 〈기업경영 분석〉, 각 연도.
  중소기업중앙회, 〈중소기업 경영지표〉, 각 연도.
* 조덕희(2007)에서 재인용.

대기업과 중소기업의 양극화는 환율이나 일시적인 경기변동 요인이 아니라 구조적인 문제에서 유래한다. 또 중소기업과 대기업의 양극화는 영업 이익률 격차뿐 아니라 설비투자 격차, 임금 격차, 생산성 격차, 혁신 기반 격차 등 실로 다양한 형태로 파생되고 있다.[28]

그렇다면 대기업과 중소기업 사이의 양극화로 중소기업 경영이 어떤 어려움을 겪고 있는지 구체적으로 살펴보자. 중소기업이 은행으로부터의 자본 조달에서 어떤 어려움에 처해 있는지, 중소기업이 생산한 제품이 대기업과의 관계에서 어떤 불이익을 받고 있는지, 인력 조달에서는 어떤 문제에 처해 있는지를 집중적으로 살펴볼 것이다. 그리고 이런 상황 아래 지난 10여 년간 중소기업이 창업되고 퇴출되는 과정 안에서의 특징을 확인해보는 것도 필요할 것이다.

CHAPTER 01 **근본부터 달라진 한국 경제**

돈을 빌려주지 않는 은행들

한국 경제에서 주주자본주의가 갈수록 첨단을 달리고 주식 시가총액은 이미 1000조 원을 돌파했지만 중소기업이 주식시장에서 자본을 조달할 수 있는 길은 일부 코스닥 등록기업을 제외하면 없다. 극히 일부가 벤처 캐피탈로부터 조달받는 걸 예외로 한다면 절대 다수 중소기업은 여전히 매우 보수화된 은행이나 위험도가 높은 사채시장에서 자본을 조달할 수밖에 없다.

대부분이 불법으로 거래되는 18조 원 규모의 사채시장에서 수십 퍼센트 이상의 고금리로 대출을 받는 상태로 들어가면 중소기업이나 자영업이나 경영을 하기가 쉽지 않다.[29] 그렇다면 운영자금이나 설비투자 확대자금을 은행에 의존하는 것이 가장 현실적일 수밖에 없다. 2006년 기준 중소기업의 외부자금 차입 가운데 은행자금이 72퍼센트라는 것이 이를 말해준다.[30]

그러나 2006년 기준 은행의 순익이 13조 5000억 원을 넘어가고 있음에도 불구하고 중소기업이 은행으로부터 대출을 받기는 쉽지 않고 대출을 받았다 하더라도 담보와 높은 금리, 각종 수수료의 부담에서 벗어나기 어렵다.

최근 조사에 따르면 중소기업 가운데 절반가량이 자금 사정이 나쁘다고 응답했고 좋다는 응답자는 불과 13퍼센트에 불과했다. 현재 좋지 않은 자금 사정이 호전되는 시기에 대한 질문에도 기약 없다고 응답한 비율이 42퍼센트나 된다.[31] 그런데 이들 중소기업은 은행대출에 대한 불만이 매우 크다. 같은 조사에서 중소기업인들은 금융기

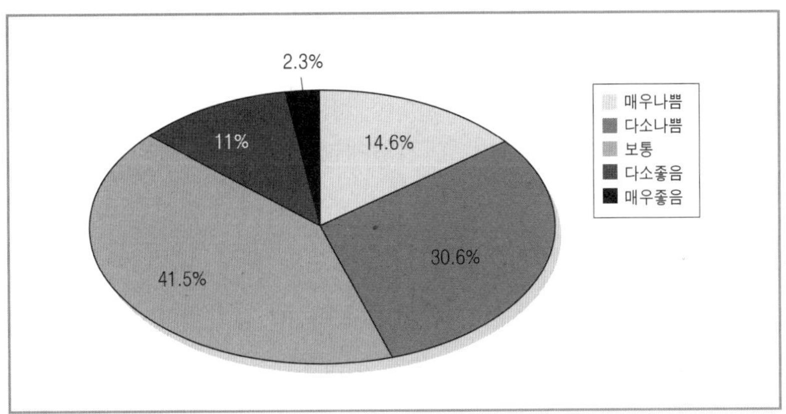

* 대한상공회의소, 〈중소기업 자금사정과 정책과제〉, 2007년 3월 조사.

관에 대한 불만 이유를 주로 '과도한 담보 요구'(44.7퍼센트) '대출 한도 축소'(27.8퍼센트) '신용대출 기피'(23퍼센트)라고 대답하고 있다.[32]

특히 최근 중소기업의 영업 이익률이 계속 감소함에도 불구하고 기업들이 은행에서 빌려 쓴 돈에 대한 이자율인 차입금 평균이자율이 2004년 5.9퍼센트, 2005년 6퍼센트, 2006년 6.3퍼센트로 계속 상승하고 있어 중소기업의 부담을 가중시키고 있다.[33] 실상 2006년 국내 은행의 총 이익 가운데 이자 수익이 86.8퍼센트고 이자 외 수익 가운데 수수료 비중이 86.7퍼센트나 되는 걸 감안하면 은행은 가계 대출과 중소기업 대출로 엄청난 수익을 올리면서도 이자율을 올려 왔다고 봐야 한다.[34]

2007년에 들어서면서 가계에 대한 주택 담보대출이 막히자 일시적으로 중소기업 대출을 늘리고 있는데, 이에 대한 중소기업인들의 반응도 그다지 호의적이지 않다. 은행의 중소기업 대출이 크게 늘어났다지만 많은 중소기업들은 오히려 더욱 자금난에 시달린다.

중소기업중앙회 김기문 회장은 언론과의 인터뷰에서 "국내 시중 은행이 사상 최대의 이익을 내고 있지만 그 대부분은 중소기업 대출을 통해 얻은 이익"이라며 "대기업에는 금리를 낮춰주지만 중소기업에겐 높은 금리를 적용하고 각종 수수료까지 부담시키고 있다"고 강하게 비판하고 있다. 한 중소기업인도 "은행들이 지금은 서로 자기 자금을 쓰라고 아우성이지만 비가 올 때 갑자기 우산을 빼앗아 갈까봐 항상 걱정스럽다"고 밝히고 있다.[35]

결국 중소기업들은 주식시장에 접근할 수 있는 기회는 매우 좁고, 은행으로부터의 대출은 은행의 단기 수익성 위주 경영 때문에 과거보다 더 높은 장벽에 막혀 있으며, 사채시장의 고율 이자를 감당하기도 어려운 조건에 놓여 있는 것이다.

그럼에도 불구하고 은행들은 중소기업 신용평가가 어렵다거나 재무제표가 부실하다는 등의 이유를 들어 중소기업에 대해 자금 대출을 회피하려는 경향을 바꾸지 않고 있다. 그러나 중소기업 신용평가가 어렵다고 은행이 불평하는 것은 자신들의 신용분석 능력의 후진성을 말하는 것 이상의 의미가 없다.[36]

실상 금융의 첨단화란 무엇을 뜻하는가. 그것은 기업의 자본 조달과 직접적으로 관계가 없는 자본 유통시장의 첨단화가 아니다. 각종 주식상품과 펀드상품, 선물이나 파생상품 기법을 첨단화하는 것은 단지 유통시장의 첨단화고 주주자본주의적 첨단화일 뿐이다. 진정한 금융 첨단화는 기업에 자본을 조달하는 메커니즘을 첨단화하는 것이며, 이는 기업신용도 평가와 검증 시스템 혁신을 포함하여 금융의 분권화를 통한 자금 공급 메커니즘과 공급 사슬을 각 산업 영역의 말단까지 세부적으로 짜들어가는 것이어야 한다.[37]

그러나 우리나라 은행들은 손쉬운 예대마진이나 방카슈랑스 도입 등 겸업화와 대형화에 따른 이득 독점으로 수익을 남기는 데 열중하거나 각종 펀드상품 개발 등에 관심을 둘 뿐 진정한 기업금융 시스템의 첨단화는 거들떠보지도 않고 있다. 그렇다고 은행이 돈을 벌어서 예금자에게 넘겨주는 것도 아니다.

현재 자금이 필요한 것은 대기업이 아니다. 대기업은 일부 업종을 제외하면 설비투자도 거의 하지 않고, 은행에서 돈을 빌릴 필요도 없이 내부 유보자본도 넘쳐나고 있다. 중소기업에 대한 근본적인 자금공급 체계가 필요한 시점이다.

◆ 대기업에 당할 수 밖에 없는 구조

중소기업은 은행이라는 금융그룹의 주주이익을 보장하기 위한 희생양은 물론 대기업 수익 극대화의 볼모가 되고 있다. 이는 주로 중소기업들의 대기업에 대한 납품 문제에서 집중적으로 발생한다.

우리나라 중소기업들이 대기업에 얼마나 의존하여 경영하고 있는지 정확하게 측정하기는 쉽지 않다. 일단 우리나라 중소 제조업체 가운데 63퍼센트가 다른 기업의 주문을 받아 제품을 생산하여 납품하는 수탁기업이다. 수탁기업의 63퍼센트는 다른 중소기업에 납품하고 있고 대기업이나 대기업과 중소기업에 함께 납품하는 수탁기업은 37퍼센트다. 이들 수탁기업들이 납품받아 생산한 제품은 수탁

기업 전체 매출의 82퍼센트에 달하고, 그 가운데 절반가량이 대기업에 납품된다.[38]

그런데 직접 대기업에 납품하지 않고 다른 중소기업에 납품하는 경우라도 이들 대부분이 대기업 납품의 2차 하청, 또는 3차 하청으로 연계되어 있을 확률이 높다. 이런 점에서 중소 제조업 가운데 절반 이상은 대기업 납품 연계구조에 의지해서 사업을 영위한다고 할 수 있다.

중소기업의 대기업 의존도는 납품관계에서만 나오는 것이 아니다. 외환위기 이후 대기업은 비용 절감과 수익성 제고를 위해 다양한 방법으로 내부 조직과 인력을 줄이는 대신 외주 처리로 이를 메우고 있다. 그러다보니 부품이나 소재의 납품 거래 이외에 공사 용역 등 하도급 거래, 인력을 파견하는 인력 수급 거래도 확대되고 있으며 상품의 위탁 판매나 대기업의 대리점 활동을 하는 형태도 다양해지고 있다. 이를 감안하면 우리나라 중소기업의 대기업 의존도는 절반을 훨씬 넘어설 것이라는 예상이 가능하다.

그럼 대기업과 중소기업의 의존관계 가운데 가장 민감한 부분인 대기업 납품 문제를 집중적으로 검토해보자. 우선 납품 거래에서 가장 중요한 이슈는 수탁기업들이 극소수의 대기업에게 오랫동안 전속되어 거래해오고 있다는 점이다. 우리나라의 수탁 중소기업들 절반이 한두 개 대기업에 전속하여 하도급을 하고 있으며 대부분이 5개 이하의 대기업과만 거래하고 있다.[39] 즉 우리나라 모기업-수탁기업 관계에서는 모기업 중심의 폐쇄적인 수직관계 거래가 많다는 것이다. 판로가 되는 모기업이 한두 개로 한정된 상황에서 다수의 중소기업이 서로 가격 경쟁을 해야 하는 상황인데, 이런 상황이 대기업과 중소기업 사이의 교섭력 격차를 지속시키는 구조적인 문제를 만들고 있다.

실정이 이렇다 보니 중소기업이 원하는, 마케팅·연구개발·생산 등의 과정에서 상호역량에 따른 상호보완적 협력구조가 대기업과 중소기업 사이에서는 형성될 리가 없다. 또 중소기업에 대한 통제 수단으로 대기업이 전속 거래를 고집하는 한, 납품 중소기업 자체의 힘만으로 전속 대기업 이외에 다양한 기업들과 교차 거래를 만들어내는 것 역시 어려울 수밖에 없다.

대기업과 납품 중소기업 사이의 이와 같은 원천적 불평등 협상조건은 필연적으로 정당한 납품단가를 받을 수 없는 구조를 만들었다. 실제로 외환위기 이후 납품단가는 인상되어온 것이 아니라 평균적으로 인하되어왔다. 2001년 기준 납품단가를 100으로 했을 때 2003년 납품단가는 평균 97로 나타났다. 단일부품이나 중간부품, 완제품을 막론하고 2년 사이에 납품단가가 대략 2~3퍼센트 인하된 것으로 조사되었다.[40] 2006년도 대비 2007년의 경우, 중소기업 생산 원가가 평균 13.2퍼센트 증가했지만 반대로 대기업에 납품하는 납품단가는 평균 2.0퍼센트 감소한 것으로 조사되었다.

불평등한 협상관계를 활용하여 대기업은 주주수익 극대화를 위해 비용을 줄이려는 압박을 중소기업들에게 전가하고 있다. 중소기업인들은 왜 대기업이 납품단가 인하를 요구한다고 생각할까?

그들은 '임금인상 전가(10.2퍼센트)' '원자재 상승분 전가(17퍼센트)' '환차손 전가(11.3퍼센트)' 등 약 40퍼센트 정도가 대기업의 비용

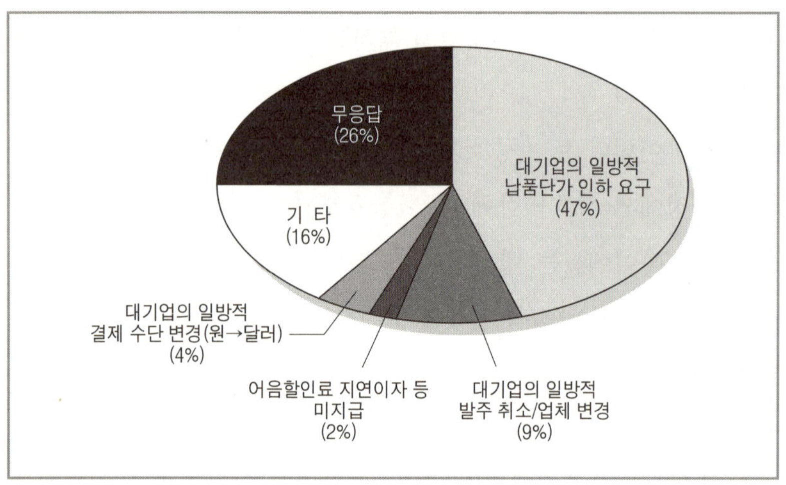

* 중소기업중앙회, 〈2008년 중소기업의 대기업 납품 애로 실태조사〉.

상승분을 중소기업에 전가하기 위해서라고 답했다. 중소기업의 생산성 향상으로 원가절감이 되고 있기 때문에 납품단가 인하를 요구하고 있다고 생각하는 비율은 19퍼센트에 불과했다.[41] 최윤규 중소기업중앙회 조사통계팀장은 "중소기업의 수익성 확보를 위해서는 기업의 생산성 향상은 물론 불공정한 하도급 거래구조 혁신이 절대적"이라고 주장한다.[42]

실제를 봐도 이들의 의견이 근거가 없는 것이 아니다. 조사 대상 중소기업 가운데 53퍼센트가 부당한 단가인하를 경험했다고 응답했으며, 무려 76퍼센트가 세부 원가내역서 제출을 요구받은 적이 있다고 대답했다.[43] 첨단을 달리는 세계적인 한국의 대기업들이 원가를 내놓으라며 비합리적인 요구를 할 정도로 중소기업에 대한 국내 비즈니스 관행은 격이 낮은 실정이다.

특히 조사 대상 수탁 중소기업의 절대 다수인 78퍼센트가 납품단가에 원자재 가격이 반영되고 있지 않다고 항변하고 있다. 서병문 중소기업중앙회 부회장은 2007년 언론 인터뷰에서 '납품가, 원자재 가격 연동제'를 강력하게 주장하며 다음과 같이 납품단가와 관련된 중소기업의 어려움을 말한다.

"대기업들은 엄청난 이익을 남기면서도 중소기업에게는 계속 납품단가 인하 압력을 넣고 있다. 주물업계 사정을 예를 들어보면, 지난 3개월 동안 원자재 가격이 30퍼센트 이상 올라 심각한 경영 위기를 맞고 있다. 지난 10년간 선철과 고철이 각각 115퍼센트와 130퍼센트 올랐지만 제품 가격은 26퍼센트만 인상되었을 뿐이다. 이런 상황인데도 수요 업체인 대기업에서는 4~7퍼센트 인하를 고집한다. 상생론이 등장한 뒤론 납품단가 인하를 요구할 때 공문도 보내지 않고 직접 중소기업 경영자를 불러서 압박한다. 정부에게 그런 적 없다고 발뺌하려는 목적이다. 현금결제 비율이 높아진 것도 겉보기와는 다르다. 공정위에서 납품대금 지연에 따른 이자지급 처분을 내리면 당장은 하청업체에 줬다가 다음에 뺏어간다."[44]

결국 참여정부가 들어서면서 시행된 현금결제 비중 증대나 어음 만기 단축과 같은 일부 긍정적 정책에도 불구하고 납품단가 정상화는 전혀 개선되지 않고 있고, 여기에 대기업이 재고 부담이나 비용 부담을 최소화시키기 위해 납품 중소기업에게 적기 납품, 납기 단축, 수시 발주 등을 늘리면서 경영 부담을 가중시키고 있다.

시급한 '납품가, 원자재 가격 연동제'를 필두로 하여 중소기업의 부품 및 소재 생산물을 판매 공급할 수 있는 다변화된 시장을 형성하지 않는 한, 주주자본주의의 압박이 대기업의 납품단가 인하 압력을 통하여 중소기업에게 낮은 영업 이익률로 전가되고, 다시 중소기업 노동자들에게 낮은 임금으로 파급되는 악순환의 연결고리를 끊어내기는 어렵다.

◆ 중소기업 노동자는 더 괴롭다

앞서 검토한 것처럼, 중소기업에서 일하는 종사자는 외환위기 이후 꾸준히 늘어났다. 반면 대기업은 고용을 계속 줄여왔다. 대기업에서 방출된 인력이 중소기업으로 몰린 것이다.

중소기업은 경제 위기였던 1997년과 1998년을 제외하고는 매년 고용이 증가하여 1993년부터 2003년까지 연평균 8퍼센트의 증가율을 보였다. 그 결과 1998년부터 7년간 전체 산업에서 중소기업의 고용은 310만 명이 늘어난 반면 대기업 고용은 76만 명이 줄어들었다.[45] 수익성과 기술 수준이 뒷받침되는 대기업이 고용을 책임지기보다는 고용 규모를 줄이는 데 앞장선 동안 그 부담을 중소기업이 떠맡는 구조가 된 것이다.

특히 중소기업의 고용 인력은 기존 중소기업들의 설비투자 확대나 매출 증가에 따른 여력으로 흡수된 것이 아니다. 기존 대기업과 중소기업에서 일자리가 줄어들면서 자구책으로 영세한 중소기업이 새로 창업되면서 확대된 것이다.

실제 통계를 보면 기존 기업의 고용 확대에 따른 고용 창출보다는 창업 기업의 고용 창출이 5배 가까이 높다.[46] 그러나 이것이 신산업

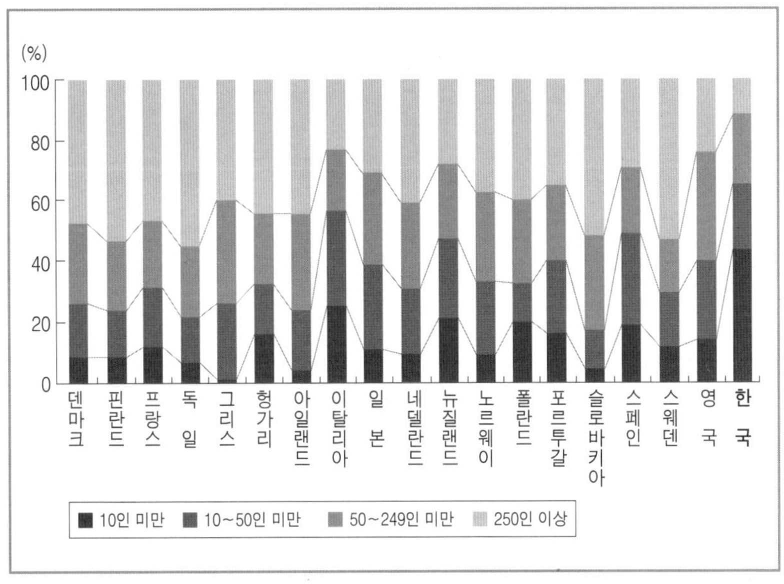

* OECD.

이나 첨단산업의 창업이 활발해졌기 때문이 아니라는 것이 문제다. 사업체 수를 기준으로 할 때 영세사업자 구성비가 증가하여 2003년 현재 제조업 기준으로 76퍼센트가 늘어난 것에서도 이것은 확인된다.

사정이 이렇다 보니 중소기업에서 일하는 노동자들의 임금이나 근무조건은 갈수록 악화될 수밖에 없다. 2000년 중소기업의 임금은 대기업의 71.3퍼센트였으나 격차가 점점 벌어져서 2006년에는 대기업의 62.5퍼센트 수준으로 떨어졌다. 중소기업과 대기업의 양극화가 곧바로 대기업 노동자와 중소기업 노동자의 양극화로 이어진 것이다.

중소기업 노동자들은 저임금과 불안정한 직장 상황에 더하여 지속적으로 높아지는 노동 강도 때문에 고통받고 있다. 한 여론조사에

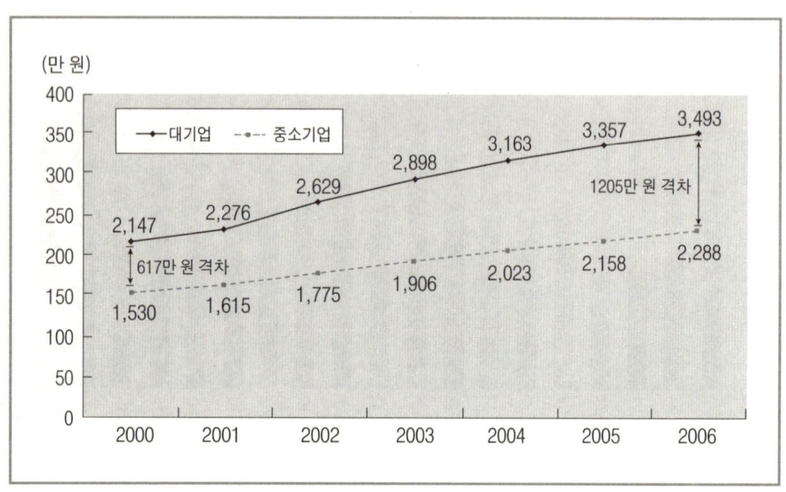

* 노동부 통계자료.

따르면 중소기업 노동자의 51퍼센트 가량이 거의 매일 야근한다고 대답했다. 대기업의 20퍼센트나 공기업의 1퍼센트에 비하면 엄청난 수치다.[47]

중소기업 경영 사정이 나빠지고 노동자들의 근무조건도 함께 악화되면서 중소기업 노동자들이 보다 좋은 근무환경을 찾아 떠나는 '자발적 이직'은 물론 기업 경영난에 따라 불가피하게 이직하는 '비자발적 이직'이 계속 늘어나고 있는 것도 주목된다.

중소기업기술정보진흥원이 중소기업을 대상으로 조사한 결과에 따르면 단순노무직의 경우 이직률이 25퍼센트, 기능직 22퍼센트, 기술직 전문가도 13퍼센트나 되었다. 구미에 위치한 휴대폰 케이스 업체 고위관계자는 "공장 가동률이 줄어 비자발적으로 이직하는 경우도 적지 않다"며 "하지만 일부 생산직 직원들은 잔업 및 특근 수당이

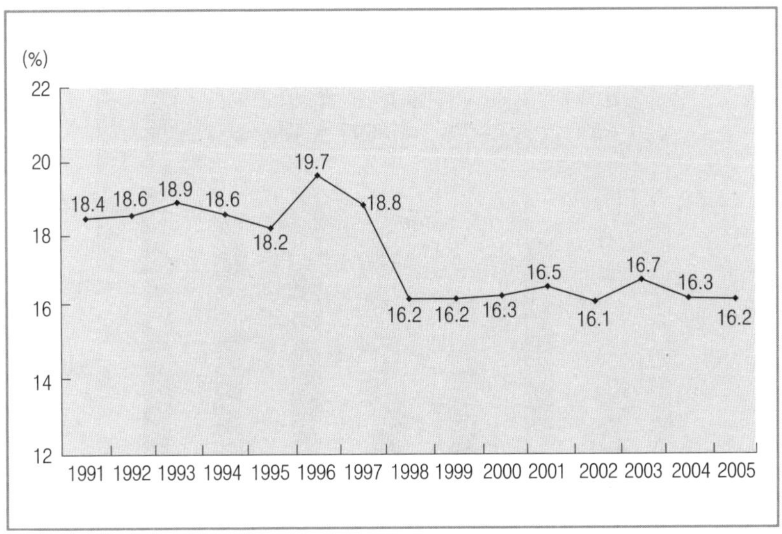

* 중소기업중앙회, 〈중소기업 경영지표〉, 각 연도.

있는 일자리를 찾아 옮겨 다닌다"고 말한다.[48]

결국 영세한 중소기업이 늘어나면서 대기업과 중소기업의 생산성 격차가 확대되고 이것이 곧 노동자들의 임금 격차를 확대시키며 이는 중소기업에서 일하는 노동의 질을 떨어뜨려 혁신능력을 약화시키는 악순환이 계속되고 있다. '임금 격차 확대 → 중소기업에 고급인력 유입 곤란 → 기술개발 능력 약화 → 저생산성 → 저수익성 → 저임금 → 저기술력 유입 → 저기술'의 악순환이 반복되고 있다.[49]

이런 문제를 해결하기 위한 자구책으로 중소기업인들이 모색한 것이 값싼 노동력을 찾아 해외로 공장을 이전하거나 외국인 노동자를 고용하는 것이다. 외환위기 이후 중소 제조업체들의 해외 투자는 빠르게 늘어나기 시작하여 금액이나 투자 건수 기준으로 보아도 대

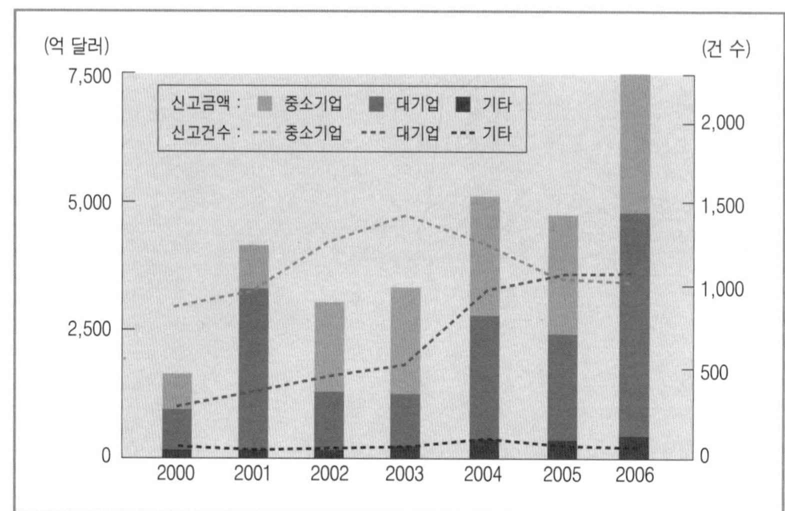

* 중소기업중앙회, 〈중소기업 위상지표〉(2007).

기업을 능가하는 규모였던 것이 그 증거다.

그러나 이것은 일시적으로 비용절감 효과를 줄 수는 있어도 중국 등 저임금 국가들의 비용이 상승하면 곧바로 효과가 상쇄되며, 더욱이 중소기업 자체의 기술혁신 능력을 높이는 문제와는 관련이 없다는 데서 구조적 대안이 될 수 없다. 실제로 2003년과 2004년을 정점으로 중소기업의 해외 공장 이전은 정점을 맞게 되고, 최근에는 오히려 대기업의 해외 생산기지 이전이 더욱 늘어나고 있다. 반면 중국에서 경영난을 이기지 못한 한국 중소기업이 야반도주하는 사건이 빈번하게 발생하고 있는 것이 최근의 심각한 현상이다.

◆ **떨어지는 창업 활력**

IT, NT, BT로 대표되는 이른바 6T 산업이 미래의 첨단산업으로 각광받고 있다. 이들 신산업 분야를 개척하여 국민경제의 질적 수준을 높이고 '질 좋은 일자리를 창출'하는 것은 시대의 추세다. 경제의 압도적 비중을 담당하는 중소기업이 이러한 추세에 적극적으로 뛰어들어 신산업 창출을 주도해야 함은 당연한 이야기다. 거품으로 끝났지만 수년 전 벤처기업 열풍도 이런 궤도에 있다고 보아야 한다.

외환위기 이후 우리나라는 겉으로 보면 폐업하는 비율보다 창업하는 비율이 높게 나타나는 긍정적인 모습을 보이기는 한다. 그러나 내용적으로는 전혀 긍정적이지 못하다. 제조업보다는 서비스업 창업이 많고, 서비스 분야도 주로 음식점, 숙박, 부동산 임대 등 생계형으로 창업하는 비중이 높기 때문이다. 제조업 부문에서도 영세소기업의 사업체만 급속히 증가하고 있는데, 종업원 5~19명 규모의 영세소기업 수는 1991년 4만 5000개에서 2003년 8만 4000개로 두 배가량 늘어났다.[50]

특히 취업이 어렵고 정년도 짧아지자 차선책으로 창업을 하는 사례가 많아지고 있다. 그러나 창업에 나선 개인사업자 4명 가운데 1명은 1년도 못 버티고 폐업 신고를 하는 실정이다. 국세청에 따르면 2005년에 폐업을 신고한 개인사업자는 총 75만 명이었는데 이 중 1년도 채 안 된 상태에서 폐업한 사례가 약 21만 명에 달했다.[51] '창업-고용 창출-폐업-퇴출-실업-창업'의 악순환이 계속되고 있다.

그나마도 최근 들어 창업자는 지속적으로 줄어드는 반면 폐업자

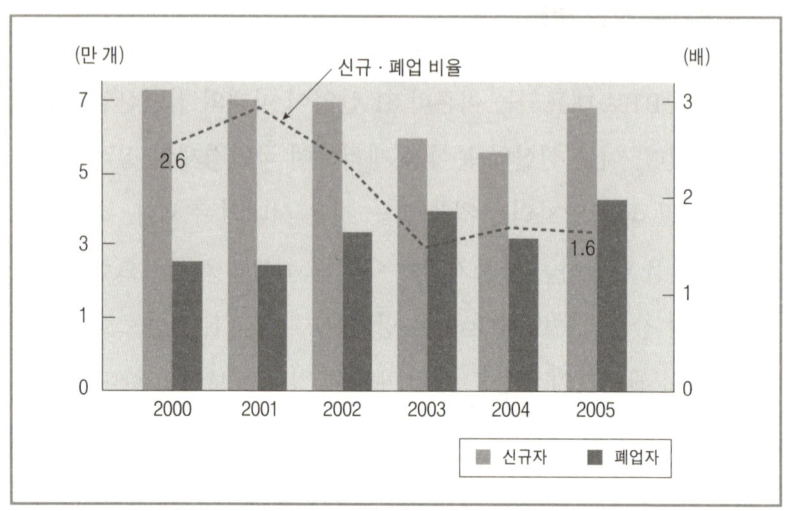

* 부가가치세 기준, 국세청 자료.

는 계속 늘어나고 있다. 특히 제조업 창업이 부진한 편인데 그 가장 큰 원인은 수익 창출에 대한 기대가 감소한 데 있다. 제조업 창업을 기피하는 가장 큰 이유로 '수익창출 능력 약화'를 45퍼센트로 꼽고 있고, 인력난을 18퍼센트로 꼽고 있는 데서 알 수 있다.

결국 현재 중소기업의 현실과 산업구조에서 6T를 기반으로 한 신산업의 창출은 대다수 중소기업에게는 현실이 될 수 없다는 걸 알 수 있다. 전체 중소 제조업 가운데 현재 고도성장을 하고 있는 중소기업 비중이 외환위기 이전(1994년) 4퍼센트에서 2004년에는 그 절반인 2퍼센트까지 하락하고 있는 현실이 이를 말해준다.[52]

참여정부는 2006년 현재 전체 중소기업의 3퍼센트에 불과한 벤처기업 1만 개와 기술혁신형 중소기업(Inno-Biz 기업) 3000개, 그리고 새로이 경영혁신형 기업을 육성하여 2008년에는 10퍼센트 수준인

3만 개로 확대하겠다는 목표를 세워두고 있으나 이것이 우리 중소기업의 현실적 조건을 제대로 타산했다고 보기 어렵다.[53]

◆ 국민경제의 기둥, 중소기업 재건을 위해

국가주도형 경제구조가 유지되던 1970~80년대에 중소기업은 재벌을 정점에 둔 수출중심 산업구조에서 저임금을 바탕으로 한 하청업체의 역할과 내수 공급기지라는 어려운 역할을 담당해왔다. 외환위기 이후에 전보다 양적으로 더 확대된 중소기업은 주주자본주의 아래에서 거대 금융주주 자본과 대기업, 은행, 외부시장 압력이라는 4중의 압박을 받으면서도 국가로부터 정당한 지원을 받지 못하고 있다. 그리고 중소기업에서 일하는 노동자들은 중소기업의 부담을 고스란히 다시 짊어지고 있다.

21세기 시대적 조건에서 중소기업은 어떤 역할을 담당해야 할까? 21세기에는 소비자 욕구의 다양성, 개성화 추세 등이 확산됨에 따라 창의성 및 유연한 규모의 이점을 갖춘 중소기업이 경제 활력을 높이는 중심 주체로 부상하고 있다. 지식기반 경제로의 이동은 중소기업 부문의 보다 높은 역할을 요구한다.

그러나 생산기지 해외 이전과 글로벌 아웃소싱으로 대기업의 하청 역할마저도 담당하지 못한 채 고립되어가는 오늘날 중소기업의 현실은 미래 산업의 추세와 완전히 역행하고 있다. 이제라도 중소기업에게 새로운 역할을 부여해야 한다.[54] 중소기업은 대기업의 하청이나 단순 내수 공급기지라는 수동적이고 보완적인 역할을 넘어서 새로운

시대적 조건에 걸맞게 질적 성장을 추구해야 할 단계에 와 있다.[55]

그러나 참여정부는 물론이고 대안경제를 모색하는 진보조차도 중소기업의 현실적 처지와 미래 전망에 근거하여 중소기업에 그 역할을 새로 부여하고 활로를 모색하려는 작업이 부진했다.

노 대통령은 2007년 5.18 기념사에서 "국민의 정부는 신속하고 과감한 개혁과 구조조정을 통해 위기를 극복했고, 이후 우리 경제는 인재 중심의 지식기반 경제, 혁신 주도의 경제로 빠르게 전환되고 있고, 개방을 통해 세계적 흐름에도 한 걸음 앞서가고 있다"면서 참여정부 경제정책을 자화자찬했지만 중소기업에서 인재 중심 지식기반 경제나 혁신 주도 경제로 전환되고 있다는 증거는 보이지 않는다. 그것은 주로 극소수 대기업에만 해당되는 얘기다. 또 참여정부는 '대·중소기업 상생협력 촉진에 관한 법률(상생협력법)'을 2005년 시행하고 불공정 하도급을 제재해왔다고 주장하지만 그 효과에 대한 중소기업인들의 반응은 냉담하다.

한때 새로운 중소기업 활력의 모범이 되었던 벤처기업 활성화도 이미 그 활력을 잃어가고 있다. 2007년 현재 코스닥 등록기업 가운데 벤처기업은 374개 사로 전체 등록기업의 38.5퍼센트에 불과하다. 1999년 이후 8년 만에 30퍼센트 수준으로 떨어졌다. IT나 바이오산업으로 도약할 환경도 열악한데다가 각종 우회상장, 주가조작 등 단기 주가 차익을 노리는 행태들이 만연했기 때문이다. 주주자본주의가 벤처의 건강성마저 훼손시켜버린 것이다.[56]

재벌 대기업과의 사회적 대타협을 통해서 현재 우리 경제의 문제점을 해결해야 한다는 주장 역시 새로운 중소기업의 역할에 대한 고려가 없기는 마찬가지다. 재벌 대기업과의 사회적 대타협을 할 주체가 누구인지는 별도로 하더라도 대타협을 통해 대기업과 중소기업의 수평적이고 공정한 관계가 재설정될 수 있는지, 그리고 그에 따라 중소기업의 혁신과 발전이 보장될 수 있는지가 제대로 검토되고 있지 않다. 더욱이 현재 중소기업을 혁신적으로 재건하지 않고서 대기업의 역할을 더 키워서 무엇을 얻을 수 있는지도 냉정하게 재검토해야 한다. 핀란드의 노키아의 경우처럼 인구 500만 명 수준의 국가에서는 몇 개의 대기업이 국민 전체를 먹여 살릴 수 있지만 5000만 명에 가까운 한국에서는 전혀 현실적이지 않기 때문이다.

주주자본주의로부터 3중, 4중의 압박을 받으면서도 취업자의 88퍼센트가 일터이자 삶의 공간으로 삼고 있는 중소기업이 단지 수동적인 보호 대상이 아니라 국민경제에 새로운 활력을 불어넣을 핵심 주체로 거듭나기 위한 전략이 모색되어야 한다. 다시 말해 '대안경제의 기둥으로서 중소기업 재건 전략'을 세워야 한다는 것이다.

기술적 발전 추세로 볼 때, 제조업이 점차 완제품 조립 유형에서 벗어나 핵심 부품소재산업을 축으로 발전해야 한다는 데 이견은 없다. 산업구조의 패러다임이 조립, 완제품 생산에서 부품소재산업으로 전환되기 위해서는 특히 중소기업의 역할이 필수적이다.[57] 우리 중소기업을 단순 하청 부품 생산에서 벗어나 핵심 부품소재산업을 담당할 역량으로 발전시키는 것이 중요한 과제다.

또 현재의 기술적 추세를 볼 때, 지식기반산업으로의 전환에서 중소기업의 역할이 매우 중요하다는 지적에도 같은 생각이다. 그러나 이 전환이 참여정부가 주장하는 것처럼 한미 FTA를 통해서 이루어

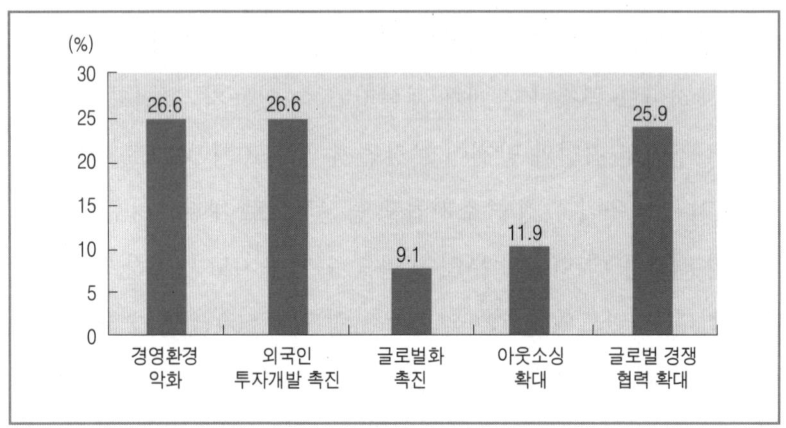

＊ 중소기업중앙회, 〈지식서비스산업 현황 및 활성화 방안조사〉(2006).

질 수 없음은 중소기업인들 자신의 의견을 봐도 명백하다. 한미 FTA
는 오히려 가뜩이나 어려운 중소기업의 경영 환경을 악화시킬 것이
분명하기 때문이다.

그렇다면 현재의 중소기업이 노동집약적인 영세성과 대기업 종속
적인 연계구조를 벗어나 핵심 부품소재산업의 주요 담당자로, 지식기
반 첨단경제의 선도자로 변모하기 위해서는 무엇이 필요한가.

한 연구자는 새로운 중소기업 재건을 위한 대안은 '지식집약 기
업' '독립기업' '네트워크 기업' '글로벌 기업'이라고 한다.[58] 기본적
인 지향점은 매우 정당하다고 할 수 있다. 그러나 이런 방향은 한국
경제에서 주주자본주의를 극복해내지 않고서는 실현하기 매우 어려
운 대안이다. 주주자본주의를 극복하고 미래의 성장잠재력을 중소
기업이 보유해나가야 한다는 관점 아래에서 중소기업 역량을 강화
하는 지향을 가질 때 비로소 가능한 대안이 될 것이다.

3

서비스산업의 기형적인 현실

사회가 발전함에 따라 서비스산업의 비중이 커지는 것은 의식주를 해결하는 것을 넘어서 풍부한 문화생활과 지적인 활동을 높여나가려는 욕구에 따른 자연스러운 결과다. 우리 국민의 경제 활동과 소비생활에서 서비스산업이 차지하는 비중은 매우 높다. 취업자의 65퍼센트가 다양한 서비스산업에서 일하고 있으며 국민 소비지출의 65퍼센트를 다양한 서비스에 사용하고 있다. 그 가운데 교육과 보건(15퍼센트), 금융과 보험(6.5퍼센트), 통신방송(4.3퍼센트) 같은 서비스 지출이 지속적으로 늘어나고 있다.[59]

보다 중요해지는 생산자 서비스

서비스산업의 비중이 확대된 것은 서구 자본주의에서는 매우 오래된 일이지만 1970~80년대 이후에는 생산자 서비스가 확대되는 새로운 양상을 나타낸다.

산업 생산이 기술집약적 분업구조로 변화하고, 포드주의적 대량 생산 시스템이 붕괴되어 다품종 소량생산 시스템으로 전환하면서 생산의 분업구조도 복잡해진다. 특히 정보통신 기술의 발전으로 공간적 구조를 뛰어넘는 지식과 정보의 확산과 공유가 가능해지자 기존의 생산기업 내부에 존재했던 기획, 재무, 마케팅, 관리 등의 부분이 분리되어 나오면서 전문화된다. 이들이 '생산자 서비스' 영역을 새롭게 구성하게 된 것이다.[60]

이러한 생산자 서비스의 출현과 확대는 기존의 서비스 영역과 달리 제조업 생산과 밀접한 관계를 맺는다. 제조업 생산 과정 중간에 생산자 서비스를 투입하여 제조업 생산의 부가가치를 높이는 것이다. 즉 R&D, 컨설팅, 법률, 재정과 금융, 경영 지원 등과 같은 생산자 서비스는 제조업의 생산 과정에 '중간 투입'되어 높은 가치를 창출하도록 해주고 있는데, 이를 '생산 과정의 서비스화'라고도 하고 '제조업과 서비스업의 융합'이라고도 한다.[61] 이러한 특성으로 생산자 서비스는 대개 지식기반산업에 속하고 제조업 생산성을 능가하는 높은 생산성을 보이고 있다.

현대 서비스산업의 특징은 생산자 서비스의 중요성이 커지고 아울러 사회복지의 증대에 따라 사회 서비스가 큰 비중을 차지하는 구조로 변하고 있다. 이 구조를 요약하면 [그림 1-21]과 같다.[62]

[그림 1-21] 현대 서비스산업의 구조

유통 서비스	도소매, 운수보관
생산자 서비스	사업 서비스(정보처리, 연구개발, 전문기술, 사업지원), 통신, 금융, 부동산, 기계장비 임대, 광고 방송 ➡ 기업이 주고객이며 제조업 중간 투입재로 공급되는 경우가 많음(본래 생산기업 내부에서 분리되어 나옴)
사회 서비스	교육, 보건의료, 공공행정, 사회복지
개인 서비스	음식, 숙박, 영화 연예, 오락 문화, 수리, 가사 서비스 ➡ 개인 소비자가 주고객
지식기반 서비스	생산자 서비스(사업 서비스, 통신, 금융보험, 부동산, 광고, 방송), 사회 서비스(보건의료, 교육, 사회복지), 개인서비스(영화 연예, 오락, 문화) 가운데 지식집약도가 높은 업종을 지식기반 서비스라고 함(OECD 1999년 기준 참고)

◆ 생산 규모는 정체, 고용은 팽창, 생산성은 하락

외환위기 이후 우리나라 산업구조 가운데 가장 기형화되고 문제점이 심각하게 드러난 부문이 바로 서비스산업이다. 우리나라 서비스산업은 외형적으로는 완만하게 성장하고 있지만 실질 GDP 기준으로 볼 때 서비스산업이 차지하는 비중은 정체되거나 일부 줄어들기까지 하고 있다. 그 결과 우리나라 서비스산업의 비중은 일본이나 독일의 1980년 수준에 머무르고 있다.[63]

이처럼 생산 규모는 정체하는 데 반해 고용은 계속 증가하고 있어 문제의 심각성을 더한다.(그림 1-22, 그림 1-23 참조)

[그림 1-22] 서비스업과 제조업의 GDP 생산 비중 추이(실질 기준)

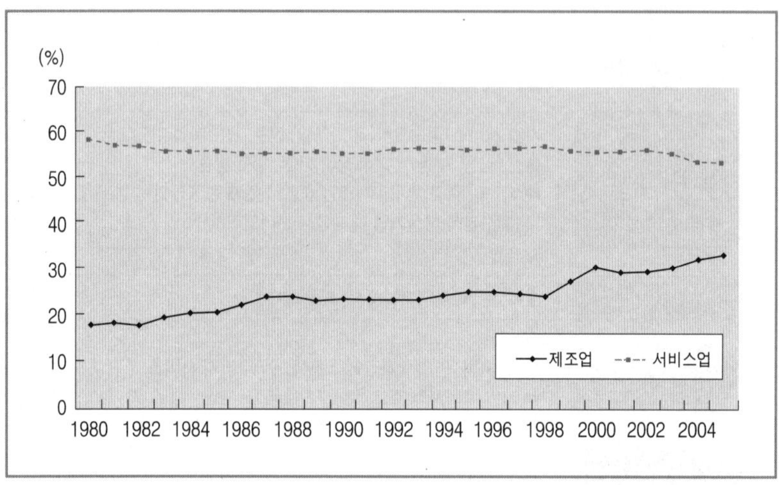

* 한국은행 자료.

[그림 1-23] 서비스업과 제조업의 고용 비중 추이

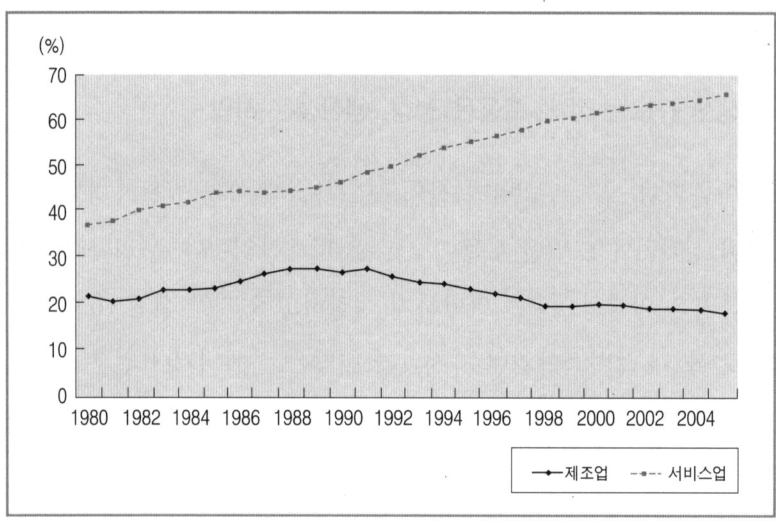

* 통계청 경제활동 인구조사.

PART 01 **달라진 한국 경제의 지배구조와 산업구조**

현재 서비스산업에 취업한 인구는 1500만 명 수준으로 전체 취업자의 65퍼센트를 차지하고 있다. 여기서 주목되는 것은 생산에서 제조업 비중은 꾸준히 증가하고 있는데 반해 고용은 줄어들고 있고, 반대로 서비스업은 생산 비중이 실질적으로 감소하고 있는데 반해 고용 비중은 거꾸로 늘어나고 있다는 사실이다.[64] 생산 규모가 정체되면서도 노동 유입이 계속된 결과 서비스업의 노동생산성은 떨어진다. 지난 25년간 서비스업의 노동생산성은 실질 기준으로 연평균 1.7퍼센트 증가하는데 그쳐 제조업 평균 증가율 7.7퍼센트에 크게 못 미친다.[65]

어째서 이런 문제가 생겼을까? 1990년대 중반 이후 전자와 반도체를 중심으로 한 제조업이 기술집약적 산업으로 성장하면서 상대적

[그림 1-24] 서비스업과 제조업의 노동생산성 추이 비교

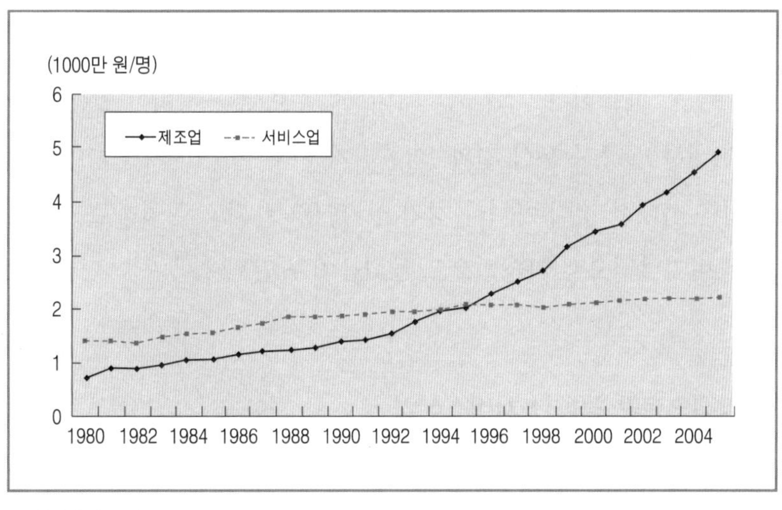

* 실질가격 기준.
* 한국은행 자료.

CHAPTER 01 근본부터 달라진 한국 경제

으로 생산성을 높였다고도 해석할 수는 있다. 그러나 [그림 1-24]에 나타나듯이 1997년만 해도 서비스업 생산성은 제조업의 76퍼센트 수준에 달했으나 2002년에는 50퍼센트 수준으로 떨어지고 이후 계속 하락하고 있다. 서비스업의 절대적인 생산성이 떨어지고 있음을 보여준다.[66]

이것은 우리나라 서비스산업의 생산성이 선진국의 절반 수준에 불과할 정도로 절대적으로 낮다는 사실에서도 알 수 있다.[67] 우리나라 서비스업은 5명 미만의 영세업체가 전체 사업체의 88.9퍼센트를 차지하면서 종사자의 51퍼센트를 고용함에도 불구하고 매출 비중이 27퍼센트 수준에 불과할 정도로 영세하다.[68]

낮은 생산성과 영세성에도 불구하고 취업자가 서비스업에 몰리는 이유는 외환위기 이후 대기업을 중심으로 한 신자유주의적 구조조정과 노동배제 정책 때문에 제조업에서 대규모로 노동자들이 떨어져 나가고 이들이 주로 부가가치 창출력이 낮은 생계형 자영업으로 몰렸기 때문이다.[69] 대부분 서비스업종으로 구성되어 있는 자영업에 대한 실증적 분석 결과, 외환위기 이후 이들이 자발적으로 자영업을 선택한 것이 아니라 경기 상황이 악화되고 실업자로 전락하면서 비자발적으로 자영업으로 몰렸음이 확인된다.[70]

양적으로만 팽창한 서비스산업

외환위기 이후 서비스산업이 기형적으로 발전해온 결과 현재 서비스산업의 내부 구성은 질적으로 낙후한 구조를 가지고 있다. 현재

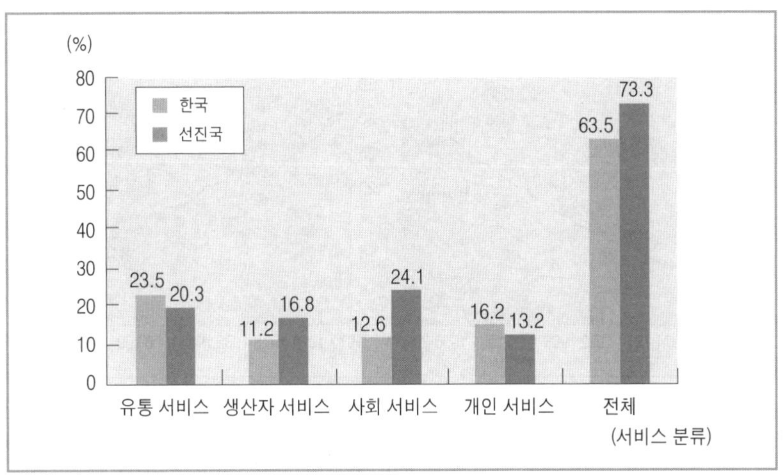

[그림 1-25] 서비스산업 내의 고용구조

＊ 2003년 기준. 한국은행 자료.

우리나라 서비스산업은 생산자 서비스와 사회 서비스의 비중이 현저히 낮고 유통 서비스와 개인 서비스 비중이 높다.(그림 1-25 참조) 서비스업 고용의 상당 부분이 부가가치 창출능력이 낮은 생계형 자영업 중심으로 형성되었다.

앞서 말한 것처럼, 서비스산업이 발전하려면 기본적으로 생산자 서비스가 주도해야 하고, 국민의 복지와 삶의 질 향상을 위해서 사회 서비스를 늘려야 한다. 그러나 우리나라는 정반대의 구조다. 한마디로 경제의 생산성과 사회복지에 큰 영향을 주는 부문은 고용이 적고, 생산성이 낮은 도소매업이나 숙박업, 음식점 등에 사람들이 몰려 있는 것이다.

생산자 서비스는 다른 경제 주체의 중간 수요를 충족시키는 서비스로서 비즈니스 및 전문직 서비스, 금융 서비스, 보험 서비스, 부동

CHAPTER 01 근본부터 달라진 한국 경제

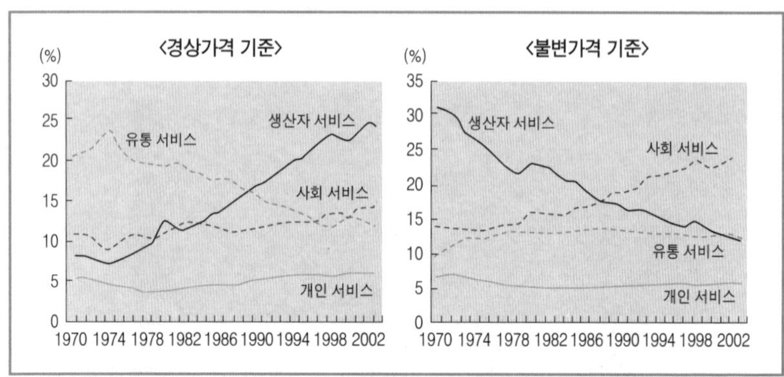

[그림 1-26] 서비스산업의 구조 변화

* GDP 중 비중.
* 한국은행 자료.
* 김현정(2006)에서 재인용.

산 서비스 등을 포함한다. 특히 생산자 서비스는 높은 부가가치 창출력을 가지고 경제 성장과 제조업의 생산성 향상에 결정적 역할을 한다.[71] 지식기반 서비스의 핵심 부분도 바로 생산자 서비스에 있다.

우리나라는 현재 서비스산업이 경제 성장에 기여하지 못하고 있는 실정이지만 생산자 서비스와 유통 서비스 등 비교적 생산성이 높은 서비스 부문이나 지식기반 서비스 부문의 확대는 전체 경제 성장에 긍정적 효과를 준다는 실증적 분석도 있다.[72] 미국의 경우 정보기술이 보편화되기 시작한 1995년을 기점으로 해서 서비스 부문의 생산성이 제조업 생산성을 능가하기 시작하는데 이는 생산자 서비스가 주도했기 때문이다.

한편에서는 외환위기 이후 영세한 개인 서비스 종사자가 늘어나면서 생산성을 약화시키고 있지만, 다른 편에서는 1990년대 말 정보통신 기술 도입 등으로 생산자 서비스 종사자도 현재 300만 명을 넘을 정도로 늘어났고, 특히 생산자 서비스가 GDP에서 차지하는 비중이 상승하고 있다.(그림 1-26 참조) 그러나 뒤에서 자세히 살펴보겠지만 이 역시 외형적 성장 이면에 후진성이 해결되지 않고 있다. 또 사회 서비스 분야에서 일하는 종사자의 비중이 절대적으로 적은 것도 중요한 문제다. 현재 사회 서비스 종사자는 12.6퍼센트 수준(300만 명)이어서 선진국 평균 24퍼센트의 절반 수준이다.

결론적으로, 생산성도 낮으며 이미 넘쳐나고 있는 개인 서비스를 줄이고 경제 성장에 기여하는 생산자 서비스를 확대하는 한편, 국민을 위한 사회복지 확충에 기여할 사회 서비스를 늘리는 방향으로 서비스 산업의 구조를 전환해야 한다.

후진성을 보이는 생산자 서비스

미래의 서비스산업을 이끌어야 할 고부가가치의 생산자 서비스가 꾸준히 증가하기는 했지만 선진국과의 격차는 좀처럼 줄어들지 않고 있다.

생산자 서비스 가운데에 핵심은 사업 서비스(비지니스 서비스)다. 2007년 현재 약 180만 명이 일하고 있는 사업 서비스는 법률, 회계, 정보처리, 컴퓨터 운영, 연구개발, 건축기술, 엔지니어링, 광고, 디자인 등을 폭넓게 포괄하며, 고부가가치 지식기반 서비스업이면서 특히 제조업과 밀접하게 연관된 서비스산업이다. 사업 서비스 생산액은 1990년 6조 원에서 약 40조 원(2005년)으로 늘었고 GDP의 5.5퍼센트를 기록할 만큼 성장했다.[73]

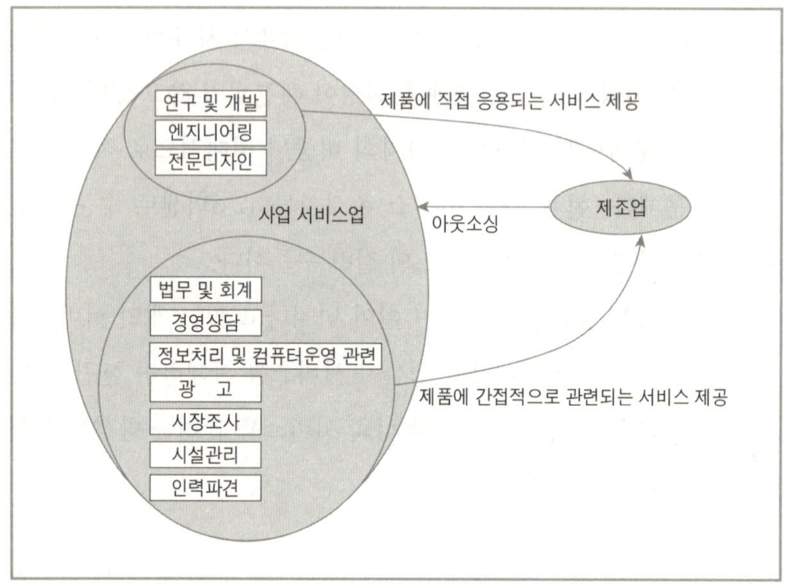

* 정종인 외(2007)에서 인용.

그러나 우리나라의 사업 서비스 비중은 여전히 OECD 국가 평균 기준(11퍼센트)의 절반 수준이고 특히 1인당 부가가치는 외환위기 이후 하락하고 있다[74]. 노동생산성도 미국의 절반에 불과할 뿐 아니라 1998년 이후에는 지속적으로 마이너스 증가율을 보이고 있으며, 심지어는 서비스산업 평균 노동생산성을 밑돌고 있다. 왜 이런 현상이 나타날까?

그것은 사업 서비스 가운데 부가가치가 낮고 주로 저임금에 의존하는 텔레마케팅, 청소, 용역 등 사업지원 서비스에서 고용이 증가(2001년에서 2005년까지 무려 90퍼센트 증가)했기 때문이다.[75]

법률이나 컨설팅 같은 고급 사업 서비스 분야도 국내에 진출해 있

[표 1-3] 국내 소재 컨설팅 사 가운데 외국계 기업 및 국내기업 비교

	업체 수 (개)	매출액 (억 원)	종사자 수 (명)	1인당 매출액 (억 원)	업체당 종사자 수(명)	업체당 매출액(억 원)
외국계 기업●	47	3,801	1,941	1.96	41.3	80.9
국내기업(20명 이상)	174	9,996	8,449	1.18	48.6	57.4
국내기업(20명 이하)	1,184	6,336	6,399	0.99	5.4	5.4

● 액센츄어, 딜로이트 등.
* 산업연구원, 〈컨설팅 산업 선진화를 위한 정책 방안〉, 2005. 12.
* 정종인 외(2007)에서 재인용.

는 외국계와 비교해 보았을 때 생산성이 높지 못한 것 또한 문제다. [표 1-3]은 국내 컨설팅 기업의 1인당 매출액이 외국계 기업의 절반 수준임을 보여준다.

부가가치가 높은 사업 서비스업이 발전하지 못하는 가장 큰 이유 는 [표 1-4]에서 볼 수 있는 것처럼 기업의 영세성과 함께 전문인력이 부족하기 때문이다. 사업 서비스에서 종사자 10명 미만인 기업 비율 이 81퍼센트(2005년 기준)에 이르는 등 영세성을 면치 못하고 있다.

생산자 서비스의 후진성은 또한 생산자 서비스가 생산 과정에 투 입되는 중간 투입 비중 수준이 현저히 낮은 데서도 찾아볼 수 있다. 현대의 산업은 연구개발, 법률, 컨설팅 등 기업경영을 지원하는 서 비스 분야가 제조업 생산 과정에 중간 투입되어 경쟁력과 부가가치 를 높이는 작용을 하고 있는데, 생산 과정에서 서비스의 중간 투입 수준은 선진국이 30퍼센트 수준인데 반해 한국은 14퍼센트로 절반 이 채 안 된다.[76]

결국 사업 서비스를 대표로 하여 선진적 서비스 분야라고 할 수 있는 생산자 서비스 역시 서비스 일반의 특징과 마찬가지로 영세성

[표 1-4] 사업 서비스업의 애로요인 조사결과

사업 서비스 이용기업	응답률	사업 서비스 제공기업	응답률
영세성 등으로 신뢰도 부족	19.3	수요기업의 사업 서비스 인식 부족	29.0
기업비밀 유출 우려	15.4	현장 중심의 전문인력 부족	18.0
비용절감 효과 의문	14.1	영세성 등으로 신뢰 기반 취약	15.7
관련 업무 질 저하 우려	13.1	수요기업의 아웃소싱 촉진기법 부족	14.3
사업서비스 업체에 대한 정보 부족	8.5	관련 법제도의 불합리	8.0
아웃소싱 해당 업무 분리 어려움	6.5	사업 서비스의 종합정보 부족	6.3
경영 성과 향상 미흡	6.2	인력 조정에 대한 노조 반발	4.3
활용 절차 등 표준 모델 부재	5.6	표준, 인증제도 부재	3.7
잉여 인력 재배치 어려움	4.9	기타	0.7
사업 서비스 활용의 필요성 모름	4.1		
기타	2.3		
전체	100	전체	100

* 대한상공회의소, 〈비즈니스 서비스산업 실태와 활성화 과제〉(2006. 9).

과 인적 자원의 부족으로 낮은 생산성을 보이고 있으며, 저임금, 저생산성의 텔레마케팅과 청소 같은 직종만 팽창하고 있다.

그러나 이 시점에서 놓쳐서 안 되는 중요한 문제가 있다. 생산자 서비스 가운데 그 규모가 크고 산업 지배력이 높은 기업들은 대개의 경우 재벌 기업 등 대기업에게 장악되어 있고, 이들이 계열사 내부 거래를 통해 차별적으로 시장을 형성함으로써 산업 발전을 지체시킨다는 사실이다. 광고기획이나 컨설팅, 정보통신산업 분야가 대표적이다. 이들 업종의 주요 기업들은 대기업의 계열사로 편입되어 불공정한 경쟁 구도를 만들고 있다.[77]

◆ 늘어가는 서비스 수지 적자

우리나라 서비스산업은 외형과 규모에 비해 질적으로 낙후되어 있으니 서비스 수출이 제대로 늘어날 수 없는 것이 너무 당연하다. 서비스산업에서 무역수지 적자는 실로 엄청나며 그 폭은 계속 커지고 있다. 특히 [그림 1-28]에서 보는 것처럼 생산자 서비스 수치 악화는 서비스산업의 미래를 어둡게 하고 있다. 이미 2005년 서비스 수지 적자는 131억 달러에 이르고 2006년에는 무려 187억 6000만 달러 적자로 사상 최고치를 기록했다.[78]

해외 원천 기술 및 프랜차이즈 수입 증가로 특허권 등의 사용료 수지가 악화되고 있는 점도 지적되어야 한다. 1990년대 초까지만 해도 기술경쟁력을 높이면서 줄어들던 기술 무역수지가 다시 확대되고 있는데, 2001년 20억 달러 수준에서 2005년에 29억 달러 수준으로 높아졌다.(그림 1-29 참조)[79]

[그림 1-28] 세부 부문별 서비스 수지

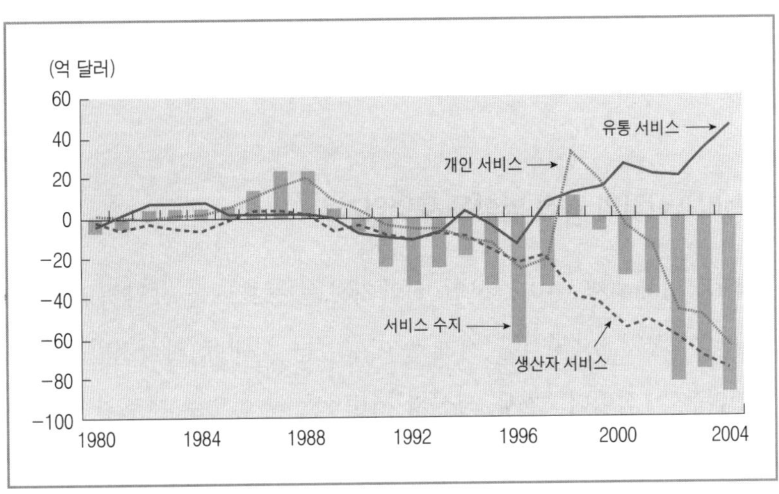

* 한국무역협회, IMF 자료.
* 김현정(2006)에서 재인용.

* 한국산업기술진흥협회, 〈산업기술 주요 통계요람 2006/2007년 판〉.
* 삼성경제연구소, 〈서비스 수지 적자 확대와 시사점〉(2007)에서 재인용.

수출 중심 산업정책과 서비스산업 중심 발전정책을 동시에 추진하겠다면 엄청난 적자구조인 서비스산업을 어떻게 전환할 수 있는지부터 검토해야 한다.

◆ 서비스산업의 발전 방향은 무엇인가?

현대 경제에서 서비스산업이 차지하는 중요도를 요약하면 다음과 같다. 첫째, 지식기반 경제로 이행하는 시대에 지식기반산업을 창출하는 핵심이다. 둘째, 생산자 서비스를 중심으로 제조업과 서비스업이 융합하여 제조업에 높은 부가가치를 더해주고 있다. 셋째, 사회 서비스 확대는 삶의 질과 사회보장 강화를 지향하는 국민의 요구에 부응할 수 있다. 넷째, 제조업에 비해 고용 흡수력이 높은 서비스업의 발전은 질 높은 일자리를 보장할 수 있다.

특히 서비스업이 제조업에 비해 훨씬 큰 고용창출 능력을 가지고 있다는 것은 이미 알려진 사실이다. 국내 서비스업은 10억 원 생산을 위해 18.2명을 고용하지만 제조업은 4.9명밖에 고용하지 못한다. 매출 100억 원당 국내 주요 제조업은 2.3~19.8명을 고용하고 있지만 서비스업은 11.8~99.1명을 고용하고 있다.(그림 1-30 참조) 서비스업은 기계로 대체되기보다 사람들이 직접 개입하는 지적 노동이 많기 때문이다.

우리나라도 이런 요구를 충족시키는 방향으로 서비스산업을 발전시켜나가야 한다. 그런데 그러기 위해서 반드시 해결해야 할 과제가 있다.

첫째, 서비스산업은 결국 인적 자원의 문제고 높은 지적 능력을 가진 노동자를 키워내는 일이 핵심이다. 지식 축적이나 기술력 향상은 모두 노동하는 사람들을 통해서 생산 과정에 투영되기 때문이다.

[그림 1-30] 제조업 및 서비스업 주요 기업 매출 100억 원당 고용인원 비교

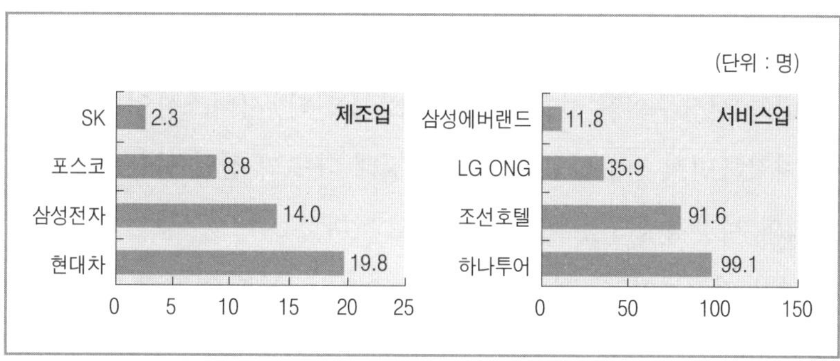

＊ 금융감독원 전자공시 시스템.
＊ 신정근 외(2006)에서 재인용.

그런데 대부분의 서비스, 특히 지식기반 서비스는 인적 자원이 핵심이라는 말을 하면서도 인적 자원의 질을 어떤 식으로 높일 것인지에 대한 구체적 해법이 거의 없이 선언적 주장만 하거나 일부 요식적인 기능교육 시스템을 제안하는 정도가 고작이다.

그러나 노동의 기술력과 질을 제대로 높이려면 주주자본주의 방식의 비용 관점에서 접근해서는 절대로 문제를 풀 수 없으며 기업과 국가가 인적 자원을 키우는 것을 전략적 투자의 개념으로 사고해야 한다. 주주자본주의에서 인력은 수익 창출을 위해 줄여야 할 비용일 뿐이다. 따라서 주주자본주의의 비용 개념과 지식기반 서비스업 발전을 위한 인적 자원 투자 개념은 정면으로 충돌한다.

연관된 문제지만 노동을 비용 개념으로 간주하면서 조직 슬림화, 효율화라는 이름으로 계속 인력을 방출하고 외주로 돌리는 노동 배제적인 정책을 지속한다면 인적 자원이 실제 생산 현장에서 훈련되고, 지식과 기술을 체득하게 될 기회는 원천적으로 사라진다. 이런 상황에서 단지 대학에 모든 책임을 위임하고 산업계의 요구에 맞는 인력 양성을 주문하는 것은 정당한 것이 아니다.

둘째, 사회 서비스를 대폭 확대시켜야 한다. 그러자면 서비스산업에 대한 시장주의적 사고방식을 버려야 한다. 서비스산업의 후진성을 지적하면서 선진화할 방안으로 절대 다수의 정책 입안자들이 규모화와 시장경쟁 구도 편입을 내놓고 있다.[80]

먼저 지적해야 할 것은 규모화다. 앞서 짚어본 것처럼 기계 설비가 아니라 지식이 중요하고 양적인 수가 아니라 질적인 측면이 중요한 지식기반 서비스 분야에서 규모화가 반드시 우월하다고 볼 이유는 없다. 오히려 규모화는 제조업이나 금융업에서 이미 진행된 것처럼 극소수의 경쟁력 있는 대기업과 다수의 영세한 중소기업군을 재창출할 가능성이 높다. 이는 이미 제조업에서 문제가 된 양극화를 서비스업 내부에 새롭게 만들어낼 뿐이다.

시장 경쟁으로 서비스를 활성화시켜야 한다는 논리 역시 사회 서비스 분야에 이르면 매우 황당하지만 한미 FTA와 연동되어 공적 연구기관들까지도 이런 주장을 내놓고 있는 형편인데 그 사례를 보면 아래와 같다.

"공공 서비스의 공기업 독점 및 영리법인 설립 불허, 각종 서비스에 대한 가격 통제 등 과다한 진입, 업무영역 제한 등의 규제로 인해 효율적인 시장경쟁 구조를 구축하지 못하고 있는 실정이다." "공공성이 강조되고 있는 의료 및 교육 분야는 영리법인 설립을 불허하며 각종 운영상의 규제를 두고 있으며, 관광 분야는 각종 투자 제한적인 규제를 두고 있어 자율 경쟁에 의한 국제 경쟁력을 보유하고 있지 못하다."(신정근 외(2006), 산업은행)

"교육, 의료, 보육 등 사회 서비스 분야는 공공성을 지나치게 강조하여 산업적 발전 기회를 원천적으로 봉쇄하는 결과를 야기하고 있다. 특히 영리 의료법인의 불허, 외국인의 교육시장 진입 규제, 사회 서비스의 민간 공급 억제 등을 대표적인 예로 들 수 있다."(김휘석 외(2007), 산업연구원)

인적 자원 문제를 교육 개방으로 해결하겠다는 발상도 이어진다. "고급인력 양성을 위한 경영전문대학원, 인적 자본에 대한 투자 확충, 과감한 교육 개방을 통한 인재 유입"을 하자는 것이다.[81]

그러나 이는 전혀 입증된 바도 없고, 오히려 막대한 교육비 지출과 높은 대학 등록금 등을 감안하지 않은 무책임한 주장이다. 의료 분야도 마찬가지다. 의료 분야를 전면적으로 영리화, 시장화하자는 주장은 현재 조건에서는 미국식 의료체계를 들여오자는 주장으로밖에 해석될 수 없다. 세계적으로 유명한 미국의 의료비를 감안한다면 이 역시 답이 아닌 것은 자명하다.

이처럼 대다수 연구에서 사회 서비스가 선진국의 절반 수준에 불과하다는 진단에 동의하면서도 그 처방은 한결같이 규모화와 시장화로 귀결되는 이유는 신자유주의적 처방만이 유일하다고 믿으면서 다른 대안과 방식을 전혀 고려하지 않기 때문이다. 일종의 신앙이다. 그런 점에서 사회 서비스 수요를 충족시킨다는 산업적 목표와 일자리 창출과 양극화 해소에 기여해야 한다는 복지적 목표를 조화시키는 방향에서 사회 서비스를 확대하자는 주장이 차라리 설득력 있어 보인다.[82] 분명 사회복지 확대에 있어서나 고용 창출에 있어서나 교육과 의료 분야 서비스를 확장시켜나가야 한다. 그러나 더욱 확대시켜나가되 공공성을 강화해야 하며, 그것이 사회복지 확대는 물론이고 인적 자원의 질을 높이는 길이 될 것이다.

셋째, 서비스산업 역시 재벌 중심의 일부 대기업이 해법을 가로막고 있다는 점을 고려해야 한다. 서비스산업도 본질을 보면 대기업과 중소기업의 문제다. 특히 생산자 서비스는 그 주고객 대상이 대기업이라는 점에서, 그리고 대부분 대기업들은 생산자 서비스의 핵심 부분인 정보통신업체나 광고기획사 등을 계열사로 거느리면서 다수의 영세중소업체에 하청을 준다는 점에서 제조업의 경우와 다르지 않다.

현재의 저성장 기조와 고용 부진을 극복하고 서비스산업을 새로운 성장 동력의 하나로 키워야 한다는 사실에 이의를 제기할 이유는 없다. 그러나 이것은 기술적으로 유망한 분야를 찾아내고 예측한다고 해서 풀리는 것이 아니다. 대개의 신 서비스 유망 분야들에 대한 예측은 기본적으로 틀리지 않다. 특히 미래 기술적 추세나 유망 분야들은 현장에서 일하는 노동자와 기업인들이 정확하게 알고 있다. 현재 기술의 산업화와 발전 속도는 연구실에서 이론적으로 체계화하는 속도를 앞질러 산업 현장에서 구현되고 있다.

서비스산업을 질적으로 성장시키는 것은 단지 어떤 비즈니스 분야를 선택하는 문제가 아니며 정책과 자본 투입의 문제로 해결되는 것도 아니다. 사실은 노동자와 기업을 어떻게 참여시킬지가 더 중요한 문제다.

4

산업구조를 정상화해야 한다

지금까지 외환위기 이후 근본적으로 성격이 변한 우리 경제와 산업구조에 대해 소수 지배 블록을 형성하고 있는 외국 금융주주 자본과 국내 재벌그룹, 민영화된 공기업과 금융그룹을 한 축으로 하고 중소기업과 서비스업을 다른 축으로 하여 거칠게 살펴보았다.

이와 같은 현실에서 우리 경제가 당면한 문제를 해결하고 산업구조를 건강하게 만들어 장기적으로 발전할 수 있는 시스템을 갖추기 위한 문제들을 종합적으로 살펴보기로 하자.

◆ 부진한 설비 투자, 악화되는 성장률

진보와 보수를 막론하고 현재 경제 상황에 대해 일치하는 의견 가운데 하나는 우리 경제의 성장잠재력이 약화되었다는 것, 따라서 새로운 성장 동력을 찾아야 한다는 것이다. 공공기관이나 민간 연구소들이나 일제히 한 목소리로 한국 경제의 첫 번째 문제로 지목한 것이 성장잠재력이다.[83]

잠재성장률은 외환위기 이전 6.6퍼센트(1991~97년)에서 4.5퍼센트(1998~2006년)로 떨어졌고 최근 더 떨어졌다는 주장도 있다.[84] 잠재성장률이 낮아지고 저성장 기조가 구조화되고 있는 사실은 어제오늘의 얘기가 아니고 외환위기 이후 고착화된 것이다.

그렇다면 왜 잠재성장률이 떨어졌을까? 이에 대한 대답은 제각각이다. 한국이 경제 규모 13위에 이를 만큼 선진국 유형으로 가고 있기 때문에 더 이상 과거의 고성장을 기대하기 어렵다는 주장이 있다. OECD 기준으로 보면 결코 낮은 성장률이 아니라는 것이다. 기

[그림 1-31] 한국의 잠재성장률 추이

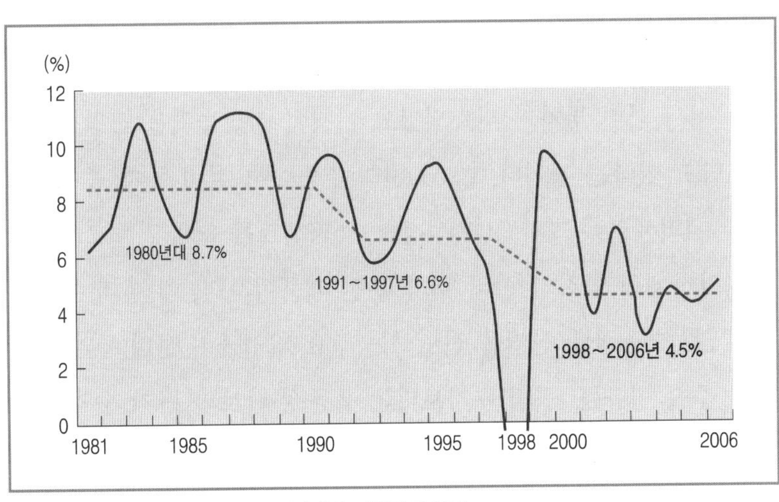

* 잠재성장률은 단순추세법(H-P 필터링)을 이용하여 추정.
* 기간 중 연평균임.
* 한국은행.
* 현대경제연구원, 〈성장잠재력 확충을 위한 경제정책 방향〉(2008)에서 인용.

119

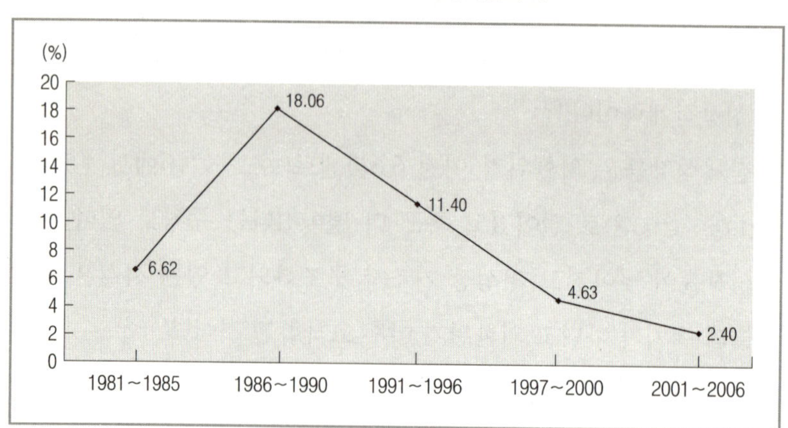

[그림 1-32] 설비 투자 증가율 추이

* 한국은행 경제통계시스템(ECOS).

술과 설비 투자로는 단기적으로 효과를 내기 어려워 성장률이 낮을 수밖에 없는 서비스산업이 팽창했기 때문에 성장률이 떨어지고 있다고 주장하기도 한다.

그러나 더욱 원천적인 문제가 있다. 외환위기 이후 전 산업 부문에 걸쳐서 설비 투자가 위축되었고 이것이 성장능력을 근원적으로 가로막고 있다는 점이다.[85] 2000년대에 들어서 설비 투자 증가율은 평균 2.4퍼센트에 그쳐 GDP 성장률 4.6퍼센트를 크게 밑돌고 있다.

성장잠재력 약화가 설비 투자 부진 때문이라면, 왜 설비 투자를 하지 않는가? 국내 산업을 선도하는 주요 기업들이 설비 투자를 꺼리는 주요 이유는, 설비 투자보다는 유동성 확보와 단기 수익성 위주의 경영 압박을 받고 있기 때문이다. 국내의 핵심 산업과 기업을 잠식한 주주자본주의는 장기적 전망 아래 설비 투자를 하는 것보다는 자본 투자에 대한 단기 수익률과 주식 가치 극대화를 요구했다.

여기에 맞출 수밖에 없는 경영구조는 설비 투자를 꺼리게 만들고, 연관기업이나 하청기업에게까지 수익성 압박을 전가했다. 그러나 잠재성장률 약화에는 동의하면서도 여기까지는 합의가 이루어지지 않고 있다.

◆ 너무 멀어진 대기업과 중소기업

전 부문에서 산업 부문 사이의 선순환구조가 파괴되고 산업구조의 양극화가 진행되었다는 사실에 대해서도 보수와 진보 사이에 이견이 없다. 양극화는 소득이나 고용구조에서만 발생하는 것이 아니다. 그것은 산업 부문에서도 심각하게 발생하고 있으며 산업의 어느 한 부분이 아니라 다양한 측면에서 동시에 진행되고 있다.

우선 수출기업과 내수기업의 양극화가 대표적이다. 반도체, 핸드폰 등 수출 주력상품의 핵심 부품과 소재 등을 수입에 의존하고 있어 수출은 2006년에 3000억 달러를 돌파하는 경이적인 기록을 세웠지만 그 성과가 내수로 파급되지 않았다.[86] 때문에 수출 호조와 무관하게 내수는 지속적으로 침체되고 있다.

노동집약적인 경공업이 퇴조하고 일부 기술집약적인 중화학공업이 한국 경제를 선도하면서 경공업과 중화학공업 사이에도 양극화가 발생하고 있다. 대기업이 주도하는 핵심 IT 기업과 비IT 기업 사이에도 양극화가 발견된다. [그림 1-33]을 보면 2005년 기준으로 볼 때, IT 산업의 성장은 18.5퍼센트를 기록하고 있지만 비IT 산업은 2.6퍼센트 성장하는 데 그치고 있다. 그 결과 IT 산업의 비중은 외환위기 이전

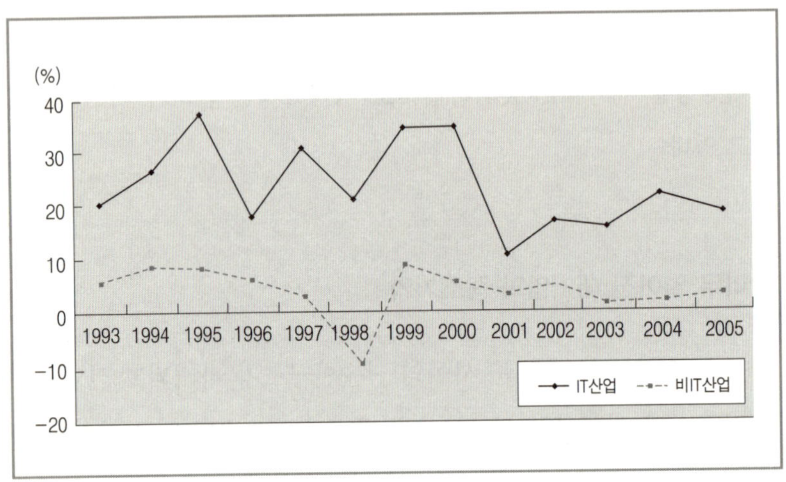

* 한국은행 경제통계시스템(ECOS)(2006).

인 1997년 4.2퍼센트에서 2004년 12.6퍼센트로 급증했다.[87]

그러나 무엇보다 심각한 것은 각종 양극화 현상의 교차점이 대기업과 중소기업의 양극화로 집중되어 나타난다는 것이다. 이익 호조를 보이는 주요 수출기업은 대부분 대기업이며 중소기업은 내수에 몰려 있거나 수출경쟁력이 없다. 또 높은 신장세를 보이고 있는 IT 기업도 전자, 반도체, 휴대폰, LCD 등을 생산하는 대기업이다. 노동집약적 경공업에서 탈피하여 기술집약적 선도산업을 이끌고 있는 것도 사실상 대기업이다. 그러다보니 전통 제조업, 내수 부문, 비IT에 몰려 있는 중소기업들의 영업 이익률은 대기업의 절반 수준인 3퍼센트 정도에 머물고 있는 등 양극화의 피해를 집중적으로 받고 있다.

이처럼 산업 내부의 각 부문에서 양극화가 진행되고 산업연관 효과가 부실해지는 현상은 외환위기 이후 특히 심해지고 있다. 그리고 이것은 다시 내수를 침체시키고 성장잠재력을 훼손시킨다. 그러나 양극화의 근원적인 원인이 무엇인지, 그리고 양극화의 집중적 피해 대상인 중소기업을 어떻게 혁신적으로 발전시킬 것인지에 대해서는 역시 의견이 분분하다.

◆ 서비스산업 부진으로 발목 잡힌 한국 경제

산업에서의 비중이 56퍼센트[88]에 이르고 전체 취업자의 65퍼센트를 고용하고 있는 서비스산업의 성장 부진이 한국 경제의 발전을 가로막고 있다는 것도 공통된 지적이다. 외환위기 이전인 1997년만 해도 제조업에 대한 서비스업의 생산성이 76퍼센트 수준이었으나 2002년에 들어서는 50퍼센트 수준으로 떨어졌다. 양극화는 사실 제조업과 서비스업에서도 발생하고 있었던 것이다.

외환위기 이후 수출 증대와 경제 성장은 반도체, 휴대폰, 자동차, 조선 등의 제조업 대기업이 주도했다. 외환위기 이후 서비스 부문의 정체와 더불어 제조업 부문 비중이 오히려 증대하고 있고 2000년대의 경제 성장은 제조업이 이끌어왔다.[89] 그러나 제조업만으로 국민경제를 발전시키는 데는 한계가 있고,[90] 더욱이 취업자의 3분의 2에 가까운 고용을 담당하는 서비스산업의 침체와 부진은 내수 부진과 고용조건 악화에 막대한 영향을 주고 있으며 이것이 한국 경제의 성장잠재력을 떨어뜨리고 있다는 것이다.

상황이 이런 탓에 서비스산업의 부진을 극복하고 차세대 성장 동력으로 새로이 전환해야 한다는 지적에는 모두 공감하지만, 이를 어떻게 실현할 것인지에 대해서는 완전히 의견이 갈라진다. 그 대표적인 사례가 한미 FTA다. 참여정부는 한미 FTA를 추진하면서 서비스업에 대한 국제 경쟁력 증진을 그 주요 명분으로 주장해왔다. 그러나 현재 서비스업의 낮은 성장률과 영세성, 후진성이 어디서 유래했는지에 대한 정밀한 분석은 보이지 않고 있다.

◆ 사람이 빠진 지식기반산업과 첨단산업?

앞으로 지식기반산업을 축으로 한 첨단산업의 발전 속도가 매우 빠르게 전개될 것이고, 우리 산업구조도 이러한 추세에 맞게 혁신적으로 전환해야 한다는 사실에는 이견이 없다. 1990년대 이후 정보통신 기술이 전 산업 부문으로 빠르게 파급되면서 한국도 과거의 노동집약적 섬유의복산업이 퇴조하고 전기전자, 반도체, 휴대폰 등 기술집약적 산업으로 급속히 변화했다.

기술발전 주기가 더욱 빨라지고 산업 간, 기술 간 융합 현상도 확대되고 있다. 더욱이 나노 기술과 바이오 기술 등 6T 기술산업화에 대한 예측이 앞당겨지면서 지식기반산업을 축으로 하여 미래 유망산업을 육성하는 방향으로 산업구조를 전환하자는 주장이 확산되고 있다. 특히 참여정부는 취임 초기인 2003년 8월 22일 '10대 차세대 성장 동력'을 지정하기도 했다. 차세대 반도체, 디스플레이, 지능형 로봇, 차세대 전지, 미래형 자동차(이상 산업자원부 지정), 디지털TV/방송, 차세대 이동통신, 지능형 홈네트워크, 디지털 콘텐츠(이상 정보통신부 지정), 바이오신약/장기(과학기술부)가 그것이다.

산업구조를 더욱 선진적인 기술구조로 전환시켜야 한다는 것을 부정할 이유는 없다. 그러나 현재 우리의 산업구조 실정을 냉정하게 점검해보고, 어떤 주체가 어떤 경로로 지식기반산업과 첨단산업으로 발전해나갈 수 있는지를 따져봐야 한다.

경쟁력이 있는 일부 대기업을 제외하고는 대부분의 중소기업과 영세한 서비스산업이 어떤 조건과 방법으로 혁신산업에 뛰어들 수 있는지 검토하지도 않은 채 단지 '지식기반산업' '미래산업'의 특정 기술적 영역만을 제시한다고 해서 우리 산업구조가 그렇게 전환되는 것은 아니다. 현재의 구조대로라면, 일정한 경쟁력이 있는 일부 대기업들만이 전환에 성공할 것이고 대기업과 중소기업, 서비스산

[그림 1-34] 성장주도 업종의 변화 추이

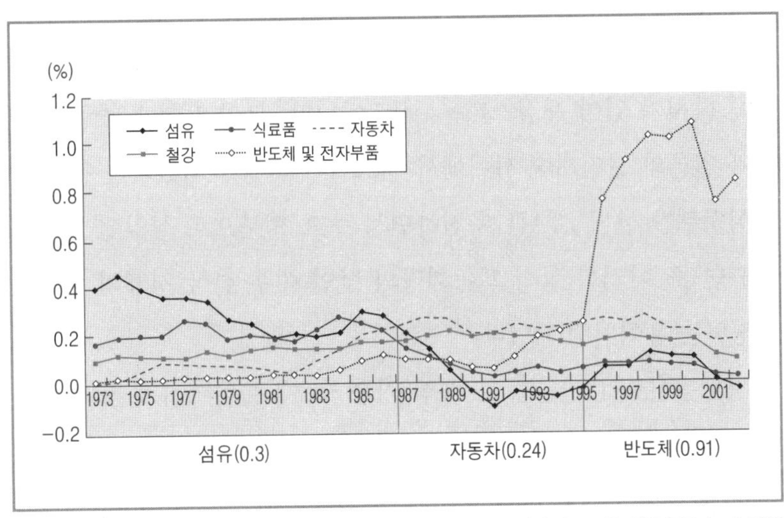

* 1) 국민계정 77부문 기준 제조업 업종 가운데 각 연도의 성장기여도 1위 업종들로 ( ) 안의
  수치는 기여도 1위 기간의 평균 성장기여도(%)임.
  2) 성장기여도(%)=해당 업종 성장률×기준연도의 해당 업종 비중(전 산업 대비).
  3) 성장기여율(%)=해당 업종 성장기여도/전 산업 성장률×100.
* 출처 : 산업연구원, 《한국산업의 발전 비전 2020》, 2006.

업의 양극화는 더욱 가속화될 것이 뻔하다.

더욱이 지식기반산업과 첨단기술은 자본 투입보다는 상당 부분 인적 자원의 질적 발전과 전문성을 요구하고 있는데, 현재의 노동 배제적인 고용 행태와 구조를 그대로 두고 인적 자원 개발을 중시하 겠다는 주장은 허망하게 들린다. 최근 한 연구에서 한국의 인적 자 원 개발지수가 OECD 21개국 나라 가운데 17위로 최하위 수준으로 나타난 이유를 되새겨봐야 한다.[91]

◆ 샌드위치 신세, 현상을 가장한 핑계

중국의 빠른 추격 등 외부 경제환경이 한국의 산업구조 전환을 압 박할 것이라는 주장이 최근에 넓게 확산되고 있다. 자동차, 정보통 신 등에서도 중국의 기술과 시장이 코앞에 다가왔다는 것은 여러 연 구에 밝혀져 있어 새삼스러운 것도 아니다. 그리고 현재 중국의 추 격과 일본의 선진기술 사이에서 샌드위치 신세가 되었다는 것 역시 참여정부가 한미 FTA를 추진하면서 주요 명분으로 삼았던 것이고 2007년 초 이건희 삼성그룹 회장의 발언 이후 한국 경제의 처지를 상징하는 용어처럼 되었다.[92]

정보통신부가 지난해 IT 핵심 기술 506개 분야에서 한국과 중국 의 기술 격차를 비교 분석한 자료에 따르면, 2003년 평균 2.6년이었 던 기술 격차는 2007년 1.7년으로 줄었고 한국의 자동차 생산 대수 가 몇 년째 세계 5~6위를 맴도는 동안 중국은 2001년 8위에서 2007년 3위로 올랐다. 중국의 추격은 미래의 일이 아닌 것이다.[93]

그러나 이 문제와 관련해 신장섭 싱가포르 국립대학교 경제학 교수가 한 일간지에 기고한 글은 참고할 만하다.[94] 그는 샌드위치 신세라는 것이 언제나 어느 나라에나 항상 있는 것이라고 주장한다. "전세계 250개국 중에서 일등과 꼴찌를 빼놓고는 다 샌드위치 신세기 때문이다. 거의 대부분 나라들이 같은 처지인데 특별이 새로울 것이 없다." 그는 한국에서조차 샌드위치 처지가 처음 있었던 것이 아니라는 주장을 덧붙인다. "한국에서도 샌드위치론은 1960년대 말에 나왔다. 경공업 수출로 고도성장을 했는데 다른 개발도상국들이 쫓아오고 국내 임금은 올라가면서 경쟁력 약화를 걱정했다. 이 당시 샌드위치론은 1970년대 중화학공업화를 통해 극복했다."

지극히 정당한 주장이다. 문제의 핵심은 어디에 있는가? 그것은 중국의 추격이 아니라 우리 경제가 이를 따돌릴 수 없을 만큼 정체 상태에 빠져 있다는 거다. 따라서 중국의 추격을 걱정할 것이 아니라 왜 한국 경제가 정체했고 어떤 원인을 제거해야 정체로부터 풀려나올 수 있는지를 점검해야 한다.

벤처기업으로 성공한 한 기업인도 "샌드위치론은 10년 전에도 나온 얘기"라면서 10년 뒤의 경제를 걱정해야 하는 핵심 이유는 중국의 추격 때문이 아니라 우리 경제의 핵심 경쟁력이던 엔지니어 역량이 떨어지는 데 있다고 주장한다.[95] 특히 대기업 총수들은 최근 2년간 기업 수익이 반 토막 난 것에 대해 그것이 본인들의 투자 회피와 위험 회피 때문은 아닌지 스스로 자성해야 한다.

지금까지 일반적으로 인정하고 있는 우리 산업구조의 주요 특징과 이슈에 대해 짚어보았다. '성장잠재력 약화' '산업구조 양극화'

'서비스산업의 고용 팽창과 성장 부진' '지식기반산업과 첨단산업으로 산업구조 전환' '샌드위치 신세'가 주요 이슈였다. 그리고 이들 이슈가 우리 경제의 문제점임을 인정하면서도 이에 대한 해법은 서로 다르다는 것을 확인하였다. 그런데 이와는 달리 주요 이슈면서도 모르고 있든지 아니면 의도적으로 외면하는 이슈들도 있다.

◆ 껍데기뿐인 '일자리 창출' 논의

외환위기 이후 사회가 양극화되고 실업이 폭증하면서 정부는 매년 일자리 창출을 핵심 정책과제로 삼아왔다. 2007년에도 일자리 30만 개 창출이 정부 목표였다. 최근에는 한 술 더 떠서 단순한 일자리가 아니라 '괜찮은 일자리 창출'이 필요하다는 주장까지 나오고 있다. 산업구조 문제에 접근할 때도 마찬가지다. 일자리 창출에 가장 크게 기여할 수 있는 분야를 산업구조 전환의 핵심과제로 놓아야 한다는 것이다.

그런데 일자리 창출과 관련해서 의도적으로 외면하는 사실이 있다. 즉 '일자리가 없는 것이 아니라 만들지 않는 것'이 더 정확한 현실이라는 것이다. 이미 산업과 금융에 대해 사실상 통제력을 잃어버린 정부가 일자리 창출을 위해 할 수 있는 일은 많지 않다.

문제는 주요 대기업들이 적극적으로 고용을 통한 성장 전략을 펴야 하는데 그럴 생각이 거의 없다는 것이다. 한국 경제를 독주하고 있는 재벌 대기업들은 비용 절감과 경영 효율화라는 명목으로 외환위기 이후 체계적으로 고용을 줄여왔다. 외환위기 이후 고용 방출을 주도한 것은 외국자본이 장악하고 있는 금융기관과 민영화된 공기업 그리고 기존 재벌 대기업들이었다.

이유는 단기 수익 추구 때문이다. 이들이 방출한 인력은 중소기업과 영세 서비스업으로 몰렸고, 저임금 비정규 노동력 시장을 포화상태로 만들었다. 따라서 대기업들이 고용 창출을 주도하지 않는 한 '괜찮은 일자리'는 고사하고 일자리 창출 자체가 일시적일 수밖에 없다.

물론 이를 생산성 향상을 위한 기술 혁신으로 노동 투입 비용이 줄어든 결과라고 주장할 수도 있다. 그러나 직접 생산 과정에서는 기술 혁신으로 노동 투입 비용이 줄어들 수 있지만 기획, 설계, 마케팅 역량을 더욱 강화하여 경쟁력을 높이려면 꼭 고용을 줄여야 할 이유가 없다.

더욱이 이들 기업이 실제로 잉여 노동을 감소시켰는지도 따져봐야 한다. 왜냐하면 정규직 고용을 줄이는 대신에 비정규직으로 대체하거나 정규직의 노동 강도를 강화시켰고, 조직을 슬림화 하는 대신에 이를 영세한 외주기업으로 돌리고, 심지어 해외로 공장 이전을 하고 있기 때문이다. 이것이 고용 없는 성장론이 허구인 이유다.

그런데 이런 경영정책은 '지식기반산업과 첨단 혁신산업'으로의 전환과 정면으로 모순될 수 있다. 왜냐하면 이들 전환은 누구나 공인하듯이 고급 인적 자원의 지속적인 공급과 질적 향상을 전제로 해야만 하기 때문이다. 고급 인적 자원의 대부분은 대학이나 학교 교육에서 나오는 것이 아니다. 일하는 현장에서 무수히 배태되는 창조―확산―활용―공유의 과정을 통해 자란다. 그러나 신자유주의는 이러한 인적 자원 육성의 기본 원리와 정면으로 배치되는 노동정책을 펴고 있다.

◆ 고용 문제를 혼란에 빠트리는 것

산업구조와 고용 문제를 연관시킬 때 몇 가지 층위가 다른 이슈를 중첩시켜 혼란을 주고 있는 문제도 있다.

우선, 현재 시점에서 심각한 실업과 고용과의 관계 문제가 그 하나다. 당장의 현실을 보면 실업이 문제지 노동 인력의 부족은 문제가 아닌 것처럼 보인다. 청년 실업이 100만을 넘을 만큼 넘쳐나고 있으며 조기 퇴직으로 40대 이상의 인력이 필요 이상으로 서비스업에 몰리고 있는 현실을 보면 그렇다.

그러나 상황을 정확하게 보면 구인난과 구직난이 동시에 발생하고 있다. 우리나라는 현재 기술인력의 원활한 공급이 제대로 이루어지지 않는 현상이 심화되고 있다. 이는 특히 중소기업일수록 심각하다. 2004년 기준 기술인력 부족률은 평균 6.77퍼센트고 제조업의 자동차, 조선 등 8대 주력산업 기술인력도 5.39퍼센트의 부족률을 보이고 있다.[96] 기술적 전문성이 높은 정보통신산업에서는 더욱 심각하다.

이런 현상은 왜 일어나고 있는가. 그동안은 주로 대기업에서 신입사원을 대량으로 선발하여 실무적응 능력을 높이는 비용을 부담해 왔으나 최근에는 대기업들이 단기 수익성에 대해 압박을 받으면서 자체 인력 양성을 기피하고 경력직 채용 위주로 인력 관리를 하기 때문이다.[97] 따라서 이미 준비된 고급 인력을 대기업이 독점하는 구조를 푸는 것이 우선이다.

또 저출산 고령화 문제다. 우리나라의 급속한 저출산 고령화 현상은 부인할 수 없는 사실이다. 2000년에는 고령 비율이 7퍼센트였지만 2018년이 되면 14퍼센트로 고령화 사회로 접어들고 2026년에는 20퍼센트가 되어 초고령화 사회가 된다는 것이다. 미래 노동력의 양적 규모 축소와 성장잠재력의 심각한 훼손이 우려된다.[98]

저출산 고령화 문제가 대비해 두어야 할 사회 문제임은 틀림없다. 그러나 거시적으로 보면 지식기반산업의 확대에 따라 산업에서 고된 육체노동의 비중이 줄어들고 여성과 장년층이 노동에 참여할 수 있는 여건과 환경은 계속 확대될 것이다.

그보다 중요한 것은 현재의 고용 악화와 성장 부진이다. 현재 각 가정에서의 고용불안과 소득악화가 저출산을 압박하고 '미래의 노동력 규모 축소―성장잠재력 약화'를 예고하는 원인이다. 따라서 저출산이 미래 성장잠재력 약화의 원인이 되기도 하지만, 현재의 성장잠재력 약화가 현재와 미래의 저출산을 야기하는 원인이 되기도 한다. 문제는 2026년의 경제가 아니라 지금의 경제다. 지금의 경제 문제를 먼저 풀어야 2026년의 문제도 풀 수 있는 것이다.

당장 현실에서 발생하는 원인을 제거하지도 않고 2026년의 산업 인력 수요를 조달하자고 출산장려 국민 캠페인을 벌이는 발상 자체가 심각한 문제다.

◆ 규제완화와 규모화로 경쟁력을 높일 수 있을까?

영세한 중소기업과 서비스산업의 경쟁력 향상을 위해서는 규제 완화와 대규모화가 필수라는 인식이 지배적이다. 규제는 풀어야 할 것도 있지만 강화해야 할 것도 있다. 무조건 규제를 완화해야 한다는 주장은 시장의 실패를 전혀 인정하지 않고 오직 시장에만 맡기자는 주장이다. 이는 최근 규제 풀린 금융자유화가 서브프라임 모기지 부실을 도화선으로 하여 전 세계에 금융경색을 불러일으키고 있는 현상을 보아도 명백하다.

혁신이나 첨단화가 오직 규모화를 통해서만 달성되는가도 살펴 봐야 한다. 그렇지 않다. 오히려 대규모화는, 양적인 측면보다는 질적인 측면을 발전시켜야 하는 현대 산업구조 전환 추세에 맞지 않는 면이 있다. 더욱이 미국과 중국, 일본에 맞서 규모로 승부를 보겠다는 것은 무모한 생각이다. 한국 실정에서는 통합과 집적에 의한 규모화보다는 견고한 네트워크와 클러스터에 의한 협력 구도로 경쟁력을 만드는 것이 유리하다.

규모화와 함께 항상 동반되는 것이 인수합병M&A이다. 인수합병은 규모화를 이루기 위한 유일한 길도 아닐 뿐더러 주주자본주의 방식의 인수합병은 주로 실제적인 규모화를 통한 경쟁력 강화보다는 단기적으로 주식 가치를 상승시킨 뒤 되팔아 차익을 남기는 것을 목적으로 하고 있음을 무시해서는 안 된다.

산업구조 첨단화의 주체는 어디에 있나

산업경쟁력 강화, 구조 고도화와 첨단화를 누가 주도하여 이끌고 나갈 것인지에 대해서도 대부분의 산업정책 대안이 외면하고 있다. 단지 산업구조의 전환을 위해 새로운 제도나 환경을 잘 설계해 놓으면 시장 기제 속에서 자연스럽게 전환될 것이라고 생각하는 경향이 있다.

산업구조 전환을 위한 경제 주체를 이야기할 때에도, 구체적으로 참여하는 사람을 핵심으로 보기보다는 자본의 투입 여부를 핵심으로 보는 경향이 강하다. 특히 생산 활동에 참여하는 노동자와 중소기업, 영세자영업인들의 노동의 질적 향상과 기술 혁신에 대한 동기 부여, 그를 위한 금융과 기술, 시장의 환경을 어떻게 마련할 것인지도 불투명한데 그들에게 산업구조 전환에 동참할 것을 촉구하는 데 그치고 있다.

산업구조 전환이 현실적으로 가능하려면 노동자와 자영업인, 중소기업가들이 적극적인 의지를 가지고 실제로 참여해야 하며 서로 협력하는 구조 아래 공동으로 문제를 풀어야 한다. 한미 FTA와 같은 외적 충격으로 이들을 움직이겠다는 발상은 매우 위험하다.

농업은 사양산업이 아니다

마지막으로 짚을 것은 대부분의 산업연구와 산업정책에서 농업 부문이 예외 없이 완전히 빠져 있다는 것이다. 과거에는 농업 부문이 자연환경 의존성 등으로 인해 별도로 다루어졌더라도 지금은 새로운 접근이 필요하다.

현재 농업은 현대화되고 점차 고부가가치의 친환경 농업으로 이동하면서 기존 산업 부문들과의 연계성이 커질 가능성이 높아지고 있다. 농산물 가공과 유통의 기술 수준이 계속 높아지고, 농업 기술 역시 점차 바이오 기술이나 정보 기술과 같은 첨단 기술과 접목될 가능성도 커졌다. 농업을 구산업으로 보는 것은 잘못이다. 농업도 얼마든지 현대화, 첨단화된 혁신산업으로 변화할 수 있으며 또 그렇게 해야 한국 농업이 살아날 것이다.[99]

몰락해가는 농업을 새롭게 부활시키려는 적극적인 농업정책과 농업 대안을 제시해야 한다면 당연히 전체 산업구조와의 연계 속에서 농업을 회생시킬 산업정책을 짜야 한다. 이를 도외시한 농업정책은 어떤 명목을 내세우건 비교우위가 전혀 없는 산업으로 취급하여 결국 농업을 포기하는 정책에 다름 아니다.

5

—

우리 경제의 미래

외환위기 이후 변화된 한국의 산업구조는 대기업과 중소기업의 양극화를 축으로 하여 다양한 차원에서 양극화가 심화되어왔다. 양극화의 한쪽 끝에는 외국 금융주주 자본을 축으로 하는 은행과 소수 대기업이 자리잡고 있고, 이들은 신자유주의 아래에서 기술경쟁력과 수출시장을 배경으로 국민경제와 무관하게 엄청난 수익을 거두었고 기업 팽창을 해왔다. 그리고 다른 한쪽 끝에서는 중소기업과 서비스업, 자영업, 노동자와 농민이 주주자본주의의 수익 창출 압박을 받으며 영세화되고 경쟁력을 잃어가는 등 양극화의 피해를 집중적으로 받고 있다.

한마디로 외환위기 이후 한국 경제는 주주자본주의의 혜택을 누리는 소수 집단과 양극화의 피해를 입는 경제주체 사이의 격차가 계속 누적되고 확대되어왔다.

이 문제를 풀기 위한 해법으로 현재 시장주의적 해법과 국가주의적 해법이 상호충돌하고 있다. 시장주의적 해법은 대개 현재의 주주 자본주의 제도나 이윤구조의 특성을 보려하지 않고, 오직 미래의 산업 기술적 추세로 문제를 환치시킨다. 물론 한국 현실에서 미래 산업이 무엇이 되어야 하는가에 대해 구체적인 이슈가 있을 수 있다. 그러나 기술적, 산업적 추세가 어떻게 갈 것인지에 대해서 실제 큰 편차가 존재하는 것이 아니며 기술적 추세를 읽지 못해서 우리 산업의 미래를 예측하지 못하는 것은 아니다.

산업구조의 근본적 개편과 발전 전략은 단지 미래의 기술적 추세를 예측하고 기술적으로 유망한 어떤 산업 분야에 역량을 투입할 것인지에 대해 설계도를 짜는 것만이 아니다. 그런 설계도에 누가 어떤 동기와 의지로 참여할 수 있게 할 것인지에 대한 방법과 전략이 없다면 그것은 단지 기술 예측 시나리오에 불과할 뿐 산업정책이라고 할 수 없다.

최근에 와서 시장주의적 해법은 이른바 한미 FTA라는 외부 충격요법을 통해서 한국 산업구조의 문제점을 해결하고자 한다. 그러나 이것은 주주자본주의에 따른 우리나라 양극화의 실상을 전혀 고려하고 있지 않은 처방일 뿐이며, 양극화의 피해 당사자인 중소기업과 자영업, 노동자의 현실을 도외시한 양극화 확대 처방이다.

국가주의적 해법도 대안이 될 수 없기는 마찬가지다. 21세기는 국가가 주도적으로 산업의 틀을 짜고 이끌어나갈 만큼 단순하지 않다. 더욱이 국가와 재벌이 타협하여 양극화를 해소하고 신산업을 부흥시킬 수 있을 수 있는 조건 자체가 존재하지 않는다.

국민의 절대 다수가 생활하며 삶을 누리는 우리 경제와 산업의 문제점을 근원적으로 해결하자면 두 가지 전제가 있어야 한다.

첫째는 주주자본주의를 극복하지 않으면 대안은 없다는 것이다. 현재의 주주자본주의 시스템을 용인하고서 성장잠재력 약화, 산업구조 양극화를 풀 수 있다는 것은 기만이다. 더욱이 주주자본주의 강화를 의미하는 한미 FTA를 외부 충격파로 사용하여 산업구조 고도화를 추구하겠다는 발상은 그 자체가 허구일 수밖에 없다.

둘째는 한국의 산업을 떠받들고 있는 장본인인 노동자, 자영업인, 중소기업인이 산업구조 개편의 주요 주체로 참여할 수 있게 해야 한다는 것이다. 현재의 산업구조는 대기업이나 정부가 주도하여 개편한다고 되는 것이 아니다. 이것은 20세기에나 가능했던 국가중심주의, 엘리트주의를 지금 부활하자는 것에 다름 아니다. 당연히 국가는 조정자의 역할을 적극적으로 해야 한다. 그러나 그것은 단지 시장에 대한 조정이 아니다.

국가는 시장에 대한 조정자 역할에 앞서 국민의 참여를 어떻게 유도할지 고민해야 한다. 산업의 담당자들이 실제로 주도성을 가지고 참여하는 산업구조 개편을 모색해야 한다. 비록 일시적인 거품으로 끝났지만 1999년, 2000년 벤처붐에서 교훈을 얻을 필요가 있다. 일하는 국민이 실질적으로 참여하는 산업구조 개편을 실험해야 한다.

비록 저급한 수준이기는 하지만 베네수엘라에서는, 한편으로는 신자유주의를 넘어서는 대안을 모색하면서 다른 한편으로는 정부가 국민참여를 독려하는 가운데 공동경영제를 창출하고 협동조합을 새로 건설하면서 산업구조를 전환하고 경제에 활력을 불어넣어가고 있는 중이다.

이러한 전제 아래 주요한 산업 방향을 잡아볼 수 있을 것이다.

첫째, 제조업과 서비스업을 동시에 적극적으로 융합시키고 발전시키며 여기에 농업을 새롭게 부흥시켜야 한다. 4800만 명의 삶을 보장할 산업정책이 단지 제조업인가 아니면 서비스업인가 하는 식의 선택의 문제가 돼서는 안 된다. 제조업과 서비스업의 융합 발전만이 4800만 명이 함께 먹고사는 길이며 세계적인 기술 추세에도 부응하는 길이다. 그런 취지에서 제조업과 서비스업, 그리고 농업의 동시 부흥과 발전을 도모해야 한다.

둘째, 특히 국민 대다수의 삶의 공간이라고 할 수 있는 중소기업의 역할을 새롭게 규정하고 중소기업 재건 전략을 모색해야 한다. 우리 산업을 조립완성산업 중심에서 부품소재산업 중심으로 혁신해 나가야 한다. 이 과정에 중소기업이 적극적으로 참여하기 위해서는 단지 양적인 규모를 늘리는 데 집착할 것이 아니라 중소기업 사이의 독립적이고 협력적인 연관 클러스터 전략을 새롭게 창조할 필요가 있다. 즉, 형식적으로 규모에 집중할 것이 아니라 클러스터 연관구조를 강화하여 세계적인 규모화에 대처할 필요가 있다는 것이다.

셋째, 지식기반 서비스업을 발전시키는 것은 인적 자원이 풍부한 한국 현실에서 추진해야 할 당연하고도 핵심적인 산업 방향이다. 중요한 것은 노동 배제적인 기존의 시스템을 버리고 인적 자원에 대한 투자를 집중해야 하며, 생산 현장에서 고용을 중심으로 한 산업정책으로 실제화해야 한다. 노동 배제적 정책과 인적 자원 개발은 상호 공존할 수 없다.

향후 산업정책을 고려할 때 대기업을 동원하는 방식이나 자본을 투입하는 방식을 근본적으로 넘어서서 지적인 노동 중심의 산업구조를 만들어나가야 한다. 특히 사회 서비스 분야를 확대해나가야 한다. 그러나 이 역시 시장에 맡기는 방식일 수는 없다. 공공적 성격을 확보하면서 국민에게 보다 나은 삶과 생활의 질을 보장해주는 방향을 잡아야 한다.

시장주의적 산업정책과 국가주의적 산업정책을 넘어서 대다수 경제 주체가 실질적으로 참여하는 노동주도형 산업정책을 고려해야 한다.

1   2007년 5월 16일 금융감독원장과 은행장들이 모인 간담회 자리에서 은행장들이 "은행을 금융기관이 아닌 금융회사로 불러 달라"고 요구했다고 한다. 은행이 더 이상 공적 기관이 아니라는 것을 압축적으로 보여주고 있다. (《한겨레》, 2007. 5. 18)

2   증권선물거래소 통계시스템.(www.krx.co.kr)

3   미국 재무부와 연방준비은행이 2006년 공동으로 조사해 발표한 〈미국의 외국 주식 및 채권 보유현황 보고서〉에 따르면 미국의 한국 주식, 채권 투자액은 시가 기준으로 1994년 70억 달러, 1997년 말 153억 달러, 2001년 말 345억 달러, 2005년 말 1102억 달러로 급증했다. 이로써 한국은 미국의 나라별 유가증권 투자 순위에서 11위에 올랐다. (《프레시안》, 2007. 1. 8)

4   2007년 2월 16일 금융감독원 발표 자료,《경향신문》 2007년 2월 16일자에서 재인용.

5   《아시아월스트리트저널》 2007년 1월 11일자 자료와《매일경제》 2007년 1월 11일자에서 재인용.
마틴 울프는 1930년 대공황 이후 족쇄가 채워졌던 금융 부문이 다시 풀리고 있으며 이러한 현상은 그 어느 때보다도 세계적 범위에서 진행된다고 지적하고 있다. "선진국이 소유한 전 세계 금융자산과 부채의 총합은 1970년 GDP 총합의 50퍼센트, 1980년대 중반 100퍼센트, 2004년에 330퍼센트로 높아졌다." (Martin Wolf, 〈Unfettered finance is fast, reshaping the global economy〉, 《Financial Times》, 2007. 6. 18.)

6   이들 펀드 자본은 최근 한국의 사교육 시장에까지 진출하고 있다. 세계 최대 사모펀드 칼라일 그룹은 2007년 5월 3일 국내 특목고 입시 및 영어학원 업체인 '토피아아카데미'에 최대 2000만 달러(190억 원)를 투자한다고 밝혔다. (《매일경제》, 2007. 5. 3)

7   자사주 매입은 보통 자기 회사의 주식 가격이 지나치게 낮게 평가됐을 때 적대적 인수합병 등에 대비해 경영권을 보호하고 주가를 안정시킬 목적으로 기업이 자기 자금으로 자사 주식을 사들이는 것이다. 자사주 매입은 현금배당과는 달리 회사 현금을 외부로 유출시키지 않으면서 주식의 유통 물량을 줄여 주가를 끌어올릴 수 있고, 현재 경영진의 경영권을 옹호하는 힘이 될 수 있기 때문에 최근 주주이익 배분 방법으로 선호되고 있다. 2007년에도 삼성전자가 약 1조 8000억 원을 자사주 매입에 사용했고, 포스코가 8893억 원, 현대중공업이 2850억 원을 자사주 매입에 투입하는 등 막대한 수익을 자사주 매입에 쏟아 붓고 있다. (《매일경제》, 2007. 4. 29)

8   동일한 이유 때문에 2006년에도 3월에 14억 7000만 달러, 4월에 18억 8000만 달러의

적자를 나타냈다.

9   삼성경제연구소, 〈헤지펀드 행동주의 대두와 대응과제〉, 2007.

10   《연합뉴스》, 2007. 1. 3.

11   공정거래위원회, 〈상호출자제한 기업집단 등의 소속회사 현황〉, 2008. 2. 1.

12   2005년 기준, 총수가 있는 상호출자제한 기업집단에서 총수일가 지분은 평균 4.94퍼
     센트였다. 이들은 이 정도의 지분으로 계열사 간 순환출자를 통해 형성된 지분을 이
     용하여 그룹 전체를 지배하고 있는 것으로 나타났다. (공정거래위원회, 〈05년 대기업
     집단의 소유지배 구조에 관한 정보공개〉, 2005. 7. 13)

13   《연합뉴스》, 2007. 5. 15.

14   이 회장은 책임경영을 강화하기 위해 2005년에 주요 계열사의 등기이사를 그만두며
     보유 주식을 처분해 2005회계연도 배당을 줄였기 때문에 배당 이익이 줄어들었다.
     (《머니투데이》, 2007. 1. 22)

15   《한겨레》, 2007. 5. 16.

16   반면 일본 대기업들은 경쟁적으로 고용 확대에 나서고 있다. 도요타는 2008년 정규
     사원 채용에서 11퍼센트 늘린 3500명을 뽑을 예정이며 기능직 사원도 21퍼센트 늘린
     2000명을 신규 고용할 예정이다. 샤프도 2008년에 2007년보다 무려 60퍼센트 많은
     1000명을 뽑을 예정이고 NEC는 1000명, 미쓰비시 전기도 1300명의 신입사원을 뽑는
     다고 발표했다. 이러다 보니 우리나라는 대졸자 4명이 1개의 일자리를 두고 경쟁해야
     하는 반면, 일본은 1명이 2개의 일자리를 놓고 선택하는 구조가 된 것이다. (《조선일
     보》, 2007. 4. 26)

17   "2008년 신규 채용계획이 확정된 161개 사의 신규 고용 인원은 2만 4765명으로 조사
     되어 2007년 실적 대비 -6.3퍼센트"로 나타났다. (전경련, 〈2008년 주요 기업의 고용
     동향 및 채용계획 조사〉, 2008)

18   왜냐하면 원화절상과 고유가의 타격을 가장 많이 받을 수출기업의 영업이익률 하락
     은 0.7퍼센트로서 대기업의 영업 이익률 하락 1.2퍼센트를 훨씬 밑돌기 때문이다. 같
     은 기간 중소기업의 영업 이익률은 4.4퍼센트에서 4.3퍼센트로 0.1퍼센트 하락에 그
     쳤다. (한국은행, 《2006년 기업경영 분석》, 2007)

19   우종원 일본 국립 사이타마대 교수의 기고문. (《중앙일보》, 2007. 2. 28) 이 분야에 관
해 추가설명이 되어 있는 논문은 다음과 같다. 이부형, 〈일본, 기업이 다시 돌아오고
있다〉, 현대경제연구원, 2005; 현석원, 〈최근 일본 투자회복의 비밀〉, 현대경제연구
원, 2006; 한상완, 〈일본 고용시장 회복 원인과 시사점〉, 현대경제연구원, 2007; 고용
주 〈일본 설비투자의 호조 지속 배경과 전망〉, 한국은행, 2007.

20   2007년 은행 수익 가운데 국민은행은 6700억 원, 신한은행은 2000억 원, 외환은행은
3600억 원이 외국인 주주에게 배당된다. (《한겨레》, 2008. 2. 14)

21   《연합뉴스》, 2007. 2. 20.

22   정준호(2007).

23   중소기업이란 제조업 기준으로 볼 때, 통상 규모면에서 상시 근로자를 300인 미만으
로 고용하고 있거나 자본금 80억 원 이하 정도이고, 대기업으로부터 소유와 경영이
실질적으로 독립된 기업을 말한다.
중소기업 기본법 2조에 따르면 규모 기준과 독립성 기준으로 중소기업을 구분한다. 규
모는 상시 근로자 수, 자본금, 매출액을 가지고 업종별로 다르게 적용하고 있다. 제조
업은 상시 근로자 300인 미만 또는 자본금 80억 원 이하의 규모, 호텔/통신/정보처리
기업 등은 상시 근로자 300인 미만 또는 매출액 300억 원 이하의 규모, 도매/상품중개
업/공연산업/청소 관련 서비스업 등은 상시 근로자 100인 미만 또는 매출액 100억 원
이하 등으로 규정한다. 독립성의 기준은 "자산 총액 5000억 원 이상인 법인이 발행
주식 총수의 100분의 30 이상을 소유하고 있는 기업이 아닐 것" 또는 상호출자제한
기업집단에 속하지 않는 회사여야 한다.
중소기업은 제조업 기준으로 볼 때, 소상공인(1~9인), 소기업(1~49인), 중기업(50~
299인)으로 세분할 수 있다. 서비스산업은 좀더 낮은데, 예를 들어 일부 사업 서비스
의 중소기업은 제조업 기준으로 볼 때, 소상공인(1~4인), 소기업(1~9인), 중기업(10~
299인)으로 구분한다.

24   중소기업중앙회.

25   중소기업중앙회, 〈중소기업위상지표〉, 2007.

26   조덕희(2007)와 이정주(2005)도 동일하게 지적하고 있다. 그는 1980년대까지만 해도
중소기업의 노동생산성 증가율은 대기업 부분에 비해 월등히 높았을 뿐 아니라 사업
체 규모가 작을수록 노동생산성 증가율이 높았다고 지적한다. 그러나 이는 1990년대

들어오면서 완전히 역전되는데, 특히 300인 이상 대기업의 노동생산성 증가율이 여타 규모의 중소기업에 비해 월등히 높아졌다는 것이다.

27 조덕희(2007).

28 "대·중소기업 양극화가 실재한다면 이는 경기변동적 요인이 아니라 우리 경제의 구조적 요인에 따른 것일 가능성이 크며, 어느 경제에서나 일반적으로 나타나는 현상이라고 보기 어렵다는 점에서 중요한 문제가 될 수 있다. 우리 경제에 대·중소기업 양극화를 유발하는 요인이 구조적으로 내재해 있다면 이는 우리 경제의 성장잠재력을 훼손하고 사회 전반의 양극화를 심화시키는 요인으로 작용할 수 있기 때문이다." (주현, 〈대·중소기업 양극화 추이와 시사점〉, 산업연구원, 2007)

29 금융감독 당국과 한국금융연구원에 따르면 국내에서 영업 중인 1만 7539개 대부업체 가운데 법인으로 등록한 곳은 300곳으로 1.7퍼센트에 불과한 것으로 집계됐다. 최소 100억 원대 이상의 자금을 지원하는 전주는 국내에 최소 200명 이상인 것으로 추산된다. 나머지 98.3퍼센트에 달하는 1만 7239사는 이같은 전주에게 직간접적으로 관리되면서 규제의 사각지대에 놓여 있는 셈이다. (《파이낸셜 뉴스》, 2007. 5. 28)

30 중소기업 조사 대상 가운데 사채를 이용한 경험이 있는 중소기업은 7.5퍼센트로 나타났다. (중소기업중앙회, 〈2006년 중소기업 금융 이용 애로 실태〉, 2006)

31 대한상공회의소, 〈중소기업 자금사정과 정책과제〉, 2007. 2007년 3월 27일부터 30일까지 중소기업 500개 사를 대상으로 한 조사다.

32 실제 중소기업들의 대출 가운데 부동산 담보대출이 46퍼센트로 가장 크고 그 다음이 신용보증서 대출로 23퍼센트를 차지하고 있다. (중소기업중앙회, 〈2006년 중소기업 금융 이용 애로 실태〉, 2006)

33 차입 금리는 2006년 기준 담보대출이 6.2퍼센트, 신용대출이 6.9퍼센트, 어음할인이 6.7퍼센트로서 2005년에 비해 전반적으로 상승했다. (중소기업중앙회, 〈2006년 중소기업 금융 이용 애로 실태〉, 2006)

34 현재 중소기업들은 은행과 거래하면서 무려 119종에 달하는 각종 명목의 수수료를 부담하고 있어 이에 따른 경영 압박이 상당한 수준에 이르고 있다고 한다. 수수료 부문별로는 '대출 부문'과 '신용카드 부문' '예금 부문'에서 부담이 크다는 조사가 나왔다. (《중소기업 뉴스》, 2007. 5. 14)

35 《중소기업뉴스》, 2007. 5. 23.

36 "그동안 금융기관들의 거래 관행에서 관찰되듯이 기업금융에서 위험성이 높아지면 자신들의 신용분석 능력을 높이기보다는 수익성이 떨어지지만 안전한 가계대출로 옮겨가는 후진적 금융산업의 단면을 보여주고 있다." (김주훈 편, 〈혁신주도형 경제로의 전환에 있어서 중소기업의 역할〉, 한국개발연구원, 2005)

37 금융연구원의 김병연도 외환위기 이후 은행의 기업금융 기피현상이 만연한 점을 지적하고 있다. 그는 기업금융이 단순한 자금중개업에서 벗어나 자문 서비스 및 컨설팅 사업의 비중을 높이면서 기업 고객에 대한 전방위적 서비스 제공 방식으로 추세가 바뀌는 점을 주목하면서 은행이 중소기업 평가가 어렵다는 주장만 되풀이하는 것을 우회적으로 비판하고 있다. (김병연, 〈기업금융의 활성화를 위해 은행이 나아갈 길〉, 2007)

38 2003년 기준. 중소기업청에서 조사한 실태보고서를 재인용함. 김승일(2005).

39 1~2개 대기업과 하도급 거래를 하는 중소기업은 52.4퍼센트, 3~5개 대기업과 하도급 거래를 하는 중소기업은 35.6퍼센트를 차지하여 88퍼센트 가량이 5개 이하의 대기업과 전속 거래를 하고 있다. (중소기업중앙회, 〈2006년 중소기업의 대기업 납품 애로 실태〉, 2006)

40 김승일(2005).

41 중소기업중앙회, 〈2006년 중소기업의 대기업 납품 애로 실태〉, 2006.

42 《중소기업뉴스》, 2007. 5. 22.

43 김승일(2005).

44 《한겨레》, 2007. 5. 16.

45 《중소기업뉴스》, 2007. 5. 22.

46 이동주(2005).

47 《파이낸셜 뉴스》, 2007. 5. 31.

48 《전자신문》, 2007. 5. 25.

49　홍순영 외, 열린우리당 토론회자료집, 2007.

50　이에 따라 전체 사업체 수에서 소기업이 차지하는 비중은 1991년 63퍼센트에서 2003년 76퍼센트로 증가한다. (이동주(2005))

51　《매일경제》, 2007. 2. 7.

52　중소기업청 2006년 국회보고자료, 〈최근 10년간 제조업 창업 실태, 업종별 증감현황, 문제점 및 대책〉.

53　중소기업청, 〈혁신형 중소기업의 경제적 파급효과 및 육성 전략〉, 2006.

54　이동주(2005)도 우리나라 중소기업의 역할과 관련하여, 과거 국민경제 발전에의 기여, 산업 보완 및 산업경쟁력 제고, 기술개발 촉진, 소비자의 기호 충족 등의 소극적 역할을 뛰어넘어 경제 성장의 담당자, 고용 창출, 기술 혁신의 주체, 글로벌 경쟁력 강화, 지역 경제 활성화, 국제 협력 촉진, 창조적인 중소기업 등의 '적극적인 역할'로 발전해야 한다고 주장한다.

55　미국 역시 경제 발전에 따라 중소기업에 적극적 역할을 새로이 부여해가고 있다. 1998년도 미국 중소기업 백서에서는 2000년대 이후 중소기업이 해야 할 역할을 ①경제 성장과 경제 건전성에 대한 공헌 ②고용 창출 ③기술 혁신의 담당자 ④기업가 정신 발휘의 장소 제공 ⑤국민의 행복에 대한 공헌으로 정의하고 있다. (미국 중소기업청 중소기업백서, 1998년, 이동주(2005)에서 재인용). 일본 역시 2000년 이후 중소기업에 대해 기대하는 역할로서 사업 기회의 제공, 신사업 창출, 고용 창출, 지역 경제 활성화, 일본 경제의 활력 있는 성장의 담당자라고 정의하고 있다.

56　《연합뉴스》, 2007. 4. 24.

57　미국, 일본, 독일 등 선진국은 1980년대에 이미 조립, 완제품 산업구조에서 벗어나 핵심 부품과 소재 중심의 산업구조로 전환했다고 한다. (이재걸(2006))

58　지식집약 기업은 저임금이 아니라 지식, 기술, 경영 혁신에 기초해서 부가가치를 창출하는 기업이다. 독립기업은 모기업에 종속적인 의존도를 줄여 대등한 교섭력을 갖춤과 동시에 OEM보다는 독자적인 브랜드를 갖는 것을 의미한다. 네트워크 기업은 기업 간 및 산학연 협력을 통해 혁신 역량을 키워나가고 가치 사슬에서 제 위치를 확고히 하는 기업이다. 글로벌 기업은 전문성을 바탕으로 글로벌 생산 네트워크에 편입되거나 글로벌 강자로서 위치하는 중소기업이다. (홍순영(2007))

59   한국은행, 〈2003년 산업연관표로 본 우리나라 경제구조〉, 2007년. 김현정(2006)은
     "가계 최종 소비지출에서 차지하는 서비스 비중이 미국보다 빠르게 증가하는 등 소
     비의 서비스화가 상당히 빠르게 진행되어왔다"고 지적하고 있다.

60   "1970년대와 1980년대 중심부 국가에서 서비스산업의 빠른 팽창을 주도한 것은 고기
     술의 지식집약적인 서비스 부문, 주로 생산자 서비스 부문이며, 유통 서비스나 개인
     서비스 부문은 낮은 성장률을 보이면서 전체에서 차지하는 고용 비중 또한 큰 변화가
     없었다." 백승욱(2006).

61   "제조업과 서비스업의 융합은 꾸준히 진행되어온 현상으로 산업경쟁력의 결정적 요
     인으로 인식되고 있다. 철강, 자동차 등 핵심 제조업의 부가가치는 50퍼센트 이상이
     서비스 기능에서 창출된다는 연구결과가 다수인 것을 보면, 제조업과 서비스업을 구
     분하여 전략이나 정책을 수립하는 것은 문제가 있다."(김휘석 외(2007))

62   정부 공식기관인 통계청에서는 '한국표준산업분류'에 따라 통계를 작성한다. 표준산
     업분류와 연동해서 서비스산업을 보면, 유통 서비스로 G. 도·소매업 I. 운수업, 생산
     자 서비스로 J. 통신업 K. 금융 및 보험업 L. 부동산 임대업 M. 사업 서비스업, 사회 서
     비스에는 N. 공공행정, 국방 및 사회보장 행정 O. 교육 서비스업 P. 보건 및 사회복지
     업, 개인 서비스는 H. 숙박 음식업 Q. 오락, 문화 및 운동 관련 서비스업 R. 기타 공
     공, 수리 및 개인 서비스업 S. 가사 서비스업 정도로 대응될 것이다.

63   명목 부가가치 기준으로 볼 때 2005년 한국의 서비스산업 비중이 56.3퍼센트인데 반
     해 1980년의 일본은 57.4퍼센트, 독일은 56.6퍼센트였다. 25년이나 뒤진 것이다. (한
     국은행, 〈서비스업의 경영분석지표 추이〉, 2007)

64   1990년대에 제조업 고용증가율은 평균 2퍼센트 감소했는데 서비스업은 4.42퍼센트
     증가했다. 2000년대에도 제조업은 0.8퍼센트 증가에 머무른 반면 서비스업은 3퍼센
     트 증가했다. (김휘석 외(2007))

65   김휘석 외(2007).

66   김정주(2005).

67   우리나라 서비스업의 노동생산성을 100으로 놓을 때, 미국이 244.5, 이탈리아가
     212.3, 프랑스가 200.3으로 나타나는 등 우리나라는 OECD 최하위 수준을 보이고 있
     다. (신정근 외(2006))

68   이러한 영세성은 서비스업에서 자영업 비중이 높은 데서도 발견된다. 2004년 기준 서비스산업의 자영업 비중은 30퍼센트로 제조업 10퍼센트의 3배에 달하고 있다. (신정근 외(2006))

69   정준호(2006)도 동일한 결론을 내리고 있다. "한국 고용의 서비스화는 영세사업자 위주의 전통적인 도소매, 음식숙박업에 의해 주도되어왔다. 환언하면, 외환위기로 제조업 및 생산자 서비스 부문에서 배출된 많은 인력이 전통적인 서비스 부문으로 유입됨으로써 1990년대 후반 이후 고용의 서비스화가 가속되었다는 추론이 가능하다."

70   금재호 외, 〈자영업의 실태와 정책과제〉, 한국노동연구원, 2006.

71   제조업의 노동생산성을 100으로 볼 때, 도소매업 33.1, 숙박 및 음식업 24.3인 반면 운수 및 통신업 85.9, 금융 및 보험업 157.7, 부동산 임대 및 사업 서비스업 164.9로 나타나고 있다. (한국생산성본부, 〈생산성 국제 비교〉, 2005년 12월, 신정근 재인용)

72   김현정(2006).

73   사업 서비스는 명목 부가가치 기준으로 1990년 6조 4000억 원, 1995년 17조 3000억 원, 2000년 26조 5000억 원, 2005년 39조 5000억 원대로 성장했다. (정종인 외(2007))

74   사업 서비스의 1인당 부가가치는 1995년 3900만 원에서 2000년 3860만 원, 그리고 2005년에는 더욱 떨어져 2860만 원으로 추락했다. (정종인 외(2007))

75   인력 파견, 텔레마케팅이 포함된 사업지원 서비스 부문은 매출액이 19조 원으로, 사업 서비스업 전체의 23.4퍼센트에 달하지만 종사자는 45만 명으로 43퍼센트 가깝게 포함되어 있다. 그 결과 1인당 매출은 4300만 원에 불과하다. (정종인 외(2007))

76   김휘석(2007). 김현정(2006)도 우리나라 서비스산업의 특징을 분석하면서 "서비스산업 중에서 생산자 서비스의 비중 확대가 가장 특징적이지만 선진국에 비해서는 아직 비중이 5~10퍼센트의 낮은 수준"이고, "제조업 생산에 투입되는 서비스 비중이 증가하고 있으나 아직 선진국의 절반 수준에 그치는 등 제조업-서비스업 간 산업연관도가 그리 높지 않다"고 결론내리고 있다.

77   정준호(2006)도 이 점을 짚고 있다. 그는 광고, 디자인, 기술, 경영 컨설팅 등 주요 생산자 서비스 분야의 시장을 대기업들이 좌우하고 있는데, "이들은 해당 재벌과의 준내부시장을 형성하여 시장 거래보다 값싸게 서비스를 공급할 수 있다"고 지적한다.

78   삼성경제연구소, 〈서비스 수지 적자 확대와 시사점〉, 2007. 4. 16.

79   삼성경제연구소, 〈서비스 수지 적자 확대와 시사점〉, 2007. 4. 16.

80   특히 신산업 부문의 규제완화는 다양한 측면이 있다. 예를 들어 통신과 방송의 융합
      이라는 최신의 산업적 상황을 고려하지 않고 과거식 규제를 고집하는 것은 맞지 않
      다. 이러한 의미의 규제완화를 요구하는 것은 정당하다. 그런데 규제완화를 주장하는
      대부분의 연구소가 기업들의 이런 요구 사항을 실제 시장원리에 맡기자는 의도에서,
      시장 혼란을 적절히 제어할 규제 장치까지 풀어달라고 주장하고 있다.

81   신정근 외 (2006).

82   이런 차원에서 "공공적 목표를 갖고 생산 활동에 참여하는 사회적 기업"을 창출하여
      민간의 유연성과 공공적 기능 간의 조화를 통해 새로운 복지 수요에 대응하고 기존
      복지제도의 문제점을 극복하자는 주장이 나오고 있다. 여기서 "사회적 기업"은 기업
      활동의 목적이 이윤이 아닌 공공적 기여에 있다는 점에서 일반 영리기업과 다르고,
      소유권은 대체로 개인이나 민간 사회조직에 귀속된다는 점에서 공기업과도 다르며,
      스스로 경제 활동을 통해 소득을 창출하여 재원을 조달한다는 점에서 자선단체와도
      다르다고 한다. (산업정책연구원, 〈산업정책과 복지정책의 연계 강화 필요〉, 2007)

83   "국내 경기는 완만한 회복 기조를 나타낼 전망이나 여러 가지 구조적 요인으로 우리
      경제의 성장잠재력은 추세적으로 약화되어가고 있는 모습임." (한국은행, 〈2007년
      경제 전망〉, 2006. 12. 5) "성장잠재력 확충을 위해서 국제 경쟁력을 갖춘 창의적인
      인재를 키울 수 있는 교육환경 조성과 과학기술 인프라 확충 등의 근본적인 대책 마
      련이 필요함." (엘지경제연구원, 〈2007년 경제 전망〉, 2006. 12. 20)

84   잠재성장률이란 한 나라의 자본, 노동, 토지 등의 자원을 충분히 활용하면서도 인플
      레이션을 유발하지 않고 달성할 수 있는 최대성장률을 의미한다.

85   이재걸(2006)도 "최근 우리 경제의 성장잠재력이 약화되고 있는 가장 큰 원인으로는
      기업의 설비 투자 위축"이라면서 국내의 투자 위축과 함께 국내 산업의 해외 이전이
      지속되고 국내 산업 공동화 현상이 우려된다고 주장한다.

86   특히 수출 3대품목인 이동통신 단말기, 반도체, 디스플레이패널이 전체 수출에서 차

지하는 비중은 2001년도 47.8퍼센트에서, 2003년 54.1퍼센트, 그리고 2005년에는 무려 66.4퍼센트까지 올라간다. 그리고 이들 품목의 수출 가운데 80퍼센트는 대기업이 하고 있다. (김정언 외, 〈IT 산업의 양극화 현황과 정책적 대응방안〉, 정보통신정책연구원, 2006)

87 IT 산업과 비IT 산업의 양극화뿐 아니라 IT 산업 내에서도 양극화가 심각하다는 문제도 제기되고 있다. 정보통신산업 내부에서는 H/W산업과 S/W산업, 그리고 IT대기업과 IT중소기업 간 성과 격차가 확대되면서 양극화 문제가 제기된다는 것이다. (김정언 외, 〈IT 산업의 양극화 현황과 정책적 대응방안〉, 정보통신정책연구원, 2006)

88 명목 부가가치 기준임. (한국은행, 〈서비스의 경영분석지표 추이〉, 2007)

89 김정주(2005)는 경제위기 이후 한국 경제 성장에서 제조업 부문이 갖는 중요도가 그 이전에 비해 오히려 커졌다면서 이것이 중요한 특징이라고 지적하고 있다. 그는 동시에 모든 제조업 부문이 성장을 주도한 것이 아니라 제조업 내부에서도 전통적 주력 산업인 섬유의복산업 및 철강금속산업이 퇴조하고 반도체와 IT 기기를 중심으로 한 전기전자산업이 두드러지게 증가하고 있다고 말한다.

90 외환위기 이후 주요 제조 대기업들의 계속되는 설비 투자 부진은 성장능력을 떨어뜨려왔고 최근 그 후과가 나타나고 있다. 주요 대기업들의 2006년 실적이 발표되었는데 영업 이익률이 크게 감소한 것으로 나타났다. 대표적으로 2004년 대비 2006년 실적이 삼성전자는 21퍼센트에서 12퍼센트, 현대자동차는 7퍼센트에서 4.5퍼센트, SK는 9퍼센트에서 5퍼센트, LG전자는 5퍼센트에서 2퍼센트로 거의 절반가량 추락했다. 이에 대해 김학균 한국투자증권 연구원은 "최근 2년간의 실적 악화는 기업들이 과도한 위험 회피로 투자를 기피하면서 실적 모멘텀이 약해진 데 따른 것으로, 현 수준에서 실적이 급감하진 않더라도 성장성이 훼손되고 있어 어려운 시기를 맞이할 것"이라고 설명했다. (《연합뉴스》, 2007. 3. 19)

91 재경부 의뢰로 작성한 〈한국형 사회투자국가 모델 형성을 위한 기초연구〉에 따른 결과다. (《연합뉴스》, 2007. 5. 7)

92 이건희 삼성그룹 회장은 2007년 1월 25일 "한국 경제는 중국은 쫓아오고 일본은 앞서가는 상황에서 샌드위치 신세다. 이를 극복하지 않으면 고생을 많이 해야 하는 것이 한반도의 위치다"라는 발언으로 샌드위치론에 불을 붙였다. 정몽구 현대자동차 회장은 3월 16일 "일본은 경제 수위를 높이고, 중국은 턱밑까지 추격해오고 있다. 종전과 다른 방식과 시스템으로 새로운 성장 해법을 찾아야 한다"고 뒤를 이었다.

93 중국의 기술에 대한 자신감은 터무니없는 것이 아니라며 중앙일보는 이건희 회장의 말을 받아 중국 위협론을 거들었다. 중국의 추격 자체가 허구인 것은 아니다. 아래는 중앙일보 기사 일부다.

"중국은 내로라하는 세계적 기업의 연구개발R&D 센터를 유치해 기술을 빨아들이고 있다. 현재 GE, 인텔 등 800여 개 글로벌 기업이 중국에 R&D 센터를 만들었다. 중국은 정부 차원에서 글로벌 기업들에 R&D 센터 설립을 요구하고 있다. 지난해 현대자동차가 베이징에 제2공장을 세울 때는 중국 정부가 R&D 센터 신축을 허가조건으로 내세웠다. '중국에서 제품을 팔려면 기술을 넘기라'는 요구다. 이른바 '시장을 주되 기술을 얻는다'는 정책이다.

새로운 성장산업 발굴도 현재진행형이다. 중국 PC 산업 등 IT 산업의 요람으로 '중국의 실리콘밸리'로 불렸던 베이징 중관춘中關村은 지금 신 성장산업군 연구로 방향을 바꾸고 있다. 1만 8000여 개 기업이 신소재, 신에너지, 바이오, 친환경제품, 소프트웨어 및 정보통신 기술개발에 주력한다. 이곳 기업의 90퍼센트가 토종 연구중심 기업들이다." (《중앙일보》, 2007. 2. 22)

94 《매일경제》, 2007. 5. 20.

95 벤처로 출발해 2006년 매출 7000억 원을 넘어선 휴맥스의 변대규 사장이 언론과의 인터뷰에서 한 발언이다. (《한겨레》, 2007. 3. 27)

96 이재걸(2006).

97 이는 국책 연구소인 한국개발연구원도 인정하고 있다. "기업 측에서는 점차 비용 절감 등을 이유로 자체 인력 양성을 기피하고 정규 교육기관의 교육 과정을 통해 현장에서 바로 쓸 수 있는 인력을 요구하고 있다. 이러한 결과로 최근 정보통신 노동시장에서는 취업난과 특정 부문에서의 구인란이 상존하는 등 정보통신 인력의 수요공급 간 질적인 불일치 문제가 심화되고 있다." (김승택 외, 〈2003 IT 전문인력 수급현황 분석과 전망〉, 한국개발연구원, 2004)

98 산업연구원, 〈한국 산업의 발전 비전 2020〉, 2005.

99 정준호(2007)는 덴마크 산업의 사례를 예시하면서, 덴마크가 농업을 기반으로 한 산업화를 성공적으로 이루어 낙농, 농업 관련 기계산업, 음식 가공, 제약, 섬유, 재생 에너지 등을 주력산업으로 하여 성장하였다고 말한다.

- 공정거래위원회, 〈상호출자제한 기업집단 등의 소속 회사 현황〉, 2007.
- ─────── , 〈2006년 기업결합 동향 및 특징〉, 2007.
- ─────── , 〈2006년 공정거래법상 지주회사 현황 분석〉, 2006.
- ─────── , 〈05년 대기업 집단의 소유지배 구조에 관한 정보 공개〉, 2005.
- 김승일,《대.중소기업 협력 실행 방안에 관한 연구》, 중소기업연구원, 2004.
- 김용근 외,《신성장동력산업과 한국 경제의 미래》, 열린정책연구원 토론회 자료집, 2007.
- 김유선, 〈서비스산업 노동시장 분석〉,《동향과 전망 68호》, 2006.
- 김정주, 〈경제위기 이후 산업구조의 변화와 대안적 산업정책 방향의 모색〉, 《혁신과 통합의 한국 경제모델을 찾아서》(유철규 외), 함께 읽는 책, 2005.
- 김주훈 편,《혁신주도형 경제로의 전환에 있어서 중소기업의 역할》, 한국개발연구원, 2005.
- 김현정, 〈서비스산업 비중 증가의 원인 및 경제 성장에 미치는 영향〉, 한국은행 금융경제연구원, 2006.
- 김휘석 외, 〈서비스산업 성장동력화의 한계와 대응 방안의 모색〉, 산업연구원, 2007.
- 박양수 외, 〈산업구조의 중장기 전망과 시사점〉, 한국은행, 2006.
- 백승욱, 〈서비스산업의 성장과 20세기 세계자본주의〉,《동향과 전망 68호》, 2006.
- 산업연구원,《한국 산업의 발전비전 2020》, 2005.
- 신광영, 〈서비스 사회와 계급 구성의 변화〉,《동향과 전망 68호》, 2006.
- 신광영,《한국의 계급과 불평등》, 2004.
- 신정근 외, 〈국내 서비스산업의 현황과 발전 전략〉, 산업은행, 2006.
- 유경준 외,《한국 경제의 구조변화와 고용 창출》, 한국개발연구원, 2004.
- 이동주,《중소기업의 국민경제적 기여도에 관한 연구》, 중소기업연구원, 2005.

- 이재걸, 〈2000년 이후 국내산업의 구조와 발전 전략〉, 산은경제연구소, 2006.
- 장재철 외, 〈서비스 수지 적자 확대와 시사점〉, 삼성경제연구소, 2007.
- 정종인 외, 〈사업 서비스업의 현황 및 발전 방향〉, 한국은행, 2007.
- 정준호, 〈대안적 산업 발전 경로에 대한 모색〉, 《아세아연구 50권 1호》, 2007.
- ───, 〈한국 서비스산업의 구조와 발전 방향〉, 《동향과 전망 68호》, 산업연구원, 2006.
- 조덕희, 〈제조 중소기업의 영업이익률 개선 시급〉, 산업연구원, 2007.
- 중소기업중앙회, 《중소기업 위상지표》, 2007.
- ─────, 《2006년 중소기업 현황》, 2006.
- 중소기업청, 《혁신형 중소기업의 경제적 파급 효과 및 육성 전략》, 2006.
- 한국산업은행, 《2005 한국의 산업─전통주력. IT 산업 편》, 2005.
- ─────, 《2005 한국의 산업─부품소재산업 편》, 2005.
- 한국은행, 〈서비스업의 경영분석지표 추이〉, 2007.
- ───, 《2003년 산업연관표로 본 우리나라의 경제구조》, 2007.
- ───, 〈2006년 기업경영 분석 결과〉, 2007.

CHAPTER 02

지식기반 경제와 '노동'의 진화

김문주 | 새사연 부원장

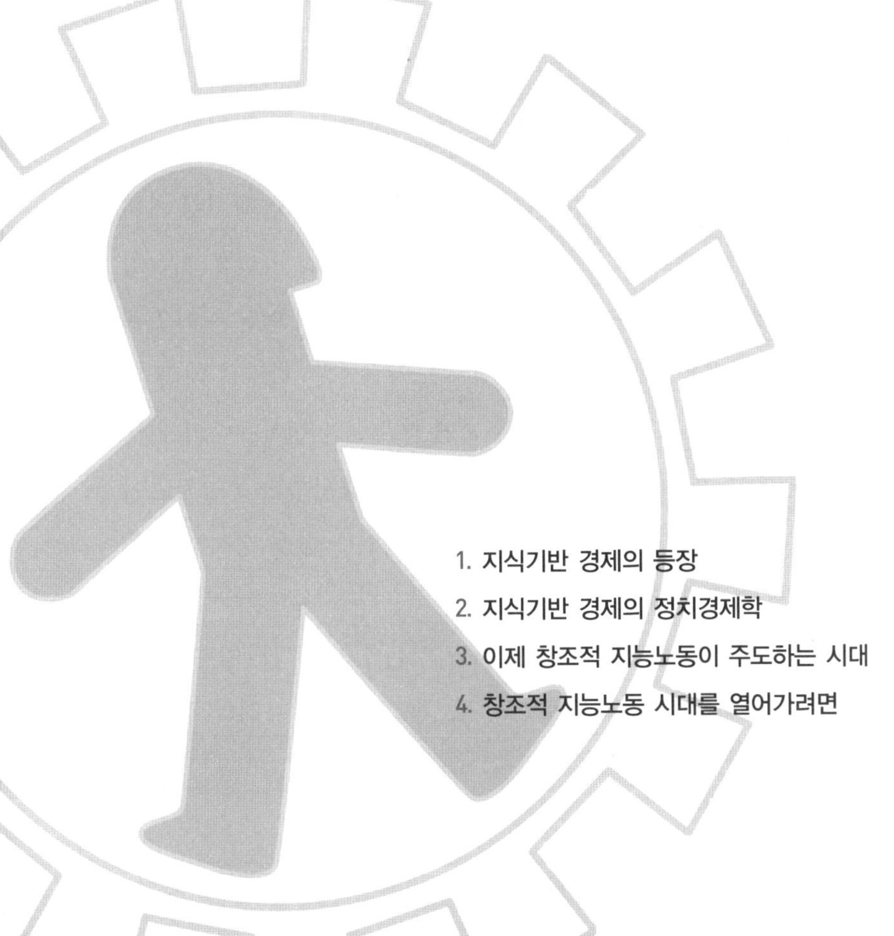

1

지식기반 경제의 등장

　지식기반 경제란 용어는 1990년대부터 쓰이기 시작했다. 그러나 조용한 등장과 달리 2000년대에 들어서는 정보통신산업이나 지식기반 경제를 빼놓고 경제를 논하는 것이 어색할 정도로 유행처럼 퍼지고 있다. 김대중 정부에서 추진된 벤처 열풍은 우리 사회를 지식기반 사회로 진입시켰다는 과장된 평가를 받고 있으며 언론은 아일랜드처럼 정보산업을 주무기로 삼아 경제 도약을 이룬 나라를 따라 배워야 한다고 연일 부채질이다. 그뿐이면 좋으련만 신자유주의에 경도된 이들은 마치 설비산업 등 구산업 분야에 종사하는 노동자들이 신산업 진입에 걸림돌이라도 되는 양 고전적인 노동을 경시하는 풍조까지 유포하고 있다.

　지식기반산업을 중시하는 것은 비단 자본주의 국가만이 아니다. 북한과 같은 사회주의 나라에서도 정보통신산업이 미래의 강국을 만든다고 하면서 전체 경제에서 정보산업으로 집약되는 지능노동을 강화하는 방향을 뚜렷이 하고 있다.

이 같은 사회적 관심과 달리 진보세력 일각에서는 고전적 산업자본주의 틀에 입각한 관념 체계를 넘지 못하고 여전히 수세적으로 육체노동만을 옹호할 뿐 지식기반 경제는 자신과 무관한 주제인 양 문제를 방관하고 있다.

정치적 입장만으로 진보가 되는 것이 아니다. 생활과 문화의 모든 면에서 진취적 방향을 취할 때 진보를 자임할 수 있을 것이다. 특히 국민경제에 진보적 방식을 적용할 때 더욱 고도의 생산력과 경제 발전이 보장됨을 입증할 수 있어야 한다. 지식기반 경제가 피할 수 없는 시대 추세라면 이 역시 진보와 노동자의 몫임을 자각하고 보다 적극적으로 이를 분석해야 한다.

◆ 21세기는 지식기반 경제

지식기반 경제라는 용어가 본격적으로 대두된 때는 1990년대 신자유주의의 확산과 그 시점이 일치한다. 신자유주의가 초과이윤을 올릴 새로운 무기로 주목한 것이 금융산업과 지식기반산업이었다.

지식기반 경제라는 말은, 지난 20세기가 자본과 노동이 생산의 핵심 요소인 산업 사회인데 반해 21세기는 지식이 가장 큰 요소가 되어 세계 경제를 이끌어갈 것이라 보는 견해를 반영한 용어다. 이를 아시아태평양경제협력체APEC에서는 "산업 전반에 걸쳐 지식을 생산, 분배, 이용함으로써 경제를 발전시키고, 부를 창출하며, 고용을 확대하는 원동력이 되는 경제"로 정의하고 있다. 여기서 '지식'은 단순히 무엇인가 알고 있다는 것만을 의미하지 않는다. 안다는 것을 바탕으로 무엇인가 조직화하고 체계화해 새로운 것을 창조해낼 수 있는 기술과 정보를 포괄하는 개념이다.

21세기에는 지식기반이 튼튼한 나라가 강국으로 등장할 것이라는 확신 아래 현재 세계는 지식 전쟁이라 표현해도 과하지 않을 정도로 지식기반 경제 영역에 온 힘을 쏟고 있다. 그 결과 세계적으로 볼 때 전체 경제성장률 대비 지식정보산업의 성장률, 즉 지식기반 경제의 성장률은 전체 경제성장률의 3배를 넘어서고 있다.

우리나라도 최근 '지식기반 경제 발전 3개년 계획'을 수립하여 추진하고 있으며 정보통신기술의 발달, 인터넷 보급 확산 등으로 지식기반산업의 발전 여건이 성숙되고 있다. 한국은행이 최근 분석한 것에 따르면 1991∼1999년에 우리나라 지식기반산업의 연평균 실질성장률은 13.7퍼센트로 다른 산업(4.1퍼센트)에 비해 크게 높으며, 지식기반산업 생산이 명목 GDP에서 차지하는 비중도 1991년 14.7퍼센트에서 1999년에는 20.5퍼센트로 상승한 것으로 나타났다.

지식기반산업이 경제의 중심 주제로 등장하게 된 원동력은 컴퓨터산업에 기초한 정보통신산업의 발전에서 찾을 수 있다. 컴퓨터산업의 발달을 통하여 무수히 많은 정보를 단숨에 유용하게 처리하는 것이 가능해졌다. 이에 따라 예전에는 질 높은 생산품을 만드는 데 필요한 설비 자체의 우수성이 중요했지만, 이제는 동일 설비라도 유용한 정보를 얼마나 잘 찾아내고 잘 가공하는가에 따라 보다 질 높은 생산이 가능해짐으로써 지식 정보의 역할이 한층 높아졌다.

또 정보통신산업의 발전은 전 지구적 차원에서 시공간을 압축시키고, 정보 공유와 교류가 단시간 내에 가능해져 이용 가능한 정보의 폭을 대규모로 확장시켰고, 생산된 정보의 공유도 전 지구적 차원으로 확장되었다. 그런 이유로 지식기반산업은 전 지구적 차원의 정보를 가공하고 있으며, 전 지구적 차원의 소비시장을 대상으로 하는 특성을 가진다.

지식기반 경제는 정보통신산업 영역에만 머물지 않는다. 컴퓨터, 인터넷, 휴대폰 등은 물론이고 생산 노하우, 고객 서비스, 현장 지식, 디자인, 마케팅 방법 등 실용적인 지식과 기초과학 등 모든 학문적 지식이 경제적 가치로 환산되기 시작하여 사실상 사회 경제 전 영역이 지식기반 경제 영역으로 편입되기 시작하였다.

그러나 이런 변화조차 지식기반 경제의 초기 형태에 불과하다고 한다. 실상 거대한 변화는 IT 산업을 포함하여 6T 산업으로 표현되는 신기술산업의 발전을 통하여 가속화될 전망이다. 미국 등 강대국들은 6T 산업을 지난날 산업혁명을 능가하는 변화를 부를 포스트 '산업혁명' 기술로 판단하고 천문학적 비용을 쏟아 붓고 있다.

지난 시기 이루어진 지식기반 경제가 정보통신산업의 발달을 통하여 설비산업의 자동화를 부르고 지식산업을 가공하는 단계를 만들고 있다면, 6T 산업의 발전은 모든 산업 부문을 자동화하고 생산력을 비약적으로 발전시킬 것으로 예상된다. 이 단계에 이르면 지식과 인간의 정신노동이 곧 생산력 증대와 경쟁력으로 직결되는, 본격적인 지식기반 경제시대가 만개할 것이다.

◆ 지식에 대해 독점적 지배를 꿈꾸는 자본

지식기반 경제가 급속히 확대되면서 자본과 노동 사이에서의 설비산업의 기초 위에서 만들어진 전통적인 역학관계가 깨지기 시작했다. 자본은 공격적으로 노동유연화를 강요했으며 이에 따라 노동에는 산업혁명 시기 기계파괴운동을 연상시키는 고용불안 현상이 가중되기 시작했다. 자본이 지식기반 경제를 새로운 착취구조로 고착시킨 것이다.

그 출발은 자본주의 속성에 아주 충실하게 지식과 정보의 상품화 현상을 통해서 이루어졌다. 초기에는 컴퓨터 프로그램을 상품화하는 소박한 단계에서 시작하여 현재는 디자인, 콘텐츠, 문화상품 등 모든 영역으로 지식 정보의 상품화가 확대되고 있다. 심지어는 농산물 종자의 구성법까지 상품 영역으로 끌어들이고 있다. 한마디로 표현하자면 산업 활동에 동반되는 모든 정보가 다 상품으로 탈바꿈하고 있는 중이다.

지식과 정보의 상품화 전략은 특허권과 지적재산권이라는 법적 장치를 통해 강제력을 가지고 집행되고 있다. 특허법은 본래 일정한 기간 동안에만 발명자에게 발명을 판매할 수 있는 권한을 주어 금전적 보상을 대가로 하여 발명 내용이 세상에 빠르게 공개되는 것을 유도하고 그에 따라 기술 발전의 속도를 높이기 위하여 만들어진 법이다. 그러기에 특허보장 기간은 발명 노력에 대한 보상을 제공하되, 되도록 짧게 하여 정보가 빠르게 공유될 수 있도록 한정해야 한다.

그러나 현대 자본주의는 지식기반산업 체계를 확장시키면서 특허보호 기간을 연장시키고 정보에 대해 배타적인 사적소유권을 강화했다. 신약 개발 특허권이 5년이던 것을 WTO 체제 아래서 20년으로 연장시킨 것이 단적인 사례다.

또 다른 측면에서, 모든 것을 정보화만 해내면 지적재산권의 울타리로 끌어들여 사적소유화해내는 방법을 사용하고 있다. 지적재산권 분야에서 최신 분야로 등장한 생물정보 영역이 그 사례가 될 것이다. 얼마 전 미국 법원은 유전자 서열이 자연 상태에서 발견돼도 그 서열을 분리하는 데 인위적인 수단이 가해지면 특허를 받을 수 있다는 내용의 판결을 내렸다. 이 판결 결과 자연 상태에 존재하는 종자들의 유전자 암호를 알아내 특허 등록하려는 경쟁이 벌어지고 저마다 자연 생태계에 존재하는 동식물을 특허 등록하려는 코미디 같은 상황이 벌어지고 있다. 그 결과 제3세계 민중은 수세기에 걸쳐 조상 대대로 농사지어온 곡물 종자를 사용하기 위해 미국 기업에 특허료를 내야 하는 황당한 상황을 맞게 되었다.

지적재산권의 강화는 결국 자본독점의 강화로 귀결된다. 예컨대 마이크로소프트 사의 독점 횡포는 미국에서도 문제가 되어 수차례 반독점 행위로 기소되고 있다. 힘이 약한 주변국에서의 횡포는 더욱 극심한 상태며 제3세계 국가나 시민사회 차원에서 견제할 수 있는 수준을 넘어서고 있다. 유럽연합의 마이크로소프트에 대한 반독점 재판은 무려 9년여를 끌어 겨우 1심판결을 이끌어낼 수 있었다. 결국 정보의 사적독점권 강화는 지식기반 경제에서 독점자본의 유력한 증식 수단이 되고 있다.

◆ 유목민이 되어가는 노동자

반대로 노동에게 지식기반 경제는 당혹스러움을 안겨주고 있다. 우선 나타난 현상은 육체노동의 축소 현상이다. 전통 제조업에서는 노동자들의 숙련성이 중요했다. 그러나 컴퓨터의 도입과 자동화로 노동자들의 숙련성은 기계로 대체되어갔다. 자본가 입장에서는 숙련 노동자를 잘 다루는 것보다 좋은 생산 프로그램을 갖추는 것이 생산에서의 비용 절감과 생산성 향상에 도움이 되었다. 그 결과 육체노동 전반에 고용불안정 현상이 심화되었다.

또 다른 현상은 정신노동 영역의 성장과 더불어 나타난 노동자들의 유목민화다. 전통적인 노동의 역할은 점차 양에서나 질에서나 퇴조하고 정신노동 영역에 종사하는 노동자들이 양적으로 증가하기 시작했다. 그러나 정신노동 영역은 집단성보다는 개별성을 강화시키고 있으며, 자본가들의 구매 방식도 노동 자체를 구매하는 것이 아니라 노동의 결과물인 아이디어와 창조물을 구입하는 방식이기에 공장 밖 고용(아웃소싱)이나 한시적 고용(계약직 고용) 형태를 선호하게 되었다.

새로이 증가하는 분야의 노동자들은 마르크스의 예견과는 달리 공장 내에서 집단화되는 것이 아니라 공장 밖에서 떠도는 유목민적 성향을 보이고 있다. 이에 따라 전통적인 노동은 폭발적인 힘을 잃고 자본의 공격에 무력해지는 상황이 벌어지고 있다.

2

—

지식기반 경제의 정치경제학

자본가 중심의 지식노동, 노동자 중심의 지능노동

앞서 살펴본 대로 지식기반 경제라는 용어는 자본가들이 신산업을 추진하며 만들어낸 용어다. 북한에서는 지식기반 경제와 관련하여 정보산업과 지능노동이라는 용어를 쓰고 있다. 그 기초가 된 것은 다음과 같은 2001년 김정일 국방위원장의 발언이다.

"20세기는 기계제산업의 시대였다면, 21세기는 정보산업의 시대로 될 것입니다. 기계제산업의 시대에는 물질적 부를 창조하는 데서 주로 육체노동에 의거하였다면 정보산업의 시대는 더욱 더 지능노동에 의거하게 될 것입니다."

지식기반 경제와 거의 유사한 개념을 '정보산업시대'라는 용어로 대체하고 있으며 그 주력으로 지능노동을 들고 있다. 여기에서 지식

노동 대신 지능노동이라는 개념을 사용하고 있다는 점이 흥미롭다.

'지식'과 '지능'은 서로 유사하면서도 상당히 다른 의미를 함축하고 있다. 지식은 인간의 지적 활동으로 외화된 '결과물'에 방점을 둔 단어로 그것을 생산해내는 주체, 인간에 대한 관심이 소홀한 개념이다. 좀더 확대 해석하자면 지식을 마치 전통산업에서의 생산수단과 같이 따로 분리하여 매매가 가능한 일종의 도구이자 상품으로 취급하는 용어라고 할 수 있다. 이에 반해 '지능'은 '지혜'와 '능력'을 합친 단어로서 능동적이며 창조적인 주체의 활동이 강조되고 생산자인 인간에 비중을 둔 용어다.

이렇게 본다면, 지식기반 경제라는 용어는 인간의 노동과 지식을 구분하여 분리하고 별도로 분리된 지식을 상품화, 생산수단화하고 독점하려는 자본적 관점이 농후한 용어라고 할 수 있다. 그러나 지식의 생산자는 엄연히 창조적 인간이다. 또 단순하게 형식지[1]만을 지식이라고 한정할 수는 없다는 것이 최근의 인문사회과학계의 일반적 추세다. 암묵지를 포함하는 광의의 지식 개념은 결국 사회생활과 경제 활동을 영위하는 인간의 존재와 창조적 활동과 결코 분리될 수 없는 것이다. 이런 점에서, 진보적 관점에서는 창조자인 노동의 역할에 비중을 둔 '지능노동 기반 경제'라는 용어가 더 합리적이다. 정확히 표현하자면 '창조적 지능노동 기반의 경제'라는 용어가 보다 노동자적인 용어라 할 것이다.

◆ 모든 노동은 육체노동과 정신노동의 결합

지식기반 경제를 진보적으로 해석하는 데 어려움을 겪는 주된 이유 가운데 하나는, 정통 마르크스주의 안에서는 정신노동의 역할에 대한 분석이 명확하지 않다는 것이다.

마르크스의 자본론이 주되게 밝히고자 했던 초기 주제는 잉여가치 이론이다. 생산수단인 기계가 가치를 생산하는 것이 아니고 기계는 자기 가치의 일부를 생산품에 단순하게 옮겨 놓을 뿐이기에 기계의 노동을 죽은 노동이라 정의하였다. 이에 반해 인간의 노동은 생산을 통하여 가치를 만들기에 산 노동이라 정의하였다. 이 과정에서 마르크스는 노동을 단위시간당 노동으로 환산해 자신의 논거를 펼쳐갔다.

그러나 마르크스의 가치이론은 지식기반 경제를 해석하는 데 몇 가지 문제점을 가지고 있다. 첫째는 고전적인 산업의 육체노동만을 대상으로 했다는 점이다. 즉 당시엔 기계에 가해지는 육체노동만을 노동으로 여기고 정신노동 영역은 자본가의 경영으로만 인식했던 시대였다는 한계를 그대로 반영한다.

둘째는 노동을 시간으로 환산하여 양적인 노동만을 계산하고 있다는 점이다. 당시는 기계에 매달려 단순노동을 반복하던 시대이며 생산 자체도 질보다는 양이 중요하던 시대라서 마르크스적 분석은 의미가 있었다. 그러나 현대에는 시간만으로 단순 계산할 수 없는 노동이 증가하고 있다. 특히 정신노동에서 이는 뚜렷하게 나타난다. 정신노동의 가치성은 '얼마나 긴 시간을 고민했느냐'로 판가름 나는 것이 아니라 '얼마나 유효한 생산물을 창조했느냐' 하는 노동 결과물의 질에 따라 결정된다. 그러므로 정신노동이 증가하고 양보다는 질이 중요해지고 있는 경제 현실에서 노동시간만을 근거로 한 가치이론은 설득력이 매우 떨어진다.

또 다른 결정적 한계는 분석도구를 기계와 노동이라는 생산 과정에만 집중시키고 생산물이 소비되는 과정의 유효성에 대한 분석도구가 없다는 것이다. 즉 노동의 유효성과 무효성에 대한 분석이 존재하지 않는다. 아무리 노동시간을 양적으로 확대하여 투여한다 해도 소비로 구현되지 않는다면 가치는 실현되지 않으며 생산의 의미도 없다. 이렇게 노동의 유효성에 대한 개념이 추가되지 않은 상태에서의 정치경제학은 양적인 분석을 넘어 질적인 분석으로 나가지 못한다. 결국 부르주아 경제학의 효용 개념이 도입되어 소비효용을 높이는 노동이냐 아니냐에 따라 노동의 가치가 유효성을 획득하느냐 아니냐 하는 개념으로 발전해야 한다. 그래야만 질적 생산의 시대에 정신노동에 대한 가치를 추정할 수 있다.

그럼에도 불구하고 지식기반 경제에서 정신노동이 지니는 역할을 마르크스적 관점을 계승하여 해석하고자 한다면 여전히 잉여가치 이론을 계승해야 할 것이다. 그러면 정신노동의 역할을 잉여가치 이론의 연장에서는 어떻게 해석하는 것이 옳을까?

정신노동이 단독으로 가치를 생산한다고 할 수는 없다. 자동화, 전산화가 아무리 진행되어도 인간의 육체적 노동이 줄어드는 거지 사라지지는 않기 때문이다. 정신노동은 홀로 가치를 생산한다기보다 생산된 가치의 유효성을 극대화해준다고 이해하는 것이 맞다.

즉 죽은 노동과 산 노동의 결합을 통하여 생산된 가치는 동일한 시간이 투입됐을 경우 양적 가치는 동일해도 소비에서 구현되는 유효성은 제품의 질에 따라 전혀 달라진다. 그 유효성의 크기를 좌우하는 결정 요소는 시간으로 환산되지 않는 인간 노동의 창조성이며 이는 정신 활동의 결과물이다.

정신노동은 결국 노동으로 생산되는 가치의 유효성을 결정하는 노동이며 질에 관여하는 노동이다. 그러므로 육체노동과 정신노동의 결합을 통해서만 가치가 생산되며 유효성이 최대로 구현되는 것이다. 다만 시대의 변화에 따라 육체노동과 정신노동의 결합률이 변화해왔을 뿐이다.

모든 노동은 육체노동과 정신노동이 결합된 형태로 존재한다. 단순 육체노동만 존재하지 않으며 단순 정신노동만 존재하지도 않는다. 단, 생산설비 중심의 산업 분야에서는 육체노동의 비율이 주도적이며 정신노동의 비율이 보조적이다. 또 정보산업 분야나 자동화 산업 분야에서는 육체노동에 비하여 정신노동의 주도적 비율이 증가하고 있는 것이다.

지식기반 경제는 양적 경제가 아니라 질적 경제의 시대로 진입한 경제다. 이 시대의 육체노동과 정신노동의 결합에서 정신노동의 주도성이 커질 수밖에 없다.

지식기반 경제에서는 어떻게 착취당할까?

지식기반 경제에서 자본의 착취는 이중구조를 가진다. 1차 착취구조는 모든 정신노동에 적용되는 것으로 정신노동 자체에 대한 착취고 2차 착취구조는 독과점에 성공한 자본이 만들어내는 전 민중을 상대로 한 착취다.

먼저, 정신노동도 임금 노동자로 고용될 때 육체노동과 마찬가지로 자본에 의한 착취에서 예외가 될 수 없다. 정신노동이 창조해낸 생산물의 가치는 투여된 노동량과 시장에서 평가된 유효성에 따라 결정된다. 여기서 형성된 가치가 당연히 전적으로 정신노동에 의하여 발생한 것은 명확하다. 그러나 자본은 생산물의 가치에 준하여 임금을 지급하는 것이 아니라 사회적 평균 노동에 준하여 임금을 지급하고 차액을 소유한다. 이는 자본 자체를 소유했다는 사실만으로 노동 없이 이루어지기에 본질상 노동에 대한 착취다.

정신노동에 대한 착취는 육체노동에 비교하여 독특한 방식을 가진다. 육체노동의 경우 설비에 결합된 노동의 숙련성이 자본이 구입하는 노동력이다. 그런데 이 숙련성과 육체노동은 육체로부터 분리되지 않는 상품이다. 그러기에 생산 설비에 일정 시간을 결합시켜 노동하는 것을 통하여 착취가 이루어진다. 그러나 정신노동의 경우는 숙련성 자체가 자본가가 구입하고자 하는 상품이 아니다. 정신 활동을 통하여 만들어지는 정보와 지식이라는 결과물이 구입품이다.

이 결과물은 항상 인체로부터 분리된 형태로 존재한다. 그러기에 자본가들은 노동을 시간으로 사는 것이 아니라 노동의 결과인 지적 생산물의 소유권을 정신노동자에게서 자본으로 이전시키는 방식으로 임노동 착취구조를 만든다. 이러한 방식에 적합한 고용 방식은 비정규 고용이다. 자본은 정신노동에 대한 계약 고용을 통해 임노동

고용의 지속성을 회피하고 지적생산물만 넘겨받는 것을 선호한다.

2차 착취는 정신노동에 대한 착취에 머무르지 않고 전 민중적 착취로 이어진다. 앞서 말한 대로 지적생산물은 지적재산권을 이용하여 배타적 보호를 받기에 상대적으로 독점 내지는 과점적 지위를 획득하기 수월하다. 정신노동에 대한 1차 착취를 통해 자본의 기본 수익이 발생한 이후에 발생되는 수익은 일종의 초과 수익이다. 이는 주로 독점적 지위를 통해 획득되며 평균적인 자본수익률을 넘어서는 수익률이 발생한다. 이때 초과 수익은 임금노동 자체에 대한 착취로 발생하는 것이 아니라 물건을 구매하는 소비자인 전 민중을 상대로 만들어지는 착취다.

대개 정신노동에 의한 지적생산물의 한계생산비용은 거의 제로에 가깝다. 일반 설비 생산품은 한 단위상품을 생산할 때마다 원료비, 인건비, 가공비, 운송비 등의 한계생산비가 정률적으로 발생하기 때문에 지속적인 임노동에 대한 착취를 기본으로 하여 이루어진다. 그러나 정신노동의 산물은 1차 생산까지는 비용이 발생하지만 생산물이 만들어진 이후에는 대량으로 복제되기 때문에 한계생산비가 거의 제로에 가깝다.

한계생산비가 제로에 가깝다는 것은 당연히 구매자에게 그에 합당하게 저가 공급을 하는 것이 등가교환의 원칙에 맞는다는 의미다. 그러나 독과점 상태로 정신노동에 대한 산물을 노동으로부터 구매한 자본은 정신노동에 대한 임노동 비용을 추가한 형태의 가격으로 소비자에게 공급한다. 결국 독과점 자본과 소비자 사이에 부등가 교환이 발생하며 자본은 가상적으로 결합된 임노동분의 이익을 추가 수익으로 올리고 있는 것이다.

결국 자본은 한계생산비가 제로에 가까움에도 불구하고 실제로는 결합하지도 않은 임노동비에 해당되는 초과 수익을 소비자인 민중에게 강요하는 체계를 운영하고 있는 것이다. 이는 지식기반 경제의 모순구조가 노동과 자본 간의 모순을 넘어 독점자본가 대 근로민중이라는 확장된 모순으로 발전하고 있으며 반독점자본 투쟁이 비단 노동자만의 투쟁이 아니라 전 민중의 투쟁으로 될 수밖에 없는 중요한 고리를 제시한다.

마이크로소프트 사의 운영체제 독점에 대항해 무료 공개 운영체제인 리눅스가 보급되고 있는 것은 이러한 광범한 반독점자본에 대한 투쟁의 가능성을 시사한다. 지적생산물은 개인 소유가 아니라 공유될 때 인류 발전에 기여한다고 주장하는 카피레프트운동 또한 그런 의미에서 매우 중요한 흐름이라 할 수 있다.

3

—

이제 창조적 지능노동이 주도하는 시대

◆ 이미 사회주의 생산단계를 뛰어넘은 인류의 생산력

마르크스의 분석에 따르면 사회주의와 공산주의는 자본주의에 대하여 생산력에서 차이가 나게 된다. 사회주의는 자본주의 단계에 비하여 생산력이 발전하여 일한 만큼 보상 받는 사회다. 생산력 측면에서 마르크스의 사회주의에 대한 정의는 잉여 생산물이 사회의 기본 수요를 만족시킬 수 있는 상태를 뜻한다. 즉 전체 민중이 기본적으로 의식주를 다 해결할 수 있는 생산력 발전단계를 사회주의적 생산력으로 간주하고 있다.

마르크스적 정의에 기초하여 현재 전 세계의 생산력 수준을 살펴본다면, 이미 인류는 생산력 측면에서 사회주의를 실현하고도 남는 단계에 와 있다. 물론 지금도 여전히 기아선상을 해매는 나라와 지역이 존재하지만 이는 부당한 제국주의 착취와 국가 간의 지나친 소득 불균등을 보여주는 것일 뿐 인류 전체의 생산력 수준에서 나온 결과라고 할 수 없다. 미국을 중심으로 한 서구 열강의 과소비 수준을 평균화한다면 전 인류가 의식주를 풍족하게 해결하는 데 모자람이 없는 수준이다.

이처럼 사회주의 사회의 구성을 가능케 하는 생산력 발전단계를 만들어낸 것은 20세기 설비산업, 즉 중공업과 경공업의 발전이다. 사회주의 혁명은 20세기 초에 등장했고 20세기 말에 이르러서 전 지구적으로 사회주의적 생산력 단계에 진입했다고 볼 수 있다.

사회주의에서 한발 더 나아간 공산주의 사회는 더욱 발전된 생산력에 기초하여 능력만큼 일하고 필요한 만큼 가져가는 사회라 정의된다. 즉 생산물의 잉여가 매우 풍부하여 필요한 만큼 가져가도 충분한 상태에 이른다는 것이다. 또 능력만큼 일한다는 것에는 노동 자체의 양과 강도가 매우 줄어서 조금만 즐길 정도로 일해도 생산이 충분하게 보장되는 기술 발전을 전제하고 있다. 그러기에 공산주의는 자동화에 기초하여 육체노동의 강도가 줄어들고 비로소 인류가 힘든 노동으로부터 해방되는 시기라는 것이 고전적 마르크스주의의 시각이다.

지금은 컴퓨터와 정보통신산업을 이용한 자동화가 빠른 속도로 진행되고 있는 사회이고 투여 노동량이 줄어들어도 생산력은 향상되는 시대다. 앞서 말한 대로 이는 IT로 대표되는 변화의 시작일 뿐이다. 신산업이라 불리는 6T 산업이 본격적으로 발전하는 단계에 이르면 인류는 그야말로 힘든 노동에서 완전히 해방되고 자동화 체계가 주를 이루며 기계를 창조적으로 작동시키기 위한 지능노동의 비율이 파격적으로 증가하게 된다. 이는 노동 시간이 현격하게 감소해도 고도의 생산력 증대를 동반하는 변화를 부르게 될 것이다. 생산력 자체만으로 보자면 마르크스가 말한 공산주의적 생산력 단계에 진입하고 있는 것이다.

◆ 신산업이 구산업을 이끄는 '질적 경제'로

지난 시기 산업은 생산재 생산 부문인 중공업과 소비재 생산 부문인 경공업으로 분류할 수 있다. 마르크스는 중공업 영역, 즉 생산재 생산 부문의 확장이 경공업 발전을 이끈다는 것을 논증하였다. 일부 사회주의 국가들은 이러한 논리를 적용해 중공업 발전을 우선으로 틀어쥐고 경공업 발전을 뒤따르게 하는 발전 전략을 실행하였다. 이는 자본주의 체제 아래서의 경제 발전이 소비재, 즉 경공업 발전을 이룬 뒤에 자연스레 중공업 발전으로 넘어가는 발전단계와는 사뭇 다른 전략이었다. 결과적으로 대부분 후발 산업국이었던 사회주의 국가들이 여러 문제에도 불구하고 20세기 전반에 선행 공업국가를 따라잡는 경제 발전 속도를 보이게 되었다.

그러나 창조적 지능주도 경제시대에 이르러 이러한 전략은 또 한 번 수정되어야 한다. 정보통신산업을 위주로 한 6T 영역을 신산업이라 분류하고 중공업과 경공업을 포함한 설비산업 전체를 구산업으로 분류하는 것이 좋을 것이다. 신산업 영역의 발전은 기존의 설비산업 양식을 첨단산업 양식으로 탈바꿈시키고 있다. 컴퓨터를 이용한 자동화는 그 출발에 불과하다. 향후 구산업은 나노 기술의 등장과 발전으로 신소재를 이용한 설비산업으로 변화할 것이고, 바이오 기술을 이용한 농업과 가공산업 등으로 전환이 이루어져갈 것이다.

신산업은 구산업의 생산력 발전수준을 한 단계 도약시키고 나아가 전통 설비산업에 새로운 생산 기술을 결합시키는 지능노동의 역할을 높여내고 있다. 지식 개발에 따른 창조적 지능노동은 구산업 모두를 신산업의 영역으로 포섭시키고 구산업이 이룬 양의 경제를 질의 경제로 변환시켜가고 있는 것이다.

그러므로 현대 사회의 발전 전략은 신산업에서 주도력을 확고히 틀어쥐고 구산업의 발전을 뒤따르게 하는 것이 가장 기본적인 전략이 된다. 속칭 자본가들이 말하는 지식기반 경제의 영역이 정보통신에 한정되지 않고 전 산업 영역으로 확장되고 있는 것도 역시 이런 추세를 반영한 것이다.

◆ 육체노동과 정신노동의 통합, 창의적 지능노동

정보산업의 초기 등장기인 현재는 정신노동에만 종사하는 종사자와 육체노동에만 종사하는 노동자들이 분리되는 현상이 나타나고 있다. 그러나 이는 초기 현상일 뿐이다. 정보산업을 필두로 한 신산업의 발전은 필연적으로 육체노동과 정신노동의 통합 현상을 가속화할 것이다.

유효성 있는 정보가 책상머리에 앉아서만 나올 수 없다는 것은 자명한 사실이다. 1960년대 후반만 해도 운전 기술은 대단히 전문

기술이었다. 그러나 지금은 대중 기술이다. 이제 컴퓨터 작동 기술은 날이 갈수록 편리해지고 있으며 대중 기술로 전환되고 있다. 이런 기술 발전은 정보 생산의 주동력을 전문가에서 대중에게로 옮겨가게 하고 있다. 네이버 지식in의 성공, 미국 구글의 성공, 그리고 근래에 등장하고 있는 UCC, 블로그 현상 등은 정보 생산의 주체를 전문가에서 대중 자신에게 돌려주는 정보 대중 생산주의의 성공 사례들이다.

신산업의 발전은 필연적으로 지식 생산의 주체를 점차 전문가에서 대중 생산자에게로 돌리게 될 것이다. 즉, 육체 노동자들이 직접적인 정보 생산자가 되어 정신노동을 동시에 수행하는 추세로 갈 것이다. 이러한 과정에서 육체노동의 비율이 점차 감소하고 정신노동의 비중이 높아지면서 창조적 지능노동이 노동의 주된 형태가 되고, 그야말로 정신과 육체 활동 모두의 주체인 창조적 지능 노동자를 출현시키게 될 것이다.

이것이 육체 노동자들이 정신노동과 통합되는 변화 과정이라면 이런 변화는 역으로 정신노동 영역에서도 일어날 수밖에 없다. 근래에는 연구실과 산업 현장을 연결시키는 것이 기본 추세다. 흔히 말하는 산학 클러스터가 그것이다. 대학교 연구실이 현장과 동떨어진 연구만 해서는 현실 산업 발전에 별다른 도움이 안 되기 때문에 현장과 결합된 연구를 진행시키는 것이다. 이는 정신노동 전반에 통용되는 이야기다. 고도 기초과학 분야 같은 정신노동이 아니라면 정신노동에 따른 정보산업은 현장으로 가야만 유효성 있는 성과가 나게 마련이다. 그러므로 정신노동은 자체 발전의 요구로 육체노동과 긴밀하게 소통할 수밖에 없다.

결국 이런 변화는 장기적으로 육체노동과 정신노동의 경계를 허물어 창조적 지능노동으로 통합되는 양상을 보일 것이다. 창조적 지능노동의 출현은 육체노동과 정신노동의 통합을 통하여 보다 완전한 노동자로 태어나는 과정이며 노동에서 소외된 노동자들이 바로 노동의 주인이 되는 첫걸음이다.

◆ 자본과 노동의 관계, 역전이 가능하다

마르크스의 사적 유물론에 따르면 붕괴하는 생산양식은 반드시 자체 내에서 새롭게 대체될 새로운 생산양식의 맹아를 출현시킨다. 마르크스는 자본이 성장하면서 잉여가치 착취를 위해 노동자들을 더욱 대규모로 고용하게 될 것이며 이들이 바로 자본주의를 붕괴시키는 군대가 될 것이라 예상하였다.

그러나 정보산업과 자동화가 진행되면서 마르크스의 예상은 빗나가고 있다. 대규모 노동자들이 공장으로 결집되고 있는 것이 아니라 오히려 공장 밖으로 밀려나가고 있는 것이다. 공장은 점차로 대규모 노동자의 군대가 되어가는 것이 아니라 자본주의가 발전할수록 자동화 시스템의 전시장이 되어가고 있으며 노동자들의 집단성은 약화되고 있다.

반면 마르크스의 예견과는 다른 방식으로 산업자본주의적 생산양식을 넘어서는 맹아가 출현하고 있다. 그것은 정보산업의 등장과 함께 창조적 지능노동의 주도성이 높아지면서 부분적으로는 지난날의 자본과 노동 사이의 종속적 관계가 역전되는 현상이 나타난다.

앞서 지적한 대로 자본이 정신노동을 착취하는 방식은 육체를 시간 단위의 노동 상품으로 구입하는 것이 아니라 정신노동의 결과물을 노동자로부터 분리하여 상품으로 구입하는 방식이다. 그리고 구입한 정신노동의 산물은 한계생산비가 제로에 가깝기 때문에 마치 생산수단과도 같은 역할을 한다.

정신노동의 산물 가운데는 잠재적으로 거대한 자본과 설비를 대체할 가치 있는 생산물이 다수 존재한다. 그런 산물을 만드는 능력을 소유한 노동자는 이미 상품으로서의 노동력을 팔기 위해 공장 앞에 줄을 길게 늘어서는 과거의 노동자가 아니다. 오히려 이들의 창의적 산물을 구입하기 위하여 노동 앞에 자본이 줄을 서는 역전 현상이 종종 등장한다.

이런 현상이 대규모로 발생했던 것이 비록 버블로 끝나고 말았지만 과거의 벤처 열풍이다. 벤처 열풍의 근원은 정보통신 분야에서 기술력을 가진 정신 노동자들이다. 이들은 자신의 창조적 지능노동으로 획득한 기술과 정보를 임노동으로 파는 것을 거부하고 자신의 주도 아래 자본을 끌어들여 벤처 창업에 나섰다. 당시 그들의 기술력을 탐낸 자본들이 무수히 줄을 섰고 기술만 있다면 자본을 구하는 것은 어렵지 않은 기현상이 연출되었다.

이를 가능하게 한 데는 몇 가지 요소가 있는데 첫째는 과거처럼 생산력이 생산수단이나 노동력의 결합으로 결정되던 단계가 지나고 창조적 지능노동이 주동적 역할을 하는 산업 환경이 조성되었기 때문이며, 둘째는 자본과잉 현상이다. 즉 투자처를 찾지 못하는 과잉

자본이 자본주의 사회에 넘쳐나면서 점차로 투기자본화하고 있다. 그래서 의미 있는 지식과 정보를 가공하는 창조적 지능노동은 자본과의 거래에서도 우위에 서는 현상이 벌어지는 것이다.

비록 벤처 열풍이 버블로 끝나고 생존한 몇 개의 벤처도 대자본에 종속 내지는 포섭되는 결과로 끝났지만 이는 정보산업 태동의 초기 현상일 뿐이다. 정확히는 신산업 태동 1세대의 현상이다. 시간이 흐르면서 정보산업의 권력자는 전문가가 아니라 대중으로 전환되고 있다. 지식 생산의 주체가 대중으로 전환되는 시기로 접어 들어가고 있기에 우리는 불완전한 벤처 열풍이 아니라 합리적으로 등장하는 창조적 지능노동이 주도할 경제양식을 가까운 시간 안에 목격할 수 있을 것이다.

사회주의냐 자본주의냐 하는 이념적 논쟁을 빼고 국민경제를 발전시킬 방식만 고민해 봐도 답은 나온다. 예컨대 과거 박정희는 단기간에 경제 발전을 이루기 위해 국가자본을 대자본에 집중시켜주는 방식을 택했는데 그런 방식이 지금도 의미가 있을까? 답은 당연히 '아니다.' 자본만 있으면 불같이 생산에 참여하여 지식기반산업을 불러일으키고 신산업을 발전시킬 선봉대인 창조적 지능 노동자가 우리 주변에는 많이 존재한다.

경제권력을 대자본에서 창조적 지능 노동자에게 돌려내는 것, 이것이 경제 발전의 속도를 결정하는 시대에 들어서고 있다. 창조적 지능 노동자의 등장이 바로 자본을 우습게 아는 노동의 출현이며 이들이 바로 자본주의의 무덤을 파는 군대가 될 것이다. 우리는 더 나은 국가 발전, 인류 발전을 위하여 창조적 지능노동에 더 많은 경제

권력을 주어야 한다. 이러한 자연스러운 역사 전개를 막고 지능노동을 독점하여 자본의 이익을 확보하려 안간힘을 쓰고 있는 퇴행적 체제가 바로 현재의 신자유주의다.

4

—

창조적 지능노동 시대를 열어가려면

우리는 창조적 지능노동을 발전시키는 것이 국민경제 발전의 관건인 시대에 살고 있다. 이제 창조적 지능노동의 발전을 위해 무엇이 필요한지 살펴보기로 하자.

◆ 창조적 지능노동의 대중화

창조적 지능노동의 주도성을 높이기 위해 가장 선행하는 문제는 창조적 지능노동에 참여하는 노동자를 대규모로 늘리는 것이다. 노동자들을 단순노동에 머무르게 하지 않고 여러 가지 제도적 보장을 통하여 자신의 노동에서 창조적 지식을 생산하도록 보장해야 한다. 창조적 지능노동을 확산시키는 데서 중요한 것은 전체 노동의 질적 발전을 기해야 한다는 점이다.

그러나 현재 주주자본주의는 소수 엘리트주의를 선호하고 있다. 이른바 고등교육을 받은 학자와 전문가들을 중심으로 하여 창조적 지능노동을 전담하게 하고 대부분의 노동자들을 단순 노동자로 묶어두고 있다. 이들이 소수 엘리트주의를 선호하는 것은 고비용지출을 피하려는 자본 본능적 행동이다. 그러나 도요타에서 이루어진 현장 노동자들의 창안운동, 유한양행에서 실험된 현장제안운동, LG 창원공장에서 진행된 현장 혁신운동 등은 모두 현장 노동자가 그들 스스로 노동을 창조하고 그것을 정보화하는 과정을 통하여 이루어졌으며 그 결과 비약적으로 생산성이 향상되었다.

모든 노동자들은 창조적 정신노동을 수행할 능력이 있으며 현장 경험도 있다. 그들의 아까운 능력과 경험을 사장시키고 있는 것은 다름 아니라 노동유연화에 기초하여 노동의 발전을 가로막고 있는 주주자본주의다. 대부분의 노동자를 창조적 지능 노동자로 성장하도록 보장하는 것은 시대의 추세며 미룰 수 없는 국민적 과제다.

모든 노동자를 지식 노동자로

창조적 지능노동을 대중화하는 과정에서 필수인 건 전 노동자를 지식 노동자화하는 것이다. 창조적 지능노동은 비단 지난 시기의 현장 경험만으로 이루어지지 않는다. 자신의 경험에 기초하되 최신의 정보와 세계 각국의 경험을 흡수하여 새롭게 질적 비약을 일으키는 창조의 과정이 따라야 한다. 그러자면 각 노동자들은 정보통신에 정통해야 하며 해당 업무 분야에 대해 전문적인 지식이 축적되어야 한다. 이 과정에 노동자들이 해당 분야의 전문가 수준의 소양을 가질 수 있도록 하는 교육 과정이 반드시 동반되어야 한다.

끊임없이 교육되지 않는 노동은 결국 질적으로 저하된 단순노동으로 전락한다. 주주자본주의의 단기수익 추구 속성은 이 현상을 가속화하고 있다. 자본은 노동자의 교육에 책임을 져야 하며 국가는 노동 전체를 지식인화하는 것을 목표로 삼아야 한다.

◆ 유족한 경제생활과 풍부한 문화생활

창조적 지능노동은 노동에 바쳐지는 양적인 시간에 따라 결정되지 않는다. 과거 설비산업에서는 노동자들이 기계에 붙어 있는 시간과 생산성이 비례관계를 보였다. 그러나 창조적 지능노동의 생산성은 시간으로 대체되는 것이 불가능하며 창의적이고 생기 있는 정신 활동을 보장하는 것을 통하여 결정된다.

그러자면 유족한 경제 보장은 기본이며 노동시간을 더욱 축소하고 풍부한 문화생활을 보장해야 한다. 풍부한 문화생활은 정신 활동의 원천이 되며 곧 생산을 창의적 노동으로 전환시키는 원동력이 될 것이다. 그러므로 기본 생계 보장과 노동시간 단축은 지식기반 경제를 발전시키는 데서 필수조건이지 선택요소가 아니다.

◆ 수평적 역동성을 가진 조직, 노동이 경영에 참여하는 조직

20세기 설비산업은 양적인 경제이며 생산 단위는 대규모로 집중

될수록 유리했다. 또 거대해진 조직의 통솔을 위해서는 일사 분란함이 필요했고 여기에서 형성된 기업 문화는 군대처럼 상명하복이 관철되는 수직적 조직 문화였다.

그러나 지식정보산업은 질적인 경제이며 만들어야 할 지식정보 체계는 생산 과정 전체에 대한 이해와 소비자의 요구까지 파악한 가운데서 생성된다. 그러므로 매개 생산자는 전체의 부분이기만 한 것이 아니라 자신 역시 전체를 대신하는 구조를 가져야 한다. 이러한 상황에서 조직은 수직적이기보다는 팀 단위로 일차적 완결성과 자율성을 가지며 수평적으로 협력하는 체계가 기본 양식이어야 한다.

이러한 수평적 자율적 조직이 역동성과 창의성을 최대한 발휘하기 위해서는 전체적인 생산과 기업의 정보가 공유돼야 한다. 정보가 항상 책임성 있게 공유돼야 하기에 노동자의 경영 참여는 당연히 보장돼야 한다.

◆ 정보 독점은 막고 공유는 확대

창조적 지능노동은 앞서 생산된 정보와 지식을 자유롭게 이용할 수 있을 때 빠르게 발전할 수 있다. 그러나 앞서 말한 대로 자본의 지적재산권 강화와 특허 기간 연장에 따른 지식과 정보의 독점은 지능노동의 발전과 이에 기반한 경제 발전을 가로막는 걸림돌이다.

연장된 특허 기간은 단축되어야 하며 생산된 지적생산물은 최소한의 보상 과정 이후에는 공유돼야 한다. 사회적 노동으로 창출된 정보와 지식은 인류 공통의 자산이다. 이에 대해 과도한 독점을 규제하고 지식 정보의 공유와 자유로운 이용을 장려할 때 창조적 지능노동이 광범하게 발전할 여건이 마련될 것이다.

거칠게나마 지식기반 경제, 즉 창조적 지능노동에 기반한 경제에 대하여 정리해 보았다. 궁극적으로 강조하고 싶은 것은 다음 사실들이다.

자본은 지식과 정보를 요란하게 떠들지만, 정작 그 주체인 노동을 소모하기만 하여 지식기반 경제 본연의 발전을 가로막는다. 지식기반 경제를 속도 있게 발전시킬 주인공은 오직 창조적 지능노동뿐이다. 또 지식기반 경제로의 전환은 실은 노동의 힘찬 성장 과정이며 정신노동과 육체노동을 통합한 신노동을 등장시켜 자본주의 이후 사회를 준비하게 할 것이다.

지식기반 경제는 결코 자본의 전유물이 아니다. 오히려 신자유주의와 지식기반 경제는 갈등을 빚을 수밖에 없는 관계다. 지식기반 경제에 대해 진보와 노동의 적극적인 관심과 진취적 입장을 적극 높여 나가자.

1   지식은 암묵지暗默知(tacit knowledge)와 형식지形式知(explicit knowledge)라는 두 가지 지식의 끊임없는 복합상승 작용을 통해 창출된다. 인간의 지식을 암묵지와 형식지로 나누어 설명한 사람은 인식론 학자인 마이클 폴라니다.

그에 따르면 형식지는 언어, 문장으로 표현이 가능한 객관적이고 이성적인 지식이다. 이에 반해 암묵지는 언어, 문장으로 표현하기 어려운 주관적이고 개인적인 지식이며 반복된 경험 등을 통해 습득하고 노하우로 체화된다. 개별적이고 주관적인 지식인 암묵지는 다른 사람에게 전달되는 사회화 과정과 객관화 과정인 표출화를 거쳐 형식지로 변한다. 또 형식지는 개인에게 받아들여져 새로운 암묵지를 형성하는 내면화 과정을 낳는다.

이렇게 지식이란 그 자체로 인간의 주체적이고 창조적인 활동 그리고 사회적 관계 속에서 형성되는 것이라는 점에서 지식의 사유화와 독점, 상품화를 추구하는 것은 지식기반 경제 추세와 근본적으로 대립된다.

새로운 사회를 여는 희망의 조건

상위 10%만을 위한 시장국가에서
하위 90%는 어떻게 살아야 할까?

PART 02

한국 사회의 계급계층별 현실과 대안주체 형성의 과제

대안실현의 중심 주체, 한국 노동자

김병권 | 새사연 연구센터장
이상동 | 새사연 연구원

1

—

1997년 이후, 한국 사회의 노동자

1987년 6월 항쟁은 군사독재 체제를 허물어뜨리고 직선에 의한 민선정부 체제로 전환한 분수령이 되었다. 1987년 7, 8, 9월 노동자 대투쟁은 제조업 생산직에서 사무전문직, 교사에 이르기까지 1000만 노동자들이 임금 인상과 노동3권 보장을 요구하며 자신의 자주적 조직인 민주노조를 뿌리내리게 하는 결정적인 분기점이 되었다.

저임금과 장시간 노동, 노동운동에 대한 국가의 물리적 탄압 속에서 노동자들은 자신들의 삶을 근본적으로 변화시키고자 직접 일어섰다. 1987년 7월부터 3개월 동안 무려 122만여 명이 참여하고 3000여 건이 넘는 쟁의를 시도하는 전무후무한 투쟁이 벌어졌다. 그 후 1년 사이에 새로 건설한 노동조합만도 2337개에 이른다.

국가와 자본의 탄압은 가혹했지만 노동자들은 630여 개 노동조합, 26만 조합원이 16개 지역노동조합협의회를 결성했고 이를 모아

1990년 1월 전국노동조합협의회(전노협) 건설로 나아간다. 한편 사무 전문직을 중심으로 하여 676개 노조, 16만 노동자들은 업종회의를 구성해나갔으며 재벌 그룹 산하 노동자들은 현대와 대우그룹을 중심으로 하여 대기업연대회의를 조직했다.

1987년 노동자 대투쟁을 기반으로 하여 전국적인 연대조직을 결성한 노동자들은 어려운 1990년대를 통과하면서도 발전을 거듭했고 그 결실은 일차적으로 1995년 11월 11일 전국민주노동조합총연맹(민주노총) 결성으로 이어진다. 866개 민주노조, 41만 조합원으로 출발한 민주노총은 1996년 당시 정부 여당인 신한국당의 노동관계법 날치기 처리에 대항하여 한국노총과 공동전선을 형성하고 총파업을 수행했다. 두 달이 넘게 진행된 총파업은 노동자의 참여와 국민적 지지를 받은 전국적인 정치 파업으로 기록된다.

이후 1999년 조직 결성 10년 만에 전교조가 합법화되고 2002년 법외노조로 출발한 공무원노조도 2006년 합법화되면서 노동조합의 지평이 넓어진다. 민주노총은 2006년 말 현재 1000여 개 노동조합 75만여 명의 조합원을 포괄하는 '합법적인' 조직으로 성장했으며 2003년 이후 조직의 목표를 산별 노조 건설로 잡고 한창 산별 전환에 매진하고 있다.[1] 2000년에는 민주노총이 공식적으로 지지하는 민주노동당이 탄생하여 2004년 원내 진입에 성공하기도 했다.

20년 동안 노동운동이 이처럼 변화 발전해온 사이, 노동자의 삶도 양적인 면에서나 질적인 면에서 많은 변화가 있었다. 우선 1989년 900만(54퍼센트) 명 수준이던 노동자는 현재 1500만 명이 넘는 숫자로 성장하여 경제활동 인구의 65퍼센트 이상을 차지하게 되었다.[2]

이 기간 동안의 인구 증가분 660만 명 대부분이 노동자로 흡수된 셈이다. 같은 기간 대학 진학률이 급격히 증가하여 대학에 머무르는 200만 명이 잠재적 노동자라는 것을 고려하면 사실상 노동자 비중은 더 높아진다.

노동자 내부 구성에도 다양한 변화가 일어났다. 우선 제조업 취업자 수가 1990년에는 27퍼센트를 차지했으나 2007년 말 현재 17.6퍼센트로 낮아졌으며 대신 서비스 부문이 증대했다. 농업 역시 같은 기간 18퍼센트에서 6.8퍼센트로 급격히 낮아졌다. 한국의 산업구조가 변하고 지식기반 경제로의 빠른 전환에 따라 서비스 부문의 노동자가 빠르게 증가해왔음을 알 수 있다.

또 매우 중요하게 보아야 할 변화는, 대기업과 중소기업에서 일하는 노동자 비중의 변화다. 1000명 이상 사업체에서 일하는 노동자는

[그림 3-1] 산업별 조합원 수와 임금 근로자 수 변동(1993년과 2005년)

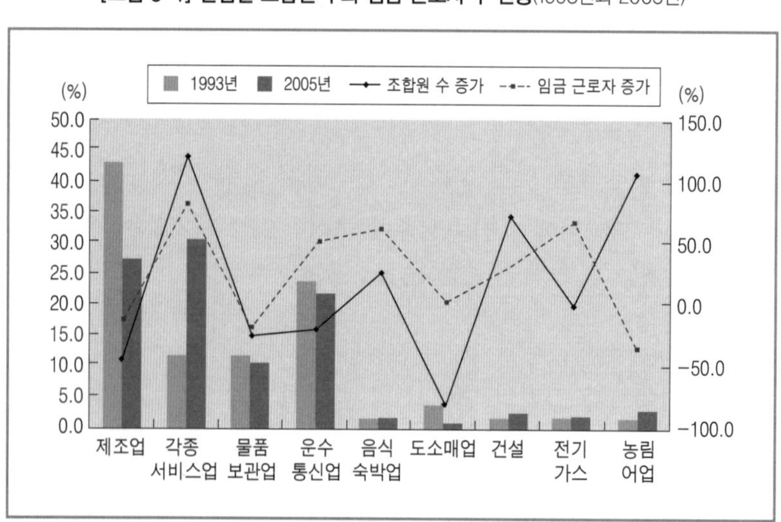

외환위기 이전에 10퍼센트를 넘었으나 2000년 이후에는 그 절반 수준인 5퍼센트를 약간 상회하는 수준에서 정체된다. 대신에 절대 다수인 전체 취업자의 88퍼센트가 300인 미만 중소기업에서 일하고 있다.

여성의 사회적 참여가 확대되고 남성 가장의 수입이 불안정해지면서 여성 취업자도 늘어났다. 지난 20년 사이 여성 취업자는 5퍼센트 이상 증가했다.[3] 또 1990년대 이후 외국인 노동자들도 급팽창하기 시작하여 2006년 기준으로 43만 명에 이를 만큼 중요한 비중을 차지하게 된다.[4]

노동자 내부 구성 변화에서 가장 중요한 것은 이른바 비정규직이 산업과 업종을 불문하고 늘어나고 그 형태도 매우 다양해졌다는 사실이다. 이에 따라 비정규직 문제가 노동자들에게 가장 중요한 이슈로 부상하게 된다. 뉴코아와 홈에버 비정규직 투쟁이 2007년 노동운동의 상징으로 부각된 현실이 이를 잘 보여준다.

이처럼 수적으로나 질적으로나 누구도 대신할 수 없는 우리 사회의 주도세력으로 성장 변화해온 것은 다름 아닌 노동자다. 이들이 자신의 삶을 적극적으로 개선하는 데 나서는 것은 물론, 노동자를 포함한 절대 다수의 생활을 압박하는 신자유주의의 문제를 구조적으로, 정치적으로 풀어나갈 핵심 주도세력이 되어야 함은 더 이상 당위가 아니라 당연한 현실이다.

그러나 지난 20년 동안 노동자의 사회적 비중과 역할이 지속적으로 높아졌음에도 불구하고, 1987년 이후 발전을 거듭해온 노동운동은 이에 조응한 도약을 이루지 못한 것 또한 안타까운 현실이다.

노동자 수의 증가와는 달리 노동조합으로 단결해온 노동자의 비율은 정체하거나 줄어들기조차 했다. 현재 노동조합원은 한국노총 소속 75만 명, 민주노총 62만 명, 기타 17만 명을 포함하여 150만 명 수준이며 조직률이 10퍼센트 수준에 불과하다.[5] 이는 OECD 국가들의 노동자 평균 조직률 34퍼센트에 훨씬 못 미치는 수준이며 조직률이 최고조에 달했던 1989년 19.8퍼센트에서 거의 절반으로 줄어든 것이다.

왜 이렇게 됐을까? 이를 설명해주는 여러 요인이 있겠지만 무엇보다도 1997년 외환위기로 전면화한 한국 경제의 신자유주의화에 노동운동이 효과적으로 대처하지 못한 점을 꼽아야 할 것이다. 신자유주의는 노동자의 삶의 구조와 처지를 과거와는 전혀 다른 방식으

[그림 3-2] 임금 근로자와 조합원 수 변화

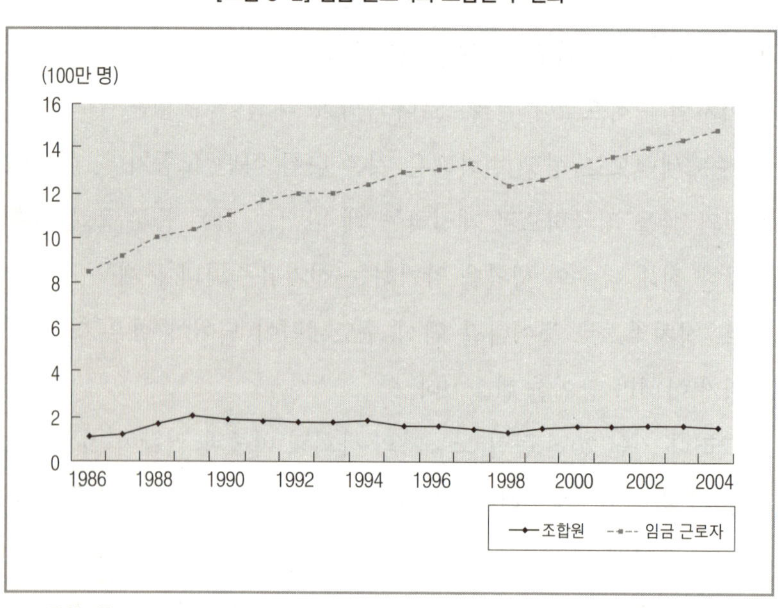

* 노동연구원, 2006 KLI 노동 통계.

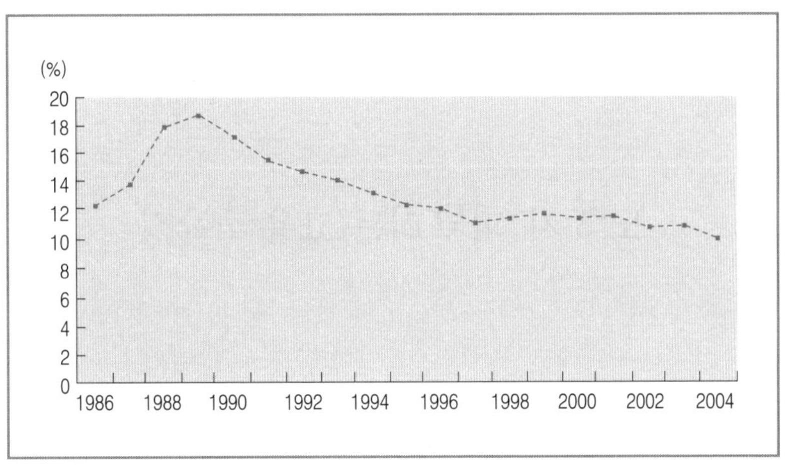

* 노동연구원, 2006 KLI 노동 통계.

로 악화시켰고, 노동운동은 이를 제대로 방어하는 데 오랜 시간이 걸렸다. 현재 한국 사회의 핵심 문제인 실질적 민주화의 후퇴, 즉 경제민주화의 후퇴와 사회 양극화의 심화, 노동 강도의 강화, 비정규직 양산과 극심한 고용 불안은 신자유주의에 대한 적절한 대처 부족의 산물이다.

그런 뜻에서 현재 한국 사회의 변혁과 새로운 사회를 모색하기 위해서는 6월 항쟁판 민주화운동의 복원이 아니라 7, 8, 9월 노동자 대투쟁판 민주화운동이 새로운 길을 열어야 한다.

2

—

노동자 피말리는 고용불안정

1995년 출범한 노동자들의 대표 조직인 민주노총이 사실상 합법화된 1997년은 외환위기라는 시련이 노동자들에게 닥친 해이기도 하다. 신자유주의 세계화 물결은 1990년대 초반부터 서서히 한국 경제를 잠식하다가 1997년 외환위기를 기점으로 일거에 밀려들어왔다. 미국 중심의 초국적 금융주주 자본은 개방화와 자본 자유화를 내걸고, 기존 30대 재벌기업을 재편시킨 것은 물론이고 공공적 성격을 띤 기간산업 분야인 은행과 주요 공기업을 민영화시키면서 이를 축으로 한국 경제 시스템을 전면 개편한다.

새로 이식된 시스템은 개방과 자유화라는 이름 아래 경제에서의 국가 역할을 체계적으로 약화시키고 공공 서비스 역시 약화시켰다. 금융자본의 단기 이익 추구와 투기 행태는 주식시장과 외환시장을 교란시키고 항상적인 불안정 상태로 만들었다. 새로운 주주자본주의는 기업경영에도 공격적으로 개입하여 스톡옵션으로 경영자를 매수하는 한편, 단기 수익을 올리기 위해 투자를 억제하고 고율의 배당 수익을 요구하였다. 전체 경제의 성장잠재력은 지속적으로 낮아지고 저성장이 구조화되었다.

특히 주주자본주의의 주주가치 위주 경영은 비용 절감을 명목으로 대대적인 구조조정과 인수합병을 지속적으로 감행하면서 감원, 정리해고, 비정규직화, 아웃소싱을 일상적인 고용 형태로 하는 노동시장의 유연성을 고용 기조로 정착시켰다.

외국 금융자본이 주도하여 이루어진 한국 자본주의의 급격한 시스템 전환은, 이처럼 글로벌 스탠더드라는 이름으로 '총자본'이 일사분란하게 움직이면서 국가를 무력하게 만들었고 노동자들의 일터에 엄청난 충격을 주었다.

정부는 자본시장과 노동시장에 관한 법률을 속속 개정하면서 이들에게 합법적 수단을 제공해주는 한편, '노사정위원회'라는 협약틀을 이용하여 노동자들에게도 이를 강제했다. 자본은 이를 기반으로 하여 '세계화 추세'를 명분으로 내걸고 노동자들이 시장 기제의 원활한 작동을 수용하도록 경제적, 이데올로기적으로 압박해왔다. 노동자들은 이른바 물리적 억압과 함께 시장 이데올로기의 억압이 가해지는 상황에 놓이게 된 것이다.

순식간에 불어 닥친 대량 해고와 구조조정은 노동자들의 생존 자체를 뒤흔들어 놓았으며 학생들의 취업문을 봉쇄했고, 실업 위기에 몰린 노동자들을 대거 자영업 대열로 내몰았다. 따라서 기존 자영업자들은 더욱 어려운 경쟁 환경에 놓이게 되었다. 주주자본주의의 파상적 공세는 수십만 중소기업들에게도 심각한 경영 위기를 조장했다.

이러한 사회의 총체적인 변화 속에서, 그간 기업별 노동조합 체계를 근간으로 하여 임금 인상과 노동3권 쟁취를 중심으로 싸워왔던 노동운동이 총자본의 신자유주의 공세에 맞서 고용안정을 지켜내는 것은 역부족이었다. 전 사회적으로 강제되는 신자유주의 구조조정 앞에서는 개별 기업 단위에 속한 자신들의 고용안정을 지켜내는 것조차 쉬운 일이 아니었다. 더욱이 이를 '노사정위원회' 같은 틀에서 푼다는 것 또한 가능하지 않았다.[6]

결국 외환위기와 한국 경제의 신자유주의화는 노동자들에게 상시적 고용불안, 노동자 내부의 차별 확대, 노동자 사이의 경쟁과 분열이라는 상황을 구조화시켰다. '평생직장' 개념을 상식으로 살아왔던 한국 노동자들에게는 그만큼 낯설고 충격적이었다.

이로 인해 노동자들은 고용안정을 삶의 제1의 가치로 두고 대응할 수밖에 없는 수세적 처지에 놓이게 되었다.[7] 1998년 이후 노동자들의 투쟁은 개별적으로든, 조직적으로든 '고용안정'과 '고용조건 격차 철폐'로 집약되지 않을 수 없었고 비정규직 철폐는 그 상징이 되었다.

물론 노동시장 유연화는 금융 중심 주주자본주의의 단기 이익 추구의 결과에 불과하다. 따라서 주주자본주의 시스템을 극복하지 않고서는 고용안정을 구조적으로 확보하기는 어려운 것이 사실이다. 그러나 당장은 고용안정을 위한 노동자 전체의 참여와 힘을 모으는 것부터 시작하지 않으면 안 되는 상황인 것도 현실이다.

물리적 역압과 시장 기제를 통한 역압이 총동원된 주주자본주의 공세에 개별 기업들의 대응은 매우 어려울 수밖에 없다. 이런 상황에서 그나마 노동조합의 조직력을 가지고 있는 대기업과 금융기업, 공기업에서는 어렵사리 최소한의 고용을 지킬 수 있었지만 대다수 중소기업과 비정규직화된 노동자들은 그조차 지킬 방안을 찾기 어려웠다.

이런 상황에서 나온 문제 제기가 바로 대기업 집단이기주의, 그리고 좀더 심하게는 노동자의 보수화, 나아가 노동귀족화론이다. 이는 경영자 층에서 유포한 이데올로기이기도 하고 개혁적이라고 하는 참여정부에서도 공공연히 주장한 것이기도 하다. 이런 말들은 현재 노동자 내부를 분열시키는 요인이 되고 있다.

그러나 노동자가 전반적으로 보수화되고 있기 때문에 고용안정 문제에 단결하여 대처하지 못할 수 있다는 주장은 적어도 물질적 토대에서는 전혀 근거가 없다. 외환위기 이후 1500만 노동자의 거의 대부분은 물론, 자영업자와 중소기업까지 이른바 '양극화'에 희생되고 피해를 입고 있다는 것을 보아도 그것은 자명하다.

물질적 근거도 없이 이념적 보수화 운운하는 것은 정치적 투표 성향 분석에는 의미가 있을지 모르지만 노동운동 침체 원인에 대한 설명으로는 가치가 없다. 노동자들이 신자유주의라는 거대한 시스템에 대해 구조적 인식을 높이지 못하고 있고, 조직적으로 대처하지 못하는 현실이 문제라면 문제지 이것이 보수화는 아니다. 이런 주장에서는 나올 수 있는 어떤 실천적 결론도 없다.[8]

특히 대기업 정규직 노동조합원들의 집단이기주의화를 공박하는 목소리가 큰데, 대기업 노동자들 역시 오늘은 정규직으로 일하고 있다 하더라도, 내일까지 고용안정이 되리라는 보장은 어디에도 없다. 더욱이 금융과 IT 부문 노동자들에게서 나타나는 것처럼, 이들이 정규직을 보장받는 대신 대량 감원의 후과로 엄청난 노동 강도에 시달리고 있다는 사실은 더 이상 비밀이 아니다. 이런 점에서 "희망퇴직, 명예퇴직으로 마구 정리해고되는 노동자가 귀족인가? 해고, 구속, 수배, 손해배상, 가압류되는 노조가 권력인가?"라는 지적은 극히 정당하다.[9]

물론 초기 국면에서는 대기업 정규직 노동자들이 노동조합을 '고용 안전판'으로 생각하는 경향이 발생할 수 있다. 그리고 일부에서 정규직 고용 보장의 방패막이로 비정규직을 사용하는 경향이 나타날 수도 있다.[10] 또 주주자본주의의 단기 이익 추구 경향에 대한 즉흥적인 반작용으로 "있을 때 벌어두자"는 식의 노동자 단기이익주의가 발생하기도 했다. 그러나 이 역시 전체 노동자들이 단결하여 고용안정화를 이루는 과정에서 개별적으로 나타날 수 있는 경향으로 봐야지 확대 해석할 이유는 없다. 특히 최근 10년간 대기업의 지속적인 구조조정과 고용 축소는 매우 심각한 수준으로 진행되어왔고, 대기업 노동자들 역시 항상적인 고용불안과 노동 강도 강화에서 절대 자유롭지 못함을 자료가 보여주고 있다.[11]

외환위기 전년도인 1996년을 기준으로 1000인 이상 대기업 취업자는 217만 명(10.4퍼센트)에 달했지만 2004년 기준으로 보면 그 절반 수준인 122만 명(5.4퍼센트)에 불과해 95만 명이 순감소했다.[12] 1996년 취업자 수가 2100만 명이었던 것이 2004년에 2250만 명으로 증가한 것을 감안하면 감소폭은 상대적으로 매우 크다고 할 수 있다. 대략

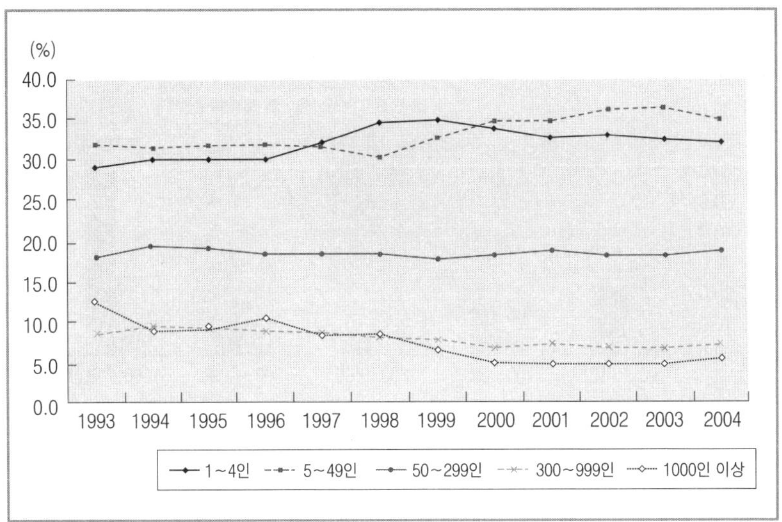

* 통계청 취업자 기준 자료(국가통계포털 KOSIS).

선진국 대기업 고용의 3분의 1 수준에 불과하다.[13] 지난 10년 동안 140만 개의 일자리가 새로 만들어지는 사이 대기업은 거꾸로 95만 명을 줄였다는 얘기다. 이런 상황에서 대기업 노동자의 집단 이기주의 주장이 어떤 정당성을 가질 것인가.

오히려 노동자들이 해결해야 할 과제는 다른 곳에 있다. 그것은 전체 노동자 분포와 조직 노동자 분포가 심각한 불일치 현상을 보이고 있다는 것이다.

외환위기 이후 대기업 노동자는 비교적 강한 조직력을 바탕으로 조합을 유지하는 데 성공했다. 그러나 대다수 중소기업은 경영 악화나 인수합병 등으로 노동조합이 유명무실해지거나 새로 조직할 엄두를 내지 못했다. 특히 대기업에서 방출된 노동자가 비정규직으로,

CHAPTER 03 대안실현의 중심 주체, 한국 노동자

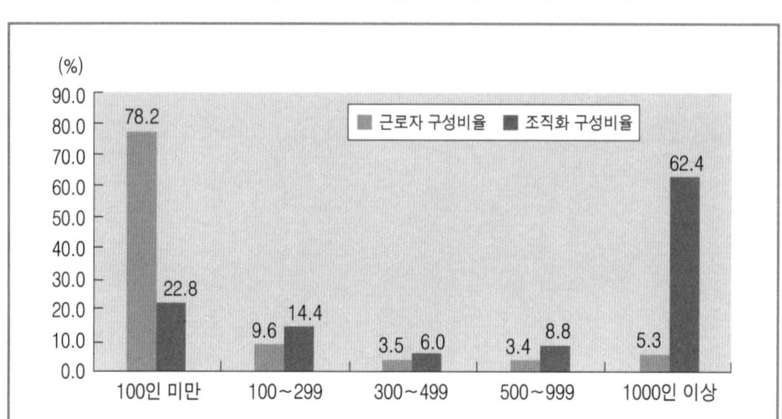

[그림 3-5] 사업장 규모별 임금 근로자 및 조직률의 구성

* 노동부 노동백서.

중소기업으로 이동하면서 조직 노동자가 미조직 노동자로 전환되는 사례가 속출했다.

여기에 IT 산업과 같은 신산업으로 유입된 노동자들의 유연근무 체제는 기업별 노동조합 건설을 어렵게 만들었다.[14] 이들 분야의 노동자들은 계속 늘어갔고 결국 미조직된 다수의 중소영세기업, 서비스업, 그리고 비정규직 노동자가 발생했다. 여기에 여성 노동자와 이주 노동자의 증가도 한몫을 했다.

그 결과 1000인 이상 사업장의 노동자 비율은 5.3퍼센트에 불과하지만 조직률은 62.4퍼센트를 차지하고, 반대로 100인 미만 사업장의 노동자 비율은 78.2퍼센트에 이르지만 조직률은 22.8퍼센트밖에 되지 않는 불균형이 조성된 것이다. 이것이 결국 현재의 노동조합 조직률을 10퍼센트 수준으로 떨어뜨리는 원인을 제공하고 있으며, 한국노총은 물론 민주노총이 전체 노동자들을 제대로 대표하기 어려

운 조건을 만들고 있다.[15]

때문에 노동자들의 당면 요구는 '고용안정'과 '고용조건 격차 해소'가 되겠지만, 조직적 과제로는 "노동자 가운데서도 상대적으로 더 소외되어 있는 약자들—중소영세기업, 비정규직, 서비스직, 이주 노동자 등—을 포괄해 노동운동의 주체로 나서게 하는" 것이 핵심이다.[16] 현재의 산별 노동조합 건설 움직임도 기본적으로는 이런 궤도에서 미조직 노동자들을 산별 조직으로 포괄하는 것을 중요한 목표로 하고 있다.

3

—

신자유주의에서의 첨단산업 노동자

1990년대 이후 노동자 구성의 가장 큰 특징 가운데 하나는 전통적인 제조업 생산직 노동자가 줄어든 반면, 사무전문직 노동자가 늘어난 것이다. 이른바 지식 노동자의 확대다. IT 분야에서 하이테크 노동자 대열이 급격히 늘어나고 있고, 신종 첨단산업으로 탈바꿈하고 있는 금융 노동자의 역할이 높아지고 있으며, 교사를 중심으로 한 교육 노동자, 전문직 분야라고 하는 의료 종사자들이 폭증했다.[17]

특히 IT 산업과 금융산업은 외환위기 이후 주주자본주의적 경영구조가 가장 먼저 그리고 가장 전형적으로 적용되어온 신종 첨단산업 분야이며 최근에 우리 국민의 생활 패턴 변화에 가장 큰 영향을 주고 있는 산업이다. 때문에 이들 산업 종사자들은 전통적 노동자와 달리 안정된 미래와 고임금, 쾌적한 노동환경을 보장받고 대부분 보수화된 중산층 대열을 이룰 것이라는 일반적인 통념이 적지 않다.

그래서인지 노동운동은 이들 산업이 갖는 미래적 중요성이나 영향력에 비해 이들을 주체로 참여시키기 위한 응당한 주의를 집중하지 않고 있다. 노동운동 안에서 이들 노동자에 대한 주체 형성 전략 구상도 특별한 것이 없다. 심지어 첨단산업 노동자들의 보수화 속성 때문에 한국 사회가 외형적으로 보수화됐다고 해석하는 경향도 있다.

그러나 과연 그럴까? 결론부터 말하면 전혀 그렇지 않다. 무늬만 첨단산업 노동자지 이들 역시 노동시장 유연화로부터 절대 자유롭지 않고 비정규직 증가 추세의 예외 지대에 있는 게 아니다. 이들 가운데는 정규직 노동자라 하더라도 안정된 일자리가 보장되지 않은 경우도 많다. 더욱이 이들은 유례없이 가혹한 노동 강도에 시달리는 반면 별도의 잔업과 특근 수당이 있는 경우는 드물다. 이 분야에서도 대기업과 중소기업의 격차는 엄존한다. 한마디로 여타의 노동자와 똑같이 신자유주의 고용불안에 시달리고 있는 것이다.

◆ IT 노동자의 현실

우선 IT 노동자를 살펴보자. IT 산업은 지식기반 경제시대의 첨단산업이자 미래 성장산업이라고 불리는 6T(IT, BT, NT, ST, ET, CT) 가운데 가장 먼저 산업화에 성공한 분야다. 그뿐 아니라 지난 10여 년간 한국의 산업구조 변동과 성장을 이끌어온 견인차이기도 하다. 이미 IT 생산은 2003년 기준으로 200조 원을 넘어서 실질 GDP 기준으로 볼 때 15퍼센트를 상회하고 성장기여율은 이보다 훨씬 높아서 45퍼센트를 넘고 있다.[18]

그렇다면 IT 종사자 수는 얼마나 될까. IT 종사자는[19] 2006년 말 기준으로 140만 명을 넘었다. 정보통신산업에는 2만여 개 기업에 70만 명, 관련 산업에 17만 명, 그리고 타 산업 전산직에 54만 명이 종사하고 있다는 것이 정부 공식 통계다.[20] 이 가운데 생산직 종사자를 제외한다 하더라도 100만 명이 넘는 숫자이며 특히 70만 명 정보통신산업 종사자 가운데 20만 명이 연구개발직에 있을 만큼 지식노동 인력이 집중되어 있다. 2000년 이후 IT 인력은 연 평균 3.2퍼센트씩 증가했는데 이는 전체 취업자 증가율 1.2퍼센트를 훌쩍 넘기는 증가율이다. 전통적 건설 강국인 한국의 건설업 종사자 180만 명에 준할 만큼, 단일 업종에서는 매우 큰 규모이며 IT 노동자를 제외하고는 지식노동을 거론할 수 없을 정도가 되었다.

이들 IT 노동자들의 처지를 집중적으로 알아보기 위해 그 상징인 소프트웨어 노동자들을 중심으로 살펴보자. 우선 IT 노동자들의 가혹한 노동 강도를 주목해야 한다. 이들의 주당 평균 노동시간은 약 58시간이며 60시간 노동하는 비율도 43퍼센트나 된다. 심지어 80시간 이상 초장시간 노동하는 비율도 7.6퍼센트에 달했다.[21] IT 강국의 첨단 노동자란 이미지와는 전혀 어울리지 않는 노동시간이다. 이는 임금 노동자 평균 50시간을 넘어섬은 물론, 자영업인 노동시간 59시간과 맞먹는다. 문제는 그럼에도 불구하고 시간외 근무수당을 받는 경우가 8퍼센트에 불과하다는 것이다.

IT 노동자들의 고용조건은 어떠한가? 외형상 비정규직 비율은 2003년 기준으로 33퍼센트 수준이다. 그러나 IT 기업의 절대 다수가 중소기업 노동자라는 것을 고려하고 특히 유형 분류가 애매한 다양한 외주, 하청구조가 복잡하게 얽혀 있다는 것을 감안하면 상황은 더욱 심각하다. 비정규직 문제는 IT 산업에서도 두드러지며, "정보통신 분야는 노동시장에서의 불평등이 심화되는, 이른바 20대 80의 사회구조가 발견되는 대표적인 산업 분야"라고 지적하는 이유가 여기에 있다.[22]

이들이 첨단산업 분야의 지식 노동자라는 규정이 무색한 환경에서 노동하는 원인을 어디에서 찾아야 할까? 이는 외국 기업의 한국 IT 산업 지배와 함께 재벌을 중심으로 하여 수직 계열화된 하도급구조를 제외한다면 설명하기 어렵다. 한국의 IT 산업은 부가가치가 높은 부분의 외국 기업, 통신과 기기를 주축으로 한 대기업군, 그리고 재벌 계열 IT 기업군을 주축으로 하여 지배되고 있다. 특히 지배 주주가 존재하는 대규모 기업 집단 43개 가운데 IT 회사를 계열사로 두고 있는 집단이 28개나 된다. 삼성 SDS, 현대의 오토에버, SK의 SK C&C 등이 대표적이다.[23]

그런데 이들 회사의 총 매출 가운데 64퍼센트는 관계사 매출로 채워지고 있고, 이들 작업은 대부분 하청구조를 형성하고 있는데, 이들의 2차 하청단가는 수주단가의 87퍼센트에서 많으면 55퍼센트까지 내려간다. 말하자면 재벌 계열사들이 IT 주요 시장을 내부 시장으로 형성하여 독점하면서 대다수 하청업체들에게는 매우 낮은 하청단가를 적용하여 다수의 중소기업 IT 노동자에게 열악한 노동환경을 강제하고 있다.

결국 인터넷 강국 한국에서 IT 노동자들은 하이테크 지식 노동자로서 각광받아왔고 빠른 속도로 그 비중이 확대되어왔지만, 노동시장 유연화를 철저히 적용받으면서 고용불안에 시달리고 있고, 특히 장시간 노동 등 극심한 노동 강도 아래 있음을 확인할 수 있다.

실상이 이러함에도 불구하고 IT 노동자들이 조직적으로 저항한 사례가 거의 없다는 것은 놀라운 일이다. KT를 중심으로 한 통신 분야의 노조와 아직은 규모가 크지 않은 한국정보통신산업노동조합을 제외하면 조직률도 극히 낮다. 노동운동이 전통적 제조업의 영역을 넘어서 이들을 새롭게 주목해야만 하는 이유가 여기에 있다. 중소업체로 분산된 IT 노동자들을 노동운동의 틀 안으로 끌어들여야 할 것이다.

또 한국의 산업구조가 혁신적인 미래 산업구조로 재편될 수 있는 대안적 전망을 모색하기 위해서는 반드시 IT 노동자들의 노동의 질적 향상과 창의력이 요구되므로 IT 노동자들의 고용의 질과 고용환경을 개선하는 문제는 곧 한국 사회가 진정으로 지식기반 경제로 전환할 수 있느냐를 가르는 중요한 문제가 된다.

자본주의의 꽃, 금융산업 노동자

미래 성장 동력으로 변신을 거듭하고 있는 금융산업 노동자들의 상황도 IT 노동자와 유사하다. IT 산업이 신산업으로 창출된 산업 분야인데 반해 금융, 특히 은행은 과거의 '공적 기관'에서 '신자유주의적 금융기업'으로 전환한 사례다. 1987년에서 1996년까지 10년 동안 전체 은행산업의 순이익은 7조 원에 불과했다. 그런데 지난 2006년 한 해 동안에만 순이익이 13조 원을 넘을 정도로 성장하여, 은행은 주주자본주의 한국의 새로운 지배강자로 부상했다.

은행은 현재 재벌 대기업에 맞먹는 규모와 이익을 자랑하고 있는데, 예를 들면 국민은행의 순이익 2조 원은 현대자동차와 비견되며 신한지주회사의 순이익 1조 7000억 원은 SK텔레콤과 맞먹는다.[24] 금융그룹들이 외환위기 이후 민영화되고 구조조정을 겪는 가운데 주주자본주의의 가장 막강한 영향력을 가진 기업군으로 등장한 것이다. 그리고 이제 2009년 자본통합법 시행을 앞두고 제2의 금융 빅뱅이 예고되어 있으며 정부의 금융허브 추진 전략과 맞물려 차세대 핵심 성장산업으로 선전되고 있다.

그렇다면 이렇게 잘 나가는 금융산업의 노동자 현실은 어떨까? 통계청 기준으로 볼 때 금융·보험 종사자들은 2004년 기준으로 약 58만 명 수준이다. 이 가운데 은행 노동자는 약 10만 명이다. 금융 노동자들은 외환위기 이후 수차례의 인수합병과 구조조정 과정에서 퇴출과 비정규직화의 과정을 반복해서 겪고 있고 자본시장 통합법을 앞두고 또 다시 이 과정을 되풀이 할 전망이다.

보통 금융 노동자에 대한 외부의 시선은 곱지 않다. 도시 근로자 월평균 소득 330만 원대보다 적게는 120만 원, 많게는 250만 원을 상회하는 고임금을 받으며 보수화된 계층으로 보는 시각이 많다. 고임금을 받고 있다는 것 자체가 틀린 말은 아니다. 그러나 금융 노동자 역시 IT 노동자와 마찬가지로 정규직이라고 해서 안정성이 보장되지 않을 뿐 아니라 엄청난 노동 강도에 시달리는 것도 다르지 않다.

은행의 경우 정규직 은행원이 지속적으로 감소한 반면, 전에 없던 보험상품이나 투자상품 등 신종 금융상품 판매업무가 추가됨으로써 노동량이 대폭 늘어났고, 실적 달성에 대한 압력도 갈수록 늘어나고 있다. 때문에 7시 이전에 퇴근하는 은행 노동자들은 10퍼센트도 되지 않으며 저녁 9시 이후 퇴근자들도 28.7퍼센트에 이른다는 것이 조사 결과다.[25]

또 은행들의 수익성이 증가하는 시점인 2001년 이후부터 주요 은행들에 종사하는 '비정규직' 노동력의 비율이 지속적으로 증가하고 있는 것으로 나타났다. 은행들은 경영환경의 개선과 함께 인력 확대를 추진하고 있지만, 필요 인력의 대부분을 비정규직 노동력에 의존하고 있다는 사실을 보여준다. 예를 들어 국민은행은 전체 노동력 가운데 약 35퍼센트 이상을 비정규직 노동에 의존하고 있으며, 농협의 비정규직 비율도 30퍼센트가 넘는다. 2007년 초 비정규직 입법예고에 대한 대응으로 우리은행을 포함한 일부 은행들이 '분리직군제'를 통해 비정규직 노동력을 정규직으로 전환하고자 했지만 이들에 대한 차별까지 없앤 것은 물론 아니었다.

최근 신종 미래성장 엔진으로 변신 중인 금융산업의 노동자들은 신산업으로 창출된 IT 노동자와 달리 조직화 역량을 가지고 있다. 은행은 한국노총 산하 조직으로 오랜 조직 역사가 있으며 증권, 보험을 비롯한 제2금융권 노동자들도 1987년 노동자 대투쟁 이후 새롭게 노동조합을 건설해왔다.

그러나 금융산업은 신자유주의 금융 세계화에 따라 그 어느 산업 부문보다 급변하고 있으며, 신자유주의를 넘어서는 대안을 모색하는 가운데서 '금융 대안'은 금융 노동자들만의 몫도 아니고 가장 어려운 난제 가운데 하나다. 전체 노동운동이 금융 노동자에 관심을 모아야 할 이유가 여기에 있다.

지금까지 IT 노동자와 금융 노동자를 사례로 하여 우리 사회의 첨단산업 노동자, 하이테크 노동자들에 대해 간단하게 검토해 보았다. 결국 이들 첨단산업 노동자들 역시 고임금과 안정된 일자리, 쾌적한 근무환경과 근무 시간이 보장된 계층도 아니고, 주주자본주의의 노동배제 메커니즘에서 예외로 존재하는 것도 아님을 확인할 수 있다. 차이가 있어도 상대적인 차이일 뿐이다. 따라서 첨단산업 노동자들도 반신자유주의 투쟁에 합류할 핵심 동력이며 이들이 가지고 있는 산업에서의 영향력은 금융 주주자본의 이익을 위해서가 아니라 한국 노동자의 이익이 되는 방향에서 사용되어야 할 것이다.

4

—

노동자 주체화의 핵심 이슈,
비정규직 노동자

　2007년 우리나라 1500만 노동자 중 정규직이 695만 명이고 비정규직[26]이 879만 명이다. 임금 노동자의 55.8퍼센트가 비정규직인 것이다.[27] 외환위기 이후 2000년대 들어서면서 55~56퍼센트 수준에서 구조화되었다.

　선진국의 두 배 수준을 넘거니와 그나마도 선진국형 파트타임 비정규직은 고작 120여만 명에 불과하고 대부분은 임시직 형태를 띠고 있다. 전체 비정규직 가운데 직접 고용이 60퍼센트를 차지하지만 파견직과 용역직 등 간접고용도 최대 200만 명까지로 추산되고 있고, 특수고용직 노동자들은 자신들을 180만 명으로 보고 있다. 이것이 외환위기 이후 노동운동에서 비정규직 문제가 가장 큰 화두가 된 배경이다.

　2007년 7월 1일부터 시행된 비정규직법은 노동자들의 예상대로

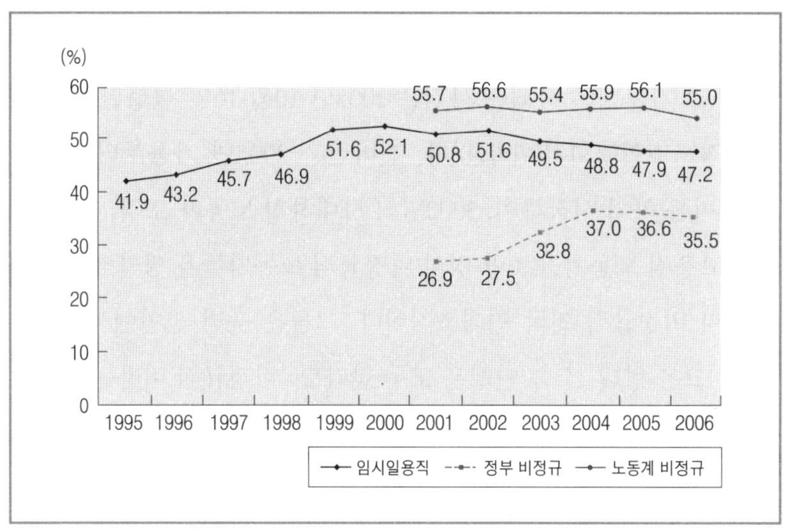

[그림 3-6] 비정규직 비중 추이

* 한국노동연구원(2007), 김유선(2007).

비정규직을 줄이기보다는 홈에버 노동자들의 투쟁이 보여주듯이 오히려 비정규직 문제를 악화시킨 측면이 크다. 은행이나 대형 유통점의 출납 직원처럼 일부 대기업의 경우에는 정규직으로 전환되었으나 이마저도 일반적인 정규직화와는 거리가 멀었다. 별도 직군을 신설하는 '분리직군제'로 이들을 편입시키고, 분리 직군을 이용해서 임금 격차를 그대로 유지했다. 이들 사이에서 정규직도 아니고 비정규직도 아닌 '중규직'이라는 신조어가 나오기도 했다.[28]

그러나 이런 사례는 일부 대기업에 제한된 사례다. 대부분은 2년 기간이 채워진 비정규직을 없애고 간접고용을 늘리는 방식으로 공백을 대체하려는 경향을 보이고 있다.

이런 상황에서 비정규직 자신들의 주체적인 노력은 어떠했을까?

2000년대의 비정규직 노동자들은 1980년대 노동자들 못지않게 힘들고 어려운 싸움을 벌여왔다. 그리고 그 과정에서 자신들을 조직해나갔다. 그 가운데 주목되는 사건은 2005년 10월 16일 결성된 '전국비정규직노조연대회의(전비련)'다. 전비련은 2003년 가을부터 본격적인 준비를 하기 시작하여, 5000명의 사내하청 노동자 조직, 3만 명의 특수고용직 노동자들, 6만 명의 비정규직 노동자들을 망라해 출범한 최초의 비정규직 전국 연대조직이다. 그들은 출범 선언에서 "지역, 업종, 고용 형태, 소속 연맹은 모두 달라도 '비정규직'이라는 이유로 고통 받고 차별 받으며 노동3권을 박탈당하고 있는 모든 비정규직 노조들의 구심이 될 것"이라고 다짐하고 있다.[29]

전국 조직 결성은 쉽게 이루어지지 않았다. 마치 1980년대 민주노조운동을 방불케 하는 어렵고 치열한 과정을 겪었다. 근로복지공단 비정규노조 이용석 열사 분신(2003년 10월), 현대중공업 사내하청 박일수 열사 분신(2004년 2월), 화물연대 김동윤 열사 분신(2005년 9월) 등 눈물겨운 곡절을 겪어야 했다.

이 과정에서 현대중공업 사내하청 박일수 열사 분신에 대해 현대중공업 노조가 보여온 반노동자적 행태는 민주노총으로 하여금 현대중공업 노조를 제명하도록 하는 데까지 이르렀고 정규직 노동자들의 각성을 촉구하는 계기가 되기도 했다.

이처럼 힘겨운 싸움을 통과했지만 아직 이룬 결과는 많지 않다. 정부의 노동유연화 기조가 바뀐 것도 아니고 비정규직이 줄어들기보다는 고착되고 있는 것이 현실이다. 비정규직 노동자의 주체화 과정 역시 더디다. 현재 비정규직 노동자들의 노동조합 가입률은 2.8퍼센트

에 불과한 23만여 명인 실정이다.[30]

전체 노동자의 노동조합 조직률 저하의 가장 큰 원인 가운데 하나가 바로 비정규직 증가와 관련이 있다. 97퍼센트의 비정규직 노동자는 아직 자신의 자주적인 조직을 갖지 못했다. 게다가 비정규직도 정규직과 마찬가지로 대기업에 편중된 조직률을 보이고 있다. 비정규직 85퍼센트가 100인 이하 기업에서 일하고 있지만 노동조합은 주로 300인 이상 사업장에 조직되어 있다.[31]

◆ 비정규직 노동자의 요구

비정규직 노동자들의 공통의 요구는 '상시 업무에 대한 정규직화' '동일 가치 노동, 동일 임금 원칙에 입각한 차별 철폐'로 압축된다. 그러나 각 고용 형태에 따라 구체적 요구는 다양하다. 전비련은 대략 고용 형태에 따라 비정규직 노동자의 요구를 5가지로 집약하고 있다.[32]

첫째, "기간제 법안 폐기, 기간제 엄격 사유 제한"이다. 2년을 초과하지 않는 범위 안에서 기간제 노동자를 자유롭게 사용할 수 있게 한 기간제법이 비정규직을 양산하고 노동자를 '계약 해지'의 항상적 위협에 노출시키므로 그 철폐를 요구하고 있다. 또 사유가 불분명한 기간제 고용을 엄격히 금지하고 '상시적 업무'에 투입된 기간제 노동자들은 전원 정규직으로 전환되어야 한다는 것이다.

둘째, "파견법 완전 철폐, 불법 파견 정규직화"다. 불법 파견을 엄격히 금지하며 불법 판정을 받은 파견직 노동자를 '직접고용'하도록 의무화해야 한다는 것이다.

셋째, "특수고용 노동자성 인정, 노동3권 보장"이다. 구조조정 과정에서 사용자들이 화물지입차주, 레미콘기사, 덤프기사, 학습지 교사, 골프장 경기보조원 등 이른바 '특수고용직' 노동자들에 대해 멀쩡한 노동자들을 '자영업자'로 둔갑시켜왔다는 것이 핵심 문제의식이다. 그러다보니 노동자로서 당연히 받아야 할 노동3권의 보장을 전혀 받지 못하고 있다. 이들을 노동자로 인정하고 그에 합당한 '노동3권'을 적용시켜달라는 것이다.

넷째, "불법 하도급 근절, 원청의 사용자 책임 인정"이다. 사내 하청, 건설 일용, 시설관리, 도급 노동자 등 간접고용 비정규직에 대해 임금과 노동조건을 결정짓는 실질적 당사자는 원청 사용자이므로 원청 사용자로서 원하청 사용자 연대 책임을 인정해야 한다는 것이다.

다섯째, "이주 노동자 단속추방 중단, 노동허가제 쟁취"다. 이주 노동자에 대한 현재 정부정책은 '고용허가제'다. 고용허가제는 이주 노동자의 노동권을 심각하게 침해하는 사업장 이동 금지, 1년마다 재계약, 가족 초청 금지, 입출국 금지 등의 조항을 담고 있다. 이들 조항을 철폐하고 이주 노동자들이 그들의 노동을 안정적으로 보장받을 수 있는 권리를 주장하는 것이 '노동허가제'다.[33]

◆ 주주자본주의의 핵심 조건, 비정규직

그렇다면 이와 같은 비정규직 문제는 왜 생겨났고, 다양한 변종 고용 형태를 만들어내면서 어떻게 구조화되고 있는가? 현재의 비정규직 문제는 단순하게 노동부의 노동정책 문제도 아니고 사용자의 경영 스타일 문제도 넘어선다. 비정규직 제도는 한국에서 주주자본주의 시스템이 작동하기 위한 전제이자 핵심 조건이다.

한국의 주주자본주의 시스템은 저급한 유형의 노동유연화를 필수 전제로 하고 있다. 따라서 비정규직 해소는 곧 노동유연화라는 신자유주의 정책의 핵심 기제를 약화시킨다. 비정규직 해소는 주주자본주의 경제 시스템을 극복하기 위해 사회적 의제를 제기할 때에만 근본적으로 해결할 수 있다. 이 때문에 비정규직 노동자들의 싸움이 대개 정부에 대한 투쟁으로, 대자본에 대한 투쟁으로 정치적 성격화하고 있는 것이다.

또 이런 상황은 비정규직 노동자들의 싸움이 1970~80년대 민주노조운동과 다를 바 없는 험난성과 복잡성을 띠게 만들고 있다. 1980년대의 '전투적 조합주의'가 오늘날 비정규직 노동자들에게 의연히 살아있다고 해야 할 것이다. 1980년대 민주노조운동의 조직적 성과가 소수 대기업 중심의 노동조합으로 계승되었다면, 그 투쟁성은 비정규직 노동자들에게 계승된 셈이다. 이런 상황을 무시하고 비정규직 해법을 기능적 정책으로 해소하려 한다거나 의회주의적 해법을 모색하는 것은 바람직하지 않다.[34]

비정규직 노동운동은 독재정권 시대의 전투성을 살릴 수밖에 없으며, 대자본과 정부에 대한 투쟁으로 발전할 수밖에 없을 것이다. 또 매우 구체적인 요구와 목표를 가지고 해법의 단계를 밟아야 한다. 비정규직 제도가 오히려 기업의 발전을 저해하고 생산성을 떨어뜨리며, 특히 인적 자원을 중시하는 지식기반 경제시대에 심각한 인적 자원 소모를 동반하는 제도라는 점에 대해 공감대를 넓혀가는 것이 중요하다. 아울러 비정규직의 존재와 차별이 결국 우리 사회의 사회 통합을 저해하고 국민을 분열시키는 가장 결정적인 요소라는 점이 국민적으로 확인될 필요가 있다. 이는 비정규직 해소를 위한 선결과제다.

노동자의 절반을 넘는 비정규직 문제는 고용대안의 문제인 동시에 대안실현 주체의 문제다. 즉 비정규직을 주주자본주의를 넘어서는 대안실현 주체로 참여시키는 것은 주주자본주의 극복의 주체를 마련하는 데서 핵심적인 문제다. 비정규직 노동자들은 심각한 고용 불안과 차별적 임금조건, 항상적 '계약 해지'의 공포를 넘어 어떻게 스스로 대안실현 주체로서 자신을 조직할 것인지, 그리고 이미 조직된 대기업 정규직 노동자들은 1500만 노동자 전체를 주체로 단합시키기 위해 어떻게 행동해야 하는지 고민해야 한다. 이것이 현 시기 노동운동 역량 대중화의 결정적 열쇠다.

5

노동자가 대안실현 주체로 서려면

지금까지 한국 노동자들이 양적인 팽창과 질적인 고도화, 그리고 내부 분열 과정을 겪어왔다는 것을 살펴봤다. 또 신자유주의 아래에서 노동자들이 '고용안정' 문제를 중심축으로 한 새로운 과제와 이슈들에 직면해 있음을 확인했다. 오늘날 한국 사회에서 신자유주의를 넘어서려는 어떤 시도나 정치적 변화를 이루려는 어떤 노력도 사회 구성원의 절대 다수인 노동자들의 동의와 참여 없이는 이루기 어려운 것이 현실이다. 그렇다면 노동자들이 내부의 다양한 현안 문제를 극복하고 대안실현 주체로 거듭나기 위한 전략은 무엇일까?

◆ 반신자유주의 지향성을 분명히 해야 한다

1990년대 중반까지 노동조합운동은 대중적 조합운동이 활성화된 초기 단계임에도 불구하고 이른바 '전투적 조합운동'이라고 불릴 만큼 노동조합 활동과 사회정치적 운동의 결합이 잘 이루어졌다. 전투성은 독재정권의 폭압에 대한 반작용이기도 했지만 근본적인 사회 변화를 향한 비타협적 지향의 표현이기도 했으며, 기존 체제 안으로 안주하는 경향이나 자신의 경제적 이기주의를 거부하고 새로운 사회체제로 가고자 하는 의지의 표현이기도 했다.

그러나 1990년 동구 사회주의가 붕괴되고 1997년 신자유주의가 전면화하면서 노동운동은 이념적 좌표를 재정립하지 못한 채 신자유주의의 핵심 문제에 접근하는 데 실패한다. 물론 노동운동은 신자유주의 반대 입장을 천명해왔지만 '반신자유주의 운동'이 누구를 주요 대상으로 하는지, 어떤 구조개혁을 목적으로 하는지에 대한 통일적 전망을 세우는 데까지 발전하지 못했다.

그러다보니 노동자의 다양한 요구 가운데 적지 않은 부분이 실상 주주자본주의 시스템에 실질적 위협이 되지 않거나 시장지상주의의 틀 안에서 이루어지기도 했다. 노동자의 의식과 요구가 시장지상주의의 틀 안에 갇혀 있는 한 신자유주의 반대는 공허한 추상적 구호에 불과하다.[35] 시장지상주의 테두리 안에서 비정규직 철폐, 고용안정, 차별 철폐를 실현하고자 하는 것은 노동운동의 이념 부재, 정치 전망의 부재를 보여주는 단면이며, 대기업 정규직 노동자들이 쉽게 단기적 실리주의로 빠지는 원인이기도 하다.

이런 맥락에서 "한국의 노동운동은 21세기를 맞는 전환기에도 미래에 대한 전략을 세우지 못했을 뿐 아니라 현 시점에서도 노동운동의 이념과 노선을 정립하지 못하고 있다"는 지적이 나오고 있다.[36]

　이를 해결하기 위해서는 무엇보다 노동자들이 신자유주의의 운영 원리와 핵심 작동기제에 대해 명확하게 정치적 자각을 하는 것이 필수다. 신자유주의는 경제 시스템이자 현대적인 자본주의 이데올로기다. 신자유주의가 '글로벌 스탠더드'라는 외피를 쓰는 순간 그것은 이데올로기로서 노동자에게 접근하는 것이다. 따라서 노동자 내부에, 특히 조직 노동자부터 경제의 금융화, 주주자본주의화를 특징으로 하는 신자유주의에 대항할 수 있는 정치의식의 공유가 필요하다. 또 단순하게 비판 테제에 머무를 것이 아니라 신자유주의를 넘어설 대안 시스템을 세우기 위해 적극적으로 모색하는 것을 기초로 하여 공동으로 합의 가능한 변혁 지향적인 대안 모델을 세우고 '노동 해방'이라는 전통적인 노동자의 가치와 접목시켜야 한다.

　지금까지는 대안경제 시스템에 대한 모색이 노동운동 내부에서 활발하게 토론되고 주도되기보다는 주로 학계의 이론논쟁이나 정치권의 정책논쟁의 수준에 머물러 있었다. 그러나 진정으로 변혁적이고 현실성 있는 대안경제 모델은 노동자들이 반신자유주의 지향의 현실적 목표와 방향을 잡아 나가는 가운데 일차적으로 논의하고 공유해야 한다. 즉 노동자가 자신의 삶의 처지와 조건에 뿌리를 두고 살아있는 대안, 삶의 현장에 기반을 둔 대안으로 발전시켜야 한다.

　기업 수준에서 국민경제 수준에 이르기까지 대안경제에 대한 치열한 모색이 노동자 자신들 안에서 일어나야 한다. 학계의 대안 논의를 노동 현장으로 끌어내리고 이론적 대안구조를 현장의 현실성 구조로 전환시키며, 이를 노동운동의 전략 목표와 과제로 명시해야 한다. 이럴 때 노동자 안에서 주주자본주의 사고와 시장지상주의 의식은 깨지게 될 것이고 이데올로기적으로 신자유주의에 승리할 수 있을 것이다. 반신자유주의 노동교육과 반신자유주의 사상운동이 체계적으로 수행될 필요가 있다.

◆ '총노동'의 요구를 대표하는 경제 강령 아래 단결해야 한다

글로벌 스탠더드라는 화려한 구호를 쓰고 있는 '총자본'과 개혁 슬로건을 자기 정체성으로 내건 정권은 노동자에게 한목소리로 주주자본주의를 강요했다. 그러나 지난 10여 년간 노동자는 총자본과 개혁정부가 함께 추진한 신자유주의, 주주자본주의 사회변화에 대해 개별적으로 저항해왔다. 개별 노동자 차원에서의 저항은 치열했지만 성공할 수는 없었다.

그 동안 노동조합 조직률이 지속적으로 낮아진 이유도 신자유주의 공세 앞에서 정규직 노동자가 비정규직을 포함한 전체 노동의 이익을 앞세우지 못한 채 비정규직을 고용에 대해 경쟁관계로 인식하는 경향이 있었기 때문이며, 노동배제적 주주자본주의를 어떻게 공동으로 깰 것인가 고민하기보다는 '각자 살아남기 위해' 움직였기 때문이라고 할 수 있다.

이 문제를 극복하기 위해 노동자들은 내부의 분열과 이해관계의 상충을 극복하고 정규직과 비정규직, 대기업과 중소기업을 아우르는 반신자유주의 공통 '경제 강령'을 세워야 하고 이 강령을 '총노동'의 단결을 보장할 정치적 좌표로 삼는 것이 절박한 과제다.

노동의 공동 이익을 대표하는 경제 강령은 단순한 물질적 요구를 넘어 정치·제도개혁적 성격을 포함해야 하며, 특히 신자유주의 체제와 정면으로 대립하는 노동자의 요구를 집약해야 한다. 신자유주의 아래에서 노동자들의 경제적 불안정성은 정부의 노동정책이나 자본의 개별적 의지에 따라 결정되는 것이 아니라 주주자본주의적 경영 방식 자체에서 발생하기 때문이다.

신자유주의 경제의 특성에 비추어볼 때, '총노동'의 경제적 과제는 '고용'과 '경영' 문제로 집약된다. 신자유주의 작동의 중요축인 노동시장 유연화가 고용불안정성을 발생시키는 가장 중요한 요인이고, 주주이익 실현을 최대 경영 목표로 삼는 기업경영 구조가 기업의 또 다른 실질적 주체인 노동자의 분배 몫을 악화시키는 주범이기 때문이다.

우선, '주주이익 극대화'라는 주주자본주의가 작동하기 위해서는 고용이 '줄여야 할' 비용이 돼야 하고 언제든지 쓰고 버리고 다시 쓸 수 있는 유연한 체계가 되어야 한다. 때문에 신자유주의 아래에서는 구조조정을 명분으로 하는 고용불안정성이 구조화, 항상화되어 노동자의 생활을 위협하는 최대의 문제가 된다. 때문에 고용 해법은 신자유주의와 가장 첨예하게 대립할 수밖에 없으며 노동자에게도 정규직, 비정규직, 대기업, 중소기업 노동자를 막론하고 공통의 최대 과제가 되는 것이다.

또 주주자본주의 아래에서 기업경영 원리의 핵심 역시 '주주이익 극대화'에 있기 때문에 고용과 투자를 포함한 모든 경영 전략은 주주의 이익 실현에 맞춰지게 된다. 때문에 배당을 포함하여 주주이익은 극대화되는 반면 노동의 분배 몫은 최소화되고 있다.

나아가 주주자본주의 아래에서 기업은 더 이상 사회적 가치를 창조하는 공간이자 노동자의 일터로 기능하지 않는다. 기업은 금융주주 자본의 수익 실현을 위해 사고파는 '상품'으로 전락했다. 이제 기업을 노동 실현의 공간으로, 노동 생산만큼의 분배가 이루어지는 공간으로, 사회적 가치의 창조 공간으로 복원시킬 대안을 구상해야 하고 이를 위해 주주 중심의 경영구조에 대항하는 노동자의 경제 강령이 반드시 필요하다.[37]

이처럼 신자유주의에 대항할 총노동의 핵심적인 경제 강령이 좌표로 설정된다면, 비정규직 정규직화 문제나 임금 격차 등의 문제에 대한 해법은 여기에 연동시켜 노동자의 공통적인 경제적 목표와 요구 사항으로 제시될 수 있을 것이다. 또 전체 노동의 공통 경제 강령 아래 노동자 내부의 분열구조를 기본적으로 해결하고, 정규직과 비정규직, 대기업과 중소기업, 여성 노동자와 이주 노동자 등의 개별적 과제들을 연대하여 풀어나갈 때, 노동자의 단결과 조직 확대의 기본 방향도 실마리를 잡을 수 있다.

대기업 정규직 중심으로 조직된 노동조합에 대한 거는 기대를 조사한 설문자료를 보면, 이미 노동자들은 노동운동이 단순한 개별적 경제적 이익 목표를 넘어서 고용안정과 취약 계층을 대변하고 제도 개혁에 앞장서야 한다고 요구하고 있다. 이를 볼 때 경제 강령 아래 전체 노동이 단결할 수 있는 기초적인 근거는 주체 내부에 이미 존재한다고 볼 수 있다.

특히 대기업 정규직 노동자들은 비정규직 노동자들이나 중소기업 노동자들에 대해 '취약 계층에 대한 시혜적 지원과 보호'를 넘어

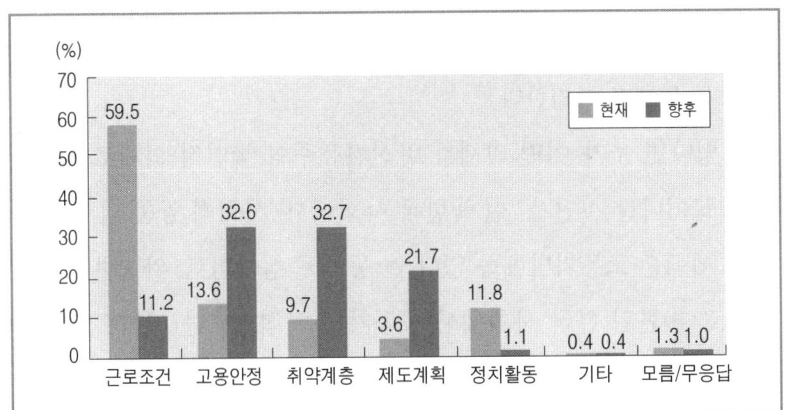

* 한국노동연구원(2007. 9).

'총노동'의 관점에서 하나의 이해관계로 단합하고 통일해야 자신들의 이해관계도 관철될 수 있다는 사실을 알아야 한다.

◆ '국민적 의제'를 주도하며 반신자유주의 연대를 형성해야 한다

신자유주의를 넘어서는 대안사회의 요구는 노동자만의 요구도 아니고 노동자만으로 해결할 수도 없다. 그러나 총노동을 대표하는 경제 강령이 부재할 뿐 아니라 합의된 반신자유주의 국민적 의제도 마련되어 있지 못한 것이 오늘의 현실이다. 경제 강령의 핵심이 되어야 할 고용 강령만 해도 노동시장에 진입해 있는 정규직, 비정규직 문제나 대기업, 중소기업 노동자 문제를 넘어선다.

고용문제는 청년실업으로 어려움을 겪고 있는 300만 대학생의 문제고, 점포 유지 불안에 시달리고 있는 자영업인의 문제며, 명예퇴직과 조기퇴직으로 노후 대비를 세울 수 없는 고령자 문제기도 하다. 여성의 경제 활동 참여율이 갈수록 높아지는 지금 여성 문제의 핵심에도 고용 문제가 자리한다.[38]

그렇다면 누가 어떤 의제를 반신자유주의 국민적 의제로 제기하고 이끌어나갈 것인가? 현재 한국 사회에서 '사회적 공동 의제'를 주도할 세력은 노동자밖에는 없다. 노동자 중심사회로, 완전한 도시형 사회로 전환된 한국 사회에서 노동자는 양적으로나 질적으로나 전체 국민을 대변하는 가장 중심적인 역할을 부여받고 있다.

그렇다면 노동자들은 어떤 국민적 의제를 가지고 연대해야 하는가? 말할 것도 없이 현재 가장 절박하고 필요한 것은 '반신자유주의 국민적 의제'와 이를 통한 연대다. 총노동을 대표하는 경제 강령을 핵심 축으로 하여 신자유주의를 실질적으로 무력화할 수 있는 '국민적 의제'를 경제, 정치, 통일의 각 분야에서 마련하는 것이 필요하다.[39]

노동자는 국민적 의제를 실현하기 위한 반신자유주의 운동을 누구와 전개해나갈 것인가? 현재 한국의 사회 구성은 노동자 자체의 대열이 증가하고 있을 뿐 아니라 노동자를 동심원으로 하여 유대와 외연 역시 계속 커지고 있다. 노동자는 노동자를 예비하고 있는 300만 대학생과 노동자와의 친화성이 높아져가고 있는 600만 자영업인은 물론[40] 중소기업인들까지 포괄하는 연대를 주도해야 하며, 신자유주의를 넘어선 대안 모색에 이들과 함께 하도록 해야 한다. 이는 노동자 자체의 요구를 실현하는 길이면서 양극화에 피해를 입는 우리 사회 절대 다수 국민들의 공동 이익을 실현하는 길이다.

국민적 의제의 제시는 지금까지 개별적, 방어적 저항으로 일관해온 노동자의 권익개선운동과 국민적 사회운동을 구조적이고 정치적 높이로 발전시킨다는 것을 의미한다. 또 그것은 저항적, 비판적 문제 제기를 넘어서 대안적 경제 시스템을 공세적으로 제시하고, 그 실현을 전 국민적으로 함께 모색하며, 그 과정에서 노동자들이 의제의 주도성을 발휘한다는 것이다.

◆ 경제적 이익을 넘어 정치적 운동으로 발전해야 한다

대안의제를 주도하는 노동자의 운동은 그 자체가 정치적 운동이다. 노동자가 대안의제를 주도한다는 것은 노동자가 정치운동의 선도 부대로서 기능한다는 것을 뜻하기 때문이다.

1980~90년대 '전투적 조합주의'로 상징되던 한국의 민주노조운동은 결코 경제주의나 조합주의적인 운동이 아니었다. 강한 정치적 지향성과 사회구조 변화의 목표를 포괄한 운동의 역사를 가지고 있는 것이 한국의 민주노조운동이다. 그와 더불어 한국의 노동자들은 보수 일색의 정당 지형 아래에서 '노동자 정치세력화'를 위해 오랜 동안 노력해왔다. 그 결과로 탄생한 것이 민주노동당이며 2004년 원내 진출까지 성공함으로써 민주노총이 배타적 지지를 보내는 정당이 원내 활동을 할 수 있게 되었다.

그런데 이 시점에서 확인해야 할 것이 있다. 현재 1500만 노동자들은 민주노동당을 자신을 대변하는 정당으로 여기고 적극적인 성원과 참여, 지지를 보내고 있는가? 민주노총이 창당 과정에서 주도적인 역할을 했고 민주노동당이 원내 진출에 성공했지만 조합원의 당원 조직률이 5퍼센트 수준에 머물고 있는 것이 현실이라면 긍정적으로 답하기가 어렵다.

노동자의 이익을 대변하는 민주노동당이 탄생하고 원내 진출까지 성공했지만, 정작 노동자들은 자신의 정치운동 전반을 민주노동당에게 위임하는 경향이 발생하는 건 아닌가? 민주노동당이 정당과 국회라는 공간에서 노동자 정치운동의 일정한 역할을 해줄 수는 있다. 그러나 이것이 과도하게 해석되어 노동자의 정치구조적인 자각과 실천 전반을 국회와 정당에 의존하는 것은 잘못이고 사민주의로의 편향일 수 있다.[41]

그러다보니 민주노동당 입장에서는 노동자들이 정당 활동과 발전에 실질적 힘이 되어주지 못하고 있고, 노동자들의 조직인 노동조합 활동은 경제적 실리주의를 추구하는 조직으로 제한되고 있는 문제가 나타나는 것이다.

노동조합은 정당에게 자신의 정치 활동을 위임하고 끝나는 것이 아니라 자체의 정치 활동을 적극적으로 수행하여 진보정당이 노동자의 이해를 대변하고 옹호하는 활동을 할 수 있도록 항상 유도해야 한다. 특히 노동자의 단순한 경제투쟁만으로는 신자유주의 벽을 넘어설 수 없고 정치적인 문제 해결로까지 나아가야 하는데, 그렇다면 노동운동의 정치세력화는 진보정당에 대한 지지와 지원에 그칠 것이 아니라 노동조합 자체가 왕성한 정치 활동을 수행하고 이를 토대로 하여 다른 계급계층과의 연대를 이뤄낼 수 있어야 한다.

노동자를 대표하는 정당이 존재해도 노동운동은 노동조합을 기반으로 하여 자신의 경제적 이익과 권익을 위한 목표를 위해 직접적으로 제도개혁과 정치구조적인 문제를 포괄해나가야 한다. 이렇게 할 때 민주노동당 입장에서도 정당의 정치 활동을 위한 대중적 기반을 넓힐 수 있고 노동조합 역시 경제주의, 실리주의의 틀을 벗어나서 민주노동당이 열어주는 정치 공간으로 활동력을 극대화할 수 있다.

덧붙인다면 정당이나 노동조합만이 노동자들의 정치적 욕구를 담아내기 위한 유일한 틀인지에 대해서도 창조적인 문제의식이 필요하다. 현재 1500만 노동자는 소득으로 보아 빈민, 서민에서부터 중산층에 이르기까지 다양하게 분포되어 있고 도시민 구성의 절대 다수를 이루고 있다. 따라서 '시민'이라는 범주의 중심에는 사실상 노동자가 자리잡고 있다고 해도 과언이 아니다. 그런데도 노동자가 시민운동을 한다는 것은 매우 낯설게 느껴진다.

그러나 현재 존재하는 각종 시민운동이 주로 참여와 감시를 위한 제도권 내부의 활동으로 대중적 참여가 용이하다는 점을 고려하면 노동자들의 의제를 시민운동적 방법으로 풀어내는 '노동자 시민운동'은 매우 필요하고도 가능한 과제가 될 수 있다. 노동자를 대변하는 정당운동, 정치적 활동을 포괄하는 노동조합운동, 그리고 여기에 덧붙여 외연이 확대된 노동자 시민운동까지 포함하여 3각 구도를 고려해야 한다는 것이다.

결론적으로 개별 노동의 이익을 넘어 총노동의 이익으로, 노동자의 이익을 넘어 양극화의 피해자인 국민적 요구로, 국민적 요구를 사회적 의제화로, 저항적 연대를 넘어 적극적 대안 제시와 대안적 연대로 가야 하며 이 과정을 정치운동으로 집약시키는 것이 노동운동의 질적 도약을 이루기 위한 가장 절박한 요구가 될 것이다.

6

—

산별 노조 건설과 노동자 주체화의 전망

한국 사회는 97년 체제로 변했는데 노동운동은 아직 87년 체제에 갇혀 있다는 평가가 적지 않은 가운데 최근 이를 깨기 위한 가장 적극적이고 포괄적인 시도가 산별 노조 건설이라고 할 수 있다.

신자유주의가 양산한 고용불안과 고용 격차, 이에 따른 노동 내부의 분열구조는 원천적으로 기업별 노조로는 극복하기 어렵다. 그런 점에서 외환위기 이후 노동운동이 기업별 노동조합을 넘어서 산별 노조 건설로 방향을 잡은 것은 신자유주의에 대항할 가장 중요한 맥을 잡은 것으로 봐야 한다.

"기업별 노조 체계가 사업장 구획에 따라 노동자 대중의 이해구조와 연대 기반을 불가피하게 분절, 파편화함으로써 노동 양극화 극복을 위한 계급적 대응을 형성, 강화하는 데 근본적인 한계를 안고 있는 반면에 산별 노조운동은 기업 소속과 형태, 그리고 성별 차이를 넘어서 (산별 수준의) 노동계급 연대를 구현할 수 있는 돌파구를 만들어냈다는 점에서 값진 시대적 의의"가 있기 때문이다.[42]

또 "우리 사회가 지난해 산별 전환의 확대를 의미 있는 기회로 환영하는 이유는, 산별 교섭의 진전이 외환위기 이후 급격했던 충격의 여파로 병든 노동시장을 회복시킬 수 있는 중대한 열쇠를 쥐고 있기 때문"이며 특히 "비정규직 대책은 산별 노조의 '산별성'을 시험하는 주요한 리트머스 시험지가 될 전망"이라는 분석도 이런 맥락에 있다.[43]

산별 노조 건설운동은 1998년 2월 보건의료산업노조(민주노총)를 시작으로 하여 2000년 3월 금융산업노조(한국노총), 2001년 2월 금속산업노조(민주노총)가 출범하면서 산별시대를 선도하기 시작한다. 이어 민주노총은 2003년 정기대의원대회에서 2007년까지 8개의 대산별[44] 건설 계획을 결정했고 이로써 산별 노조 건설운동은 전환점을 맞게 된다. 이후 공공서비스 산별 노조와 운수 산별 노조 통합 과정이 이루어지고 사무금융연맹, 건설연맹, 서비스연맹이 산별 전환을 추진해오고 있다. 2006년 말 기준 민주노총 산하 산별 노조에 속한 조합원 비중은 59만 명(76.7퍼센트)에 달하는 것으로 집계되고 있다.

오랜 기업별 노동조합 전통을 가지고 있는 한국 상황에서 산별 노조 건설은 쉽게 완성될 수 있는 것이 아니라는 점은 누구나 인정하고 있고, 아직 극히 초보적인 단계로서 향후 수많은 과제를 풀어야 할 것이다. 이들 과제와 해결 방향의 단초는, 그간 선도적으로 산별 조직을 추진해왔던 보건의료노조, 금속노조, 금융노조의 경험을 통해 점검해 볼 수 있다.[45]

보건의료노조는 현재까지 가장 모범적으로 산별 노조를 건설하고 산별협약을 만들어내고 있는 것으로 평가된다. 2004년 처음으로 산별합의서를 체결했고 2006년에는 산별기본협약, 보건의료협약, 고용협약 등 5개 협약을 사용자 협의회와 체결하는 데 성공했다. 특히 2007년 7월 7일 타결된 '비정규직 문제와 임금, 산별 5대 협약'은 비정규직 입법이 시행되기 시작하던 시점에서 비정규직의 정규직 전환 비용을 정규직 임금 인상분에서 일부 할애(300억 원 예상)하는 내용을 담고 있어 더욱 의미가 크다.[46] '비정규직의 정규직화'를 위해 정규직이 자신들 임금의 일정 부분을 '양보'할 의사를 적극적으로 보여주었고 정규직 입장에서 '더 낮은 곳'으로의 연대를 실천했기 때문이다.

2006년 현대자동차, 기아자동차 등 대공장 노조들이 대거 합류함에 따라 15만 조합원을 가지게 된 금속노조는 2006년 사용자단체로 설립된 금속사용자협의회와 첫 중앙 교섭을 실시했으며 2007년에는 지난 5년간의 합의 내용을 종합하여 산별협약으로 체결했다. 그리고 2008년에는 금속노조의 중앙 교섭이 명실상부하게 대공장을 포괄하는 새로운 국면으로 진입할 것이다. 물론 아직까지도 대기업 노조의 지부 교섭이 강력하고 대기업과 중소기업 사이의 임금 격차도 매우 커서 산별 차원의 통일안을 만들기가 어려운 조건에 있지만, 일정한 경과단계를 통과하면서 산업 차원의 임금과 고용안정 체계를 모색할 것으로 보인다.

8만 조합원을 포괄하고 있는 한국노총 산하 조직인 금융노조는, 2003년부터 은행연합회를 사용자단체로 해서 산별 교섭을 진행해오고 있으며, 임금 협상시 비정규직의 임금 인상률을 정규직의 2배 이상으로 하는 데 합의하여 비정규직과의 임금 격차를 해소하려는 노력을 보이고 있다.

이들 세 개 산별 노조는 지금까지는 산별 교섭의 기초인 사용자단체 구성, 중앙협약 체결, 산별기금 형성을 비교적 성공적으로 구축하고 있다. 그러나 금속노조에서 나타나고 있는 것처럼 아직도 기업별 노동조합 관성이 완강히 남아 있어서 산업 차원의 조직, 교섭, 협약구조를 정착시키는 데서, 그리고 중앙인력 배치, 중앙기금 운영 등에서 어려움을 겪고 있는 것도 사실이다.

더욱 중요한 것은 현재 산별 노조가 기존 기업별 노동조합의 산별 전환이라는 수준이어서, 산별 노조 건설과 함께 비정규직과 중소기업의 미조직 노동자들로 조직 역량을 확장하는 과제가 지연되고 있다는 사실이다. 세 개 산별 노조의 경우도 각 산업 조직률이 10~20퍼센트에 그치고 있고 조합원 가운데 비정규직 노동자의 비율 역시 극히 저조하다.

현재 1500만 노동자가 주주자본주의를 넘는 대안실현 주체로 거듭나기 위해 가장 중요한 것은 분명 기업의 울타리와 고용 형태의 장벽을 깨고 '총노동'으로 단결하는 것이다. 그러자면 비정규직 노동자, 중소영세기업 노동자, 여성 노동자, 이주 노동자를 포함한 절대 다수 미조직 노동자를 노동조합에 합류시키는 것이 가장 중요하다. 노동자 내부의 분열을 넘고 조합주의를 넘어선 단결의 중심에 산별 노조 전환이 있다. 산별 노조는 기업별 노조가 할 수 없는, 다양한 노동자가 노동조합에 합류할 기회를 줄 것이고 노동자로 하여금

산업적 수준에서 자본과 대응할 여러 가지 수단을 제공할 것이다. 그러나 산별 건설이 기존 조직 노동자를 단순 재배치하는 수준에 머물러서는 이를 실현할 수 없다.

또 산별노조 건설이 산별 교섭의 사회적 효력을 확장하여 미조직 노동자에게 단지 '혜택'을 주는 것으로 인식해서도 곤란하다. 10퍼센트의 조직률을 가진 노동조합이 90퍼센트의 사회적 효력 범위를 가지고 있는 프랑스나 스페인, 70퍼센트의 효력 범위를 갖는 독일의 사례는 유익하긴 해도, 효력 범위의 확장은 어디까지나 미조직 노동자를 산별 틀로 조직하기 위한 수단으로 작용해야 한다. 결국 미조직 노동자의 조직화에 산별 노조가 구체적으로 어떻게 기여해야겠는가 하는 문제가 산별 전환의 가장 중요한 승패를 쥐고 있는 것이다.

또 산별 노조 건설로 노동자의 힘을 중앙으로 집중시키는 효과가 기대되지만, 동시에 실제 노동 현장, 직장에서의 참여와 현장에서의 역동성을 어떻게 높여낼 수 있는가 하는 문제 역시 중요하다. 노동자의 직접적이고 실질적 참여, 이것이야 말로 노동자 주체화의 가장 중요한 사안이기 때문이다. 자칫하면 산별 노조 건설이 상층의 중앙 집중만 존재하고 현장에서의 활력과 참여를 폭발시키기보다는 상층 의존성을 강화할 수도 있다. 산별 노조라는 조직 역시 역사적 산물이며 그 어떤 초역사적 전형이 있는 것이 아니다. 노동자가 97년 체제를 진정으로 극복하는 대안주체로 거듭나는 데서 산별 노조 건설이 주요한 계기가 되어야 할 것이다.

비록 대기업 정규직 중심으로 편재되어 있다고는 하지만, 한국 사회에서 150만 조직 노동자는 결코 적은 수가 아니다. 이는 다른 계급계층에서는 아직 찾아볼 수 없는 막강한 조직력이다. 실상 정당, 사회단체를 망라하여 조직된 힘으로는 최대 역량이라고 보는 것이 옳다. 1980년대 한국 사회의 민주화운동을 선도하며 국민의 이해를 대변했던 대학생들도 총 인원이 100만에 이르지 못했으며, 더욱이 학생회나 학회로 조직된 대학생은 그 10분의 1에도 미치지 못했다. 그럼에도 그들은 1987년 6월 항쟁을 선도하는 데 결정적 역할을 했다.

이미 조직 역량으로 존재하는 대기업 정규직 노동자들은 산별 노조 전환이라는 지렛대를 활용하여, 자신의 경제적 이익의 울타리를 넘어 정치적 자각과 의지를 가지고 총노동의 입장에서 비정규직을 포함한 다수의 미조직 노동자들과의 연대를 위한 조직적 틀을 잡아나가야 한다. 동시에 수년 동안 치열하고 전투적인 생존권 투쟁을 벌여오고 있는 비정규직 노동자들 역시 이 대열에 합류하여 명실상부하게 다수의 참여가 이루어지는 노동운동으로의 전환에 기여해야 한다.

1   민주노총의 조직 현황은 민주노총 웹사이트 www.nodong.org를 참조해보면 된다.

2   2006년 말 기준 1572만 2000명이다.

3   여성의 경제 활동 참여율은 2006년 말 기준 50.3퍼센트다. 아직 OECD 평균 54.8퍼센트에는 미치지 못한다. (노동부,《노동백서 2007》, 2007)

4   최근 노동부 집계에 따르면 2007년 말 현재 국내 체류중인 전체 외국인 95만 7223명 가운데 외국인 근로자는 총 43만 7010명, 고용허가제로 입국한 근로자는 16만 2193명, 산업연수생은 8만 1817명, 불법 체류자는 19만 3000명이라고 한다. 2005년 기준 이주 노동자들의 평균 임금은 약 100만 원선이다. 이는 한국 노동자 평균 임금의 41퍼센트 수준에 불과하다. (노동부,《노동백서 2007》, 2007)

5   노동부가 발표한 〈2006년도 전국노동조합 조직 현황〉 자료에 따르면 다음과 같은 비율을 보이고 있다.

(단위 : %)

구 분	계(명)	한국노총(명)	민주노총(명)	미가입(명)
조 합 수	5,889(100.0)	3,429(58.2)	1,143(19.4)	1,317(22.4)
조합원 수	1,559,179(100.0)	755,234(48.5)	627,274(40.2)	176,671(11.3)

6   1998년 2월 노사정위원회의 '정리해고 합의' 결과가 말해주고 있는 것처럼 노사정위원회에서 합의할 사항은 "경제사회 정책 전반에서 신자유주의 정책을 포기하거나 대폭 제한해야 하는 종류의 문제"기 때문에 정부의 '노동정책' 결정 사안을 넘는 문제라는 것이다. (노중기, 〈노동운동의 정치적 과제와 발전 전망〉, 2005)

7   울산 현대 노동자들은 1998년까지만 해도 노동조합의 향후 과제를 묻는 설문조사에서 불과 1.6퍼센트만 '고용안정'이라고 답했다. 그러나 최근에는 임금인상이 7.5퍼센트에 불과한 반면 고용안정은 25.3퍼센트에 달했다고 한다. (김원, 〈한국 대공장 노동조합의 사회적 고립 : 울산 현대자동차를 중심으로〉, 한국산업사회학회, 2006 비판사회학대회, 2006)

8   조돈문 교수는 노동자의 물질적 조건의 개선과 이데올로기 공세가 노동자 보수화에 부분적으로 영향을 주었다고 분석하면서 '노동자 보수화' 자체는 인정하고 있는 듯하

다. 그는 "노동계급 내 거의 모든 부문에 걸쳐 보수화가 진행되고 있는 가운데 예외적으로 보수화가 유의미한 수준에 미치지 못하는 부문들도 발견되고 있다. 조직노동 부문, 특히 민주노총 부문의 경우 미조직 부문에 비해 높은 계급의식을 보이고 있고, 민주노총 부문의 보수화 추세는 유의미하지 않은 것으로 나타나고 있다"고 주장한다. 그러나 이런 식의 분석은 그다지 실천적 의미는 없다 할 것이다. (조돈문, 〈한국 노동계급의 계급의식 보수화〉, 한국산업사회학회, 2006 비판사회학대회, 2006)

9 　김승호, 〈재식민화 시대, 달라진 노동 현실과 달라져야 할 노동운동〉, 2003.

10 　홍주환, 〈87년 노동체제 붕괴 후 노사관계와 노동운동의 과제〉, 한국노동사회연구소, 2007.

11 　2007년 4월 은행 노동자들이 은행 영업시간을 3시로 단축하겠다고 요구한 것 역시 이들 노동자의 이기주의적 발상에서 나온 것이 아니라 장시간 노동과 노동 강도 완화를 목표로 한 것이라고 당사자들은 밝히고 있다.

12 　다른 조사에서도 유사한 결론이 나왔다. 2004년 기준 30대 대기업 집단(67만 명), 공기업(22만 명), 금융회사(41만 명) 모두 130만 명으로 전체 취업자의 5.8퍼센트였다. (《프레시안》, 2006. 8. 21)

13 　사정이 이러함에도 불구하고 "지난 20년 동안 현대자동차가 파업으로 10조 5000억 손실을 보았다" 면서 노사분규가 없는 도요타, 페덱스, 밀레와 같은 외국 기업들과 비교하고 있다. 그러나 이들 외국 기업이 한결같이 '고용보장'에 매우 철저했다는 사실은 애써 외면하는 듯싶다. CBS 노컷뉴스는 7월호에 이와 같은 논조의 특집기사를 무려 8회에 걸쳐 연재했다.

14 　1990년대 이후 정보기술 발전으로 급격히 팽창하여 현재 최소 100만 명에 이르는 IT 지식 노동자들 가운데 상당수는 엄청난 노동 시간과 이른바 팀 단위 작업 방식 때문에 전통적인 기업별 노동조합을 만들기가 매우 어렵다. 이 때문에 노조 결성률이 매우 낮다. 그나마 통신 분야에서는 노동조합 조직이 활성화되어 있다.

15 　"조직률이 낮은 서비스업 부문이 팽창하고 있고, 조직화가 어려운 비정규직이 전 산업에 걸쳐 급격하게 증가하고 있기 때문이다." (이민우(한국노총 정책본부장), 〈87년 항쟁과 한국의 노동운동〉, 한국사회포럼 2007, 2007)

"대기업 노동자의 숫자는 적은 대신 조직률이 높고, 중소영세사업장 노동자의 숫자
가 절대 다수를 차지함에도 불구하고 낮은 조직률을 보이는 현상은, 전체 노동자의
목소리가 노동조합을 통해 대변되는 데 있어 노동조합의 내적 구성이 체계적인 왜곡
을 가져올 가능성이 있다." (이상훈, 〈산별교섭 법제화 논의의 평가와 과제〉, 민주노
동당 정책위 정책 보고서, 2006)

16   김승호, 〈재식민화 시대, 달라진 노동 현실과 달라져야 할 노동운동〉, 2003.

17   현재 보건의료노조는 자신들을 40만 보건의료인이라고 부르고 있다. 그 가운데 간호
      사는 면허소지자 수 누계로 볼 때 15년 사이 2배가 증가하여 2005년 기준 21만 명을
      넘어서고 있다. 최고 전문직이라고 할 의사 숫자도 폭증했다. 면허의사 수는 같은 기
      간 4배가 증가하여 8만 5000명, 치과의사는 2배가 증가한 2만 명, 한의사는 3배 증가
      한 1만 5000명에 이른다. (보건복지부 의료지원팀 자료)

18   정보통신부 2006년 4월 자료.

19   IT 종사자의 개념은 매우 폭이 넓어 범위 규정이 애매하다. 정부는 "정보의 수집, 가
      공, 저장, 검색, 송신, 수신 및 그 활용과 이에 관련된 기기, 기술, 역무 등 기타 정보화
      를 촉진하기 위한 일련의 활동과 수단에 종사하거나 IT 관련 지식을 습득하여 정보통
      신 업무를 수행할 능력을 보유한 사람"으로 정의하고 있다.

20   한국정보사회진흥원,《국가정보화백서 2007》, 2007.

21   한국정보통신산업노동조합, 〈IT 산업노조 실태조사 결과보고〉, 2004.

22   전국정보통신노동조합연맹, 〈정보통신산업의 비정규직 노동 현황과 과제〉, 2003.

23   경제개혁연대, 〈왜 재벌총수는 IT 회사를 선호하는가〉, 2007.

24   금융경제연구소,《금융산업, IMF 사태에서 한미 FTA까지》, 2007.

25   금융노조의 2005년 4월 조사 결과. (금융경제연구소,《금융산업, IMF 사태에서 한미
      FTA까지》, 2007)

26 넓게 보면 비정규직은 직접고용과 간접고용, 특수고용으로 나눌 수 있다. 직접고용은 회사가 직접 고용 계약을 체결하지만 정규직과 달리 근로 계약 기간이 정해진 경우가 대다수다. 파트타임, 일용직, 임시직, 계약직이 그것이다. 파트타임(아르바이트)은 근로시간이 통상의 노동자보다 짧은 경우로서 근로기준법상 '단시간 근로자'다. 일용직은 일일 단위로 계약을 체결하는 경우, 임시직은 3개월 이내의 한시적 기간에만 고용하는 경우, 계약직은 통상 1년 단위나 특정 기간만 고용되는 경우다. 간접고용은 파견직과 용역직으로 대별된다. 파견직은 고용 계약을 한 회사의 원청회사에서 일하면서 원청회사의 노무 관리를 받고 있는 경우고, 용역직은 고용 계약을 한 회사의 노무 관리를 받으면서 원청회사 일을 하는 경우다. 원청회사와 채용회사가 분리되어 있어 문제를 발생시킬 소지가 있다. 특수고용직은 독립된 사업자처럼 자신의 성과에 따라 소득을 얻지만, 실제로는 해당 일을 주는 회사에 종속되어 일하는 경우로서 학습지 교사, 보험 모집인, 골프장 캐디, 퀵서비스 배달원 등을 말한다. 경영자들은 이들이 자영업자라고 강변하기도 한다.

27 통계청, 〈경제활동 인구조사 부가조사〉, 2007. 3.

28 이들을 정규직으로 편입한 구체적 방식은 정규직으로 고용하되 별도 직군을 신설해서 비정규직 수준의 임금과 복지로 묶어두는 분리직군제, 고용 계약을 정규직처럼 무기한으로 한다는 것을 제외하면 비정규직과 다르지 않은 무기계약제, 정규직 최하위 직급보다 한 단계 낮은 하위직을 신설해서 정규직화하는 하위직제 등이었다. 언론에서 비정규직을 정규직화했다고 보도한 내용들은 모두 이런 경우 가운데 하나에 해당한다.

29 전비련 사이트는 http://bworker.nodong.net.

30 은수미, 〈비정규직과 한국 노사관계 시스템 변화〉, 한국노동연구원, 2007.

31 "비정규직 문제는 '대체적으로' 대기업 부문에서의 문제였다고 볼 수 있다. 노동시장 양극화 문제는 대기업 부문에서의 정규직, 비정규직 격차 문제로 표출되는 경우가 많았으나 더욱 근본적으로는 대기업 노동자와 중소영세기업 노동자의 고용조건 격차의 문제라고 할 수 있다" (홍주환, 〈87년 노동체제 붕괴 이후 노사관계와 노동운동의 과제〉, 한국노동사회연구소, 2007)

32 전비련, 〈2007년 비정규직 조직화 투쟁, 어떻게 할 것인가〉, 2007.

33 서울경기인천 이주노동자 노동조합, 〈2007년 이주노동자운동 사업계획〉, 전비련 토론회 자료집, 2007.

34 "참다운 전투성이 회복되어야만 더 심한 탄압이 더 큰 저항을 불러일으키게 됨으로써 자본은 함부로 탄압을 강화할 수 없게 된다. 문제는 어떻게 대중의 거부와 저항을, 지침으로 동원하는 방식이 아니라 대중 스스로 떨쳐나서게 만들 것인가 하는 점이다." (김승호, 〈재식민화 시대, 달라진 노동 현실과 달라져야 할 노동운동〉, 2003)

35 홍주환도 노동조합운동이 크게 보아 시장주의 틀 안에서 움직이고 있다고 판단하고 있다. "장기적으로 노동조합운동은 현재의 '막나가는 시장'을 효과적으로 제어할 수 있는 새로운 경제 시스템 모색의 주도세력이 되어야 한다. 현재 노동조합운동은 여전히 시장 중심의 발전, 성장 모델에서 벗어나지 못하고 있다." (홍주환, 〈87년 노동체제 붕괴 이후 노사관계와 노동운동의 과제〉, 한국노동사회연구소, 2007)

36 김금수, 〈87년 노동자 대투쟁 20년과 노동운동의 과제〉, 2007.

37 새사연은 《새로운 사회를 여는 상상력》(2006)에서 두 가지 문제에 대해 나름대로 해법을 제시한 바 있다.
고용 문제에 대해서는 악화될 대로 악화된 고용구조를 풀기 위해 국가가 고용을 책임지고 해결하는 '고용 국가책임제'를 제안했다. 물론 현재에는 그 현실성에 다소 의문이 제기될 수 있을 것이다. 좀더 현실적 수준에서는 최근 산별 노조 건설과 연동하여 '산업 횡단적 고용체계'와 '산업 횡단적 임금체계'에 대한 논의도 있다.
경영문제에 대해서 새사연은 노동자가 기업경영에 일정한 책임성을 가지고 참여하는 '노·사 공동책임 경영제'를 제안했다. 이 역시 중간 과정에 '대주주 이익의 상한선'을 두어 주주 이익만을 위해 경영이 지배되는 시스템을 완화하는 방안까지 함께 검토할 수 있을 것이다. 이 분야에서 노동자들이 받아들일 수 있는 좀더 구체적인 경제 강령에 대해 연구와 토론이 필요하다.

38 이미 국민 구성원의 65퍼센트가 노동자인 한국 사회에서 대부분의 노동자 의제는 곧 국민적 의제와 맞닿아 있다는 사실을 기억할 필요가 있다.

39 새사연은 국민적 의제 설정을 위한 기본 구상으로 '노동주도형 경제' '국민직접정치 구현' '통일 민족경제 실현'을 초보적이나마 제안했다. 학계에서도 신자유주의에 대해 다양한 대안의견을 내놓고 있다. 노동운동은 이를 비판적으로 수용하여 노동자 중

심성을 확고히 세우면서도 신자유주의로 구조가 변화된 한국 현실에 맞는 새로운 국민 의제를 창출하도록 해야 한다.

40 대학생과 자영업인이 어떻게 노동자와 친화성을 갖고 있는지는 이어지는 장들에서 집중적으로 분석할 것이다.

41 노중기도 비슷하게 지적하고 있다. "노동조합은 협소한 경제적 활동에 집중하고, 노동정당은 의회 정치에 매몰되고 관료주의에 빠지는 한계, 즉 서구 사민주의 노동운동의 '정치적 경제주의'라는 '양날개론'을 적극적으로 넘어서야 한다." (노중기, 〈노동운동의 정치적 과제와 발전 전망〉, 2005)

42 최근까지의 산별 노조 건설운동을 잘 집약한 글이 이병훈의 〈노동체제 양극화와 산별 노조운동〉(2007)이다. 이 글은 2007년 9월 한국노동사회연구소가 주최한 '87년 노동자 대투쟁 20주년' 토론회 자료에 제출된 것이다.

43 이주희, 〈2007년 한국 산별 교섭은 어떤 '역사'를 만들 것인가〉, 2007.

44 민주노총이 2003년 대의원대회에서 결정한 8개 대산별은 다음과 같다. 금속노조, 화학섬유노조, 건설산업노조, 공공노조, 사무금융노조, 전교조, 언론노조, 상업관광노조.

45 3대 산별 노조 건설 과정은 앞의 이병훈 글에 잘 요약되어 있다. 다음 글은 이병훈의 글을 참조하여 요약했다.

46 2007년 7월 1일 비정규직법 시행 직후 비정규직 문제가 사회적 쟁점으로 떠오르고 있는 시점에서 비정규직 문제 해결에 있어 산별 차원의 새로운 전망과 대안을 제시했다는 점에서, 언론은 이 협약을 두고 '아름다운 투쟁' '아름다운 합의' '병원 노사의 아름다운 악수'라며 반겼다. (전국보건의료산업노동조합, 〈2007년 보건의료 산별 교섭의 경과와 의미〉, 2007)

농민운동의 새로운 과제와 국민농업

박세길, 이창한, 장경호 | 새사연 운영위원

1

—

'어쩔 수 없는 희생'이라는 굴레

1950년대까지만 하더라도 농업은 경제 활동의 중심이었고 농민은 우리 사회의 절대 다수를 차지했다. 이러한 시기에는 농민의 힘을 어떻게 움직이느냐가 사회변혁의 성공을 좌우했다. 사회변혁이 농민혁명으로 표현되었던 것은 이러한 사정을 반영한다.

그렇다면 오늘날 사정은 어떠한가. 전체 인구에서 차지하는 농민의 비중은 비교가 무색할 만큼 크게 감소했다. 그에 따라 농민의 사회정치적 역할 또한 크게 줄어들었다. 농민혁명이라는 말이 더 이상 사용되기 어렵게 된 것이다.

그럼에도 불구하고 농민은 여전히 중요한 부분일 수밖에 없다. 무엇보다도 농민은 인간에게 가장 중요한 먹을거리를 공급하는 직접 생산자이기 때문이다. 바로 그 점에서 농민의 사회정치적 가치는 인구에서 차지하는 수적 비중보다 훨씬 클 수밖에 없다. 또 농업과 농촌은 인간에게 쾌적한 환경생태 공간 제공, 전통문화 보전, 공동체 유지 등의 다원적 기능을 제공한다. 이러한 농업과 농촌의 다원적 기능을 경제적으로 환산하면 연간 49조 원의 가치다.

농민은 안전한 식량의 안정적 공급을 담당하며 농업과 농촌의 다원적 기능을 유지하는 중심 주체다. 우리 국민이 여전히 농업과 농촌에 깊은 관심을 기울이고 농민들과 연대해야 하는 이유가 여기에 있다.

◆ 굴레의 시작

해방 이후 한국 농업은 초기 전개 과정에서부터 자생적 발전을 통한 생산력의 향상 기회를 잃었다. 미국의 원조에 기반을 둔 독점자본이 형성되고 이를 옹호하는 국가의 구조정책에 의해 왜곡되기 시작했기 때문이다. 특히 미국의 원조는 한국 경제를 미국 경제에 절대적으로 의존할 수밖에 없는 구조로 만들었다.

해방 직후 극도로 가난했던 우리나라는 1954년부터 1956년까지 미국으로부터 일명 '삼백三白'이라 부르는 밀가루, 설탕, 면화 등을 대량으로 원조받았다. 이후 1957년부터는 원조가 공공차관으로 전환되었으며 1958년부터는 차관이 대폭 감소되었다.[1]

원조 또는 차관 물자의 주종은 당시 국내에서 생산되고 있거나 생산이 가능한 농산물들이었는데 이 때문에 가뜩이나 어려웠던 한국 농업은 상당한 타격을 입을 수밖에 없었다. 또 이러한 원조 물자를 독점적으로 배정받아 가공, 판매하는 독점자본이 생겨났고 원조 물자 배정에서 소외된 중소기업들은 파산을 거듭했으며 중소기업에

243

원료를 공급하던 농민들의 농가 경제는 더욱 악화되었다.

즉 원조를 통한 미국의 잉여농산물 도입은 농산물 가격의 하락으로 농가 소득을 감소시켰고 그렇지 않아도 먹고 살기 빠듯했던 농민들의 이농 행렬은 더욱 증가하게 되었다.

◆ 개방 농정과 신자유주의를 향한 폭주

1960년대 초 '경제개발 5개년 계획'이 착수되면서 한국 사회는 농업 중심에서 공업 중심 사회로 이행하기 시작했다. 경제개발 5개년 계획은 외자 도입, 수출주도형 개발, 해외시장 의존, 저임금·저농산물 가격정책, 농축산물 수입 등을 기조로 하여 막대한 재정 투융자 정책 아래에서 진행되었다. 때문에 한국에서의 자본 축적 과정은 필연적으로 국가독점자본적 성격을 가질 수밖에 없었다.

이러한 경제 여건이 농업경제 부문에 미친 영향은 저농산물 가격정책에 따른 농가 경제의 궁핍, 부채 누적, 농업 생산 기피, 급격한 이농, 소작농 급증 등으로 나타났다. 또 필요한 곡물 생산 목표를 달성하기 위하여 통일벼 같은 다수확 품종을 보급했고 통일벼를 재배하지 않을 경우 못자리를 짓밟는 등 관료들의 횡포도 빈번했으며 이러한 관료주의적 농민 통제에 대해 문제가 제기되기도 했다. 이런 과정을 통해 농촌은 '저임금 노동력의 공급원' '저가 농산물 공급원'으로 전락하고 산업화를 밑받침하기 위한 저임금, 저곡가 구조가 고착화되었다.[2]

1970년대 후반에 미국은 이른바 '쌍둥이 적자'라고 부르는 자국의 재정 적자와 무역 적자를 해소하기 위해 각 나라에 농산물 시장을 개방할 것을 강요하기 시작했고 이에 따라 우리나라는 1979년 최초로 농산물 시장 개방 조치를 시행했다. 1980년대 이후 미국의 농산물 시장 개방 압력이 더욱 강해짐에 따라 1983년과 1985년 두 차례에 걸쳐 농산물 일부 품목의 '수입 자유화 조치'가 시행되었다.[3] 아울러 정부는 농산물 시장 개방을 전제로 한 농업정책을 본격적으로 논의하기 시작했다.

1986년 정부가 수립한 '농어촌 종합 대책'에서 '농어촌 구조조정'이 처음으로 거론되기 시작했고 이는 개방 농정과 구조조정 정책이 본격적으로 결합하는 출발점이 되었다. 1989년 '농어촌 종합 대책'을 수정 보완하여 발표한 '농어촌 발전 종합 대책'에서는 '국가 경쟁력 제고를 위한 농업 구조조정'이 핵심적인 정책과제로 대두되었고, 같은 해 대규모 '농축산물 수입 자유화 조치'가 시행되면서 농축산물 시장 개방이 본격적으로 추진되었다.[4]

1993년 우루과이라운드UR 농축산물 협상 타결과 1995년 WTO 체제의 출범을 전후로 하여 시장 개방과 구조조정이 최우선 정책과제로 대두되었는데, 1991년 '농어촌 구조 개선 대책'과 1993년 '신농정 5개년 계획' 그리고 1994년 'UR 대책' 등에 그대로 반영되었다.

이 시기에 농축산물 시장 개방이 모든 것에 우선하는 정책의 대전제로 자리잡고 국제 경쟁력을 높이기 위한 구조조정이 농정의 최우선 과제로 정립되는 등 신자유주의 개방 농정의 지배력이 크게 강화되었다. 이후 IMF 관리체제를 거치면서 신자유주의의 지배력이 더욱 강화되었다.

1990년대부터 약 15년간 집중적으로 농업 구조조정을 추진한 결과 농업과 농촌 그리고 농민은 급격히 해체되었고, 규모화와 비용 절감을 통해 농업의 국제 경쟁력을 실현하겠다는 농업 구조조정은 실패로 귀결되고 있다.

그럼에도 불구하고 정부는 2003년 한칠레 FTA, 2004년 쌀 재협상, 2007년 한미 FTA 등을 추진하고, 소수의 전업농 및 고품질 농업을 강조하는 것에서 알 수 있듯이 신자유주의 개방 농정의 완결을 향해 폭주하고 있다.

◆ 농업의 해체 그리고 농민 분해, 농촌 공동화

1980년대 농산물 수입 개방이 본격화된 이후 지난 20여 년 동안 신자유주의 개방 농정이 우리 농업을 지배하면서 농업 해체, 농민 분해, 농촌 공동화란 심각한 결과를 초래했다.

1990년대 초반 43퍼센트를 상회하던 식량자급률이 2006년에는 약 절반 수준인 25.3퍼센트로 하락했고 농가 인구 역시 1990년대 초반 700만 명을 넘어서던 수준에서 최근에는 그 절반인 약 350만 명으로 크게 감소했다. 농가 부채는 1990년대 초반 농가당 약 470만 원 수준이었으나 최근에는 약 2800만 원으로 6배 이상 증가했다. 이러한 식량자급률 하락과 농가 인구 감소, 농가부채 증가는 농업이 축소되는 현상에 따른 건데 농업의 GDP 비중이 1990년대 9퍼센트 수준에서 현재는 3퍼센트 수준으로 급격히 하락했다.

결국 신자유주의 개방 농정 아래에서는 시장 논리에 적응하여 소규모의 틈새시장에서 정착할 수 있는 자본력을 갖추거나 정부의 지원을 전폭적으로 받을 수 있는 소수의 기업농이나 규모화농이 살아남아 주도할 것이며, 이때의 농업은 산업으로서의 지위가 아니라 업종의 하나로 전락하여 완전히 해체될 것이다.

농민층 역시 다수를 차지했던 전통적인 가족농(소농 경영)이 대규모로 탈농하는 가운데 남아 있는 농민층은 소수의 상층농(기업농 혹은 일부 규모화농)과 일부의 중농(다수 전업농) 그리고 다수의 하층농(노령 농가, 소농 경영)으로 분화되고 있으며, 소수는 상향 분해되고 다수는 하향 분해되는 경향을 보여왔다.

궁극적으로 농민층은 소수의 상층농만 생존하게 될 것이며, 중농과 하층농은 시간이 갈수록 하향 분해되거나 탈농할 것이다. 물론 직접적인 탈농의 가장 큰 형태는 고령 농가의 은퇴에 따른 자연적인 감소로 나타나겠지만 농민 분해에 따른 구조적인 탈농 추세도 지속될 것이다. 노령 농가의 은퇴에 따른 탈농 역시 새로운 농업후계 인력이 유입되지 않고 일방적으로 이루어진다는 점에서 구조적인 요인에 따른 탈농으로 볼 수 있다.

농촌 지역 공동화는 누구나 그 심각성을 인정하는 문제다. 정부도 '삶의 질 향상 5개년 계획'을 통해 향후 10년 후에도 농촌 거주 인구 비율을 현행 20퍼센트 수준으로 유지하겠다는 계획을 세울 정도로 심각한 상황이며 농촌 붕괴는 농업 해체, 농민 분해와 불가분한 관계에 있다.

대부분의 농촌 사회에는 농민보다 비농민이 많다. 비농민이 농촌 지역에 자리잡고 있는 데에는 '농업과 행정'이 그 중심에 있다. 농업에 종사하면서 물질적 부를 생산하는 농민과 공공 및 행정 서비스를 제공하는 공무원이 중심을 이루고 이들에게 필요한 사적 혹은 공적 서비스를 제공하는 다양한 계층과 업종이 모여서 농촌 지역 사회를 구성하고 있다.

따라서 농촌 지역의 공공 서비스 수준을 높여서 농촌 지역 사회를 유지하겠다는 것은 단편적인 처방에 불과하다. 농촌 지역을 유지시키는 핵심, 즉 물질적 부를 직접 생산하거나 외부로부터 물질적 부를 직접 가져올 수 있는 산업이나 업종 혹은 영역을 개발하고 제대로 확보하는 것이 근원적인 처방이며, 근원적인 처방에서 가장 중요한 것은 현재 농촌 공동체를 유지하고 있는 근간인 농업과 농민을 제대로 확보하는 것이다.

한편에서는 시장 개방으로 대표되는 세계화 흐름과 같은 외부적인 환경의 변화가 아니었더라도 결국 공업화와 도시화 그리고 영세 소농 경영 등과 같은 농업 내부 혹은 국내 경제의 구조적 모순 때문에 농업이 위기에 처할 수밖에 없었다는 점을 강조하면서 현재 농업 위기의 근원을 외부적 원인과 내부적 원인으로 분리하여 접근하기도 한다.

그러나 이런 접근방법이 분석적 측면에서는 의미가 있을지 모르지만 실제 위기의 근원이 외부 요인과 내부 요인으로 구분되는 것은 아니다. 실제로는 외부와 내부 요인이 유기적으로 결합하여 신자유주의 개방 농정이라는 하나의 근원으로 작동했다고 보는 것이 더욱 타당하다. 농업, 농민, 농촌의 전반적인 위기의 핵심에는 농업 해체가 자리잡고 있으며, 농업 해체와 농민 분해 그리고 농촌 공동화는 각각 별개로 나타나는 위기 현상이 아니라 상호유기적으로 연계된 농업 전반의 위기의 표현이다.

농업 문제와 농민 문제, 농촌 문제를 별도로 분리하여 인식하는 것은 오류다. 어느 측면을 강조하여 접근하는가에 따라 농업 문제, 농민 문제, 농촌 문제로 구분할 수는 있지만 세 가지 문제의 근원과 연계구조를 보면 결국은 농업 해체를 중심으로 유기적으로 결합된 하나의 문제라는 것을 알 수 있다.

2

—

농민과 농촌 사회의 양극화

농민과 농촌 사회의 양극화가 진행되는 현상을 크게 세 가지 유형으로 구분할 수 있는데, 첫째 농민층의 하향 분해가 빠르게 진행되고 있고, 둘째 농촌 공동화에 따라 농촌 사회 전반이 붕괴되고 있으며, 셋째 농촌 사회 내부에서도 양극화가 심화되고 있다는 점이다. 이러한 세 가지 현상은 동시다발적이고 지속적으로 진행되고 있다는 점에서 서로 밀접하게 연결되어 있다. 아울러 이러한 세 가지 현상은 신자유주의 개방 농정에 따른 농업 해체에서 출발하고 있다는 점에서 그 근본 원인이 모두 동일하다고 볼 수 있다.

◆ 농민층의 하향 분해

1990년 농어가 인구는 715만 7000명이었으나 2005년에는 365만

4000명으로 약 절반 수준으로 감소했다. 불과 10년 사이에 절반의 사람들이 농업을 포기하고 탈농한 것이다. 이처럼 농가 인구가 빠른 속도로 줄어든 것은 현대 세계에서 유례를 찾기가 어려울 정도인데, 미국의 한 농민 운동가는 이를 두고 "국가에 의해 농민에 가해진 테러"라고 표현했다. 동일한 기간에 미국과 유럽 그리고 일본 등 소위 OECD 국가들의 농가 인구 역시 5~10퍼센트 정도로 감소하기는 했으나 우리의 상황과는 비교조차 할 수 없는 수준이다.

이러한 농가 인구의 대규모 감소는 농민층의 전반적인 하향 분해로 나타난 결과다. 농민층의 전반적인 하향 분해 현상은 우리나라 농민과 농촌 사회의 양극화를 대표하는 특징적 양상으로 극소수의 농민은 자본 축적을 통해 상층농으로 올라가지만 절대 다수의 농민은 농가 경제 압박으로 밑으로 떨어지거나 탈농함으로써 농가 인구가 대규모로 빠르게 감소하고 있다.

경지 규모가 1~3헥타르[5]에 해당하는 중농층이 1995년 54만 1000호에서 2005년 37만 호로 감소했고, 전체 농가 가운데 차지하는 비중도 1995년 36.1퍼센트에서 2005년 29.4퍼센트로 감소했다. 중농층 가운데 소수는 상층농으로 올라갔지만 대다수는 소농층으로 떨어지거나 탈농하는 것으로 하향 분해됐기 때문이다.

경지 규모가 3헥타르 이상인 상층농은 1995년 7만 호에서 2005년 9만 2000호로 증가했고, 그 비중도 1995년 4.7퍼센트에서 2005년 7.4퍼센트로 늘어났다. 이는 중농층 가운데 소수가 자본 축적을 통해 상층농으로 올라갔기 때문이다. 전체 농민에 비해 극소수임에도 불구하고 여러 매체를 통해 성공한 농민으로 소개되면서 전체 농업,

농민의 몰락 현상을 호도하는 사례로 활용되고 있다.

경지 규모가 1헥타르 미만인 소농·빈농층은 1995년 86만 5000호에서 2005년 78만 8000호로 감소했고, 전체 농가 가운데 차지하는 비중은 1995년 57.7퍼센트에서 2005년 62.0퍼센트로 늘어났다. 중농층에서 하향 분해된 다수의 농가들이 소농·빈농층으로 떨어지는 가운데 종전의 소농·빈농층의 대규모 탈농이 결합되어 나타난 결과다.

게다가 최근에는 연간 총수입 가운데 농업 수입이 50퍼센트 미만인 2종 겸업 농가의 비율이 빠르게 증가하고 있다. 2000년에는 2종 겸업 농가의 비율이 전체 농가 가운데 약 18.3퍼센트였지만 2005년에는 그 비율이 24.5퍼센트로 급격하게 증가하고 있다. 농업만으로는 전체 소득의 절반도 감당하지 못하는 농가의 비율이 빠른 속도로 증가하고 있는 것이다. 게다가 하위 20퍼센트의 연평균 소득이 약 728만 원에 그치고 있을 뿐 아니라 이 가운데 약 12.8퍼센트의 농가는 소득이 최저생계비에도 미치지 못하는 절대빈곤 농가에 해당한다.

이처럼 농민층의 전반적인 하향 분해 현상이 빠르고 지속적으로 이루어지고 있는 근본 원인은 신자유주의 개방 농정에 있다. 신자유주의 개방 농정으로 농산물 가격이 상대적으로 낮은 수준에서 형성되고 있지만 농업에 투입되는 각종 원자재 및 투입물의 가격은 상대적으로 높은 수준에서 형성됨으로써 경제가 지속적으로 악화되었기 때문이다. 즉 토지 용역비, 인건비, 농기계, 비료, 농약 등에 따른 농산물의 생산비는 크게 증가하고 있지만 농산물 가격은 상대적으로 낮게 유지됨으로써 농가 경제가 나빠지고 농가 부채가 늘어나고 있으며, 부채 압박을 견디지 못한 많은 농가가 농업 규모를 줄이거나 농업을 포기하면서 농민층의 전반적 하향 분해와 대규모 탈농이 벌어지는 것이다.[6] 농가 부채는 1990년대 초반 농가당 약 470만 원 수준이었으나 최근에는 약 2800만 원으로 6배 이상 급격하게 증가했다.

◆ 농촌 공동화와 양극화의 심화

사상 유례가 없을 정도로 빠르게 진행된 대규모 농업 해체와 농민 분해는 농촌 지역 사회의 공동화를 초래하면서 농촌 사회를 급격히 붕괴시키고 있다. 일부 농촌 지역의 산업(공업)을 제외하면 대부분의 농촌 지역에서 경제를 유지하는 원천은 농산물 판매와 중앙정부의 교부금에 있었다. 이렇게 벌어들인 돈이 지역 경제 통화량의 원천 역할을 하면서 지역 경제 내부의 자영업자와 서비스업을 지탱하는 근간을 이루었다. 그러나 지역 경제의 양대 축 가운데 하나인 농업이 해체되면서 농촌 지역의 경제 기반이 빠르게 무너졌고 그 결과 농촌 사회도 붕괴했다.

지방정부들은 외부로부터 제조업을 유치하거나 관광 서비스업의 활성화를 통해 농업 해체에 따른 경제 기반의 손실을 대체하고자 했지만 일부 예외 지역을 제외하고 대부분의 지역에서는 농업 해체에 따른 경제 기반의 붕괴가 더욱 빠른 속도로 이루어지면서 농촌 사회가 전반적으로 붕괴되는 현상을 낳고 있다.

이에 수반하여 도농 간의 소득 격차는 더욱 벌어지고 있다. 1990년대 초반에는 농가 소득이 도시 근로자 가구 평균 소득의 약 90퍼센트에 달했지만 최근에는 약 70~75퍼센트 수준으로 그 격차가 커졌다. 또 농촌 지역의 경제적 토대가 약화되면서 고용능력이 감소하고, 고용 기회가 상대적으로 높은 도시로 이농하면서 농촌 인구가 감소하는 경향이 지속된다. 특히 이농 가운데 젊은 노동력의 외부 유출이 대부분을 차지함에 따라 농촌 인구의 고령화가 빠르게 진행되었는데, 농촌 지역은 이미 초고령화 단계로 진입했다.

농촌 인구의 급격한 감소와 초고령화 현상은 분산적인 거주 행태를 취하는 농촌 지역의 특성과 맞물려 농촌 지역에서의 교육, 보건의료, 대중교통, 정보통신 등의 공공 서비스와 생활 편익의 악화를 초래하여 도농 격차를 더욱 심각하게 만들고 있다.

도농 격차의 심화는 농촌 지역에 다문화 가정이라는 새로운 사회 현상과 사회 문제를 만들어내고 있다. 한국 사회는 도시 지역에서는 이주 노동자, 농촌 지역에서는 다문화 가정이라는 심각한 문제에 새로이 직면하고 있다.

이렇게 농촌 사회 전반이 붕괴되는 것과 동시에 농촌 내부의 양극화도 빠르게 진행되고 있다. 2007년 4월 한국농촌경제연구원의 농촌 지역 양극화 실태조사 결과에 따르면 농촌 지역 거주자의 약 65.8퍼센트가 농촌 지역에서도 소득의 양극화가 나타나고 있다고 응답했다. 특히 비농업 종사자, 부동산이 많은 사람, 은퇴 후 도시에서 농촌으로 돌아온 연금 생활자 등이 농촌 지역의 고소득층을 이루고 있는 것으로 조사되었다.

소득뿐 아니라 농촌 지역 주거 분야에서 양극화가 존재한다는 응답이 약 58.0퍼센트로 그렇지 않다는 응답 23.0퍼센트보다 훨씬 더 많았는데, 특히 농촌 마을에서 상당히 좋은 집의 대부분은 외지인의 주말 별장이거나 도시에서 은퇴 후 농촌으로 전입한 사람들의 집인 것으로 조사되었다.

교육과 건강 분야에서도 양극화가 빠르게 진행되고 있는 것으로 나타났다. 농촌 사회에서 학력의 양극화가 존재한다는 답변은 50.8퍼센트였으며, 특히 사교육의 비용 부담과 기회의 측면에서 양극화가 존재한다는 응답이 53.6퍼센트로 나타났다. 이러한 교육의 양극화가 발생하는 가장 주요한 요인으로 55퍼센트의 응답자가 소득 격차 때문이라고 답변했다. 아울러 비용 부담 때문에 1년간 병원, 보건소 등을 방문하지 못한 응답자가 약 10.8퍼센트인 것으로 나타났다.

이렇듯 농촌 내부의 양극화 심화는 지역 사회 안에서 위화감과 박탈감을 높여 결국 농촌 공동체와 그 문화를 와해시키는 요인으로 작용하고 있다.

3

—

농민운동의 흐름과 새로운 과제

◆ 농민운동의 성장

해방 후 한두 개의 관변단체 이외에는 토대가 없었던 농민운동은 1970년대에 이르러 불모의 땅에 다시 뿌리를 내리기 시작했다. 주로 소작농 문제(봉건적 관계의 해체)와 농산물 가격 문제(저농산물 가격정책 철폐), 관료주의적 횡포에 대한 대항이 농민운동의 주된 과제였으며 이러한 과제들은 현실적이면서도 자연발생적으로 제기되었다.

그러나 농민운동의 준비기이자 권익신장운동 전개기라고 할 수 있는 1970년대의 농민운동은 양적인 측면에서 광범위한 농민 대중의 참여를 이끌어내지 못했고 당시의 농민운동은 종교라는 외피 아래 농업, 농민 문제를 과학적으로 인식하기 위한 농민의식화 활동이 주가 되었다.

1980년대는 농업과 농민 문제의 본질이 농민 대중 사이에서 확산되는 시기로 조직상의 변화를 보면 종래의 농민운동은 가톨릭 농민회, 기독교 농민회의 전국 단위 운동 중심이었는데, 이 시기에 지역에서의 자생성과 독립성, 대중성, 연대성을 강화하는 지역 농민운동 조직이 등장하기 시작하였다. 지역 중심 조직화는 1987년 6월 항쟁 이후 농민운동이 대중적 투쟁을 전개하는 데서 큰 디딤돌 역할을 했다. 또 전체 한국 사회 문제의 해결 없이 농민 문제만의 해결은 불가능함을 의식하면서 반독점 민주화, 반외세 자주화라는 기치 아래 다른 부문과의 연대의 필요성이 제기되었다.

1980년대 농민운동의 대중 투쟁의 성과는 자주적 농민조직이라는 새로운 흐름을 만들어 1989년 여성 농민운동 조직과 1990년 '전국농민회총연맹'이라는 단일 농민운동 조직을 건설하게 되었다. 이후 농민운동은 단일한 체계의 조직적 활동을 통해 농민들의 대표조직임을 자임하며 사회변혁운동에서 부문운동으로서의 위상을 가지고 정부의 농업정책에 대한 비판과 농민들의 권익을 위해 활동해왔다.

◆ 농민운동을 둘러싼 여건의 변화

그간 농민운동은 사회변혁운동에서 계급적 입장을 분명히 하고 자기 지위와 역할을 꾸준히 확대하고 강화해왔으며 개방 농정과 농업 구조조정에 대해 지속적인 저항과 투쟁을 이끌어왔다. 이러한 저항과 투쟁은 정부로 하여금 농협 조합장 직선제, 직접 지불제 실시, 농가부채 경감대책 등 농업, 농민 문제와 관련하여 일정한 제도적

CHAPTER 04 농민운동의 새로운 과제와 국민농업

변화를 만들게 하고 농정심의위원회 등 각종 정책자문위원회에 농민의 참여를 일정하게 보장하게 하는 성과를 낳기도 했다.

그러나 지배권력의 의도는 일정한 제도적 변화를 통해 농민들을 현실적인 요구수준에 안주하게 하거나 제도적 절차를 통해 현장 농민의 다양한 활동능력을 제도적 틀 속에 편입시켜 농민운동의 다양하고 창조적인 활동을 제어하려 하는 데 있다. 가령 농민 참여가 일정하게 보장된 각종 정책자문위원회 운영에서 지배권력은 이른바 '협치농정協治農政'이라는 명분을 내세우고 있지만 농민들의 의견에 귀를 기울이고 정책에 반영하려고 노력하기보다는 자신들의 정책에 대한 정당성을 확보하기 위해 농민운동 조직을 회유하고 설득하는 보조 기제로 사용하려는 성격이 강하다.[7]

그동안 농민운동은 농산물 개방 협상 반대 같은 농업의 외부조건과 지배권력의 제도화에 대한 동원식 반대 투쟁 등 농민들만의 운동, 방어적 운동 중심으로 전개해오면서 오히려 수세에 몰렸다고 평가받고 있다. 그 결과 농민운동은 중장기적 전략이 부재하고 국민적 지지기반이 약화될 수밖에 없었으며 시민사회 진영으로부터 저항과 부정의 운동, 낡고 늙은 운동으로 전락해버렸다고 비판받기도 했다.

결국 농민운동 진영은 그간의 활동과 투쟁을 통해 다른 계급계층과 계기적, 사안적 연대는 이뤄냈지만 농업, 농민 문제를 새로운 방식으로 풀어내기 위한 의미 있는 일상적 연대나 지원은 이끌어내지 못한 것이다.

이러한 문제의식이 농민운동 간부들 사이에 확산되면서 농민들에게 희망을 주고 국민들이 공감하는 농업 농민 대안이 절실히 필요

258

하다는 인식이 확산되고 있다.

농촌 사회의 농민층 분해와 하향 양극화는 군중 노선을 주요 방도로 실현해온 농민운동 진영에게 심각한 문제의식을 안겨주기에 충분했다. 2006년 기준으로 농민 인구의 60퍼센트가 60세 이상일 정도로 농촌 사회의 고령화가 심화되어 조직적이고 왕성한 활동력을 담보하기 어려운 구조로 변해가고 있으며 농민들의 경제적 여건도 악화되어 그나마도 조직하기 녹록치 않다.

이러한 상황에서 지배권력은 자신들의 정책 수행에 유리하거나 제도적 틀에 깊숙이 편입된 농민단체에게는 사무실 지원, 거액의 정책 사업비, 교육 사업비 등을 제공하고 비판적인 단체에게는 인색하게 하는 방식으로 농민단체 간 연대나 연합을 공고히 하지 못하게 하고, 일부 순응적 단체는 포섭해가는 양상을 보이고 있다. 그러나 지배권력은 오로지 자본과 시장의 논리와 입장을 견지할 뿐 농업과 농민 문제에 대한 해결 의지도 능력도 없다는 것이 그간의 역사에서 여실히 드러났다.

농민운동은 이제 새로운 사회를 건설하기 위한 방향과 실천을 모색해야 하며 고립 분산적인 투쟁이 아닌 공동의 생활적 요구와 정치적 요구, 그리고 의제를 중심으로 하여 연대를 확대해나가야 한다.

변화된 역할에 기초해 국민농업 연대로

현실은 농민운동의 변화를 요구하고 있다. 한국 사회운동에서 농민운동이 차지하는 지위와 역할의 변화를 자각하고 지역을 기반으로 하여 대중성에 기초해 각계각층을 아우르는 연대를 구축해나가야 한다. 이를 통해 농업, 농촌, 농민에 대한 국민들의 전통적인 지지와 지원 확대를 유도하고 소통해야 하며 이렇게 해야만 '지속 가능한 국민농업'이라는 농업대안을 실현하기 위한 광범위한 연대의 토대를 마련할 수 있다. 이제 주요하게 변화해야 할 부분을 살펴보자.

먼저 운동 방식이다. 그간 주를 이루었던 반대 투쟁, 거부 투쟁 등 안티 테제만으로는 농민을 추동하고 국민을 견인하기에 한계가 있다. 안타깝지만 이러한 방식으로 운동해왔던 농민운동 활동가들마저도 농사를 제대로 추스르지 못하면서 생활에 어려움을 겪고 있는 경우가 적지 않다.

지배권력이 일방적으로 양산해내는 문제에 너무 집착하거나 수세적으로 대응하는 기존 방식에서 벗어나 시대를 앞서가는 공격적인 문제 제기를 통해 의제를 선점하고 주도력을 확보하는 운동 방식을 만들어가야 한다. 또 대안 없는 정치적 사안으로 만들어가기보다 농민과 국민의 생산과 생활에 관련한 문제를 주도적으로 제기하고 대안을 제시함으로써 한국 사회의 지배적 구조와 자본으로부터의 폐해를 극복하는 대안적 운동 방식을 만들어가야 한다.

이러한 방향으로 나가기 위해서는 기존 농민운동의 조직 혁신이 필요하다. 생산과 운동과 생활의 연계를 확보해나가기 위한 조직적 논의를 통해 농민운동 조직 혁신 테제를 마련해야 한다. 이는 농민운동 조직의 역량을 강화하기 위한 현장 농민 재조직화 문제와도 관련이 있으며 생산자 조직의 특성을 농민운동 조직 내에서 융화하기 위한 기본적인 과정이기도 하다.

　농민운동의 변화를 위해서는 또한 새로운 사회 건설의 거점인 지역에 대한 재고가 필요하다. 농민운동은 부문운동이면서 동시에 지역운동과 깊은 연계를 가지고 있다. 수십 년 동안 지역을 토대로 농민운동을 전개해왔고 역량에 따라 지역에서 상당한 정치력을 발휘하기도 한다. 그러나 아쉽게도 농민운동은 지역운동에 대한 개념이 아직 미약하고 지역운동과 농민운동의 결합된 활동 방식이 아직 세련되지 못하다.

　지역은 농민운동의 대중적 토대이자 생활 근거지다. 또 지속 가능한 농업을 실현하는 생산의 원천지이자 도농연대의 기본 고리이며 대안정치를 실현할 수 있는 장이다. 농민운동이 지역 정치의 주체로 거듭남으로써 지역운동에서 책임 있는 역할을 해야 한다.

　마지막으로 이와 같은 변화의 최종 지향으로서 일회적인 연대가 아니라 장기적이고 광범위하고 대중적인 국민농업 연대의 토대를 만들어야 한다. 생산자를 조직하여 안전한 먹을거리를 생산하기 위한 노력과 지역의 소비자와의 소통, 지방자치 활동을 비롯한 지역운동 등 작지만 현실적이고 대중적인 정책과제와 일상 사업을 바탕으로 하여 국민과 적극적으로 소통하고 연대를 만들어가야 한다.

　그 가능성이 확인된 사례가 있다. '학교 급식 혁명'이라는 수식어가 붙는 제주도의 경우 2006년 97개 학교(전체 학교의 33퍼센트), 3만 2000명을 대상으로 친환경 학교 급식을 실시했고 2007년에는 지역 내 유치원을 포함하여 전체 291개 학교 가운데 67퍼센트인 196개교, 7만여 명의 학생을 대상으로 친환경 학교 급식을 시행 중이며 2010년까지 모든 도내 학교에서 친환경 우리 농산물 학교 급식을 실시할 계획을 가지고 있다. 제주도의 이러한 실천과 계획은 도지사나 한 공무원이 만든 것이 아니라 지역 내 농민조직과 시민사회단체가 집단 식중독 사건을 계기로 '우리 아이들에게 친환경 우리 농산물을 먹이자'는 공감대를 형성한 것에서 출발했다.

2003년 10월 농민조직과 시민사회단체들은 '아이들을 건강하게, 농촌을 부강하게, 제주를 청정하게'라는 슬로건을 내걸고 '친환경 우리 농산물 학교 급식 제주연대'를 창립했다. 창립 첫 해 제주 아라 중학교 학부모를 중심으로 '친환경 유기농 급식 준비위원회'가 결성된 후, 학교 주변의 땅 700평을 임대해서 학부모와 학생이 직접 참여하는 '초록빛 농장'을 운영하여 전국 최초로 유기농 급식을 실시하기 시작했다.

이 일은 부모들은 물론이고 아이들까지 흙과 농민의 땀, 우리 먹을거리의 소중함을 배울 수 있는 계기가 되었다. 이러한 변화는 제주도 전체로 파급되어 2004년 1만 1000명 이상이 서명한 제주 역사상 최초의 도민발의인 '친환경 우리 농산물 급식 조례' 제정을 이끌어냈고, 행자부의 조례 재의 요구를 도의회가 거부하면서 공포되었다. 우리 농산물 급식 4년째를 맞고 있는 현재, 제주도는 전국 각 지방자치단체의 벤치마킹 대상이 되었으며 연대를 통해 의미 있는 사업을 실현한 농민들과 제주도민들은 성취감과 만족감을 느끼고 있다.

농민운동 조직이 농민 문제만의 해결사나 권익단체로 기능하는 것이 아니라 국민들 삶에서 핵심적으로 중요한 식량, 생태, 환경, 지역의 문제를 담당하고 고민하고 제안하는 조직으로 부상할 때 농민운동은 변화된 시대적 역할을 감당하게 될 것이다.

4

대안으로서의 '지속 가능한 국민농업'

현재 우리 농촌은 극심한 고령화 현상과 함께 심각한 재생산 위기에 직면해 있다. 이는 한국 농업의 붕괴 과정과 궤를 같이 한다. 이상태로 가면 다수의 농민이 자연사하면서 소수의 기업농과 규모화된 농가만이 살아남을지도 모른다. 농민의 주축을 이루어온 중소농을 찾아보기 힘들어지게 되는 것이다. 정부의 농업정책 역시 이러한 상황으로 유도하는 데 초점이 맞추어지고 있다고 해도 크게 틀린 이야기가 아니다.

만약 정부의 의도대로 진행된다면 농민은 농업 자본가와 농업 노동자로 분화될 것이다. 전혀 새로운 상황이 전개되는 것이다. 하지만 신자유주의 개방 농정 시대를 전제로 한 이러한 상상은 지극히 비현실적인 것이다. 규모의 경제 차원으로 볼 때 경쟁력 면에서는 결코 미국이나 다른 농축산물 수출국의 농업을 따라갈 수 없기 때문이다. 따라서 농민도 살고 소비자도 만족시키기 위해서는 전혀 다른 방향에서 농업대안을 찾지 않으면 안 된다.

지속 가능한 국민농업이 대안

결론부터 이야기하자면 우리가 선택할 수 있는 농업대안은 '지속 가능한 국민농업'[8]이라고 할 수 있다. 여기서 국민농업이란 국민 모두가 이해당사자가 되어 함께 책임지는 농업을 의미하며 다음과 같은 네 가지 요소로 구분된다.

첫째, 환경친화적 농업으로의 전환이다. 환경친화적 농업은 관행농업에 의해 생산된 수입 농산물에 대해 질적 우위를 확보하는 유일한 방도다. 환경친화적 농업은 지력 약화를 막고 농업의 지속 가능성을 확보하며 안전한 먹을거리 공급을 보장한다.

2004년 농촌진흥청 농업과학기술원의 〈농산식품 안정성과 정보 교환에 관한 국민 인식 조사〉 결과에 따르면 전체 국민의 절반이 넘는 51.3퍼센트가 먹을거리 안전에 대해 불안을 느낀다고 대답했으며, 먹을거리에 대한 국민의 주된 관심 사항이 무엇인가에 대해서는 전체 국민의 절대 다수인 70퍼센트가 안전성 문제라고 대답할 정도로 안전한 먹을거리에 대한 요구가 절대적이다.

그러나 극도의 화학농업(관행농법)으로 이루어지는 수출국들의 대규모 기업 영농, 장기간 운송 보관을 위해 각종 화학 첨가물이 가해지는 글로벌 먹을거리 유통체계, 전 세계 곡물 거래의 80퍼센트 이상을 곡물 메이저(초국적 농식품 복합체)가 차지하는 국제 곡물시장 상

황 등이 존재하는 신자유주의 세계화 체제 안에서는 안전한 먹을거리의 안정적 공급을 기대할 수 없다.[9]

또 환경생태 보전, 전통문화 보전, 공동체 유지 등 농업이 지니는 다원적 가치도 환경친화적인 농업에서 온전하게 발휘할 수 있다. 먹을거리를 상품가치로만 판단하고 농업을 경제 성장과 구조조정의 희생양으로 삼는 신자유주의 시장지배 체제에서 농업의 다원적 기능은 축소되고 해체될 수밖에 없다. 농업의 다원적 기능은 결국 농업이 적정 수준에서 지속되는 것을 전제로 하여 환경친화적 방식으로 전환해야 실현 가능하고 확대되는 파생 기능이다.

둘째, 식량의 안정적 공급이다. 지구 온난화 같은 기상 이변, 농업용수 부족 및 경지 면적 축소 등으로 세계 식량 생산은 정체 내지 감소 국면으로 들어서고 있다. 반면 중국, 인도 등의 경제 성장에 따라 세계 식량 소비는 지속적으로 증가하면서 현재 세계 곡물 재고량은 급격히 감소하고 가격이 급등하는 현상이 가속화되고 있다.[10]

세계식량농업기구FAO의 발표에 따르면 2006년 세계 곡물 생산량은 가뭄, 경지면적 감소 등에 따른 밀, 옥수수 등의 생산량 감소로 전년 대비 2.1퍼센트 감소한 19억 6700만 톤으로 2004년 이후 최저 수준으로 하락했다. 반면 세계 곡물 소비량은 1975년 이후 최고 수준인 20억 4300만 톤으로 예상되며 생산량보다 약 7600만 톤 초과할 것으로 전망했다.

2007년 세계 곡물 재고량은 3억 1900만 톤으로 1982년 이후 가장 낮은 수준으로 예상되며, 곡물 재고율은 15.6퍼센트로 FAO 권장 적정 재고율 17~18퍼센트보다 낮다. 세계 곡물 가격은 소비량이 생산량을 초과함에 따라 지속적으로 상승세를 보이고 있는데, 2006년 가격 대비 밀은 38퍼센트, 옥수수는 33퍼센트, 쌀은 9.3퍼센트 상승했으며, 지속적인 곡물 부족 때문에 곡물 가격 상승세는 지속될 것이라는 전망이다.

이런 추세가 지속된다면 21세기 중반 이후 세계적인 식량 부족 위기와 식량의 무기화가 전혀 현실성 없는 문제가 아니라는 것을 짐작할 수 있다. 이에 따라 식량의 안정적 공급에 대한 국민의 요구는 갈수록 높아질 것이다. 따라서 세계 곡물 부족에 따른 식량 위기와 먹을거리 양극화를 방지하는 근본 대안은 식량 자급을 위해 적정 규모의 농업 생산 기반을 확충하는 것이라고 하겠다.

셋째, 전 국민적인 먹을거리 공동체 형성이다. 농업은 본질적으로 시장과 양립할 수 없다. 농업 생산 활동은 상품인 농산물 생산 외에도 다양한 기능을 수행하지만 시장은 그러한 다원적 가치를 평가해주지 않는다. 그렇기 때문에 먹을거리를 전적으로 시장에 맡기면 심각한 문제가 발생할 수 있다. 예를 들어 우리는 보다 싼 가격에 쌀을 수입해서 먹을 수 있지만 논농사가 수행하는 다원적 기능까지 함께 수입할 수는 없다. 그래서 먹을거리는 생산에서 유통, 소비 전 과정을 생산자와 연대하여 함께 책임지는 방향으로 가야 한다.

먹을거리 안전성, 먹을거리 선택권, 먹을거리 복지 등 먹을거리 소비와 관련한 사회적 관심이 높아지고 있는 상황에 따라 협소한 농업정책에서 먹을거리 문제까지 포괄하는 광의의 농업정책으로 가는 것이 세계적 추세다.

따라서 지속 가능한 농업을 유지하기 위해서는 국민들의 적극적인 지지를 통해 농업을 회생시키는 것이 중요하고 먹을거리 안전, 먹을거리 선택권, 먹을거리 복지 등 먹을거리 소비와 관련하여 자신의 일로 생각하고 있는 국민의 요구에 부응하기 위한 먹을거리 정책으로 접근해야 한다.

먹을거리 정책의 한 예로 다국적 곡물기업이 주도하는 '세계 식량체계Global Food'에 대응하기 위한 '지역 먹을거리 체계Local Food'를 들 수 있는데 지역 먹을거리 체계는 자주적인 생산 공동체와 소비 공동체가 먹을거리를 매개로 하여 자발적으로 사회경제적 연대관계를 맺는 것이 중심축이며, 여기에 국가(정부)의 제도적 지원체계가 결합하는 방식으로 추진되어야 한다.[11]

먹을거리 공동체에서 생산 공동체(중소농의 협업생산 체제 등)는 환경친화적 농업으로 지역 먹을거리를 공급하고, 소비 공동체는 직거래 방식 등을 통해 지역산 농산물을 우선적으로 구매함으로써 공동으로 먹을거리 안전과 환경 보전 및 지역 공동체를 유지할 수 있는 유력한 연대 방식이다.

넷째, 남북의 상호보완적인 농업 공동체 형성이다. 세계 유일의 분단국가로서 통일에 대비하여 일정한 측면에서 남북을 포괄하는 농업을 실현하는 것은 우리 농업이 수행해야 할 중요한 가치이자 공공적 역할이다. 이를 위해 남북이 상호보완적인 농업 협력을 통해 상호의존적인 농업 공동체를 실현하는 과정이 필요하다. 이 과정은 어느 일방의 주도로 이루어지는 것이 아니라 남북이 대등한 지위를 갖는 공동 주체로서 역할을 분담하여 진행해야 한다.[12]

남북의 경제체제 차이를 고려할 때 상호보완적 농업 협력은 정부

당국 간 '협상 가격(설정)−계획 생산−내부 거래' 방식이 가능하고, 이는 사회적 경제 및 공공 영역에 해당하여 대안농정이 추구하는 방향과 합치하는 것으로 볼 수 있다.

국민농업은 농민이 농업의 사회적 기능을 충실히 수행하고 사회가 농민의 생활을 책임지는 관계다. 이러한 국민농업이 실현될 때 농업의 가치는 재평가되고 그에 따라 농업에 진출하고자 하는 사람들 또한 늘어날 것이다. 현재 우리 농업이 살 수 있는 유일한 길은 이것뿐이다.

◆ 대안농업을 위한 농민운동의 재구성

지속 가능한 국민농업이라는 대안농업을 실현하는 것은 당연히 국민 모두의 몫이지만 여전히 일차적인 책임은 농민에게 있다. 중요한 것은 새로운 대안농업을 현실화하기 위해서는 그에 걸맞게 농민운동을 재구성해야 한다는 점이다. 이와 관련해서는 크게 세 가지를 꼽을 수 있을 것이다.

첫째, 대안적 실천을 통해 국민의 지지를 이끌어내야 한다. 농민은 생산 수단을 보유하고 있기 때문에 대안농업을 실천할 수 있는 여지가 많다. 이러한 조건을 바탕으로 하여 대안농업을 직접 실천하면서 정부 차원의 농업정책 변화를 이끌어내고자 할 때 국민의 지지와 동참이 용이해진다.

둘째, 생산자 연대에 기초한 풀뿌리운동을 전개해야 한다. 대안농업의 현실화는 소수 농민운동가의 힘만으로는 부족하다. 다수의 농민들이 직접 참여할 때 국민농업은 비로소 현실성을 가질 수 있는데 그러자면 반드시 생산 활동 과정에서 긴밀하게 연대하고 협력할 수 있어야 한다. 이를 위해서는 다양한 형태의 생산자 조직을 기초로 하여 생산의 협업화를 조직해 나가야 한다.

셋째, 의제 융합을 기초로 한 국민농업 네트워크를 구축해야 한다. 농업은 환경, 교육, 의료, 지역공동체, 문화 등 다양한 영역과 밀접하게 연관되어 있다. 이러한 다양한 영역의 의제들이 하나로 융합될 때 각각의 문제들이 보다 쉽게 해결될 수 있다. 예를 들면 생태도시 건설은 도시농업을 매개로 할 때 한층 힘을 얻는다. 이러한 맥락에서 농업과 연관된 다양한 시민사회단체들이 힘을 모아 '국민농업 네트워크'를 건설할 필요가 있다.

이러한 방향에서 농민운동이 재조직될 때 농민운동은 대안농업을 현실화하면서 농민들에게 새로운 희망을 안겨줄 수 있을 것이다.

1   이호철 교수는 〈한국 현대 농민운동의 전개〉(한국농어촌사회연구소, 1997)라는 논
문에서 1961년까지 미국이 제공한 원조액은 31억 달러를 넘었고 이러한 거액은 전쟁
이후 한국 정부 예산의 50퍼센트 정도를 항상 충당했으며, 그 결과 미국은 정부의 경
제정책에 주요 결정권을 쥐었다고 서술하고 있다.

2   1960년 전체 인구 가운데 농가 인구가 58.3퍼센트였는데 저임금, 저곡가에 기반한 경
제개발 정책으로 농가 경제가 어려워지면서 이농이 증가하여 1975년에는 37.5퍼센트
까지 감소하였다. 1967~76년 사이에 670만 명의 농촌 인구가 농촌을 떠났는데 이는
한국전쟁 동안의 인구 이동보다 심하다.

3   1980년 전두환이 정권을 잡은 후에도 농축산물 수입 개방 기조는 계속되었다. 물가
안정을 위해 이중곡가제가 폐지되었고, 추곡 수매가가 동결되었으며, 부족한 농산물
은 즉각 해외에서 수입했다.

4   1980년대에 점점 증가하기 시작한 농축산물 수입은 1986년 이후 3저 호황에 따른 대
규모 무역 흑자가 발생하면서 본격적으로 늘어나 이른바 개방농정 시대로 접어들었
다. 미국은 개별적으로는 통상법 301조의 무역 보복조치를 무기로 하여 대미 무역 흑
자국과의 쌍무협상을 통하여, 세계적으로는 우루과이 라운드라는 다자간 무역협상을
통하여 한국에 농산물 시장 개방 압력을 가하였다. 그 결과 농산물의 수입이 급증하여
1986년 18억 달러에 불과하던 농산물 수입이 1990년에는 37억 달러로 늘어났고, 농산
물의 수입 자유화율도 1985년 69.2퍼센트에서 1991년 84.7퍼센트로 상승했다. 1985년
미국의 여섯 번째 농산물 수입국이던 한국은 1988년 이후 두 번째로 격상되었다.

5   1헥타르＝1정보＝3000평.

6   농가 경제가 악화되는 가운데 교육, 의료 등 서비스 비용의 지출이 빠르게 늘어났고
일반 소비재 가격이 농산물 가격보다 높게 상승하여 전반적인 물가 수준이 올라간 것
도 농가 부채가 급격히 늘어나는 요인 가운데 하나가 되었다.

7   윤수종 교수(전남대 사회학과)는 〈농민운동의 전개와 새로운 과제〉(한국농어촌사회연
구소, 1997)에서 제도화나 제도적 개선을 통해서 부분적으로 민주화할 수 있지만 그
것을 넘어선 더 활발한 움직임을 통해서만 농민적인 것으로 변형시켜나갈 수 있을 것
이라면서 제도적 과정에 참여하는 방식은 기존 제도를 활성화하는 데 일조하지만 그
제도를 넘어선 변화를 가져오는 데 한계가 있다고 서술한다.

8   국민농업은 농업계에 종사하거나 농민운동을 하거나 농업, 농촌 문제에 관심이 있는
     사람들로 구성된 새사연 농업분과에서 농업대안을 찾기 위해 장기간 토론한 결과 도
     출해낸 개념이다. 국민농업에 대한 자세한 내용은 새사연에서 펴낸《우리 농업, 희망
     의 대안》(시대의창, 2007)을 참조하라.

9   국제 곡물시장 거래 물량의 약 80퍼센트를 5대 곡물 메이저가 장악하고 있으며, 이들은
     세계 최대 농산물 수출국인 미국의 곡물 수출량의 약 90퍼센트, 한국의 곡물 수입 물량
     의 60퍼센트를 장악하고 있다. 5대 곡물 메이저의 국제 곡물시장 점유율은 카길 40퍼센
     트, ADM 16퍼센트, 루이드레퓌스 12퍼센트, 분게 7퍼센트, 앙드레 5퍼센트 등이다.

10   중국, 인도 등 인구 대국의 경제 성장으로 세계 곡물 소비는 지속적으로 증가하고 있
     으며, 대부분의 전문가들은 BRICs(브라질, 러시아, 인도, 중국 등 신흥경제 4개국) 국가들
     의 축산물 소비의 증가로 사료용 곡물 소비량이 늘어 세계의 곡물 소비가 급격히 증
     가할 것으로 예상하고 있다.

11   지역 먹을거리는 국경을 기준으로 한 우리 농산물이 아니라 지역을 기준으로 한 우리
     농산물의 개념을 사용함으로써 WTO 및 FTA의 공세를 피할 수 있다는 장점이 있으
     며, 생산자와 소비자의 연대를 기초로 하기 때문에 굳이 '지역산'을 명기하지 않아도
     '지역산'에 대한 인식의 공유가 이미 전제되어 있다. 지역 먹을거리 체계의 정책과제
     로는 지역 먹을거리 정책협의회, 농민 장터farmer's market, 공공 조달 및 기관 구매
     확대를 위한 협약, 도시농업, 사회복지 및 보건, 환경정책과의 연결, 도농 교류사업,
     인센티브 정책 등이 있다.

12   남북 상호보완적인 농업 공동체 형성의 제1단계는 북측이 자체적인 농업(식량) 생산
     력을 확충하는 일정한 기간까지 남측의 쌀 제공이 농업 협력의 주요한 과제가 되도록
     한다. 제2단계는 식량작물 위주의 공동 식량계획을 세워 남의 쌀과 북의 잡곡을 교환
     하도록 하고 제3단계는 농업 전반에 걸쳐 공동 농업정책을 수립하는 것이다.

CHAPTER 05

신자유주의 시대에 대학생으로 산다는 것

손우정 | 새사연 연구원

1. 대학의 위기, 대학생의 위기
2. 신자유주의와 대학 사회의 구조변동
3. 새로운 시대, 새로운 대학생 운동을 위하여

1

—

대학의 위기, 대학생의 위기

◆ 보수화된 대학생?

그동안 우리 사회에서 가장 진보적인 사회 범주를 꼽으라면 당연히 대학생 집단이 가장 먼저 거론되었다. 대학생은 각종 선거 때마다 가장 진보적인 정치세력을 선택해왔다. 20대의 투표율을 올리는 것은 곧 진보·개혁 후보의 지지율이 오르는 것을 의미했다. 그러나 지금은 상황이 전혀 다르다. 2005년과 2006년을 지나면서 20대의 정당 지지율은 과거 '진보적' 대학생이 경멸해 마지않았던 '보수 정당'이 가장 높다.

대선 후보에 대한 선호도 비슷한 결과를 보인다. 2006년 9월 《한국대학신문》이 창간 18주년을 맞아 전국 20개 대학교 학생 2100명을 대상으로 실시한 의식 조사 결과에 따르면 선호 정치인 1, 2위는 모두 대표적인 보수 정당의 정치인이 차지했다.

그러나 이런 현상을 두고 "대학생이 보수화했다"고 단언하는 것은 문제다. 기성세대와 오늘날 대학생은 '진보'와 '보수'의 개념 자체를 다르게 설정하고 있기 때문이다. 직간접적으로 강도 높은 정치적 학생운동을 경험한 30~40대는 진보와 보수를 현실 정치에 대한 입장 차이로 구분하는 경향이 강하다. 가장 쉬운 기준은 '어떤 정당을 지지하는가' '어떤 대선 후보를 지지하는가'다. 이런 기준으로 본다면 보수 정당 후보를 지지하는 것은 대학생 보수화의 가장 뚜렷한 징표다.

반면에 현재 대학생은 사고방식과 생활방식에서 진보와 보수를 구별한다. 권위주의에 대한 반감, 구태의연함에 대한 거부, 자유분방함이 진보의 좌표다. 어떤 정치적 지향을 가지고 있건 그것을 '오직 유일한 답'으로 제시하는 것 자체가 권위주의며 보수적인 태도다. 이런 의미에서 30~40대가 진보라고 보는 가치를 현재의 대학생은 '보수적'이라고 결론내릴 수 있다.

실제 정당 지지율이나 대선 후보 지지율과 달리 국가보안법 등 개인의 사고를 억압하거나 호주제, 혼전 성관계, 성평등, 조직 생활에서 개인의 권리 등의 이슈에선 가장 진보적인 입장을 취하는 것이 오늘날 대학생이다. 현재 대학생이 추구하는 진보의 가치를 관통하는 것은 '자유주의'에 가깝다. 어떤 정치를 지향하건 결코 변하지 않는 뚝심을 30~40대는 '신념의 강자'로, 대학생들은 '구태의연함'으로 받아들인다.

이런 현상이 비단 30~40대나 대학생들에게서만 나타나는 것은

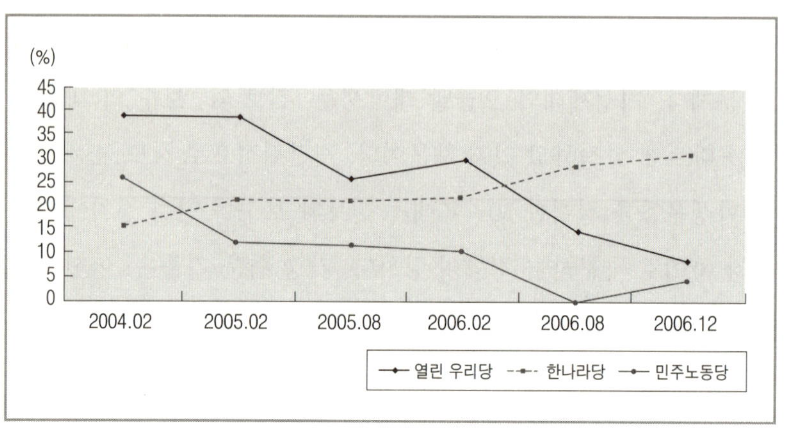

[그림 5-1] 20대의 정당 지지율 추이

* 사회여론조사연구소 보도자료 조합.

아니다. 보통 사람의 두뇌에는 진보주의 세계관과 보수주의 세계관이 나란히 존재하며, 각각 다른 편을 신경적으로 억압하고 경험의 여러 다른 영역을 구조화하기도 한다. 경제적으로는 보수적이면서 사회적으로 진보적이거나 진보적인 국내 정책과 보수적인 외교정책을 동시에 지지할 수도 있다. 시장에 대해서는 보수적인 견해를 가지면서도 시민적 자유에 대해서는 진보적 입장을 취하는 것 등은 그다지 특이하거나 부자연스러운 태도가 아니다(레이코프, 2007). 우리 주위에도 남성 우월주의에 사로잡힌 386이나 권위주의에 사로잡힌 진보주의자를 쉽게 볼 수 있다. 다양한 세계관과 입장 중 어느 것이 부각되어 있느냐에 따라 그 사람의 성향에 대한 평가가 달라진다.

결국 대학생들이 '정치적'으로 보수화된 것은 분명해 보이지만 이런 현상만으로 대학생 집단을 보수화된 집단으로, 386을 진보적 집단으로 뭉뚱그려 규정하는 것은 문제다. 미리 지적해야 할 것은 '어떤 측면'의 보수화냐다. 생활적인 문제에 대해 과거 386 선배들보다 진보적인 오늘날 대학생이 왜 정치적 측면에서는 보수화된 경향을 보이는지가 주된 질문이어야 한다.

또 정치적 측면의 대학생 보수화 현상이 뚜렷한 추세로 나타난다 해도 이를 대학생의 책임으로만 돌릴 수는 없다. [그림 5-1]에서 확인되듯이 보수적 정당과 정치인에 대한 대학생의 지지가 높아진 것은, 스스로 진보·개혁 세력임을 자처한 참여정부의 정책적 실패가 두드러진 비교적 최근의 일이다. 이는 대학생의 정치적 보수화를 부추긴 배경에는 진보세력으로 '인식된' 참여정부의 정치적 실패가 적지 않은 영향을 미쳤음을 말해준다.

'진보'라는 가치는 진짜 진보세력이 아니라 진보를 가장한 정치세력에 의해 왜곡되어 버렸으며, 이들의 무능과 실패가 진보적 가치 자체에 대한 회의감을 유포시켰다.

◆ 저항하지 않는 대학생

진보를 가장한 기성세대의 정치적 실패가 대학생의 정치적 보수화에 큰 영향을 끼친 것을 인정한다 해도 이 역시 완전한 설명은 아니다. 청년실업 확산과 폭발적 등록금 인상 등 대학 사회의 모순이 어느 때보다 심화되고 있는데도 대학생 운동은 '과거의 영광'을 되살릴 기미를 보이지 않는다. 사회 문제와 관련된 각종 집회에서도 예전과 같은 '학생 대오의 물결'을 찾아보기 어려워졌다.

진보세력이 독점하다시피 했던 각 대학 총학생회 선거에서 운동권의 당선율이 눈에 띄게 낮아지고 있다. 포털 사이트 다음에 있는 '학생운동카페'(http://cafe.daum.net/HAKSANG)의 자료에 따르면 2007년 4월 현재 운동권 성향의 총학생회는 전체 조사 대상 168개교 가운데 39개(23퍼센트)에 불과했다. 학생운동의 탄압이 본격적으로 시작된 10년 전만 해도 약 75퍼센트의 대학 총학생회가 운동권이었다.

물론 학생운동 위기론은 1992년부터 끊임없이 제기되어왔다. 그러나 1990년대 중반을 지나면서 학생운동이 경험한 위기는 이전과는 질적으로 다른 수준이다. 1990년대 초반의 위기론이 더 큰 위기 '가능성'에 대한 경고의 성격이 강했다면, 오늘날 학생운동 위기론은 현실 그 자체다.

대학생 운동이 이토록 위축된 원인은 무엇일까? 그동안 한국 학생운동이 침체된 원인에 대해서는 외인론과 내인론, 학생운동 정상화론 등의 입장이 제기되어왔다. 외인론의 경우 단일 사건으로는 최대인 5848명이 연행된 1996년 한총련 연세대 사건부터 시작된 국가의 물리적, 이데올로기적 억압을 학생운동 침체의 주요 원인으로 꼽는다. 반면 내인론은 운동 자체의 잘못된 전략전술, 관료적 조직 운영에서 위기 원인을 찾고 있다. 한마디로 위기를 가져온 것은 국가가 아니라 운동권 자신 때문이라는 진단이다. 학생운동 정상화에 따른 자연스런 귀결이라는 주장은 과거 다른 부문운동이 해야 할 역할을 대신했던 학생운동이 부문운동의 고양과 함께 원래 위상을 찾은 것이라는 해석이다.

이런 해석은 모두 타당성을 지니고 있고 대학생 운동의 쇠락을 어느 정도 설명할 수 있다. 그러나 근본적인 설명이 되기에는 여전히

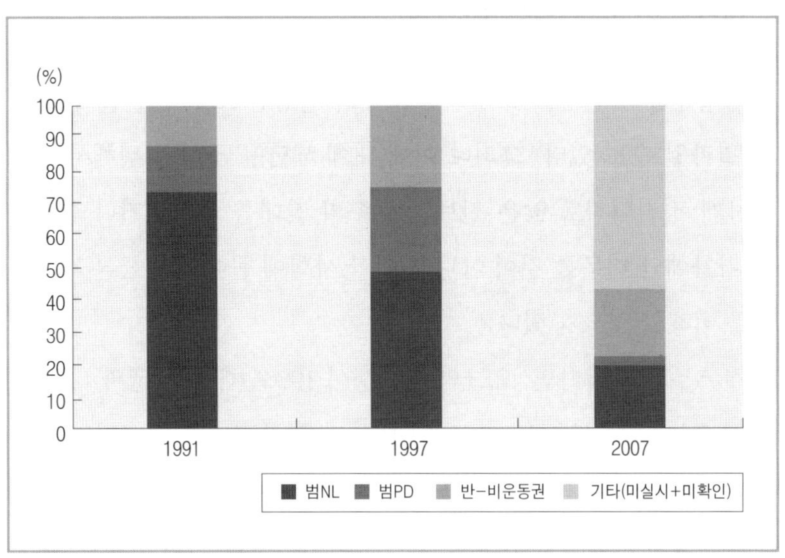

* 1991년 : 《월간말》 1991년 1월호.
  1997년 : 언론 보도기사를 토대로 추정.
  2007년 : 다음 학생운동카페(http://cafe.daum.net/HAKSANG) 학생회 선거 집계(2007년 4월 10일 최종 수정).

부족하다. 국가권력의 물리적, 이데올로기적 억압이라는 측면으로만 문제에 접근하면 과거에 비해 억압의 강도가 현저하게 낮아진 최근에는 왜 학생운동이 침체에서 벗어나지 못하는지를 설명할 수 없다. 학생운동 내부의 비민주성과 관성적 경향, 잘못된 전략전술이 위기의 원인이라는 시각도 특정 학생운동 조직의 실패를 설명할 수는 있어도 전체 운동의 위축을 설명할 수 없다. 전체 운동의 정상화로 대학생 운동 영역의 축소를 설명하려는 시도 또한 대학 사회에서 점차 커져가고 있는 운동과 대중의 괴리감을 충분히 설명하기에는 부족하다.

◆ 대학의 신자유주의적 구조변화

학생운동의 위축이나 대학생 보수화 현상은 모두 원인일 수도 있고 결과일 수도 있다. 그러나 이에 대에 해답을 구하기 위해서는 명확하게 정리되지도 않은 진보와 보수의 잣대를 들이대거나 학생운동 평가에만 머무를 것이 아니라 대학 사회에 몰아닥친 근본적인 변화를 이해할 필요가 있다.

결론부터 말하자면, 오늘의 대학생이 1980년대 대학생과 다른 이유는 오늘의 대학이 1980년대의 대학과 근본적으로 다르기 때문이다. 우리가 대학의 구조 변화라는 측면에 주목하지 않으면 오늘날 대학생의 정치적 보수화나 학생운동의 위기를 온전히 설명할 수 없을뿐더러 이를 극복할 제대로 된 대안도 마련할 수 없다. 이제 우리는 대학 공간이 어떻게 달라졌는지, 대학생의 사회적 지위는 어떻게 변했는지를 구체적으로 살펴볼 것이다.

우리가 살펴볼 대학의 변화는 1997년 말 한국 사회에 몰아닥친 이른바 '신자유주의적 광풍'과 동일한 성격과 맥락에서 전개되었다. 그런 의미에서 1990년대 중반 이후 일어난 대학 사회의 변화를 '대학의 신자유주의화'로 명명하고자 한다.[1]

2

신자유주의와 대학 사회의 구조변동

한국 사회가 국가 운영 패러다임을 '신자유주의'로 교체하는 작업을 본격화한 것은 1997년 외환위기 때부터다. 구조조정을 전제로 금융 지원을 약속한 IMF의 정책은 한국 사회의 미래에 대해 국민적 합의를 통해 수용된 것이 아니라 논의와 동의가 필요 없는 '응급 처방'이었다. 때문에 근본적인 문제 제기는 허용되지 않았다. 곰곰이 생각해볼 겨를도 없이 급격하게 미국식 시장만능주의로 체질 전환을 시작했다. 그러나 대학은 그보다 이전인 1995년, 김영삼 정부의 '5.31 교육개혁안'에서부터 신자유주의로의 전환을 시도한다.

◆ 대학 신자유주의화의 신호탄, 5.31 교육개혁안

신자유주의적 대학 구조조정의 기본 형태는 1970년대 초반 박정희 정권 시절에 발표된 '고등교육 개혁방안'에 이미 나타나 있다. 여기에는 서울대 특수법인화, 대학원 중심 대학, 대학 자율화와 대학 평가, 교수 평가, 산학협동 강화, 대학 특성화 등이 들어 있다. 이어 등장한 전두환, 노태우 정권 또한 이러한 정책 기조를 유지하고 있었지만 여러 정치적 상황 때문에 이를 구체화하거나 집행하지 못했다.

그러나 1994년부터 개방과 세계화를 설파하기 시작한 김영삼 정부는 개혁 프로그램에 우호적인 국민 정서를 등에 업고 5·6공화국 교육개혁안의 연장선에서 '5.31 교육개혁안'을 발표했다. 이런 교육 정책 기조는 김대중 정부의 '교육 발전 5개년 계획(시안)'으로 이어졌고, 참여정부는 이를 보다 구체화해나가고 있다(박거용, 2005).

'5.31 교육개혁안'은 '교육 경쟁력 강화가 국가 경쟁력 강화'라는 구호 아래 세계화시대에 걸맞은 개혁개방을 추구하겠다는 정책이다. 그 핵심 전략은 '공교육 시장화'와 '학교 민영화'다.

공교육 시장화는 학교와 교원을 '교육 서비스'의 공급자로, 학생과 학부모, 기업을 소비자로 보는 접근 방식이다. 시장 원리에 따라 공교육체제 내에서 비용과 편익의 효율성을 높인다는 것이다. 특히 학교와 교원 등 공급 측면에서 시장경쟁 조건을 마련함으로써 교육 서비스의 질을 높일 수 있다는 점이 강조되었다. 소비자 측면에서는 양질의 교육과 서비스를 선택할 수 있는 권리를 부여하는 것이 공교육체제에 시장 메커니즘을 구현하는 데 필수조건이라고 설명했다.

학교 민영화 전략은 학교 운영을 정부가 독점할 게 아니라 민간에 맡겨서 그 효율성을 극대화하자는 구상으로(김용일, 2006: 130-131), 공기업 민영화 정책과 동일한 맥락에서 추진되었다.

교육을 상품화하고 시장 원리를 도입하여 효율성과 교육의 질을 높이겠다는 신자유주의적 발상은 대학 설립 자유화로 이어졌다. 1996년 대학 설립 자유화 조치 이후 대학생 수는 급격하게 확대되어 2002년 300만 명을 돌파했고, 고등학교 졸업자의 대학 진학률은 2006년 현재 82.1퍼센트에 이른다. 1975년 인구 1만 명당 66.7명에 불과했던 대학생은 2006년 623.2명으로 9배가 넘게 늘었다.

[그림 5-3]에서 보듯이 20세에서 24세 사이의 인구와 조출생률(인구 1000명당 출생아 수)은 계속 떨어지고 있음에도 대학 진학률은 계속 높아졌다. 이제 대부분의 대학생은 미래가 보장된 소수 특권층이라기보다 평범한 '예비 노동자'다.

[그림 5-3] 20~24세 인구수, 대학생 수, 대학 진학률 추이(1985~2006)

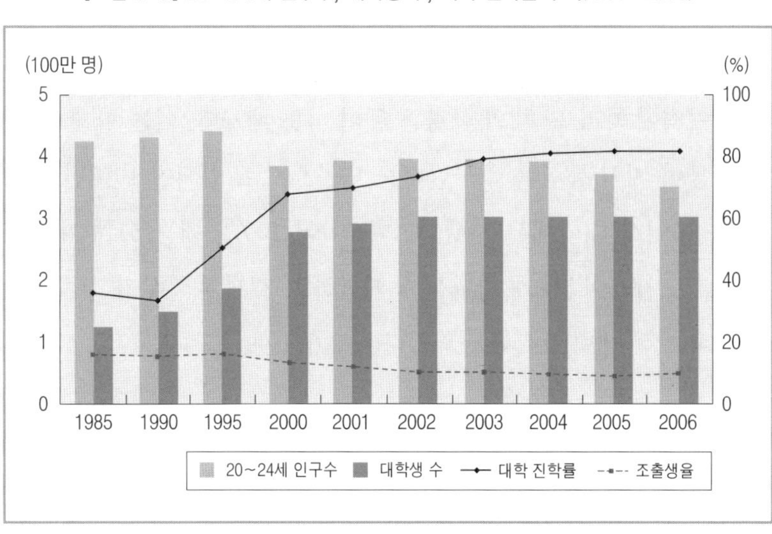

한국 사회가 1997년 말 IMF 구제 금융 이후 신자유주의적 구조조정으로 몸살을 앓기 전부터 대학 공간은 그 기저에서부터 신자유주의적 구조조정이 착실하게 진행되고 있었다. 이러한 변화는 IMF에서 요구한 구조조정이 온 사회를 휩쓸고 있는 사회적 분위기와 저항 주체로서의 대학생이 1996년 범민족대회 사건과 1997년 한총련 출범식 사건으로 매우 높은 수준의 국가 억압에 노출된 시기와 맞물리면서 대학을 차근차근 점령해들어갔다.

이제부터 이러한 대학의 구조 변동이 대학생들의 삶을 어떻게 바꿔놓았는지, 그리고 이러한 변화가 대학생 운동에 어떤 영향을 미쳤는지에 대해 살펴보자.

◆ 대학 공동체를 파괴한 학부제

본격적인 대학 구조조정의 출발을 알렸던 것은 학부제의 도입이다. 학부제는 학과 단위의 신입생 모집을 광역화하여 전공학과 혹은 전공 영역에 따라 몇 개의 학과를 묶어 나눈 체제다. 이는 학제 간 벽을 허물어 지식 통합을 추구한다는 명분으로 도입되어 1996년 전국의 약 80여개 대학에서 시행되었다. 이어 1997년에는 51개 대학이 추가로 도입하여 588개 학과를 통폐합하고 27개의 학부가 설치되는 등 점차 모든 대학으로 확산되었다(이득기, 1998).

1) 설 자리 없는 기초학문

학부제는 원래 대학원이나 연구 중심 대학에서 학생들에게 폭넓은 전공 탐색 기회를 부여하여 자기 전공에 대한 이해를 높이기 위한 제도다. 그러나 교육부가 학부제를 도입하면서 이를 재정 지원과 연계시켜 기계적인 통폐합을 무리하게 추진하는 사례가 빈번하게 나타났다. 이 과정에서 제조자와 구매자 간의 자유 의지와 협상 결과에 따라 운영하는 신자유주의적 교육 철학이 강조되었고 대학의 고유한 공동체 문화의 파괴와 비인기 기초학문의 말살이라는 결과를 가져왔다.

기초학문의 위기는 점차 심각한 문제로 대두됐다. [그림 5-4]는 이태정(2001)이 1996년부터 학부제를 도입해 운영하고 있는 한 4년제 대학교 인문과학부의 전공별 재적생 수 증감을 연도별로 조사한 것이다. 학부 단위로 입학한 신입생의 비율이 기존 재적생에 비해 그

[그림 5-4] 인문과학부 전공별 재적생수

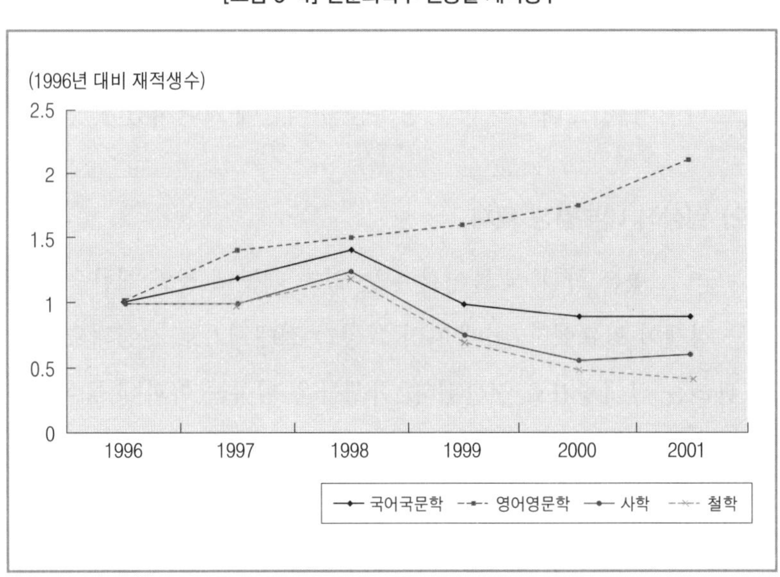

다지 크지 않았고 복학한 입대 휴학생의 비율이 상대적으로 컸던 1998년도를 넘어서자, 소위 인기 학과와 나머지 학과 간의 재적생수는 큰 폭으로 벌어지기 시작했다. 이런 경향은 다른 모든 학부에서도 동일하게 나타났다.

이런 문제가 심각해지자 이번에는 학과별로 이해관계가 얽힌 대학 현실과 학생들의 전공 선택권 보장이라는 취지를 절충하는 형태가 나타났다. 1~2년 정도의 학부 생활 이후 다시 학과를 선택하도록 만든 것이다. 그러나 전공 선택권조차 학생들에게 온전히 부여되지 못했다. 학부제의 변종인 모집 단위 광역화의 취지에 따르면 1~2년 동안의 '전공 탐색 기간' 이후 전공 선택은 아무런 제약 없이 이루어져야 하지만 각 학과의 이해관계 때문에 일정 비율로 정원을 제한하기 시작한 것이다. 이는 학부제 도입을 재정 지원과 연계시키려는 교육부의 요청에 응하면서도 정원이 줄어드는 학과의 이해관계를 접목시킨 결과다. 모든 학과는 취업률에 근거해 '좋은 학과'와 '나쁜 학과'로 나뉘어졌고, 대학의 학문 풍토를 순식간에 교란시켰다.

2) 일상적 내부경쟁 체제

누구나 '좋은 학과'에 들어갈 수는 없기 때문에 정원 제한을 위해서는 경쟁이 필요했다. 이에 따라 그동안 절대평가로 진행해오던 학점 관리는 상대평가로 전환됐다. 학생들은 원하는 학과에 들어가기 위해 제2의 입시를 치러야 했고, 이는 대학 1, 2학년생들을 다시 한 번 치열한 내부경쟁 체제로 밀어 넣었다.

이런 경쟁은 학생 유치를 위해 뛰어야 하는 교수들도 예외가 아니었다. 학부제 도입 다음해인 1997년 경북대학교의 경우 1학기 교양 강좌 64개와 전공 85개 강좌가 폐강됐고, 같은 시기 서울대 자연대 의 자체 조사에 따르면 1학년 학부생의 94퍼센트가 전공 선택의 어 려움, 선후배 관계, 학사 행정의 미숙, 학습 부담, 소속감 결여, 지나 친 경쟁 유도 등의 이유로 학부제에 대하여 불만을 토로하고 있는 것으로 나타났다(이득기, 1998).

학부제 부작용으로 불만의 목소리가 높았는데도 사회적인 구조 조정 분위기는 이를 압도해 버렸다. 교육부는 겉으로는 각 대학의 자율적인 구조조정이라는 형식을 취했지만, 결국 자신들이 원하는 방향으로 구조조정을 한 대학에 우선적으로 재정을 지원함으로써 모든 부작용을 '수익자'에게 떠넘겼다.

대학교육협의회도 1997년 학부제를 시행하고 있는 217개 단과대 학, 413개 학부, 1030개 (통합)학과의 실태 보고서에서 '대학별 특성 에 기초한 대학 내 필요에 따라 시행되는 학부제라기보다는 교육부 의 권장이나 재정 지원과 대학의 재정 절감을 의식하여 인위적으로 학과나 단과대학을 통폐합하여 운영'하고 있다고 평가했다.[2]

이런 교육 제도의 변화가 교육의 질적인 상승을 가져왔다고 할 수 도 없다. 학부제는 학과제와 달리 특정 분야에 대한 깊은 이해를 목 적으로 하기보다 '얇고 넓은' 학문 탐색을 목표로 한다. 폭발적인 대 학생 수의 증가와 교육 질의 하향화는 과거 고등학교가 차지하던 사 회적 위상을 대학이 대체하고 있다는 주장을 뒷받침 해준다. 과거 대 학의 위상은 오늘날 대학원 정도의 교육에서나 찾아볼 수 있게 됐다.

3) 고립되는 대학생 운동

이런 대학 사회의 변화는 묘하게도 학생운동 탄압이 증폭된 시기와 동시에 일어났다. 국가권력과 언론에 의해 대중적 이미지가 훼손된 학생운동은 학부제로 신입생들과의 접촉면까지 축소되면서 운동 조직화에 큰 차질을 빚었다.

소규모 서클 수준의 의식화 조직에서 출발한 학생운동은 1980년대 대중운동의 고양과 전대협, 한총련으로 상징되는 전국적인 조직망을 갖춘 학생회 체계로 크게 확장될 수 있었다. 학생회 체계는 '전국-지역-지구-각 학교-단대-학과-반'으로 이어지는 중앙집중적 구조를 가지고 있었기 때문에 전국 대학생을 단일한 이슈로 신속하게 동원하는 것이 가능했다.

그러나 학부제는 이런 조직망을 아래서부터 파괴시켰다. 과 단위 공동체가 사라져 버림으로써 선후배 간 접촉면이 크게 단절되고 대학 문화의 핵심이었던 공동체 의식을 공유할 수 있는 기회가 급격히 축소됐다. 여기에 공안 당국과 교육부, 그리고 대학 당국이 학부제를 학생운동 말살을 위한 효과적 대안으로 간주하는 경향도 있었다.

국가의 억압과 지나친 노선 갈등, 1997년 이석 씨 치사 사건으로 인한 도덕적 회의 등 다양한 이유로 중간층 구성원들이 이탈하고, 신입생과의 접촉면도 차단되기 시작한 학생운동은 '상층화' '고령화' 현상이 점차 뚜렷해졌다. 이탈한 중간층 구성원의 공백을 채우기 위해 졸업생이나 고학년이 학교에 잔류하면서 학생운동의 연령대가 높아졌고, 운동의 무게중심이 대중 활동보다 소수의 조직 활동으로 옮겨가기 시작했다.

운동 집단에게 집중된 국가의 억압과 공동체 파괴는 이른바 운동권과 일반 대학생들이 서로 다른 세계에 살도록 만들었다. 국가 폭력에 직면한 학생운동이 여전히 1980년대와 유사한 위기의식 속에 살고 있었던 반면, 일반 학생들은 취업과 좋은 학과 선택을 위해 끊임없이 도서관을 들락거려야 하는 '생존 경쟁'에 무방비적으로 노출되었다.

사회에 대한 이런 인식 차이는 대학생 운동의 고립을 가속화시켰다. 일반 학생과 잠재적 지지자, 학생운동의 경계가 모호했던 과거와 달리 운동권의 경계는 점차 뚜렷해졌다. 경계 양쪽에서는 서로 다른 문화, 서로 다른 언어가 사용되기 시작했다.

상품화된 교육, 비용은 수요자 부담?

대학 신자유주의화의 또 하나의 특징은 수익자 부담 원칙을 실질적으로 적용시킨 것이다. 상품의 수익자가 비용을 감당해야 한다는 시장 논리가 교육에 도입된 결과 등록금이 폭발적으로 인상했다. 외환위기 이후 일시적으로 등록금 인상을 자제하던 교육부는 국립대 민영화, 법인화를 위한 사전 작업으로 국립대의 수익사업을 보장하는 대신 재정 자립도를 높이는 정책을 추진했다.

1) 상한선 없는 등록금 인상

[그림 5-5]에서 보듯이 정부 당국은 2000년 이후 물가 상승률을 큰 폭으로 뛰어넘는 국립대 등록금 인상을 단행했다.[3] 특히 전 도시가

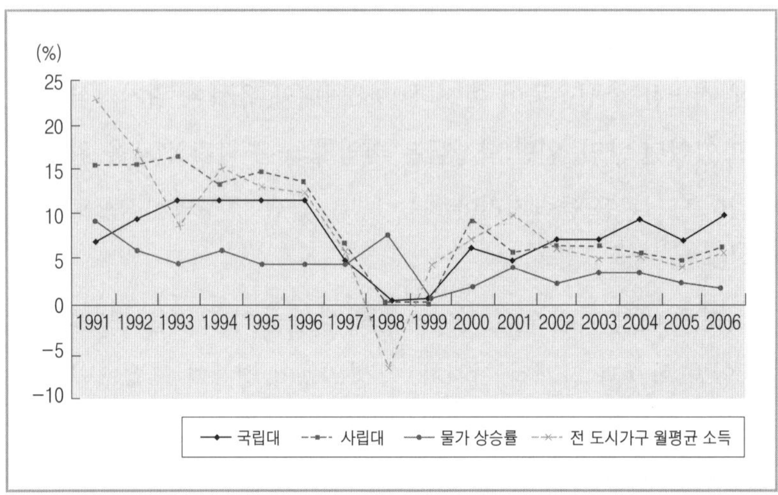

[그림 5-5] 대학 등록금 인상률, 물가 상승률, 전 도시가구 월평균 소득 증감률

* 1991~2000년 등록금 인상률, 물가 상승률은 재정경제부, 교육인적자원부 내부 자료를 김병주·나민주(2003: 66)에서 재인용. 2001~2006년 등록금 인상률, 물가 상승률은 민주노동당(2007)에서 인용. 1991~2006년 전 도시가구 월평균 소득(전년 동기 대비 증감률)은 한국은행 자료에서 인용.

구 월평균 소득 증감률이 외환위기 직후 마이너스대로 추락했는데도 2000년대의 등록금은 높은 비율로 인상되어 저소득층의 가계 부담을 가중시키고 있다.

전 도시가구 월평균 소득 증가율보다 등록금 인상률이 계속 높아지고 있다는 것은 누적된 인상분에 대한 가계 부담이 가중된다는 것을 의미한다.[4] 또 월평균 소득이 계속 증가하고 있다 하더라도 양극화에 따른 내부의 소득 격차가 계속 확대되어 저소득층이 느끼는 등록금 부담은 지표에서 확인되는 것보다 훨씬 크다.

전국 가구의 경우 소득 상위 20퍼센트의 소득을 하위 20퍼센트의 소득으로 나눈 소득 5분위 배율은 2003년 7.23, 2004년 7.35, 2005년

7.56으로 계속 상승하다 2006년 7.64를 기록해 통계 작성 이후 최대를 기록했고, 2007년 1/4분기에는 8.40까지 올랐다. 지니계수 또한 2003년 0.341, 2004년 0.344, 2005년 0.348로 확대되다가 2006년 0.351을 기록해 역시 통계 작성 이후 가장 높았다. 전 도시가구 월평균 소득은 정기적으로 월급을 받는 근로자 가구를 기준으로 한 것인데, 경제적 어려움은 근로자보다는 자영자와 영세사업자들이 더 많이 느낀다는 점을 고려하면 저소득층이 느끼는 등록금 부담은 상상을 초월할 것이다.

2) '대학 자율화'란 이름으로 방기되는 공교육 책임

1995년부터 본격화된 신자유주의적 교육 패러다임은 국립대의 법인화(민영화) 방침으로 구체화되고 있으며, 기존의 일반 회계(국고 지원)와 기성 회계(대학 자율 회계)를 통합시키고 각 대학의 수익사업을 보장하여 국고 지원의 축소분을 메우게 하려는 특별 회계법을 추진하고 있다. 1992년 국·공·사립 모든 대학이 학부와 대학원의 등록금을 자율적으로 책정하도록 했으나[5] 그동안 물가 인상과 교육의 공공적 성격을 이유로 재정경제부와 교육인적자원부가 관여해왔다. 그러나 2003년 '학교 수업료 및 입학금에 관한 규칙' 개정에 따라 등록금 책정권을 교육부장관에서 각 대학의 총장에게 완전 이관했다.

교육에 대한 국가의 책임 방기는 OECD 평균과 비교해 보더라도 심각한 수준이다. 정부는 고등교육으로 이동할수록 정부 부담을 줄이는 대신 민간 부담을 확대시켰다. 우리나라 대학, 대학원의 수업료는 OECD 국가 가운데 국·공립대는 3위, 사립대는 5위 수준이며 수업료 등 공교육비 가운데 학생과 학부모가 부담하는 민간 부담률은 단연 1위다. OECD 평균 고등교육 재정이 GDP 대비 1.1퍼센트 수준인 반면, 우리는 2005년에 0.3퍼센트, 2006년에 0.6퍼센트에 머물고 있다. 그나마 이 정도 수준의 재정마저도 BK21 등의 사업을 통해 소수 대학, 특정 과에게 '몰아주는' 방식으로 지원되면서 대학 간 경쟁을 부추기고 이는 다시 무리한 구조조정과 등록금 인상을 유도하는 악순환을 낳고 있다.

대학 간 경쟁체제에 돌입한 국립대는 전체 예산에서 대학이 자율적으로 책정할 수 있는 기성회비 비중을 2000년 37.48퍼센트에서 2005년 41.18퍼센트로 크게 증가시켰다. 2005년 현재 43개 국립대의 기성 회계 수입 가운데 11.05퍼센트에 해당하는 1653억 원이 이월액으로 처리됐다(《민중의소리》, 2006. 10. 26). 이는 대학 자체 수입(기성 회계)에 따라 국고 지원을 차등화하여 국립대 법인화를 가속화하려는 교육부의 의도에 맞추어 각 대학이 예산은 크게 늘려 잡고 집행은

[표 5-1] GDP 대비 교육 단계별 학교 교육비 구성

(단위 : %)

구 분		전체 교육 단계			초·중등교육 단계			고등교육 단계		
		정부 부담	민간 부담	계	정부 부담	민간 부담	계	정부 부담	민간 부담	계
2006년 발표	한 국	4.6	2.9	7.5	3.5	0.9	4.4	0.6	2.0	2.6
	OECD 평균	5.2	0.7	5.9	3.6	0.3	3.9	1.1	0.4	1.4
2005년 발표	한 국	4.2	2.9	7.1	3.3	0.9	4.1	0.3	1.9	2.2
	OECD 평균	5.1	0.7	5.8	3.6	0.3	3.8	1.1	0.3	1.4

* OECD 교육지표(2006), 민주노동당(2007)에서 재인용.

줄이는 식의 보수적 예산 편성을 하기 때문이다.

물론 이에 대한 피해는 고스란히 학생과 학부모에게 전가된다. 특히 재학생들의 반발을 우려해 이의를 제기할 수 없는 신입생들에게 과중한 인상률을 차등 적용해 큰 폭의 등록금 인상을 계속하고 있다.

사립대 또한 대학의 재정구조에서 등록금이 차지하는 비율이 2001년 70.1퍼센트에서 2005년 76.9퍼센트로 점차 확대되고 있다. 이렇게 확충된 재정은 학생들에게 쓰이기보다는 사용 계획이 모호한 적립금으로 누적되고 있는데, 2005년 현재 사립대학(4년제, 2년제)의 적립금 누계 총액은 5조 7677억 원에 이른다(민주노동당, 2007).

3) 등록금 인상에도 오히려 늘어난 사교육비

대학생의 교육비 부담은 여기에서 끝나지 않는다. 등록금의 폭발적 증가에도 불구하고 사교육비 부담은 오히려 늘었다.[6] 사교육비는 공공 회계 절차를 거치지 않고 개인적으로 지출되는 경비이기 때문에 통계를 내기 곤란하지만 한국소비자원이 2007년 9월 전국 25개 지역에서 20세 이상 남녀 2000명을 대상으로 설문조사를 한 결과에 따르면 조사 대상자 중 사교육 대상 자녀를 둔 사람의 54.3퍼센트가 실제 사교육을 시키고 있는 것으로 나타났다. 사교육 대상 자녀는 가구당 평균 1.86명이었고, 사교육비 지출액은 월평균 50만 2300원으로 2002년 조사 때의 37만 2900원에 비해 34.7퍼센트나 증가했다.

특히 이 조사에서 주목할 것은 학교 등급별 과외비 중 대학생이 1인당 36만 8300원으로 가장 많았다는 것이다. 우리가 흔히 가장 많은 사교육을 받는다고 생각하고 있었던 중고생은 34만 1000원으로 대학생에 비해 오히려 2만 7300원이 적었다. 이는 끊임없는 등록금 인상에도 불구하고 정규 교육 이외에 추가 교육이 더 필요해지고 있음을 의미하며, 등록금 인상이 교육의 질을 전혀 보장하지 못하는 상황을 말해준다. 대학 진학률이 82.1퍼센트에 이르면서 '평범'해진 대학생의 현실은 끊임없이 오르는 등록금과 토익, 토플 등 각종 사교육비 부담으로 '특별'했던 과거보다 더욱 열악한 환경에 처해 있다.

4) 등록금 인상은 '신용불량자'를 만들고…

높은 등록금과 사교육비를 감당할 수 없는 대학생은 대출에 의존하고 있다. 교육부에 따르면 2006년 2학기에만 32만 2897명의 학생이 학자금과 생활비 등을 신청해 25만 8439명이 대출을 받았다. 대출학생 가족의 경제능력을 보면 연평균 소득이 1981만 6900원 수준인 3분위 이하가 54.2퍼센트를 차지하고 있고, 대출학생의 부모가 은행이나 신용카드사로부터 빌린 돈을 갚지 못하거나 카드 대금을 연체한 '신용 유의자'는 26.6퍼센트에 이른다(《연합뉴스》, 2007. 1. 12).

최근 온라인 리쿠르팅 업체인 '잡코리아'가 대학생 1597명을 대상으로 조사한 결과에 따르면 대학생의 35.6퍼센트가 빚을 지고 있고, 이들이 갚아야 할 대출 금액은 평균 558만 원에 이르며 이들 중 졸업을 앞둔 4학년의 평균 부채는 640만 원으로 나타났다. 또 대출 금액이 1000만 원 이상인 학생도 17.6퍼센트나 됐다. 대출 이유의 88퍼센트는 등록금 때문이며, 2005년 8월에는 정부에 학자금 대출을 신청한 15만 6000여 명의 대학생 중 1456명이 신용불량으로 접수가 거절되기도 했다. 이 가운데 304명은 대학 1학년생으로, 성년이 되자마자 신용불량 상태에 빠져버린 것이다(《시사저널》, 2007. 1. 18).

등록금을 구하기 위해 동생과 함께 초등학생을 납치해 몸값을 요구하다 경찰에 잡힌 대학생 이야기나 대학에 입학한 딸의 등록금을 구하지 못해 스스로 목을 매 자살한 어머니의 이야기는 이제 낯설지 않다. 대학 입학과 동시에 원하는 과에 가기 위해 치열한 내부 경쟁을 치러야 하고, 치솟는 등록금을 감당하기 위해 각종 아르바이트와 대출에 매달리며 휴학과 복학을 되풀이해야 하는 오늘날 대학생의 지위는 민중을 선도하고 지원하는 '운동의 주력'이라기보다 과거 대학생들이 타자화했던 '고통 받는 민중'의 일원일 뿐이다.

◆ 청년실업의 확산, 불확실한 미래

더욱 심각한 문제는 대학생들이 치솟는 대학 등록금과 험난한 내부 경쟁을 감당하고 졸업을 해도 장밋빛 미래가 보장되지 않는다는 점이다. 1980년대 대학생들은 주로 '현장'으로 투신했고, 1990년대 들어서는 이른바 '애국적 사회 진출'을 통해 직장인이 되는 대학생이 늘어났지만 미국식 시장만능주의가 판을 치는 이 시대의 대학생들은 잠재적 실업군으로 편입되는 것이 가장 익숙한 현실이 되어버렸다. 이는 대학생의 지위 변화가 대학이라는 공간만이 아니라 사회적 현실로부터도 강하게 영향 받고 있다는 것을 말해준다.

1) 정확한 실태 파악도 어려운 청년실업

[그림 5-6]에서 보다시피 20세에서 29세 사이의 청년 실업률[7]은

1998년 외환위기 직후 급격히 높아졌다가 2006년 현재 7.3퍼센트로 전체 실업률 3.3퍼센트의 2.2배가 넘는 수치를 기록하고 있다. 그러나 외환위기 이전에도 청년 실업률은 전체 실업률보다 통상 2배 이상 높은 수치를 보이고 있으며 이는 OECD 국가들의 공통된 특징이기도 하다.[8]

일반적으로 청년층은 직장 탐색, 또는 직무 경험을 이유로 여러 일자리를 경험하면서 자신에게 적합한 일자리를 찾아가는 단계에 있기 때문에 취업과 실직이 매우 빈번하게 마련이다. 따라서 청년층의 상대적 고실업은 노동시장에서 인적 자원의 효율적 배분을 높이기 위한 적극적 구직단계를 반영한다고 할 수 있다(박성준, 2005: 11).

그러나 문제는 적극적인 구직 활동을 하지 않아 실업자로 분류되

[그림 5-6] 전체 실업률과 청년 실업률

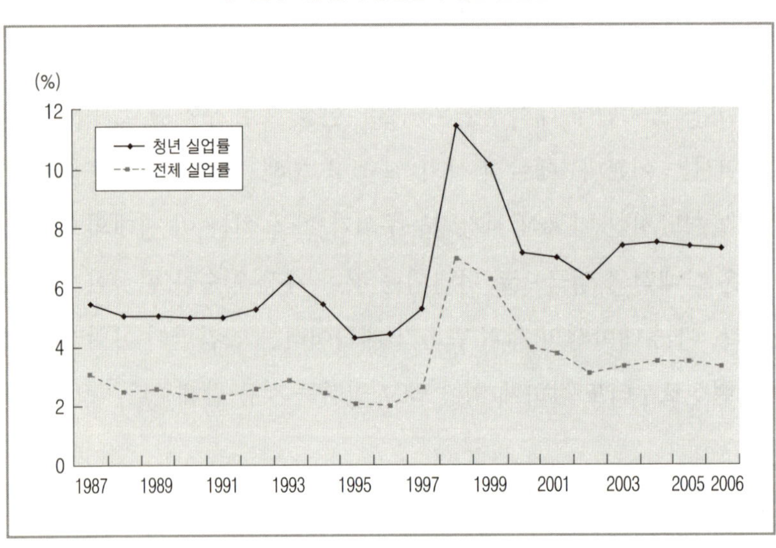

* 통계청(구직 기간 1주 기준, 청년 실업률은 20~29세의 실업률.

PART 02 한국 사회의 계급계층별 현실과 대안주체 형성의 과제

지 않는 청년층의 취업준비 비경제활동 인구가 2006년 현재 29만 9000명에 달한다는 것이다.[9] 이들을 경제활동 인구에 포함시켜 보다 현실에 가까운 2006년 실업률을 추산해 보면,

$$\frac{32만\ 900명(청년실업자\ 수)+29만\ 9000명(취업준비\ 비경제활동\ 인구)}{438만\ 1600명(경제활동\ 인구)+29만\ 9000명(취업준비\ 비경제활동\ 인구)} \times 100 = 13.2(\%)$$

에 이르며, 이는 전체 실업률의 4배에 달한다는 계산이 나온다.[10]

위의 계산은 구직 단념자를 제외한 것이다. 통계청에 따르면 구직 단념자란 "비경제활동 인구 중 취업 의사와 능력은 있으나 노동시장적 사유로 일거리를 구하지 않은 자 중 지난 1년 내 구직 경험이 있었던 사람"을 말한다. 즉, 이들은 본인이 진정으로 원해서 일을 하지 않은 사람들이 아니라 강제적으로 취업 기회를 박탈당한 사람들이다. 2006년 현재 구직 단념자는 모두 12만 2000명에 달한다. 구직 활동 경험이 1년을 넘은 완전 취업 포기자는 통계 자체가 아예 없다.

이런 유형의 실업군은 다른 OECD 국가에서도 존재할 수 있기 때문에 한국만을 특수하게 취급할 수 없다는 문제 제기가 가능하다. 그러나 구직 활동을 통해 실업수당과 다양한 교육 혜택 등을 누릴 수 있는 다른 선진국과 달리 한국의 청년실업은 주로 그 책임이 개인과 가족의 몫으로 돌려지고, 취업 실패자라는 사회적 낙인 때문에 통계에 노출되는 것을 꺼리는 현실 또한 고려할 필요가 있다.

2) 왜곡된 취업률 통계

그렇다면 청년실업의 늪을 겨우 탈출한 취업자는 정말 제대로 된 취업자일까? 취업자로 분류되어 있는 통계도 신뢰할 만한 것이 못 된다. 교육인적자원부의 2006년 대학교 취업 통계조사 결과 발표를 앞두고 《매일경제》가 취업률이 100퍼센트에 육박한다고 밝힌 5개 대학(4년제 3곳, 전문대 2곳) 졸업생 100명을 조사한 결과, 실제 취업률은 64퍼센트에 불과했다. 또 교육인적자원부와 한국교육개발원이 2005년 9월 발표한 고등교육기관 졸업자 취업 통계조사 분석 결과에는 고등교육기관 졸업자 평균 취업률이 74.1퍼센트였으나 당시 100퍼센트의 취업률을 기록했다고 선전한 한 대학의 실제 취업률은 조사 결과 70퍼센트에도 미치지 못했다(《매일경제》, 2006. 9. 17).

이런 거짓 통계는 대학과 대학, 대학 내 각 학과 간의 관계가 무한 경쟁 구도에 놓이면서 등장한 신풍속도다. 대학의 가치가 학문적 완성도가 아니라 취업률로 평가되면서 단순 아르바이트까지도 취업자로 분류하고 있는 것이다. 이처럼 경쟁을 위해 정보를 왜곡하는 현실은 결국 정부 통계의 왜곡으로 이어진다. MBC 보도에 따르면 취업률이 높으면 신입생 유치뿐 아니라 국비지원 사업을 신청할 때도 유리하기 때문에 엉터리 취업률 자료를 제출하는 대학이 적지 않은 것으로 나타났다. 취업률을 높이기 위해, 교육개발원의 취업률 확인 전화가 오면 졸업생들에게 서슴없이 거짓 응답을 강요하기도 했다(《MBC》, 2007. 9. 11). 따라서 우리가 어떤 방법으로 청년 실업률을 계산하든지 간에 정부의 공식 통계에 의존하는 한 제대로 된 실체 파악은 거의 불가능하다.

3) 전공 살린 취업은 오히려 줄어

높은 등록금과 취업의 문턱을 넘어섰다고 해서 젊은 시절 꿈꾸는 희망찬 사회생활이 시작되는 것도 아니다. 한국노동연구원에서 한국노동패널조사 7차년도 자료(2004년)를 이용하여 대학원을 포함한 고등교육 졸업자들 가운데 조사 당시 취업자를 대상으로 하여 업무 내용과 전공 간의 불일치 실태를 살펴본 결과, 외환위기 이후 고학력화 추세와 경기 침체 등으로 본인의 학력보다 낮거나 전공과 무관한 일자리에 취업하는 사례가 증가하고 있는 것으로 나타났다.

패널 조사에서는 40세 이상의 중·고령층의 전공 불일치(51.7퍼센트)보다 청년층의 전공 불일치(61퍼센트)가 더 높게 나타나고 있다. 이것은 대학 등록금이 고공 행진을 하고 있어도 실제 전공 공부가 취업에 큰 도움이 되지 못하고 있다는 것을 말해준다.

2001년 총 301개 기업의 인사 담당자를 대상으로 한 설문조사도 비슷한 결과를 보인다. 설문조사가 타깃으로 삼은 정보통신, 전기전

[표 5-2] 업무 내용과 전공과의 일치, 불일치 실태

(단위 : %)

		전공 일치	전공 불일치	전체
	전체	41.9(714)	58.1(991)	100.0(1,705)
성별	남성	43.2(482)	56.8(634)	100.0(1,116)
	여성	39.4(232)	60.6(357)	100.0(589)
연령별	15~29세	39.0(217)	61.0(339)	100.0(556)
	30~39세	39.4(256)	60.6(394)	100.0(650)
	40세 이상	48.3(241)	51.7(258)	100.0(499)
학교 유형별	전문대학 졸	37.1(200)	62.9(339)	100.0(539)
	대학교 졸	42.0(419)	58.0(579)	100.0(998)
	대학원 졸	56.5(95)	43.5(73)	100.0(168)

＊ 2004년 당시 전문대 이상의 학력을 가진 취업자.
＊ 김기헌, 2006: 96.

자, 의상디자인 산업은 어느 분야보다 전문성이 요구되는 분야임에도 설문 대상자의 37.4퍼센트가 대학에서의 전공과 직장에서 수행하는 업무 간에 큰 관련이 없다고 응답했다. 비전공자를 채용하는 이유로는 조사 대상자들의 48.4퍼센트가 "일정 기간의 훈련만 거치면 차이가 없기 때문"이라고 답했다.

2006년 7월부터 9월까지 532개 기업의 인사 담당자를 조사한 채창균과 옥준필의 조사 결과에 따르면 인사 담당자들이 신입사원 채용 시 가장 중요하게 고려하는 것은 전공이나 대학 성적이 아니라 팀워크 능력과 인성으로 나타났으며, 전문 지식이 요구되는 지식기반 서비스업의 경우도 예외가 아니었다(채창균·옥준필, 2006: 17).

이는 사회가 대학에게 어떤 교육을 원하는지에 대해 많은 시사점을 주며, 경쟁만을 강요하는 현재의 교육 방식이 과연 올바른 방향인가를 되묻게 한다.

전공과 상관없는 직장 선택은 저임금과 직무 불만족, 고용불안을

[표 5-3] 비전공자를 채용하는 이유

(단위 : %)

구분	의상디자인	전기전자	정보통신	계
업무에 관련된 전공자를 구하기 어려워서	7(10.6)	6(10.9)	24(15.2)	37(13.2)
전공자도 회사의 고유한 업무 수행에 대해 학교에서 배우지 않으므로	5(7.6)	10(18.2)	12(7.6)	27(9.7)
전공능력보다는 인성과 기초능력이 더 중요하므로	20(30.3)	13(23.6)	41(26)	74(26.5)
일정 기간의 훈련만 거치면 업무를 수행하는 데 지장이 없으므로	34(51.5)	25(45.5)	76(48.1)	135(48.4)
기타	–	1(1.8)	5(3.1)	6(2.2)
계	66(100)	55(100)	158(100)	279(100)

* 강성원 외(2001), 〈기업의 대학교육 만족도 조사연구〉, 이태정(2001)에서 재인용.

유도한다. 정규직의 경우 전공과 일치하는 일자리에 취업한 임금 노동자(연봉 2939만 7000원)가 그렇지 않은 일자리에 취업한 임금 노동자(연봉 2497만 6000원)에 비해 연간 442만 1000원가량 더 높은 연봉을 받고 있었고, 직무 만족도 또한 전공 일치 임금 노동자가 전공 불일치 노동자에 비해 높게 나타났다(김기헌, 2006).

4) '눈높이 낮추는' 것이 청년실업 해소책?

청년실업이 청년인구 과잉이나 노동수요 감소에서 나타나는 현상은 아니다. 청년층은 1996년에서 2003년 사이에 무려 137만 5000명이 감소했고 경제활동 인구도 같은 기간 69만 명이 감소하여, 중소기업은 여전히 인력 부족에 시달리고 있다. 특히 기업의 규모가 작을수록 인력 부족률은 높게 나타난다(송창용, 2006: 53).

따라서 현재 청년실업의 원인을 노동수요 부족이나 청년층의 양적 확대가 아니라 인력 고학력화에 따른 질적 수급 불일치에서 나타

[표 5-4] 중견기업 인력 부족률(50~499명 사업장) (단위 : %)

직종	2002	2003	2004	2005
전체	9.36	6.23	5.06	4.35
사무직	4.14	2.46	2.22	2.27
전문가	9.31	6.86	6.29	5.74
기술 및 준전문가	9.14	6.25	6.25	4.53
기능직	10.78	7.93	6.45	5.58
단순노무	11.55	7.08	5.49	4.62
서비스 종사자	3.02	2.93	1.23	2.61
판매관리	6.82	6.09	4.17	3.22

＊ 송창용, 2006: 53.

나는 현상이라고 해석할 수 있다. 현재 노동시장은 대학생의 하향 취업을 요구하고 있다. 그러나 근무환경이 좋은 직장을 택하려는 대학생에게만 실업의 책임을 물을 수 없다. 대기업에 비해 열악한 노동환경 속에서 훨씬 많이 일하고도 보수는 적게 받는 중소기업 회피의 책임을 청년층의 직업의식으로 돌리는 것은 산업구조 전반의 고질적 병폐에 눈을 감는 것이다.

군이 대졸 취업자가 필요하지 않은 업무에도 대졸 자격을 요구하는 기업 관행이나 대졸 학력을 기본 학력으로 취급하는 사회적 분위기는 대학 교육을 엄청난 등록금을 내고서라도 받아야만 하는 의무교육처럼 만들어버렸다. 2007년 우후죽순으로 터졌던 '학력, 학벌' 위조 사례들은 한국 사회의 학벌만능주의의 단면을 보여준다. 사회가 불필요한 학력 과잉을 부추기고 있는 것이다.

대학 진학률의 폭발적 증가로 대학생이 지나치게 많아졌다면, 이를 해결할 대안으로는 대학 수를 강제로 줄이는 것이 아니라 대학을 가지 않고도 원하는 사회생활이 가능하도록 사회구조를 바꾸는 것이 우선이다. 대학을 의무적으로 가게 만드는 것이 아니라 필요에 따라 선택할 수 있도록 해야 한다. 그러나 우리의 현실은 그런 희망과는 거리가 멀다.

[표 5-5] 대기업과 중소기업의 근무조건 비교

구분	임금	근로시간	법정외 복리비	이직률	산업재해율
대기업	263만 원	196.8	22만 원	1.16%	0.34%
중소기업 (대기업 대비)	177만 원 (67%)	200.4 (102%)	14만 원 (64%)	2.77% (2.4배)	0.94% (2.8배)

* 박성준(2005).

2007년 3월 통계청이 발표한 고용 동향에 따르면 고졸자의 실업률은 4.2퍼센트로 대졸자의 실업률 3.3퍼센트보다 높다.[11] 실업 문제의 근본 원인은 구직자의 눈높이에 있는 것이 아니라 눈높이를 높이지 않으면 안정적인 사회생활이 불가능한 사회구조에 있다.

계급 재생산 통로로 변모한 대학

대학생 수가 증가하고 대학 간 경쟁이 심화되면서 고착된 서열화는 대학을 부모계급을 자녀에게 대물림하는 데 이용되는 계급 재생산 기지로 바꿔 놓았다. 세대 간 신분 이동이 대학이라는 공간을 통해 가능했던 과거와 달리, 오히려 부모의 계급 세습이 대학을 통해 정당화되고 있는 것이다.

1) 대학 서열화의 종착지, 학벌

대학 서열화는 교육부의 대학평가사업을 행정적, 재정적 근거로 활용하면서 심화된 측면이 크다. 교육부는 1994년부터 일반 지원사업과 특수목적 지원사업을 구분하여 재정 지원을 하기 시작했다. 이어 1995년 '5.31 교육개혁안'에는 "대학 평가를 강화하고, 그 결과에 따라 재정 지원을 연계한다"고 명시했다. 이런 조치는 대학의 질을 향상시키기 위해서는 평가를 하고 결과를 공개하여 대학 간 경쟁을 유도해야 한다는 교육부의 신자유주의적 정책 방향이 반영된 결과다.

그러나 무조건적인 정보 공개는 대학 경쟁력을 강화시키기보다는 대학에 순위를 매겨 서열화하고 군소 규모 대학과 지방 대학의 쇠퇴와 공동화만을 초래할 가능성이 높다. 매번 대학종합평가가 진행될 즈음 각 대학은 좋은 점수를 받기 위해 외형 확장에만 심혈을 기울이고 있고, 여기에 들어가는 재원을 마련하기 위해 등록금을 인상하는 악순환을 되풀이하고 있다(박거용, 2005: 101-106). 이는 곧 '대학 발전＝취업에 유리'라는 등식을 성립시켜 등록금 인상 반대 시위를 막는 이데올로기로 작용하기도 한다.

'5.31 교육개혁안'에서 학부제와 함께 도입되어 차기 정권의 각종 교육정책에도 이어져온 '연구 중심 대학' '교육 중심 대학' '기술 교육 중심 대학' 등 교육 목적을 달리한 대학 특성화 방안 역시 그 취지와는 달리 '좋은' 대학의 순위를 매기는 기준으로 오용되고 있다.

물론 대학 서열화에 다른 '학벌'의 탄생이 1990년대 중반 대학의 신자유주의화로 새롭게 등장한 현상은 아니다. 그러나 대학 설립을 자율화해 대학 간 경쟁을 유도하면서 대학 진학률과 대학생 수가 급격하게 증가했고, 이는 다시 양적으로 확대된 대학생들 간의 변별력을 높이기 위한 대학 서열화 강화로 귀결되었다. 우리가 미국식 시장만능주의가 판을 치는 대학의 현실을 논할 때 서울대생의 현실과 지방 사립대생의 현실을 동일하게 평가할 수 없듯이, 이제 대학생이라는 집단은 하나의 동질적 계급으로 설명할 수 없게 됐다.

1990년대 중반까지의 학생운동이 소위 명문대를 중심으로 진행되었던 것과 달리 최근 학생운동은 과거 '변방'으로 치부되던 대학에서 비교적 활발하게 벌어지고 있는 것도 운동의 요구에 계급적 성격이 강화되고 있는 현실과 무관하지 않다. 외환위기 이후 월평균 수입의 상승에는 양극화된 사회 현실이 반영되어 있지 않듯, 하나의

통계 수치로 표현되는 청년 실업률에는 서열화된 대학 순위의 위쪽
에 있는 대학생과 아래쪽에 있는 대학생의 상반된 처지가 반영되어
있지 않다.

2) 부모 재산에 비례하는 성적과 대학 진학률

대학의 학벌, 서열화 문제는 소위 명문대 입학에 부모의 사회경제
적 지위가 점차 큰 영향을 미치게 되면서 계급 재생산의 문제로 이
어진다. 최형재(2007)가 2000년부터 2005년까지 한국노동패널조사
자료에서 일반계 고등학생 673명을 대상으로 조사한 결과에 따르면
'소득, 학력의 대물림' 현상이 매우 심각하게 진행되고 있음을 확인
할 수 있다.

우선 소득에 따른 사교육 참여 여부와 사교육비는 최상위 소득 계
층(상위 25퍼센트)과 최하위 소득 계층(하위 25퍼센트)이 2배가량 차이
를 보였다. 사교육 참가율의 차이는 대학 진학률의 차이로 이어진
다. 같은 조사에서 1분위 계층과 4분위 계층은 상위 11개 대학을 기
준으로는 5배 이상, 상위 21개 대학을 기준으로는 거의 8배의 대학

[표 5-6] 소득분위별 사교육 격차

(단위 : %)

	소득분위			
	1분위 (최상위 25%)	2분위	3분위	4분위 (최하위 25%)
사교육 참가율(%)	84.5	75.6	65.5	42.7
개인과외 참가율(%)●	25.4	9.9	7.9	4.1
사교육비(만 원)●	36.5	24.6	19.0	18.5

● 사교육에 참가한 학생에 한정할 경우의 수치임.
* 최형재(2007: 19).

[표 5-7] 소득분위별 대학 진학률 격차

(단위 : %)

	소득분위			
	1분위 (최상위 25%)	2분위	3분위	4분위 (최하위 25%)
4년제 대학	66.9	52.9	49.1	49.3
상위 11개 대학	14.1	8.3	2.6	2.7
상위 21개 대학	21.1	9.9	6.1	2.7
상위 11개 대학 또는 의학계열	15.5	9.1	2.6	4.1
상위 21개 대학 또는 의학계열	22.5	10.7	6.1	4.1

＊ 최형재(2007: 20).

진학률 격차를 보였다.

다른 통계 결과도 대학이 점차 계급을 재생산하는 공간으로 바뀌고 있다는 주장을 뒷받침한다. 서울대 사회과학원이 1970학년도부터 2003학년도까지 서울대학교 사회과학대 9개 학과에 입학한 학생들의 학생 기록카드를 조사한 결과, 일반 가정 대비 고소득층 가정 자녀의 입학 비율이 1985년 1.3배에서 2000년에는 16.8배로 확대됐고, 고소득직군(일반 회사의 간부 포함) 아버지의 자녀 입학률은 기타 그룹의 입학률보다 20배가 높으며 최근에는 그 격차가 더욱 확대되고 있는 것으로 나타났다.

2003년 서울대 사회과학대학 입학생의 경우, 39퍼센트가 서울 출신이며 서울 학생 가운데 32퍼센트가 강남 8학군 출신이었다(김광억·김대일·서이종·이창용, 2004).[12] 2007년 서울대 신입생들의 가구 소득 수준을 건강보험 납부액을 바탕으로 조사한 결과도 마찬가지다. 소득 수준 상위 10퍼센트에 들어가는 신입생은 전체의 39.8퍼센트였

[그림 5-7] 아버지의 학력에 따른 수학능력시험 점수(언어, 수리, 외국어 영역)

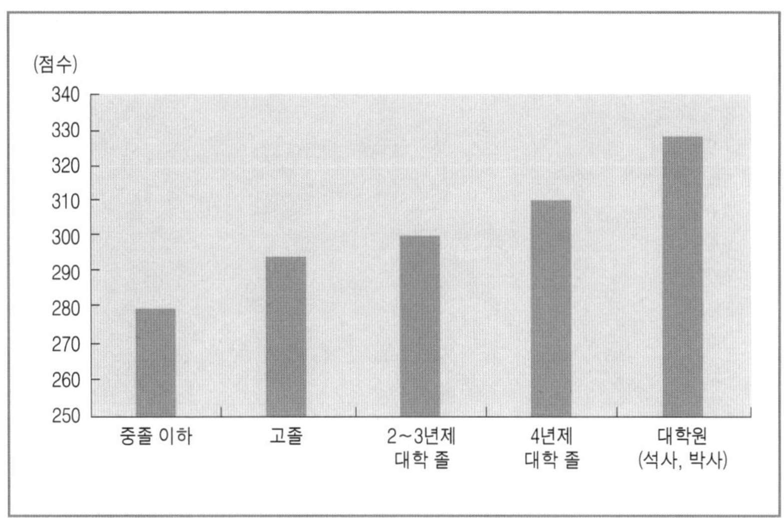

* 김경근(2005).

고, 상위 20퍼센트에 속하는 가구의 학생은 전체의 61.4퍼센트에 달했다. 반면 정부의 생계 지원을 받는 기초생활보호대상자는 조사 대상 1463명 중 단 25명(1.7퍼센트)에 불과했다(《동아일보》, 2007. 5. 8).

2004년 실시된 한국직업능력개발원의 한국교육고용패널KEEP 1차년도 자료를 바탕으로 하여 한국 사회에서 나타나는 교육격차 실태를 조사한 김경근(2005)의 연구결과는 부모의 교육 수준과 소득 수준이 학업 성취도(수능 성적)와 완전히 비례관계에 있음을 보여주고 있다.

3) 소득 차이에 따른 문화적 양극화

학력주의의 강력한 지배를 받는 한국 사회는 배우자 간 학력 상관

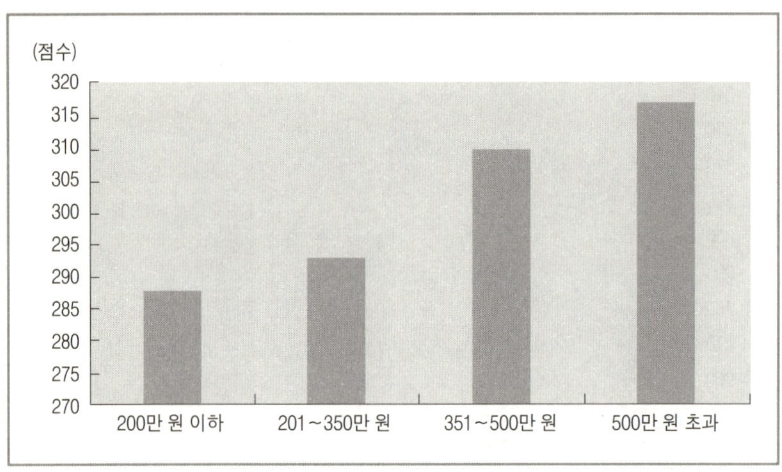

* 김경근(2005).

계수가 매우 높아 교육적 동질혼 경향이 세계 최상위권이다. 이는 그만큼 고학력 부모의 자녀들이 경제적으로나 문화적으로 풍족한 교육환경을 향유할 수 있다는 것을 의미한다. 그동안 이런 구조적 문제점을 보완해줬던 것이 계층을 초월해 존재했던 교육열이었다. 그런데 최근 중산층의 붕괴가 가시화되면서 교육 투자에서도 부익부 빈익빈 현상이 더욱 심화되어 계층 고착화 또는 양극화에 대한 우려가 점증할 수밖에 없는 상황이다.

계층 또는 부모의 사회경제적 지위는 그 자체로 학업 성취에 독립적인 영향을 미치기도 하지만 다양한 경로를 통해 간접 효과를 발휘하기도 한다. 대표적인 예가 가정 내 언어적 상호작용, 문화 실조, 부모의 자녀 교육에 대한 기대 수준과 지원 정도 등과 같이 문화자본 내지 사회자본과 관련된 것들이다. 즉 사회경제적 지위가 낮은 가정의 자녀는 경제자본 외에도 문화자본이나 사회자본의 결핍 때문에 다각도로 열악한 여건에 처하게 되고, 그 결과로 학업 성취도도 낮아지게 된다(김경근, 2005: 4, 23).

과열된 입시 경쟁을 뚫고서도 학부제 아래에서 전공 선택과 직업 선택을 두고 또다시 무한 경쟁에 시달리는 오늘날의 대학생은 점차 대학 안에서도 계층에 따른 차별을 느껴야 하는 구조적 상황에 처해 있다. 이제 소위 명문대생이 아니면 대학생으로서의 특권적 지위는 얻을 수 없다. 그러나 명문대생이 되기 위해 치러야 하는 엄청난 사교육비와 열악한 교육환경은 애초부터 공정한 출발을 보장하지 못하고 있을 뿐더러 점점 감당할 수 없는 수준으로 인상되고 있는 등록금은 저소득층의 대학 진입 자체를 원천적으로 차단하게 될 가능성이 높다.

그뿐이 아니다. 최근 언론을 통해 보도된 것처럼 대기업 등 소위 괜찮은 일자리에 취직하기 위해서는 부모의 학력도 중요하게 작용하는 것으로 나타났다. 대기업 계열사나 일부 중소기업들은 부모의 직장 내 직위, 최종 학력, 월 평균소득 등의 정보를 요구하고 있으며, 홍보나 영업 등 일부 직종에 대해서는 '지인 중 각계 유력 인사의 이름과 관계'까지 적어내야 한다(《CBS》, 2007. 9. 18).

이는 비교적 고액 연봉을 받을 수 있는 제한된 일자리조차 우리 사회 기득권층이 모두 독점해나가고 있다는 것을 보여주는 것으로, 계급계층 간 이동 가능성을 점차 차단시켜 버린다. 미국식 시장만능주의 시대에 확장되고 있는 이러한 인적 네트워크는 마치 공정한 경쟁을 통해 이루어진 정당한 결과인 양 은폐되고 있다.

4) 교육을 통한 신분 이동 가능성 하락

이러한 기득권층의 커넥션이 공공연하게 폭로되지는 않았어도, 일반 국민 사이에서 부모 세대의 신분이 자녀 세대의 신분과 달라질 수 있을 것이라는 믿음은 외환위기 이후 크게 낮아지고 있다.

통계청(2000) 자료에 따르면 1991년에는 60.7퍼센트, 1994년에는 60.3퍼센트의 국민이 세대 간 이동(신분 상승) 가능성이 높다고 대답했으나 1999년에는 이 수치가 41.2퍼센트로 낮아졌다. 특히 스스로를 하층으로 인식하고 있는 노동계급(2002년 부산, 울산, 경남에 소재한 민주노총 산하 92개 금속연맹 소속 기업별 노동자와 금속노조 소속 지회 노동자 1208명의 표본조사)의 경우 26.8퍼센트의 노동자만이 세대 간 신분 이동의 가능성이 있다고 답했다(강수택, 2003: 72-73).

대학의 신자유주의화는 신분 상승의 통로였던 대학을 계급을 재생산하는 곳으로 구조화시키는 경향을 더욱 심화시켜 나갈 것이다. 최근 등록금 인상 해결 방안 가운데 하나로 거론되는 '기여 입학제'는 별다른 힘을 들이지 않고도 자본으로 학벌을 획득할 수 있는 계급 재생산의 결정판이라고 할 수 있다.

이런 사실들은 오늘을 살아가는 대학생들이 신자유주의적 사회 구조 아래에서 소수의 몇 사람을 제외하고는 어느 민중계급과 견주어도 낫다고 할 수 없는 상황에 처해 있다는 것을 말해준다. 더구나 대학생으로서의 고통은 그 자신에게만 해당되는 것이 아니라 세대를 되풀이하면서 영향을 미치는 문제다. 이제 대학은 거의 유일하게 신분 상승이 가능한 특권적 공간이 아니라 소수의 특권층을 제외하고는 신자유주의 아래에서 '고통 받는 노동자'가 되기 전에 잠시 거쳐 가는 통과의례로서의 성격만이 강해졌을 뿐이다.

지금까지 살펴본 것처럼 대학의 신자유주의화가 본격화한 이후 과거 어느 정도 특권층의 경계에 존재했던 대학생의 지위는 급격하게 추락했다. 내부 구성의 다양성에도 불구하고, 서열화한 대학구조 위쪽에 있는 소수 대학생을 제외하면 대부분의 대학생은 '예비 노동자' 혹은 '예비 청년실업자'로서의 성격이 강화되었다.

그렇다면 이런 구조적 변화는 어떻게 극복되어야 할까? 이제까지 그토록 실망했던 정치인에게 기대거나 등록금 인상을 주도하는 학교 당국에 애원할 것이 아니라면, 남은 답은 대학생 스스로 자기 문제를 해결하는 것이다. 우리가 다시 대학생 운동에 주목해야 하는 이유다.

3

—

새로운 시대, 새로운 대학생 운동을 위하여

◆ 신자유주의가 만들어낸 '불완전한 보수화'

1990년대 중반부터 스멀스멀 대학가로 기어들기 시작한 신자유주의는 학생운동에 대한 국가 폭력의 집중과 함께 대학을 잠식해나갔다. 아니, 대학만이 아니라 우리 사회 전체를 뒤덮기 시작했다. 무서운 속도로 한국 사회를 기업사회와[13] 경쟁만능주의 사회로 바꿔 놓았다. 세상을 바꾸기 위해 목숨까지도 바칠 수 있었던 20년 전의 대학생들과 다른 오늘의 대학생은 어떻게 살아가고 있을까?

"취업, 토익, 어학, 공무원시험, 공모전 준비……. 결과적으로는 취업이다. 조기 휴학이 많아졌다. 2학년 2학기 정도에는 휴학을 한다. 1학기에는 토익이나 토플을 공부하고 2학기가 되면 휴학해서 공무원 시험이나 자격증 시험에 도전한다."[14]

오늘날의 대학생들도 1980년대의 대학생들처럼 바쁘게 살아간
다. 엄청난 등록금도 모자라 온갖 사교육을 감당하기 위해 고리의
학자금 대출에 기대거나 하루 종일 아르바이트에 시달려야 한다. 대
학에서도 상대평가제로 경쟁에 시달려야 한다. 대학공동체? 저항문
화? 이런 것은 눈에 보이지 않는 자본에게 자리를 내어준 지 오래다.
대학생과 대학 수의 폭발적 증가는 대다수의 학생들에게 교육수준
에 맞지 않는 하향 취업만을 강요한다. 그나마 몇 번이라도 취업을
시도하려면 엄청난 사교육비가 다시 투자된다.[15] 2000년대의 대학생
들은 1980년대 혁명가만큼이나 바쁘다.

미래에 대한 불안감은 대학생의 가치관을 흔들어 놓았다. 2006년
9월부터 12월까지 한국노총 중앙연구원의 의뢰로 박준식 교수가 경
기대, 국민대, 단국대, 동국대, 서울시립대, 숭실대, 연세대, 한성대,
한양대, 홍익대 등 수도권 10개 대학에 재학 중인 학생 615명의 인식
을 조사한 결과는 오늘날의 대학생들이 과거 대학생이라면 당연히
갖고 있었을 '친노동, 반자본' 의식에서 많은 변화를 보이고 있고,
이제는 대학생을 '진보의 아성'이라고 부르기 어려운 상황에 이르렀
음을 보여준다(《프레시안》, 2007. 4. 3).

대학 공간이 지배계급의 이데올로기에 저항하고 대항 이데올로
기를 창출하는 대항 기구로서의 성격을 잃어버리고 있는 것이다. 물
론 이런 정치적 보수화 경향은 대학생들뿐 아니라 거의 전 계급에
걸쳐 나타나고 있는 보편적 현상이다. 1991년과 2003년 설문조사 자
료를 비교분석하여 노동계급의 계급의식과 보수화 정도를 살펴본
조돈문(2006)의 연구 결과를 보면 노동계급의 보수화 경향을 확인할

수 있다.

그러나 희망이 없는 것은 아니다. 노동계급 내 거의 모든 부문에 걸쳐 보수화가 진행되고 있지만 예외적으로 조직 노동 부문, 특히 민주노총의 조직 노동자들은 보수화가 진행되지 않고 있었고 미조직 부문에 비해 높은 계급의식을 보이기도 했다.

금속 관련 기업에 종사하는 민주노총 소속 노동자들만을 대상으로 사회의식을 조사한 강수택(2003)의 연구에서도 조직화된 노동자들은 강한 노동계급 정체성을 유지하고 있음이 확인됐다. 이런 사실은 지배 이데올로기에 맞설 대항 기구가 존재한다면 지배 이데올로기에 일방적으로 포섭되지 않는다는 점을 말해준다.

이것은 대학생들의 보수화 현상을 설명하는 데에도 많은 시사점을 준다. 즉, 대학생의 보수화가 대학 사회의 변화에 따른 필연적 귀결이라기보다 학부제의 도입과 국가권력의 억압으로 지배 이데올로기에 대항할 대항조직으로서의 학생조직들이 파괴되었기 때문이라는 해석이 가능하다. 물론 서두에서 언급했듯이 진보와 개혁을 자처한 기성세대의 정치적 실패도 대학생들의 정치적 보수화의 중요한 원인이지만 대학생의 진보적 대중조직이 굳건히 존재했다면 그런 현상에 큰 영향을 받지 않았을 것이다.

대학생 정치의식에 관한 각종 설문조사 결과도 자세히 살펴보면 응답 속에 상반된 가치가 혼재하고 있는 경우를 흔하게 볼 수 있다. 과반수가 앞으로 진보정당이 우리나라를 이끌어가야 한다고 답하면서도 한나라당을 지지한다거나 구조조정은 필요하지만 나는 제외되어야 하고, 노동운동은 싫지만 노조에는 가입하겠다는 식이다. 이것은 대학생의 보수화가 확고하게 자리잡혀 있다기보다 즉자적인 '선호' 수준에 머물러 있다는 것을 말해준다. 기반이 허술하여 언제든지 쉽게 무너질 수 있는 '불완전한 보수화'인 것이다.

바꿔 말해서 대학생 운동 또한 대학생들의 처지에서 출발하여 문제의 근원까지 접근할 수 있는 새로운 운동 방식으로 대학생 운동조직을 건설하고 복구해낸다면 신자유주의에 대항하는 대항 이데올로기도 만들 수 있고, 대학의 신자유주의와 함께 진행되는 대학생 의식의 신자유주의화에도 맞설 수 있다는 점을 시사한다.[16]

그렇다면 대학생 운동은 어떻게 새로운 운동 전략을 수립해야 하는가? 물론 이 문제에 대한 해답은 대학생 스스로가 찾아야 한다. 어찌 보면 대학생이 아닌 이들이 대학생 운동의 방향에 대해 왈가불가하는 것 자체가 바람직하지 못한 일일 수 있다. 그러나 우리 사회의 현실을 개선하는 데 대학생 운동이 차지하는 역할을 고려한다면, 대학생 운동의 위기를 단지 대학생만의 문제로 남겨둘 수도 없다. 우리가 위기에 처한 노동운동을 걱정하고, 미조직화된 비정규직의 조직화 문제를 함께 모색하듯, 대학생 운동이 처한 위기 또한 함께 대안을 찾아야 한다. 다만 그것이 냉소주의나 회의주의를 표출시키는 방식이 아니라 공동의 문제를 극복하기 위한 실천적 연대의 관점에서 제기되어야 할 것이다. 이제 새로운 대학생 운동의 부활을 위한 몇 가지 방향에 대해 살펴보자.

315

◆ 자신의 처지에 기반을 둔 새로운 운동주체 형성

과거에는 어느 정도 안정된 미래를 약속받았던 대학생은 신자유주의 시대의 도래와 함께 특수한 자기 문제를 안게 되었다. 그들 또한 '고통 받는 민중'의 일원이 된 상황에서 사회적 취약계층에 대한 '지원 투쟁'을 우선으로 하기보다는 자기 문제를 먼저 해명하고 해결해나가야 할 필요성이 커졌다.

이제까지 운동주체를 형성한다는 것은 대중을 의식화하고 조직화하는 것을 뜻했다. 그러나 여기에 전제가 되는 것은 자신이 처한 현실 문제에 대한 자각과 분노다. 삶과 동떨어진 의식화, 조직화는 소수의 선진적인 지식인이 만든 기존의 운동이론을 단순하게 주입하여 서클주의적 조직을 만드는 형태로 귀결될 수밖에 없다.

대학생 운동이 다시 한 번 대중적 운동으로 거듭나기 위해서는 먼저 대학생이 어떤 측면에서 삶을 억압당하고 있는지 구체적으로 파악해야 한다. 대학에 입학하자마자 전공 선택과 등록금, 취업에 대한 스트레스에 시달려야 하는 대학생들은 더 이상 '민중을 위해 복무'만 해야 하는 특권적 주력군이 아니다. 대학생 '너머'에 존재하는 것으로 인식되어온 '민중'을 위해 복무하기 이전에 먼저 자기 요구에 대한 해명과 해결이 필요하다.

1) 자신의 처지에서 출발해야 운동 대중화가 가능

대학생 운동은 대학생이 처한 모순적 현실을 폭로하고, 이에 대한 분노를 운동으로 상승시킬 때만이 대중화될 수 있다. 또 대학생이

처한 현실이 단지 대학이라는 공간의 문제만이 아니라 사회 전체를 움직이고 있는 거대한 구조 변동의 파생물일 뿐이라는 점을 인식할 때, 대학생 운동은 거대한 사회변화를 이끄는 한 주체로 참여할 수 있다.

68혁명의 부활이라고까지 일컬었던 프랑스 대학생의 '최초고용계약법 반대' 투쟁은 민중의 이익에서 출발한 것이 아니라 대학생의 요구를 전면에 내세우며 시작되었다. 그러나 이 운동은 대학생만의 집단이기주의적 요구가 아니라 정부의 신자유주의적인 실업 대책에 대한 저항이었기 때문에 노동계급을 비롯해 동일한 지향을 가진 여러 부문의 지지와 지원을 이끌어낼 수 있었다.

학생 수가 30만 명에 이르는 멕시코 우남대학 사례도 마찬가지다. 1910년대 멕시코 혁명 이후 노동자, 빈민의 자녀들이 무상으로 대학 교육을 받을 수 있도록 세운 우남대학에 IMF가 정부 보조금을 삭감하라고 요구하자 우남대학 총장이 이를 수용해 60~80달러의 수업료를 부과할 방침이라고 밝히면서 학생들의 강한 저항이 시작됐다. 1999년 2월 26일 수업료 부과에 반대하는 시위가 1만 5000명이 참가한 가운데 일어난 것을 시작으로 하여 약 8만 명의 학생들이 매주 시위를 벌이고 4월 19일부터는 동맹휴업에 돌입해 결국 당시 집권당이었던 제도혁명당PRI이 대학 총장에게 양보 조치를 취하라고 명령하도록 만들었다(《월간말》, 2001년 3월호).

한국의 경우도 예외는 아니다. 대학가에서 등록금 인상에 대한 이슈가 본격적으로 제기되기 시작한 2000년에는 등록금 인상 반대 투쟁을 매개로 하여 학생총회가 성사되거나 대중 집회가 성황리에 개

최된 사례가 많았다. 정파 간 알력 다툼이 극심했던 학생운동 세력
도 오랜만에 대중적인 공동 투쟁을 성사시켰고, 많은 대학에서 납부
연기, 동전 납부 투쟁, 벽돌 쌓기, 항의엽서 보내기, 검은 옷 입기, 대
학 본부 업무 방해 등 다채롭고 새로운 운동 방식을 선보여 많은 학
생들의 관심과 참여를 유도해내기도 했다.

2) 자기 문제에 사회 문제를 결합

그러나 등록금 반대 투쟁은 다른 어떤 이슈보다 학생들의 관심과
참여를 유도해내고 있지만, 여전히 단지 몇 퍼센트 인상이라는 숫자
싸움에만 치중할 뿐 등록금 인상의 근본적 원인인 신자유주의 정책
기조에 대한 반대로까지 상승하지 못하고 있다(박거용, 2000). 등록금
인상의 근본 원인을 회피한 채, 단순히 인상률 싸움에만 치중하는
등록금 투쟁은 대학생들이 처한 현실을 근본적으로 바꿀 수 없는 미
봉책일 뿐이다.

이제 대학생 운동은 정치사회적 이슈에서 출발하여 대학 내 문제
를 결합시키는 형태가 아니라 대학생이 처한 현실을 사회 문제의 일
환으로 인식하는 발상의 전환이 필요하다.

현재 다양한 학생운동 그룹들은 이러한 주장에 원론적으로는 동
의하면서도 자기 문제 해결이라는 과제는 운동의 후순위로 배치하고
있다. 이런 관성은 과거 학생운동이 활발했을 때 학생들의 높은 정치
의식 수준을 바탕으로 했던 운동 방식을, 달라진 대학과 대학생의 지
위에 맞게 수정하지 못해 나타나는 문제다. 학생 대중의 높은 정치의
식 수준을 전제로 한 운동 방식은 현재 대학생들의 인식과 너무 큰

격차를 보이기 때문에 운동과 대중이 분리되어 버린다. 이런 운동은 점차 소수만을 기반으로 한 조직운동으로 귀결된다.

이제 새로운 대학생 운동은 운동 사수를 위해 과거의 방식과 내용을 고수하기보다는 오늘날 대학생의 처지에 부합하는 대중적 내용과 방식을 끊임없이 모색해야 한다. 이제까지 각 운동이 고수해왔던 운동 정체성을 버리라는 것이 아니다. 다만, 변화한 구조를 재해석하는 적극적인 노력이 필요함을 강조하는 것이다.

◆ 학생운동 정상화와 내외적 연대의 복원

대학생 운동이 자기 문제 해결을 중심에 두고 활동해야 한다고 해서 '자기들만의 운동'으로 되어야 하는 것은 아니다. 대학생이 처한 현실적 문제가 대학만의 문제가 아니라 '사회 전체의 신자유주의화'에서 비롯되었듯이 이를 극복할 주체는 궁극적으로 신자유주의로 고통 받는 모든 대학생과 모든 민중, 국민이 되어야 한다.

1) 대표성과 대중성을 바탕으로 한 대학생 대중조직 건설

대학생 운동은 1990년대 중반 이후 연이은 국가의 억압과 내부 갈등으로 산산이 해체되었을 뿐 아니라 학생 대중과의 접촉면도 크게 단절되었다. 대학생을 대표할 대중조직의 부재는 신자유주의에 따른 대학생들의 고통과 분노를 하나의 사회적 힘이 아닌 개별적 불만으로 표출하게 만든다.

어떤 대중조직이 사회적 영향력을 가지기 위해서는 '대표성'과

319

'대중성'이 확고하게 정립되어 있어야 한다. 대표성이란 구성원들의 이해와 요구가 그 조직으로 대변되는 것을 말하며, 대중성이란 조직을 운영하는 이들의 활동이 조직이 포괄하고 있는 구성원과의 민주적 의사소통을 통해 구성원으로부터 대표성을 인정받다는 것을 의미한다. 그러나 오늘날 대학생 운동은 대표성과 대중성에서 모두 극도로 취약해졌다.

대학생의 자주적 대중조직이라고 할 학생회는 대표성과 대중성의 부재로 사회적 영향력도 상실하고 있다. 이제 각 학생회의 주장은 학생회 조직을 구성하고 있는 소수의 주장으로 받아들여질 뿐 그들이 속한 학생 사회 전체를 대변하는 주장으로 받아들여지지 않는다.

대학생 조직을 정상화할 수 있는 힘은 무엇보다 '공동의 이해관계'와 이를 바탕으로 한 '응축된 요구'에서 나온다. 앞에서 살펴보았듯이 결코 '모든' 대학생은 아니라 할지라도 대부분의 대학생이 가진 이해관계는 '대학의 신자유주의화'가 불러온 대학 자체의 모순에서 비롯된다. 일상화된 경쟁, 치솟는 등록금, 사회 진출에 대한 극도의 불안감, 계급서열적 대학관계는 대다수 대학생들이 처한 고통의 근원이다. 이런 응축된 요구를 바탕으로 현재 대학 사회에 존재하는 다양한 정치적 경향은 실천적인 연대를 모색해야 한다.

대다수 대학생의 요구가 하나의 지향을 갖는다고 해서 다양한 정치 노선을 둘러싼 경쟁이 의미가 없다는 것은 아니다. 대학생도 주요 사회구성 집단 가운데 하나기 때문에 사회가 나아갈 방향에 대한 나름의 세계관을 가지는 것은 시대에 뒤떨어진 것도 잘못된 것도 아니다. 다만, 그런 경쟁은 대학 사회를 대표하는 '사회적 힘'이 형성되었을 때 내부에서 해야 할 문제지, 대표성과 대중성을 획득하지 못한 상황에서 갈등으로 부각시켜야 할 것은 아니다. 다양한 정치 노선의 차이는 '내적 연대'를 도모함으로써 발전적인 경쟁관계로 형성해나가야 한다.

또 신자유주의를 둘러싼 사회적 균열이 존재하듯이 신자유주의적 대학 재편에 찬성하는 입장도 존재할 수 있다. 바로 여기에 자신들이 추구하는 방향을 다수 대중이 지지하도록 만들려는 실천적 노력이 필요하다. 이것이 바로 '운동'이 필요한 영역이다.

새로운 대학생 운동은 현재 대학생이 느끼는 고통의 근원이 '대학의 신자유주의화'에 있다는 것을 학생 대중과 공유하는 것에서 출발해야 하며, 이를 통해 학생 대중의 지지와 참여로 운영되는 대표조직을 재건설해야 한다. 그리고 이렇게 형성된 힘을 사회적 힘으로 상승시켜 사회의 근본적 구조변화를 구현해야 한다.

2) 외적 연대 복원과 반신자유주의 공동전선의 구현

대학생이 특수한 자기 문제를 가진다고 해서, 이것이 개별 대학 내부만의 문제로 국한하지는 않는다. 신자유주의는 사회 곳곳으로 침투하고 있고, 각 영역의 특수한 문제 상위에는 공동의 이해가 자리하고 있다. 청년실업이나 계급 재생산 문제가 대학 내부의 싸움만으로 해결될 수 없듯, 신자유주의 전반의 문제는 이를 통해 고통 받는 모든 계급계층의 연대로 해결해야 한다. 이는 개별 대학의 울타리를 뛰어 넘는 외적 연대의 복원을 필요로 한다.

우선, 각 대학의 운동은 대학 간 운동으로 이어져야 한다. 어떤 대학생 운동이냐를 떠나 개별 대학의 울타리에만 머물고자 하는 일부 '반운동적' 경향은 그들이 제기한 '학내 문제'의 근원적 해결조차 개별 대학, 개별 대학생의 힘만으로는 결코 이루어질 수 없다는 점을 애써 외면하고 있다. 대학생이라는 범주의 요구가 대학 간 운동의 연계를 통해 사회적 힘으로 형성되지 않는다면 개별 대학에서 할 수 있는 것들이란 학교 당국의 시혜를 바라는 것뿐이다.

또 외적 연대는 대학생만을 대상으로 삼아서는 안 된다. 대학생은 어릴 때부터 습관화된 경쟁구조 안에서 비정규직에서 정규직으로, 노동자에서 관리자로 상승하기 위해 끊임없이 채찍질당하고 있지만 대학 밖의 노동자, 비정규직, 실업자들과 '공동의 대응'을 모색하지 않는다면 그들도 희망찬 미래 따윈 기대하기 어렵다.

따라서 새로운 대학생 운동 역시 기존의 대학생 운동처럼 폭넓은 외적 연대를 통해 사회 근본모순에 접근해나가는 '사회운동적 성격'으로 전개되어야 한다. 1980~90년대 영국과 미국의 보수 정권 아래에서의 노동조합 운동은 여타 사회운동과의 연대를 포기하고 국가와 자본의 공세에 대해 양보 교섭으로 일관하면서 노동운동의 위축은 물론 노동계급의 지지도 얻지 못했다. 이 사례는 대학생 운동 또한 여타 사회운동과의 튼튼한 연대를 통해 형성되지 않으면 운동 확장은 물론 대학생들의 지지 획득에도 명백하게 한계가 조성될 것이라는 점을 시사해준다.

프랑스에서 최초고용계약법이 철회될 수 있었던 것은 대학생들의 선도 투쟁 때문이기도 하지만, 프랑스의 노동조합이 학생들의 주장에 동의하고 전 사회적인 연대 투쟁이 성사되었기 때문이기도 하다. 10주간에 걸친 대규모 투쟁 과정에서 노동자들과 대학생들은 이것이 어떤 제도 하나를 막는 것이 아니라 신자유주의의 거대한 흐름을 저지하는 싸움이라는 인식을 같이 했다. 노동계급의 투쟁이 다른 사회세력들로부터 고립되어 전개된다면 집단 이기주의로밖에 비춰지지 않듯이, 대학생의 처지개선 투쟁도 자신의 처지만을 위한 것이 아니라 보다 근본적인 정치 목표를 향한 것이어야 한다.[17]

물론 노동자의 경제 투쟁이 정치 투쟁과의 경계에서 항상 혼란을 느끼고 동요하듯이, 새로운 대학생 운동도 학원 내의 고유한 문제와 학원 밖의 이슈를 연결시키는 데 다소 어려움이 발생할 수 있다. 그러나 이것은 넘어설 수 없는 장애가 아니라 운동이 극복해야 할 과제다. 이 두 영역 간의 간극을 메우는 것, 그것이 새롭게 대학생 운동을 복원시키려는 힘들이 풀어야 할 숙제다.

대학생이 사회적 연대를 복원하기 위해서는 다른 부문운동의 지지와 협조도 필요하다. 대학생에게 모든 운동에 동참해줄 것을 요구했던 방식에서 탈피하여 그들이 자기 문제를 되돌아볼 수 있는 시간과 여유를 제공해줘야 한다. 필요하다면, 대학생의 투쟁을 다른 운동이 적극 지원하는 방식도 고려해야 한다. 실천적 연대는 일방적인 지지지원 관계로 성립되는 것이 아니라 필요할 때 서로 도움을 주고받음으로써 만들어진다.

한편, 대학생 운동을 비롯해 정치운동, 진보적 시민운동과 연대를 구축하는 것은 노동운동의 핵심 과제기도 하다. 신자유주의로 인해 생산 과정에서만이 아니라 생활공간 곳곳에서 자본의 이해가 관철되고 있는 현실에서 노동자는 개인적인 소비 주체로 재구성되고, 증대된 소비를 감당하기 위해 더욱 열심히 자본의 지배 아래 들어서게 된다. 생산공간만이 아니라 생활공간까지 침투한 자본의 지배를 극복하기 위해서는 노동조합운동을 확장하는 것만으로는 역부족이다. 노동조합이 모든 문제를 떠안거나 이들을 대변하는 정당이 대리하는 것이 아니라 생활 세계에서 고통당하고 있는 대중 스스로 직접 현실 극복을 위해 투쟁의 주체로 나서도록 해야 한다(김승호, 2003). 노동자들은 대학생과의 연대가 사회현실 극복을 위한 현재의 실천적 연대이자 머지않아 한 배를 탈 예비 노동자들과의 미래적 연대라는 사고를 가져야 한다.

◆ 저항의 동원에서 대안의 동원으로

대학생의 현실을 기반으로, 신자유주의에 반대하는 사회적 연대를 형성해야 한다는 것에 동의한다면 남은 문제는 어떤 대안을 제시할 것이냐다. 물론 감당할 수 없는 신자유주의 광풍 앞에 이를 극복할 동력조차 마련되지 못한 상황에서 대안을 제시할 엄두가 나지 않는 것도 사실이다. 그러나 한편으론 현실 가능한 대안을 제시하지 못하기 때문에 동력이 형성되지 못하는 것일 수도 있다.

새로운 대학생 운동이 먼저 힘을 기울여야 할, 그리고 실현할 수 있는 대안적 연대의 방향은 자신의 주체적 지위를 인정받는 것이다. 대학 재정의 상당 부분을 감당하면서도 대학 운영의 한 주체로 참여하지 못하는 대학생의 지위는 주권을 가지고 있으면서도 국가 운영에 참여할 수 없는 '개별화된 국민'의 처지와 다르지 않다. 과거 대학생들이 치열한 학원 자주화 투쟁을 통해 대학의 주체로 인정받아 대학 운영에 개입할 수 있었듯이, 오늘날 대학생 역시 학생운동 정상화를 통해 대학 운영에 개입할 수 있을 때 보다 높은 수준의 대안실현을 위한 토대와 역량을 구축할 수 있다.

이를 위해서는 대학 운영에 학생들이 개입할 수 있는 방법을 제도화시켜내는 것이 필요하다. 예를 들어 합리적인 등록금 책정과 사용을 위해 학교 당국과 학생들로 이루어진 '예산편성위원회'를 요구해볼 수도 있다. 학교 측에서 마련한 1년 예산안을 학생들이 함께 심의하고, 이를 토대로 등록금 인상 여부의 타당성을 검토한다면 꼭 필요한 인상분에 대해서는 학생들의 동의를 얻을 수 있고 학교 재정 운용의 투명성도 확보할 수 있다. 이 과정에서 교육의 환경적인 측면뿐 아니라 교육의 질적인 측면을 포함한 학생 복지 등의 문제에 대해 학교 측과 보다 책임 있는 논의도 가능하게 될 것이다.

이런 제도 마련은 불가능한 것이 아니다. 과거 적지 않은 대학에 비록 비공식이긴 했지만 학생들과 학교 당국의 책임 있는 대표들이 모여 등록금 인상을 비롯한 대부분의 학교 운영을 함께 논의하고 합의하는 절차가 마련되어 있었다. 이런 제도가 사라진 것은 1990년 중반 학생운동에 대한 국가의 억압이 심화된 시기를 틈타 신자유주의적 구조조정이 이루어지면서부터다. 그동안 대학생은 대학 운영에서 자신들의 당연한 권리를 박탈당해온 것이다.

이 외에도 다양한 방면에서 오늘날 대학생이 겪고 있는 현실을 극복하기 위한 대안들이 제시되고 있다. 교수단체에서는 등록금 문제 해결을 위해 '등록금 후불제'라는 대안을 제시해 시행이 현실화되고 있으며, 학벌로 인한 계급 재생산의 문제를 비판하는 시민단체에서는 '대학 평준화'를 제안하기도 했다. 또 청년실업 문제 해결을 위해 노동시간 단축을 통한 사회적 일자리 나누기나 기업의 사회적 투자 확대를 제시하기도 한다.

이런 다양한 대안들은 개별적인 대안이 아니라 공동의 대안으로 만들어야 한다. 대학의 신자유주의화를 극복할 대안적 대학체제를 모색하는 것은 신자유주의로 엉망이 된 한국 사회의 대안체제를 모색하는 것과도 유사하다. 신자유주의를 거부하는 사회 각계의 대안 논의들이 구체화되고 '공동 대안'을 바탕으로 광범위한 연대가 형성될 때, 개별적인 힘들은 각자가 속한 사회를 넘어 새로운 국가체제를 건설하는 변혁의 동력으로 결집될 수 있다. 그때, 새로운 사회의 지평은 우리 앞에 성큼 다가올 것이다.

◆ 대학생 운동은 여전히 희망이다

오늘 우리가 누리고 있는 민주주의는 대학생 운동의 헌신성에 큰 빚을 지고 있다. 그러나 한국 사회의 민주주의가 완성되었다는 허구적 담론 속에서 대학생 운동은 '시대에 뒤떨어진' 애물단지로 취급받기 일쑤다. 정말 오늘의 현실이 과거에는 결코 해결될 것 같지 않던 사회 모순이 해결되어가고 있는 상황이라면 대학생 운동의 쇠퇴는 자연스런 것이고 오히려 환영할 만한 일일 것이다. 그러나 과연 현실이 그런가?

사회 전반의 신자유주의 광풍 속에서 사회 서열 아래쪽에 위치한 사람들의 삶의 질은 꾸준히 추락하고 있다. 때로는 청춘의 낭만으로, 때로는 불덩이 같은 열정으로 민중적 인생관을 고민했던 대학생은 이제 전쟁 같은 경쟁 구도에 빠져버렸다. 대학은 이제 기업이 원하는 교육 서비스를 생산하는 자본의 종속물로, 미국의 세계 지배 전략에 복무하는 이데올로기 생산기지로 변모했다. 과연 대학생 운동의 역할과 책임은 종말을 맞이했는가?

모순이 실재하고 이를 극복할 주체가 있는데도 운동이 확산되지 못한다면 그 문제는 전략의 미비 혹은 오류에서 찾아야 한다. 대학생 운동의 위기는 현재의 조건에 맞는 새로운 주체 형성과 전략 수립을 요청하는 신호다. 물론 이런 문제를 해결해야 할 주체는 대학생 자신이다. 아마도 현재 대학생들은 과거의 상황만을 비교하며 이래라 저래라 말만 많은 자칭 '조언자'들에게 대단히 실망하고 있는지도 모른다.

그러나 이런 현상은 역설적으로 한국 사회의 현실이 여전히 대학생 운동에 희망을 걸 수밖에 없기 때문이기도 하다. 한국 민주주의가 청년들의 거대한 함성으로 첫 발을 내딛었듯이 미국식 시장만능주의가 판을 치는 현실을 극복할 새로운 대안적 미래도 대학생들의 힘찬 목소리에서 출발할 수 있다. 여전히 이 땅의 청년들은 우리 미래의 희망이다.

1   최근 신자유주의에 대한 문제의식이 확산되면서 이를 좀더 쉽고 분명한 의미가 담긴 말로 대체하자는 의견이 제기되고 있다. 다양한 대안 중 '시장근본주의'라는 표현이 가장 적절한 것으로 보이는데, 신자유주의가 세계의 미국화를 의도하는 미국의 21세기 지배 전략이라는 점을 고려하면 '미국식 시장만능주의'가 더욱 정확한 단어인 것 같다. 그러나 합의되지 않은 언어 사용은 또 다른 혼란을 불러일으킬 수 있다는 점에서 이 글에서는 '신자유주의'와 '미국식 시장만능주의'라는 표현을 혼용하도록 하겠다.

2   대학교육협의회, 〈대학 학부제 개선방안 연구〉, 1997년; 이태정(2001)에서 재인용.

3   흔히 등록금을 인상하려는 교육부나 대학 당국은 인상에 가장 큰 영향을 주는 요인으로 물가 상승을 들고 있고, 민주노동당(2007)은 2000년대 들어 대학 등록금 인상률이 물가 상승률의 3~5배 정도에 이르러 물가 상승을 부추기고 있다고 분석한다. 그러나 김병주·나민주(2003)의 분석에 따르면 대학 등록금 인상이 물가 인상에 끼친 영향은 그리 크지 않으며, 물가가 대학 등록금에 주는 영향도 분명하지 않다.

4   전국 가구 월평균 소득 증감율과 비교하는 것이 더욱 적절하지만 시계열적 비교 분석을 위해 통계 자료가 확보되어 있는 전 도시가구의 월평균 소득을 비교했다.

5   사립대의 경우 1989년부터 등록금 인상이 자율화되었다.

6   교육비는 지출(또는 집행) 주체에 따라 공교육비와 사교육비로 분류할 수 있다. 사교육비는 경비의 확보, 배분 과정이 공공 절차를 통해 이루어지고 있는가의 여부에 따라 공교육비와 구분된다. 넓은 의미의 사교육비는 대학에 납부하는 비용, 교재비, 수업 준비비, 단체 활동비, 학원비, 교통비, 생활비, 잡비 등으로 구성된다. (천세영·이석렬·이선호, 2004).

7   OECD 기준으로 청년은 15세에서 24세까지의 연령대를 의미하지만, 한국의 경우 15세에서 20세는 미성년자이자 학생 신분인 경우가 대부분이고 20세 이상의 경우 군대와 대학생활 등으로 실제 경제 활동은 20대 중반 이후에 이뤄지는 경우가 많다는 점을 고려하여 20세에서 29세까지를 청년층으로 구분했다. 우리의 경우 15세에서 24세까지의 비경제활동 인구는 2006년 현재 417만 6000명이고 20세에서 29세의 비경제활동 인구는 234만 1000명이다.

8   OECD 국가들의 경우 1990년부터 2002년까지의 실업률 조사에서 15세에서 24세까

지의 청년층 실업률은 25세에서 54세의 핵심층의 실업률보다 2.19배에서 2.44배까지 높게 나타났다. (채구묵, 2004: 165)

9   실업률은 최근 4주 사이에 구직 활동을 했으나 취직을 못한 사람 수를 경제활동 인구로 나눠 계산한다. 따라서 취직 준비를 하고 있지만 4주 이내에 구직 활동 경험이 없으면 비경제활동 인구로 분류된다.

10   계산에 이용된 수치는 통계청 자료다. 통계청의 실업자 규정은 1999년 5월 이전까지는 1주일 사이에 구직 활동을 했으나 구직에 실패한 자로 분류했지만, 이후에는 4주간 구직 활동을 했으나 구직에 실패한 자로 분류하고 있다. 여기서는 시계열적 분석을 위해 1주일 기준을 이용했다. 4주의 기준을 이용하면 실업자 수는 약간 늘지만 통계적으로 크게 유의미한 수치는 아니다.

11   이 연구가 대학의 구조적 환경에 초점이 맞춰져 있기 때문에 고졸 등 저학력 실업과 여성에 대한 문제는 제대로 언급하지 않고 있다. 그러나 저학력 노동자와 여성 노동자는 IMF 이후 저임금과 비정규정책의 가장 큰 희생자가 되고 있으며, 대졸 정규직 남성 노동자와 비교하면 말할 수 없이 열악한 노동 상황에 처해 있다. 정부의 청년실업 대책 또한 대졸 실업자에 초점이 맞춰지고 있어 이들의 사회적 소외는 매우 심각한 수준이다. 2006년 통계청의 조사에 따르면 고졸 이하 학력 청년층의 취업 경로는 대부분(고졸 57.2퍼센트, 중졸 이하 53.9퍼센트)이 소개나 추천을 통해서 이루어졌고, 공개 시험을 통한 취업은 5.5퍼센트만이 가능했다. 중졸 이하 학력의 공채 입사는 전혀 불가능한 것으로 나타났다.

12   그러나 서울대학교 사회과학연구원의 연구조사 결과는 많은 논란을 불러왔다. 주된 이유는 연구자들이 고학력, 고소득층의 서울대 입학 비율이 높은 이유를 고교평준화 정책의 실패 때문이라고 보았기 때문이다. 그 외에도 통계 해석에 대한 문제제기가 있었다. 이와 관련해서는 김기석(2004)을 참고하라.

13   기업사회란 칼 폴라니가 말한 것으로 "시장이 사회로부터 분리되어 나와 자율적인 것이 되는 데 머물지 않고, 시장이 사회를 식민화한 상태"를 말한다(김동춘, 2007). 김동춘은 1990년대 이후 지구화의 압력 속에서 한국도 점점 기업사회의 양상을 보이다가 1997년 외환위기를 계기로 확실히 기업사회로 변했다고 주장한다.

14   《민중의소리》, 2007년 4월 27일 기사 인터뷰에서 인용.

15 　온라인 리크루팅 업체 '잡코리아'가 844명의 구직자를 대상으로 한 설문조사에 따르
면 11.6퍼센트가 취업 전문가로부터 1대 1 지도를 받는 일명 '족집게 취업 과외'를 받
아본 적이 있으며 이를 위해 월평균 41만 원을 지출했다고 답했다.

16 　자기 계급의 처지에 기반을 둔 조직은 계급의식을 향상시키는 데 중요한 역할을 한
다. 일반적으로 마르크스를 포함한 고전적 마르크스주의자들은 노동조합이 노동자
들의 물질적 이해관계를 실현하기 위해 형성된 조직이기 때문에 노동자들의 물질적
후생 증대에 1차적 목표를 두는 경제주의를 벗어나기 어렵다고 보았다. 따라서 자본
계급의 이데올로기적 지배에 맞선 대항 이데올로기 투쟁의 핵심적 기능을 노동계급
정당에 두었다.
　그러나 선거를 통해 경쟁하는 자본주의 체제의 노동계급 정당은 집권을 위해 노동계
급을 넘어선 정책을 추진하게 되고, 이는 노동계급 의식을 고양하는 역할을 희석시킨
다. 반면 노동조합은 경제주의를 벗어나기 어렵다는 제약에도 불구하고 노동자들의
일상적 경험에 대한 해석과 분석틀을 제공하고 현장 노동자들의 불만을 수렴하며 투
쟁을 조직하기 때문에 노동계급의 정체성 형성과 계급의식 향상에 중요한 역할을 수
행한다. (조돈문, 2006: 20-21)

17 　그러나 이를 위한 우리 대학생들의 의식은 아직 그 수준으로까지 발전하지 못하고 있
다. 《월간말》이 2006년 4월 강원대, 경북대, 고려대, 전남대, 충남대, 한남대 대학신
문과 공동으로 진행한 설문조사 결과에 따르면 당시 최초고용계약법CPE 반대 시위에
대해서 79.4퍼센트의 대학생이 지지 의사를 보였으나 프랑스 노동단체가 대학생들의
투쟁에 가세해 파업을 벌인 노학연대 방식에 대해서는 47.7퍼센트의 학생들이 "학생
시위를 노동단체가 지지하는 것은 인정할 수 있으나 파업하는 것은 과하다"고 답했
다. 파업 시위가 정당하다는 의견은 32.4퍼센트였다. (《월간말》, 2006년 5월)

| 참고자료

- 강수택, 〈신자유주의 구조조정과 노동자 사회의식의 변화〉,《경제와 사회》여름 호(통권 제58호), 2003.
- 김경근, 〈한국 사회 교육 격차의 실태 및 결정 요인〉,《교육사회학연구》제15권 제3호, 2005.
- 김광억·김대일·서이종·이창용, 〈입시제도의 변화: 누가 서울대학교에 들어오 는가?(요약)〉, 서울대학교 사회과학연구원, 2004.
- 김기석, 〈실증적 분석연구를 통하여 평준화 효과의 진실을 밝히자〉,《KEDI Position Paper》제1권 제3호, 2004.
- 김기헌, 〈업무 내용과 대학(원) 전공의 불일치〉,《노동리뷰》1월호, 2006.
- 김동춘,《1997년 이후 한국 사회의 성찰》, 길, 2007.
- 김병주·나민주, 〈국립대학 등록금과 물가의 관계 분석〉,《교육재정경제연구》 제12권, 2003.
- 김승호, 〈재식민화 시대, 달라진 노동 현실과 달라져야 할 노동운동〉,《문학과경 계》겨울호(통권11호), 2003.
- 김용일, 〈5.31 교육개혁의 현황과 전망〉,《교육문제연구》제24집, 2006.
- 민가협, 〈한총련 이적단체 사건 개요 및 분석〉,《민주가족》제23호, 2001.
- 민가협, 〈국가보안법 관련 주요 통계〉, 민가협 홈페이지(http://minkahyup.org), 2005.
- 민변·한총련대책위법률지원단, 〈한총련을 위한 변론〉, 2002.
- 민주노동당, 〈등록금 고통 해소 방안〉, 2007.
- 박거용, 〈2000년 1학기 대학 등록금 투쟁의 성과와 한계〉,《문화과학》23호, 2000.
- 박거용, 〈대학 구조조정의 문제점과 개선방안 연구〉, 국회교육위원회, 2005.
- 박성준, 〈청년실업의 현황과 원인 분석〉, 한국경제연구원, 2005.
- 손호철, 〈한총련 망국론〉,《월간말》7월호, 1997.
- 송창용, 〈청년취업 강화를 위한 수요-공급체인 관리방법 연구〉,《Journal of the Society of Korea Industrial and Systems Engineering》Vol. 29, 2006.

● 월간말, 〈인터뷰: 이병언 경인총련 의장〉, 1997. 8.

● 월간말, 〈그 많던 '고졸'은 어디로 갔을까?〉, 2004. 12.

● 이교관, 《누가? 한국 경제를 파탄으로 몰았는가》, 동녘, 1998.

● 이득기, 〈대학 학부제 추진상의 문제점과 대책〉, 《교육행정학연구》 Vol. 16, 1998.

● 이태정, 〈학부제와 대학교육의 파행: 외부 효과와 정보의 비대칭성에 의한 시장 실패를 중심으로〉, 《규제연구》 제10권, 2001.

● 이희영, 〈체험된 폭력과 세대 간의 소통〉, 《경제와 사회》 겨울호(통권 제68호), 2005.

● 장석준·조하연·홍일표, 〈대학 사회의 위기와 학생운동의 진로〉, 《경제와 사회》 봄호(통권 제33호), 1997.

● 조돈문, 〈한국 노동계급의 계급의식과 보수화〉, 《경제와 사회》 겨울호(통권 제72호), 2006.

● 채창균·옥준필, 〈기업의 대학교육 만족도와 신입사원 교육 훈련〉, 한국직업능력개발원, 2006.

● 천세영·이석렬·이선호, 〈대학생의 사교육비 규모와 차이 분석〉, 《교육재정경제연구》 제13권, 2004.

● 최전승민, 〈신자유주의 광풍 앞에 우린 '노동자', 대학을 점거하라!〉, 《월간말》 3월호, 2001.

● 최형재, 〈사교육이 대학 진학에 도움을 주는가?〉, 《제8회 한국노동패널 학술대회 자료집》, 2007.

● 통계청(www.nso.go.kr), 각종 자료.

● Klandermans, Bert, "The Social Construction of Protest and Multiorganizational Fields" in A. D. Morris and C. M. Mueller eds., *Frontiers in Social Movement Theory*, New Haven, Yale University Press, pp. 77-103, 1992.

● Lakoff, George., *Thinking Points: Communicating Our American Values and Vision*, Rockridge Institute, 2006. (로크리지 연구소·조지 레이코프, 나익주, 《프레임 전쟁-보수에 맞서는 진보의 성공 전략》, 창비, 2007)

자영업인의 사회적 위치변화와 그 역할

김일영 | 새사연 회원지원팀장

1

—

자영업인은 누구인가

◆ **자영업에 대한 사회 인식의 변화**

　자영업인[1]은 중산계급中産階級 가운데 하나로 여겨져왔다. 사전적으로 중산계급은 '재산의 소유 정도가 유산계급과 무산계급의 중간에 놓인 계급'을 뜻하며 '중산층'이라고도 한다. 여기엔 농촌의 중농과 인텔리겐치아, 그리고 중소상인과 수공업자가 포함된다. 얼마 안 되지만 생산수단을 소유하고 있다는 측면에서는 자산(유산)계급에 속하고, 자신의 노동으로 살아간다는 측면에서는 노동(무산)계급에 속하는 양면적, 중간적 성격의 집단이다. 사회학자들은 중산층을 단순히 경제적 처지만으로 볼 수 없으며 소득 수준, 이념 성향, 정치 철학, 교육 수준 등 모든 분야에서 그 사회의 특성을 대표할 수 있는 계층이라고 규정한다.

시대가 흐르면서 중산층의 상[2]도 변화해왔다. 20년 전에는 '전세, 자영업, 고졸'이라는 기준이 눈에 띈다. 자영업이 안정된 직업이라는 인식이 묻어나고, 고졸이 중간 이상의 학력으로 인정받았다. 그로부터 13년 후에는 아파트가 좋은 주거 형태로 거론되고 노동운동의 성장으로 임금이 상승함으로써 자가용 보유가 보편화된 현실을 반영하고 있다. 외식 등 문화여가 생활도 추가됐다. 다시 5년이 지난 2002년에는 학력 기준이 높아진 점이 두드러진다. 점차로 소득 수준이나 문화여가 생활이 삶의 질을 규정하는 데 더 중요한 요소로 평가받고 있다.

그렇다면 20년 전에는 중산층을 정의하는 데 의미 있는 직업으로까지 언급되었던 자영업이 2000년대에도 여전히 중산층을 구성하는 주요 직업이 될 수 있을까?

◆ 자영업인들에 대한 진보 진영의 인식

전통적으로 진보 진영에서는 자영업인(중소상인이나 수공업자)들의 먹고 사는 형편은 임금 노동자들과 비교해서 별반 나을 것이 없다고 보아 사회변혁의 주체로는 인정하였다. 그러나 개별적으로 고립되어 있어 사회변혁의 집단 주체가 되기 어렵고, 개별 이해관계에 따라 기득권 세력에게 회유될 수 있다는 이유로 적극적인 조직화에 나서지는 않았다.

그러나 집단적인 조직화로 이어진 경우가 전혀 없었던 것은 아니다. 대도시의 일정한 구역에 노점상이 밀집된 경우나 달동네 빈민촌의 경우다. 개발, 도시환경 정비를 명목으로 한 관청의 철거나 단속은 생존권에 위협을 가했고 이로부터 스스로를 지키기 위해 치열한 싸움을 벌이기도 했다. 그러나 진보 진영은 이들을 도시빈민으로 보고 자영업인과는 다소 구분을 지었기 때문에 온전한 의미에서 자영업인을 사회변혁의 주체로 세우려 한 시도라고 보기는 어렵다.

또 다른 예로는 지역운동, 풀뿌리운동이 확산되면서 지역에 정주하는 자영업인들이 시민운동, 지역운동에 참여한 경우다. 운동의 취지에 동감하여 후원과 자원봉사 활동을 위주로 하는 참여다. 그러나 여러 가지 이유로 지속적이고 안정적인 참여가 이뤄지지 않고 있다. 오히려 지역 사회 내 일부 자영업인들은 관료조직과 결탁해 지역 토호로 변신하면서 지방자치의 뿌리 깊은 해악이 되고 있다고 평가받기도 한다.

결국 진보 진영에서는 중산층(계급) 가운데 인텔리 전문직 종사자와 학생, 그리고 농민, 도시빈민에 대해서는 지속적으로 관심을 갖고 있었지만 중소상공인, 즉 자영업인에 대해서는 적극적인 관심이 없었다고 봐야 한다. 민주노동당 경제민주화운동본부가 임대차보호와 관련한 활동을 벌인 것과 중소상공인에게 과도하게 부과되는 카드 수수료를 인하하자는 운동이 전부라고 할 수 있다.

자영업 종사자의 개념 구분

농어업 종사자와 학생은 별도의 장에서 다루고 있으므로 이 글에서는 전문직 종사자에서 도시 소상인에 이르는 자영업 형태의 종사자, 즉 '자신이 직접 경영하는 사업자'들의 사회경제적 처지의 변화를 추적하고 시사점을 찾고자 한다.

그러나 자영업 종사자들을 구분 짓는 개념은 일반인들이 이해하기에는 다소 혼란스럽게 사용되고 있다. 전체 경제활동 인구를 2가지로 구분하면 고용되어 일하는 자를 '임금 노동자'라 하고 그와 대별되는 경우를 '비임금 근로자'라고 한다. 비임금 근로자를 다른 말로는 '자영업 종사자'라고도 한다.

자영업 종사자는 다시 '자영업주'와 무급으로 일하는 가족 구성원을 일컫는 '무급 가족 종사자'로 구분된다. 여기서 '자영업주'를 다시 세분화할 필요성이 생기는데, 그 이유는 종업원을 고용하고 있느냐 아니냐에 따라 자영업인의 처지가 사뭇 다른 양상을 보이기 때문이다. 그래서 이 글에서는 '자영업주'를 종업원을 고용하고 있는 '자영 고용주'와 고용한 종업원이 없는 '단독 자영인'으로 구분하여 사용하고자 한다.[3]

2

우리나라 자영업의 낙후한 산업구조

◆ 지나치게 높은 자영업 비중

기존에 농민을 사회변혁의 주요 주체로 생각했던 주요 이유 가운데 하나가 양적인 비중이었다. 20년 전 1000만 명에 이르렀던 농민은 현재 200만 명 수준으로 줄어든 반면에 대학생은 100만 명에서 300만 명으로 증가했다. 그렇다면 농민을 제외한 도시 자영업 종사자는 지금 얼마나 될까?

우리나라 자영업 종사자는 취업자 2285만 6000명 중에서 766만 1000명으로 33.52퍼센트를 차지하고 있다. 여기서 농업 부문 자영업 종사자 165만 4000명[4]을 제외하면 비농업 자영업 종사자는 600만 7000명으로 26.32퍼센트다. 무급 가족 종사자 97만 9000명을 제외한다고 해도 자영업인은 502만 8000명으로 22.04퍼센트에 이르러 엄

* 통계청(2005).

청난 비중을 차지하고 있다.[5, 6]

이 글에서 주로 다루고자 하는 대상은 무급 가족 종사자를 포함하는 비농업 자영업 종사자다. 즉, 약 600만 명의 '도시 자영업 종사자'라고 할 수 있다.

자영업 종사자는 1982년 취업자 가운데 52.4퍼센트를 차지했으나 1996년에는 36.7퍼센트까지 떨어졌고 외환위기 직후인 1998년 38.3퍼센트로 잠시 증가했다가 다시 하락하고 있다(그림 6-2 참조). 이 수치는 농림어업 부문까지 포함한 통계로 1980년대의 급격한 자영업 감소는 농림어업 부문 감소가 가장 큰 원인이다. 실제 농림수산업 종사자는 1982년부터 2004년까지 20여 년 사이에 약 300만 명이 줄어들었다. 한국 경제가 농업을 희생해가면서 공업화, 개방화를 추구해왔던 점이 그대로 나타나는 수치다.

농업 부문의 축소와 3저 호황, 노동운동의 성장으로 임금 부분의

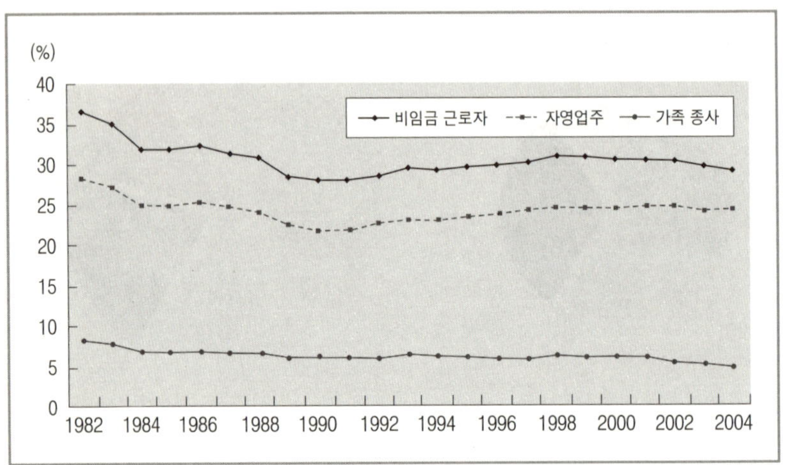

* 통계청, 〈경제활동 인구조사〉, 각 연도.

종사자가 늘면서 한국의 자영업 비중은 점차 감소되어왔다. 그러나 외환위기 이후 자영업은 증가 추세로 돌아섰는데 많은 연구자들이 그 원인을 임금 부문의 일자리 감소와 제조업 중심에서 서비스업으로 산업구조가 변화되는 추세 때문이라고 보고 있다.

한국의 자영업 비중(그림 6-3)은 2004년 기준으로 농림어업 부문을 포함할 때 34퍼센트로 OECD 국가 가운데 터키, 그리스, 멕시코에 이어 4위이며, OECD 평균 17.4퍼센트(미국 7.3퍼센트, 일본 10.8퍼센트, 독일 10.1퍼센트, 대만 16퍼센트)의 2배에 달한다. 지나치게 높은 자영업 비율 때문에 많은 식자들이 우려를 표명하고 있는데, 이것이 한국 경제에 어떤 영향을 미치고 있는지 살펴보자.

＊ 통계청, 〈경제활동 인구조사〉, 2004년도 기준.

◆ 우리나라 자영업의 기형적 구조

미국에서도 자영업은 꾸준하게 증가 추세를 보이고 있다. 기술개발과 서비스산업의 확장, 대기업들의 구조조정에 따른 실업률 증가가 그 원인으로 짚어지고 있다.[7] 비용 절감을 위한 하청이나 아웃소싱이 증가하고, 임금 부문에서 사라지는 고임금 직종이 정부의 창업 촉진 정책에 힘입어 자영업 창업으로 이어졌기 때문이다.

미국의 자영업 확대에서 주목되는 점 하나는 여성들의 자영업 진출이 두드러진다는 것이다. 여자의 경우 건축, 교육, 인사 및 직업 전문가, 변호사 등의 비중이 높은 점만 다를 뿐 남자와 마찬가지로 (준)전문직 이상의 직업이 주종을 이룬다. 이렇게 미국의 자영업은 (준)전문직 이상의 직업이 주종을 이루면서 소득이 안정되어 있고 직무의 자율성이 높은 점이 특징으로 간주되어왔고, 직업 선택의 주요한 원인으로 분석된다. 즉 자발적인 선택이라는 것이다.

그러나 한국의 자영업은 사뭇 다른 양상을 보이고 있다. 1993년부터 2004년까지 10여 년간 자영업 종사자는 37.9퍼센트 증가했다. 그런데 광공업이나 농림어업 종사자는 감소해온 반면 서비스산업 종사자만 63퍼센트에서 73.6퍼센트로 확대되면서 자영업 종사자의 증가 추세를 이끌었다.[8] 얼핏 보면 한국 경제가 서비스 경제, 지식기반 경제로 많이 이행했다고 판단할 수도 있지만 실상을 들여다보면 그렇지 않다.

압도적 비중을 차지하고 있는 서비스 부문의 내부(그림 6-4)를 들여다보면 생산자 서비스나 사회 서비스는 비중이 매우 낮고, 유통과 개인 서비스 분야에 집중되어 있다. 특히 도소매, 음식숙박업 종사자만 36.1퍼센트(2004년)에 이른다.

[그림 6-4] 자영업 종사자 산업별 비중

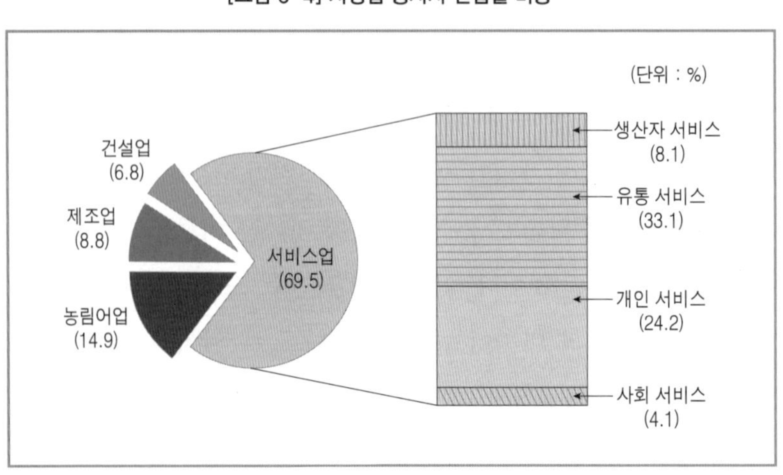

일반적으로 선진국은 생산자 서비스가 강화되어 제조업을 지식 정보에 기반한 산업으로 상승시키고, 사회 서비스를 강화하여 고용과 복지 수준을 높이고 있다. 하지만 한국은 반대로 유통 서비스나 개인 서비스가 상대적으로 비대하여 제조업의 유통비용 확대 등 부작용을 발생시키고,[9] 생산성이 낮고 저소득 직종이 많으면서도 공급 과잉 상태에 있다. 좋은 일자리의 자영업이 확대된 것이 아니라는 얘기다. 즉 임금부문에서의 퇴출이라는 비자발적인 선택에 따른 자영업 증가가 한국 자영업의 특징이라고 할 수 있다.

직업, 사업 규모, 생산성 등을 통해서도 이러한 점은 확인된다. 직업별(그림 6-5)로 보면 판매 및 개인 서비스직이 56.2퍼센트로 절반이 넘는다.[10] 자영업체들은 규모 면에서도 영세성을 면치 못하고 있는데 [그림 6-6]에서 볼 수 있듯이 5인 미만 고용업체가 전체의 88.0퍼센트

[그림 6-5] 자영업 종사자 직업별 비중

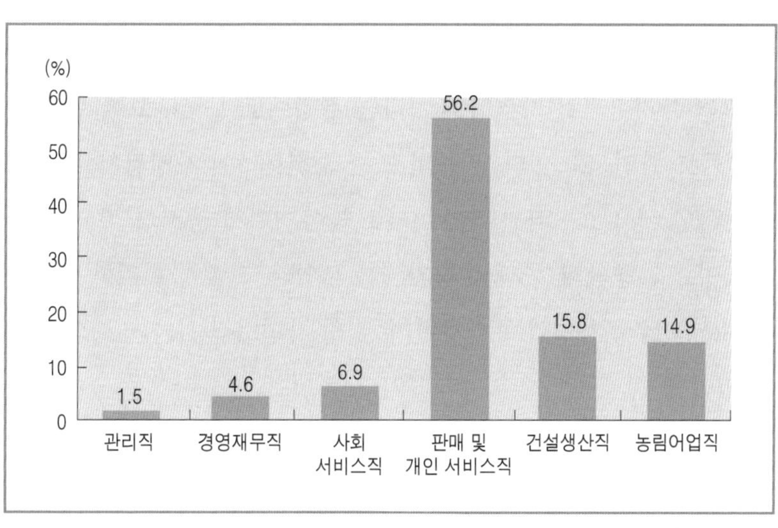

[그림 6-6] 자영업체 종사자 규모별 비중

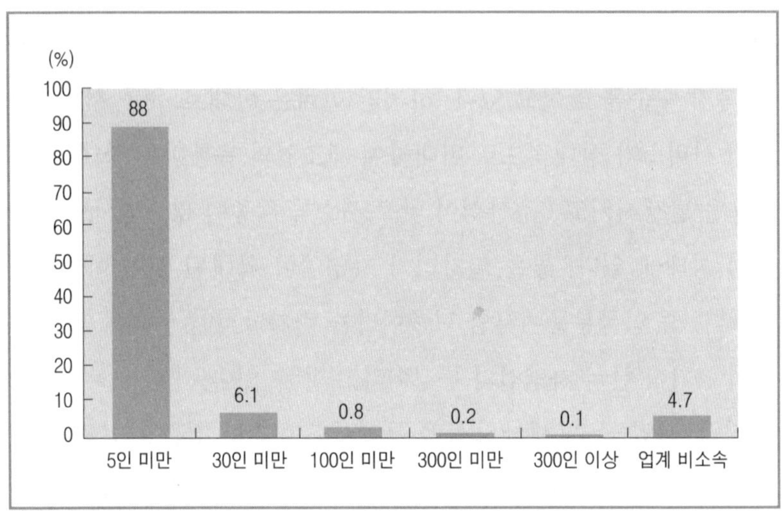

를 차지한다. 전체 서비스업의 성장률은 제조업보다 낮은데도 종사
자는 많아서 2000년을 기준으로 할 때 생산성이 제조업의 50.1퍼센
트로 절반 수준에 불과하다.[11] 결국 한국의 자영업 서비스업의 확대
는 영세 도소매, 음식숙박업에 집중된 기형적 현상임을 알 수 있다.

그러나 기형적인 자영업 증가라는 경향에도 불구하고 일부 다른
측면들도 확인되고 있다. 전문가 또는 준전문가인 자영업이 4.1퍼센
트(1982년)에서 16.3퍼센트(2004년)로 높아지면서 종사자 수도 81만
3000명으로 증가해 7.3배의 증가세를 보였다. 그러나 이러한 증가의
대부분은 남성 자영업 종사자이며, 여성 자영업 종사자는 거의 변화
가 없었다.

즉 자영업 증가의 한 축에는, 아직까지 남성 위주이기는 하지만
전문직 자영업이 증가하고 있다는 점에서 지식기반 경제로의 진입

을 반영하는 측면도 분명히 존재하고 있음을 알 수 있다. 부분적이
지만 고학력 전문직종의 이러한 자영업 진출은 경기 악화에 따른 생
계형이 아니라 미국의 경우처럼 '기업가 정신의 발현'에 비중을 두
는 자발적 진출이다.

　한편, 도소매 및 음식숙박업종에서는 여전히 자영업인 비중이 높
지만 작은 감소세를 보이고 있다. 이것은 같은 산업에서 임금 노동
자 비중이 42퍼센트(1993년)에서 50.8퍼센트(2004년)로 확대됐기 때문
이다. 여성 자영업인이 많은 도소매, 음식숙박업계에 대형 마트와
할인점 등 대자본이 진입하면서 경쟁에서 탈락한 영세업체가 늘어
났고, 할인점 등에 비정규직 임금 부문이 많이 확대되었기 때문이
다. 영세한 도소매, 음식숙박업 자영업체들이 대자본과의 경쟁에 밀
려 퇴출당하는 상황이다.

3

—

더는 중산층이라 할 수 없는 자영업인

◆ 유리지갑과 깻잎지갑

1980년대에 자영업인[12]을 중산층으로 분류했던 중요한 이유는 임금 노동자에 비해 높은 소득이었다. 자영업인의 소득현황은 어떻게 달라졌을까? 현재 한국의 자영업인 표준 모델을 제시하라면 40대 후반(63.4퍼센트)이며, 결혼(95.0퍼센트)한 가장(75.1퍼센트) 남성(66.8퍼센트)으로 고등학교를 졸업(79.2퍼센트)하고 직원이 5명도 안 되는 작은 판매업체를 운영하는 사람이다.

자영업인 전체의 월소득 평균은 171만 원으로 임금 노동자 평균보다 낮다. 물론 자영업 내부에서도 자영 고용주는 279만 원으로 임금 노동자보다 월등히 높은 반면, 단독 자영인은 143만 원으로 임금 노동자보다 낮다. 또 자영업인의 시간당 소득을 비교해보아도 비슷한

[그림 6-7] 자영업인과 임금 노동자의 소득 비교

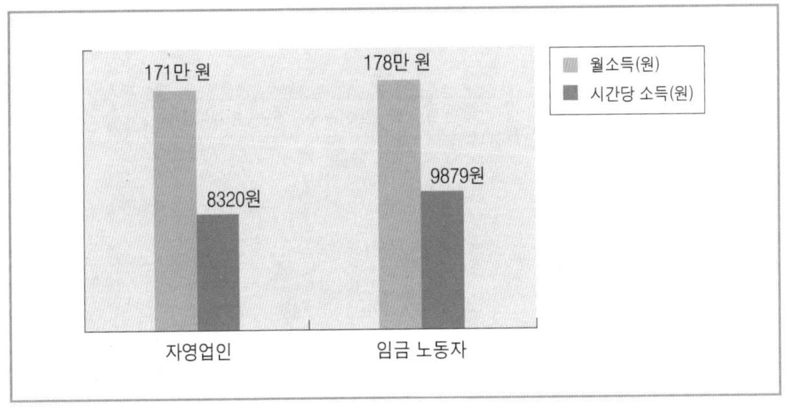

[그림 6-8] 자영업과 임금 노동자를 세분화한 소득 비교

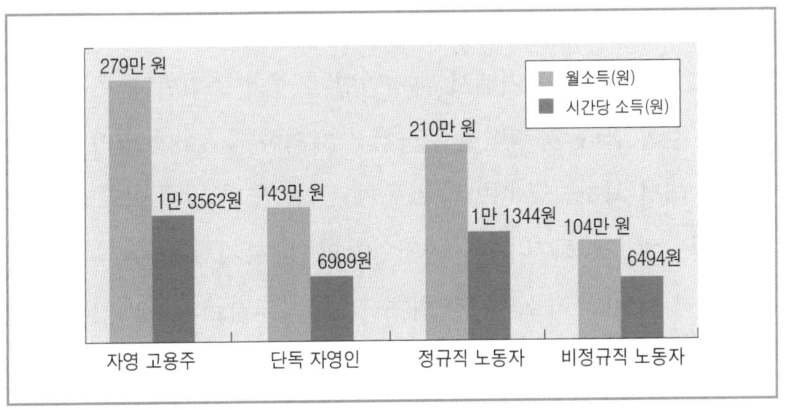

결과가 나온다.[13] 따라서 '자영 고용주>정규직 임금 노동자>단독 자영인>비정규직 임금 노동자'의 소득 순서도가 만들어진다. 이 수치는 전체 자영업인의 4분의 3에 이르는 단독 자영인들이 정규직 노동자보다도 소득이 못하고 오히려 비정규직 노동자에 가깝다는 것을 보여준다.

CHAPTER 06 자영업인의 사회적 위치변화와 그 역할

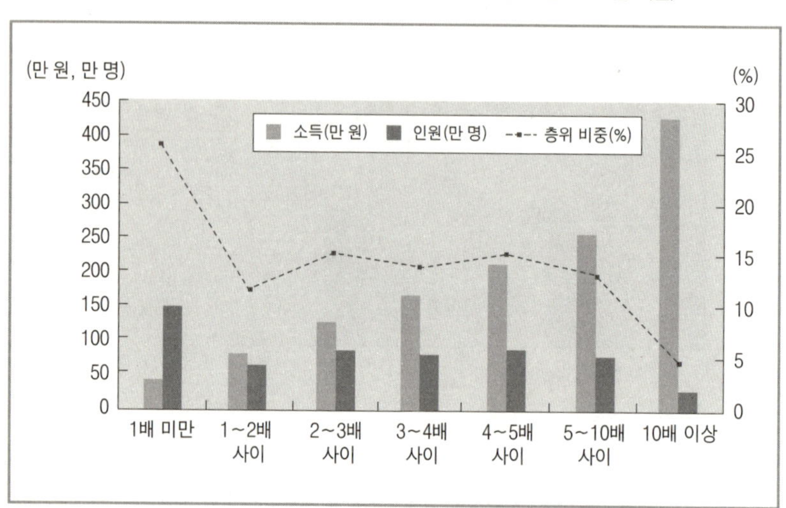

[그림 6-9] 자영업인 소득 층위별 분포(최저임금 42만 8000원 기준)

한 표본조사[14]에 근거해서 자영업인 소득의 층위별 분포를 보면 [그림 6-9]와 같다. 농림어업 종사자를 제외한 약 600만 명의 자영업인 가운데서 최저임금 미만의 소득자가 약 155만 명에 이르고 있다. 중간 정도에 도달하지 못한, 최저임금의 3배까지의 소득자는 398만 명으로 추산된다. 고소득자라 할 수 있는 최저임금의 10배인 소득자는 28만 2000명으로 4퍼센트에 불과하다.

앞에서 언급된 '도시가구 월평균 소득 279만 원의 90퍼센트 이상'이라는 중산층 기준에 비추어 본다면, 214만 원(최저생계비 5배) 이상을 버는 중산층에 근접한 비율은 전체의 18.3퍼센트로 110만 명 정도에 불과하다. 600만 자영업 종사자 중에서 약 490만 명은 중산층과 거리가 멀다고 추정할 수 있다.

자영업 내부의 불평등도 심화되고 있으며, 임금 노동자들보다 그 정도가 심한 것을 알 수 있다. 자영업인들은 임금 노동자보다 저소득계층[15] 비율은 높고, 고소득계층 비율[16]은 낮으며, 최저임금에 미달하는 경우도 전체 임금 노동자보다 50여만 명이나 많다. 지니계수가 0.444로 임금 노동자의 0.380에 비해 높은 데서 드러나듯이 자영업 내부에서의 소득 불평등은 임금 노동자보다 심하다는 것을 알 수 있다. 실질 근로소득 100만 원 미만 자영업 비중이 1998년 33.8퍼센트에서 2003년에는 41.2퍼센트[17]로 증가했다는 보고도 있다. 빈곤층으로 떨어질 수 있는 자영업인이 계속 확대되는 추세임을 알 수 있다.

임금 노동자들의 소득은 그대로 파악된다고 해서 유리지갑이라고 한다. 그러나 자영업인의 지갑은 투명하지 않을지는 몰라도 결코 두껍다고 할 수 없다. 결국 소수의 자영 고용주를 제외하면 상당수의 자영업인은 정규직 임금 노동자들보다 처지가 못하고 그 가운데 하위 30퍼센트는 비정규직보다도 상황이 나쁘다.

[그림 6-10] 자영업인 내부의 불평등 정도

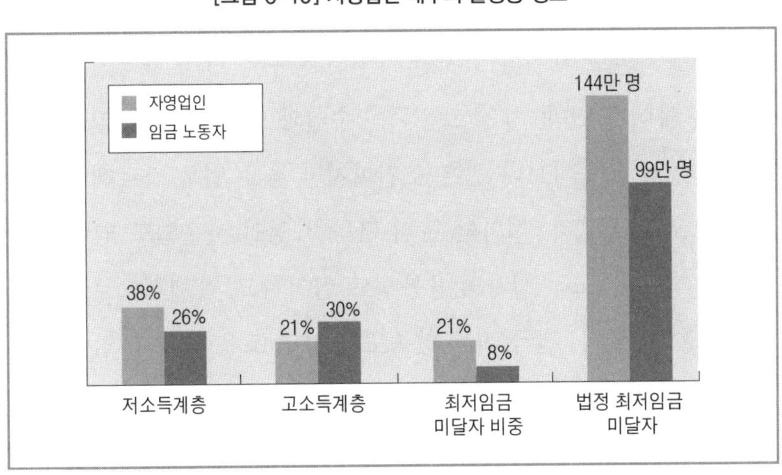

한국은 OECD 국가 중 임금 부문의 소득 불평등이 가장 심한 나라인데 그보다도 심한 소득 불평등이 자영업 내부에서 벌어지고 있는 것이다. 비정규직 문제가 사회 양극화의 주요 문제로 지목되고 있지만 자영업의 소득 양극화는 자영업인들이 자기 목소리를 못 내서 그렇지 그에 못지않게 심각하다.

◆ 임금 노동자보다 열악한 근로환경

자영업인들은 소득뿐 아니라 다른 노동조건도 열악하다. 자영업인은 전반적으로 임금 노동자보다 많이 일하거나 제대로 된 일자리를 갖고 있지 못하다. 자영업인들의 주당 평균 노동시간은 58.3시간, 월 근로일수는 25.1일이다. 주당 56시간 이상 일하는 비율도 임금 노동자보다 많으며 주당 노동시간이 36시간 미만으로 안정된 직장으로 볼 수 없는 경우도 임금 노동자보다 많다.[18]

자영업인의 직업 만족도에 대한 한 연구[19]에 따르면 자영업인은 임금 노동자와도 차이가 있지만 자영 고용주와 단독 자영인 사이에도 많은 차이가 있다. 자영 고용주는 수입과 발전 가능성, 일의 흥미 등에서 임금 노동자보다 좋은 조건이지만 높은 업무 스트레스를 받는 것으로 분석됐다. 이와는 달리 단독 자영인은 수입도 임금 노동자보다 낮으며, 노동 시간의 융통성도 떨어지고, 육체적으로도 힘들다고 느끼고 있다. 결국 직무 만족도가 자영 고용주 68.1, 임금 노동자 63.2, 단독 자영인 59.8 순으로 평가되었다.

이러한 결과는 자영 고용주의 71.4퍼센트가 준전문직 이상의 직

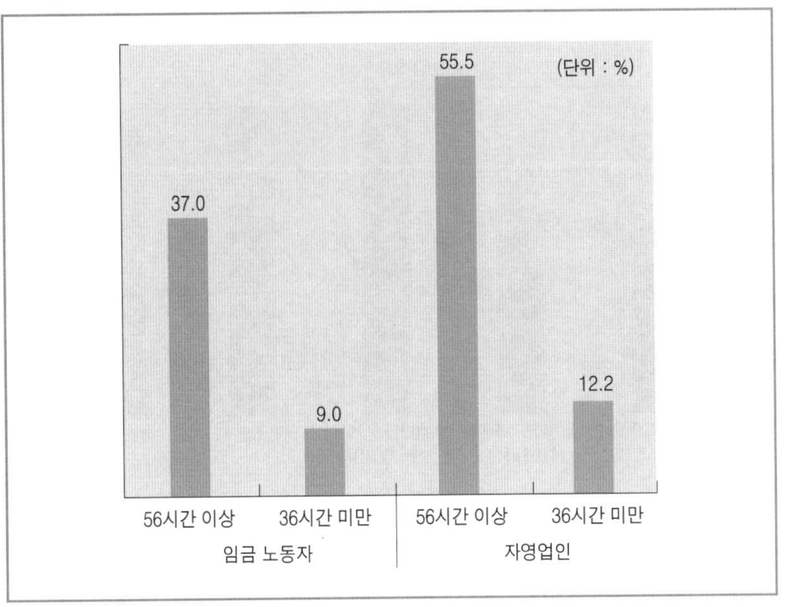

[그림 6-11] 자영업인 근로시간

업을 가지고 있으며, 남성이 지배적(82.1퍼센트)이며, 고학력(13.8년)에 월소득(418만 원)이 높기 때문이다. 자영 고용주의 76.2퍼센트가 자발적 선택이라는 사실만 보더라도 당연한 결과다. 반대로 단독 자영인은 64.5퍼센트가 서비스직 이하의 직업에 여성의 비율이 높고, 저학력(11.9년)에 월소득(169만 원)이 낮다. 또 58.3퍼센트만이 자발적 선택이다. 이 연구가 표본조사에 의한 것이기에 소득이나 학력 등의 구체적인 수치는 다른 조사와 차이가 있지만 고용 자영주와 단독 자영인 사이에 명확한 차이가 존재한다는 점은 분명하다.

주목할 점은 근속년수에서는 단독 자영인이 다른 집단에 비해 높다는 결과인데, 이는 비정규직보다 소득 수준이 낮은 하층 자영업인

CHAPTER 06 **자영업인의 사회적 위치변화와 그 역할**

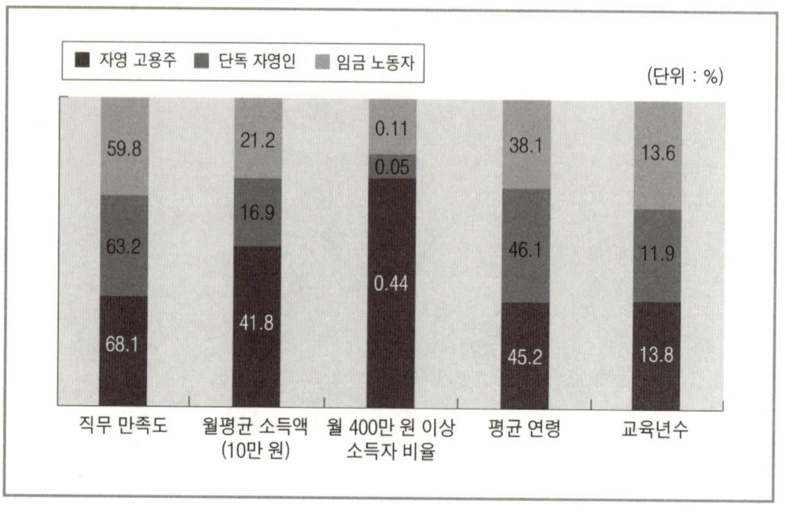

[그림 6-12] 자영 고용주, 단독 자영인, 임금 노동자 직무 만족도 비교

에게는 이직의 가능성이 아예 없기 때문이다. 단독 자영인의 고용이 안정되었다고 보기 어렵고, 오히려 좋은 일자리로의 진출 가능성이 매우 희박하다고 봐야 한다.

◆ 자영업 내부의 성별 차이도 심각

자영업 내부의 남녀 비교[20]에서도 의미 있는 차이가 확인된다. 먼저 여성의 경우 고학력자의 자영업 진출이 적다는 것을 알 수 있다. 전문대졸 이상의 고학력자 비중이 임금 노동자에서는 남녀가 모두 54퍼센트대를 보이며 차이가 없지만, 자영업에서는 남자 35.51퍼센트, 여자 23.66퍼센트로 10퍼센트 포인트 이상의 차이를 보이고 있다. 왜 자영업에서는 고학력자의 남녀 차가 많이 나는 걸까?

보통 서비스업이나 판매직처럼 소득이 낮은 업종에 종사할 확률이 여자가 남자보다 2배나 높다는 점에서 알 수 있듯이 저학력 여성들이 저소득 자영업에 많이 분포되어 있을 것이라는 점을 알 수 있다. 이것은 소득에서 살펴보면 명확하게 알 수 있는데 자영업 내에서 남성은 321만 9900원, 여성은 135만 500원으로 2.38배의 차이가 난다. 임금 노동자의 경우 남녀 소득차가 1.6배인 점을 감안하면 자영업의 성별 차이가 심각함을 알 수 있다.

이제까지 자영업 내부에서 자영 고용주와 단독 자영인, 남성과 여성의 양극화가 심각하다는 점을 확인했다. 남성은 자영 고용주의 많은 부분을 차지하면서 준전문직 이상의 직업을 가지고 있고, 여성은 단독 자영인의 많은 부분을 차지하면서 판매 서비스직과 같은 저소득 직종에 주로 종사하기 때문이다. 임금 노동자와 비교할 때도 여성 종사자가 많은 단독 자영인의 경우는 직업 만족도나 고용안정성이 질적으로 떨어진다는 것을 알 수 있다.

CHAPTER 06 **자영업인의 사회적 위치변화와 그 역할**

4

—

우리나라 자영업 문제의 해결 과제

앞에서 600만 도시 자영업인들이 어떤 조건에서 살아가고 있는지 개괄적으로 살펴보았다. 한국 자영업의 특징을 요약하면 다음과 같다.

첫째, OECD 국가 내에서 자영업 비중이 비정상적으로 높다. 농림어업 부문을 제외해도 상황은 마찬가지다.

둘째, 자발적 선택보다는 임금 부문에서의 퇴출에 따른 비자발적 진출의 성격이 강하다. 남성을 중심으로 하여 준전문직 이상의 자영업 진출이 늘어났으나 여전히 고용된 종사자 없이 단독으로 일하는 영세한 단독 자영인들이 태반을 이루는 생계형 자영업이 주를 이루고 있다.

셋째, 낮은 소득과 열악한 근로조건 때문에 비정규직 임금 노동자와 함께 빈곤층으로 전락할 가능성이 임금 노동자보다 매우 높다.

넷째, 자영 고용주와 단독 자영인, 남성과 여성 등 자영업 내부의 양극화가 임금 노동자보다 심하다.

다섯째, 자영업에서 서비스업이 높은 비중을 차지하지만 생산자 서비스나 사회 서비스 비중이 높은 선진국형이 아니라 생산성이 낮은 유통, 판매 및 개인 서비스에 집중된 낙후된 구조에 머물고 있다.

이러한 특징으로부터 일반적으로 제기되는 과제를 정리할 수 있다.

첫째, 임금 부문에 좋은 일자리를 창출해 자영업의 하위층과 비경제활동 인구를 흡수하도록 해야 한다. 한국이 어려운 경제 현실에도 불구하고 실업률이 낮은 것은 비경제활동 인구로 구분되는 인력이 많기 때문이다. 실업률이 아닌 고용률을 기준으로 할 경우 한국의 고용 상황은 매우 안 좋다. 고용률 자체가 매우 낮기 때문이다. 한국의 고용률은 59.7퍼센트(2005년)로, OECD 국가를 4그룹으로 나눌 때 네 번째 그룹에 해당하며 최상위 그룹과 15~20퍼센트 정도나 차이난다. 이 고용률을 10퍼센트 올리려면 300만 명이 취업해야 한다. 청소년(견습생 제도 : 호주), 고령층(연금제도 개선 : 핀란드), 여성(친가족적 근로 형태 : 아일랜드) 등 각 계층별로 경제활동 인구를 증대시키려는 세계 각국의 노력을 참조할 필요가 있다.

일본의 경우 1968년의 경제활동 인구, 자영업인 수, 임금 노동자를 각각 100명으로 정했을 때, 경제활동 인구는 1998년 134.2명까지 증가하다가 2004년 현재 131.2명에 이르렀다. 자영업인 수는 118.2명(1983년)으로 늘었다가 88.5명(2004년)으로 줄었고, 임금 노동자는 꾸준히 증가해 170.8명에 이르렀다.[21] 이러한 추세는 해외로 나갔던 제조업체마저 다시 불러들여 국내 제조업을 살리고 대기업과 중소기업의 상생관계를 만들어 냄으로써 국가 경쟁력을 키운 정부정책에 힘입은 바 크다.

둘째, 대기업 중심 정책에서 탈피해 지역 기업, 중소기업을 적극 육성해야 한다. 우선은 대기업 중심의 경제정책을 탈피해야 한다. 소상공인 지원자금을 받은 업체의 1년 후 휴폐업률은 18.6퍼센트다. 다섯 개 업체 중 한 곳은 망한다는 얘기다.[22] 한국의 자영업은 자발적 선택보다 임금 부문에서 떨어져 나온 떠밀리기식 창업이 많아서 경기가 후퇴할 때는 실업률 증가와 동시에 자영업 비중도 늘어난다. 특히 40대 이상의 자영업인은 1985년 116만 9000명에서 2004년 342만 8000명으로 3배나 증가했다. 고령화 현상도 영향이 있지만 외환위기 이후 고용불안이 주로 작용한 결과다.

이러한 추세의 또 다른 원인은 대기업이 중소기업의 시장마저 밑바닥부터 빼앗기 때문이다.

재래시장 매출액은 1998년 20조 6000억 원에서 2003년 13조 5000억 원으로 5년간 연평균 8퍼센트씩 감소했다. 그러나 대형 할인점은 2000년 164개에서 2004년 268개로 증가하면서 매출은 11조 원에서 21조 원으로 2배나 늘어났다. 이런 대기업과의 경쟁은 자영업을 더욱 위축시키고 있다. 최근 카드 수수료 인하운동[23]을 통해 알 수 있듯이 수수료 책정 등 대기업과의 거래에서도 여러 불이익을 받고 있다. 대기업이 중소기업의 이익마저 다 독식해버리는 관행은 하루 이틀의 일이 아니다.

은행권이 기업금융을 통해 경제의 돈줄이 되는 게 아니라 가계금융에 몰두해 신용카드 대란과 부동산 값 폭등을 일으키는 동안 자영업인의 35.1퍼센트만이 금융기관 대출을 받을 수 있었고, 나머지는 사채를 이용하면서 고율의 이자를 대야 했다. 또 외환위기 이후 일시 증가했다가 조정 양상을 보이고 있는 다른 업종과 달리 숙박음식점업은 계속 증가하고 있다. 진입 장벽이 낮다는 이유겠지만 자영업의 전문화에 대한 지원이 미미하기 때문이기도 하다.

결론적으로 말하면 정부가 대기업과 중소기업 간의 공정한 거래, 은행의 공익적 역할 강화, 중소기업 지원 강화에 책임 있게 나서지 못하고 있음을 보여준다.

셋째, 여성의 경제활동 참여를 적극화하기 위한 친여성적 노동정책을 강화해야 한다. 여성의 경제활동 현황을 보면 매우 심각하다. 여성들의 대학 진학률은 계속 높아지고 있으나 대졸 여성들의 정규직 일자리는 축소되고 비정규직의 비율은 증가하고 있다. 정규직 여성들의 대부분이 결혼과 함께 퇴직하고 있으며, 그 가운데서 고졸 이하의 여성들이 주로 출산, 육아 기간을 지내고 재취업한다. 재취업의 대다수 직종은 판매 서비스직으로 비임시 및 일용직이나 자영업이다. 그래서 저학력 여성 활용률은 선진국보다 높지만 고학력 여성 활용률은 낮다.

그래서 한국의 여성 경제활동 참가율은 선진국의 ∩형이 아니라 M자형으로, 가장 왕성한 활동시기인 20대 후반에서 30대 중후반까지 휴직 상태거나 영원히 퇴직하는 경우가 많다. 대기업일수록 여성 인력 활용 비율도 낮고 고학력 여성일수록 기업 활용률이 낮다. 여성 노동자 비율이 25.4퍼센트인데 비해, 대졸 노동자의 여성 비율은 14.9퍼센트밖에 되지 않는다.[24] 여성 일자리가 고임금 직종에서 상대적으로 늘고 있으나 여전히 저임금 직종에 몰려 있고 기업 내 승진과 업무에서도 차별을 받고 있다. 특히 출산과 육아에 도움이 되는 친가정적인 여건이나 노동 형태 등이 정착되지 않아서 보육이 필요한 3~5세 아동 수탁률이 51퍼센트(0~2세 7퍼센트)밖에 안 된다. 프랑스나 북유럽의 66~99퍼센트(0~2세, 22~64퍼센트)에 한참 뒤처진다.

미국의 경우 자영업 증가가 여성의 전문직 자영업 진출에 힘입은 바 큰데, 이민해온 여성의 창업이 큰 요인이 되고 있다고 한다. 여성의 경제활동 여건이 열악한 제3세계 국가의 전문 인력이 많이 이주한 결과다.

차별적인 경제활동 여건에서 여성의 마지막 선택지는 자영업이 되기 십상이고, 대부분은 영세한 단순 서비스 자영업에 집중되어 공급 과잉의 피해를 고스란히 떠안게 된다.

노동시장 변수들 가운데 임시직 비율과 자영업인 비율이 양극화 심화에 기여하는 비중이 1, 2위를 차지하고 있다는 분석[25]을 눈여겨보아야 한다.

그러나 자영업 문제에 대한 일반적 과제가 바로 실천적 결론일 수는 없다. 일반적 과제를 수행할 주체와 경로, 단계별 과제가 도출되어야 한다. 그런 점에서 자영업 종사자들에 대한 조직화 방안은 첫 번째로 모색해야 할 주제다.

5

'도시연대'의 든든한 구성주체로서의 자영업인

현재 한국의 자영업 종사자는 농민 330만 명과 학생 300만 명을 합친 숫자와 맞먹고, 제조업 종사자 416만 명, 건설업 종사자 180만 명을 더한 숫자와도 비슷하다. 이렇게 많은 자영업 종사자 가운데 안정된 사회경제적 지위로 중산층 기준에 부합하는 경우는 5분의 1에 불과하다. 자영업인들 대다수가 임금 노동자와 비슷하거나 그보다 못한 경제적 상황이면서도 자신의 처지를 대변하는 조직된 목소리를 내지 못하고 있기 때문에 사회적으로 약자의 지위에 있다.

국민경제의 내수 부진, 금융기관의 신자유주의적 경영 형태, 사회보장제도의 취약 등으로 가장 큰 피해를 보고 있는 계층 가운데 하나가 자영업이라는 점은 명확하다. 따라서 신자유주의에 맞서 새로운 대안경제, 새로운 사회로 나아가는 데 절실한 이해관계를 가지고 있음도 분명하다.

그러나 현실적으로 자영업인들은 자신의 처지와는 다른 선택을 하고 있다. 한미 FTA가 자영업의 원자재나 재료비를 낮출 것이라는 눈앞의 이익만을 바라보고 찬성 여론이 높다. 대기업의 고용 방출에 따른 자영업의 공급 과잉이 자영업의 내부 경쟁을 강화시킴에도 불구하고 대기업의 정리해고에 찬성표를 던진다. 수출의 증가가 내수의 증가로 이어지지 않는 그런 악순환의 메커니즘에 대해 제대로 된 정보를 접하지 못하고 있기 때문이다.

임금 노동자의 소득 감소에 따른 내수의 지속적인 부진과 대기업이 지속적으로 시장을 잠식하고 있는 상황에서 자영업의 활로는 없다. 결국 자유무역협정이 몰고 올 파고의 희생물이 될 것이 뻔하다.

◆ 거대자본과 맞설 수 있게

초국적 자본과 재벌 등 대자본은 동네의 작은 구멍가게가 가지고 있던 시장마저도 놔두지 않는다. 이미 거대 자본은 자영업이 기반한 지역 경제에까지 깊숙이 침투하고 있다. 대형 할인점이 그 전형이다. 대형 할인점은 유통에서 저가 덤핑을 일삼아 생산자와 영세자영업인 모두에게 피해를 주면서 유통 독재를 하고 있다. 대량 유통은 물류비를 증가시키고, 식품 유통에서 위험도를 증가시키는 등 결국 소비자 피해로 이어진다.

따라서 거대 자본이 진입할 수 있는 산업과 지역의 범위를 제한하는 제도를 구축해서 지역 경제와 자영업 시장의 규모를 안정적으로 확보해야 한다. 아직 충분하지는 않지만 이러한 제도에 대한 사회적

동의의 가능성은 존재한다.

지역 경제의 판도를 바꾸는 거대 자본의 진출을 막으려 한 투쟁은 대형 할인점 입주저지 투쟁과 같은 방식으로 진행된 사례가 많다. 그러나 많은 경우 지역개발 논리로 무장한 자본과 지자체, 부동산 가격 상승을 기대하는 지역 주민들의 여론을 돌리지 못하고 실패했다. 물론 카드 수수료 인하 투쟁과 같은 경우는 거대 자본의 이익만을 옹호해온 정부에 대한 투쟁으로 이어져 소기의 성과를 얻기도 했다. 그러나 여전히 민원 제기 성격이 강한 일회적 대응에 그치고 있어 자영업 종사자들의 생존권적 처우를 근본적으로 개선하기에는 부족하다.

이러한 상황을 타개하기 위해서는 자영업인의 조직적 단결이 필요하다. 업종별로 협회[26] 등은 있지만 이런 조직들이 자영업인의 생존권을 보장하고 지역 경제를 활성화하기 위한 본격적인 제도 개선 투쟁을 벌여본 경험은 없다. 대부분의 자영업인들은 이들 조직이 지자체와 관계된 행정을 대신해주고 수수료를 받거나 별다른 활동 없이 회비만 거둬간다고 말한다.

상황이 이러한 것은 각각의 자영업 업종별 조직이 해당 업종의 이해만을 대변할 뿐이고 그나마도 형식적인 차원에 머물기 때문이다. 자영업 전체의 이익을 대변할 전국 조직을 통해 대자본을 대변하는 전경련 등과 대등한 위치에서 맞설 수 있어야 한다. 또 자영업은 그 특성상 지역을 기반으로 경제 활동을 한다. 그래서 자영업인의 조직은 업종을 넘어 지역 차원에서 단결하는 그릇이 되어야 한다. 이러한 지역별 조직은 전국적 자영업 조직의 기층구조로 위치지을 수 있다.

이렇게 지역과 전국적 차원의 단결을 통해서 기존의 업종별 조직들이 갖고 있는 문제를 해결해나가야 한다. 기존 업종별 조직이 예전의 군사정권 때부터 길들여져 온 관변 조직의 성격을 벗어버리지 못하고 있거나 정치권에 로비하는 방식으로 정당한 권리 행사보다는 검은 커넥션의 일부가 되어버린 경우와 같은 문제점을 혁신해나가야 한다. 이처럼 자영업 조직은 지역을 기초로 '아래로부터 민주적으로 건설'하여 대자본과 투쟁하고 정부를 압박하여 지역 경제와 자영업 시장을 지키는 전국적 조직이 되어야 한다.

그러한 조직이 해야 할 가장 중요한 사업 가운데 하나는 대자본으로부터 자영업 시장을 보호하기 위해 적절한 규제와 경쟁의 규칙을 만드는 일이다. 이것은 대기업이 스스로 낸 세금보다 훨씬 많은 액수의 지원을 정부나 지자체로부터 받고 있다는 걸 고려할 때 결코 이기적인 투쟁이 아니다.

대자본이 비정규직을 양산하면 그들에게 들어가야 할 사회보장 비용의 재원은 일반 국민들에게서 세금을 거두어 충당할 수밖에 없다. 대자본의 대량 유통 과정은 수송 과정에서의 에너지 소비를 증대시켜 물류비를 높이고 환경을 오염시킨다. 대형 유통매장은 문화 상품도 겸하는 경우가 일반적인데, 지역 주민들의 생활 문화가 대자본이 만들어낸 영화나 놀이 시설로 편협해지고 지역 사회의 다양한 향토 문화, 공동체 문화를 질식시킨다. 그러므로 대자본으로부터 지역 경제, 영세자영업 시장을 보호하는 일은 다양한 가치를 보존하는 일이자 지역 사회가 불필요하게 지불해야 할 비용을 절감하는 일이기도 하다.

또 하나 중요한 것은 자영업인들이 소외되어 있는 사회보장제도를 개선하여 실질적인 삶의 질을 높이는 일이다. 빚을 얻어 작은 가게를 운영하더라도 자영업인은 업주라는 이유로 고용보험을 들 수 없다. 가게가 망하기라도 하면 당장 생계를 유지할 방법이 없다. 국민 누구나 들 수 있는 국민연금도 못내는 영세자영업인이 상당수에 달한다. 저소득 자영업인이나 원하는 사람들은 우선적으로 사회보장체계에 들어올 수 있도록 범위를 넓혀나가야 한다.

특히 저소득 자영업인의 상당수는 여성들로서 이들은 육아, 출산 등으로 취업 기회도 적고 직업 훈련을 받을 여건도 안 되는 경우가 많다. 저소득 자영업인에게 새로운 창업이나 취업을 위한 교육 기회를 보장하는 것은 기형적으로 비대한 자영업 비중을 줄이고 단순 서비스 위주의 자영업 산업구조를 바꾸는 데 중요한 수단이 될 수 있다.

이처럼 자영업인들의 삶의 질을 높이는 것 자체가 양극화 해소, 양질의 일자리 창출을 통한 생산자 서비스 위주의 자영업 비중을 높여 국민경제에 유익하게 기여하는 길이다.

새로운 대안경제의 주체로

대자본과 싸우고, 정부를 통해 제도적 개선을 이루는 것만으로는 부족하다. 대안적 경제주체가 되기 위한 노력과 병행할 때 지속 가능한 사회 시스템을 만들 수 있다. 노동자와 농민이 신자유주의의 거대한 파도를 넘기 위해 힘겹게 투쟁하고 있음에도 불구하고 수세적인 상황을 맞고 있는 것을 통해서 알 수 있고 자영업인이 노동자와 농민의 투쟁에 심정적으로 동의할지라도 적극적으로 찬성할 수 없었던 이유와 맞닿아 있다.

소비자의 눈높이에 맞는 서비스를 해내고, 상호부조를 통해 영세성과 금융의 사각지대를 극복해나가야 한다. 일부 지역에서는 지역화폐[27]와 같은 대안경제 실험을 진행하고 있다. 이러한 실험은 시장만능주의를 극복하고 지역 경제의 자립성을 높이는 데 기여한다.

이러한 시도와 함께 사회연대 의식이 아직 높지 않은 한국 사회에서 추진할 수 있는 다른 방안들도 강구해야 한다.

첫째, 자영업에 맞는 '사업 서비스를 제공하는 협동조합'을 만드는 것이다. 지역에서의 협동조합을 거론하면 주로 소비자 협동조합인 생활협동조합이나 몇몇 생산자들의 협동조합을 생각한다. 그러나 지역의 영세자영업인들은 주로 유통 서비스나 개인 서비스업에 종사하고 있고 이들이 당장 생산자 협동조합을 만들기는 어렵다. 자산과 경영을 하나의 시스템에 온전히 통합하는 것은 많은 노력이 필요한 일이다. 그렇다면 영세자영업인들이 개별적으로는 구매하기 힘든 사업 서비스[28]를 제공하는 협동조합을 만드는 것이 한 방법이될 수 있다.

자영업인들에게는 부동산 임대료 상승과 대자본과의 경쟁과 같은 구조적 문제와 함께 경영 규모의 영세성, 경영 방법의 낙후성, 수공업성에 따른 문제도 있다. 사업 서비스는 기업경영에 필요한 업무를 제공하는 것이다. 영세한 자영업인들은 이러한 생산자 서비스를 구매할 재정능력도 취약하고 스스로 그러한 능력을 배양할 교육 기회도 적을 수밖에 없다.

지역의 자영업인들이 공동으로 출자하여 사업 서비스를 제공하는 협동조합을 만들고, 협동조합이 조합원 업체의 재무관리, 물품구매, 보관, 디스플레이, 포장, 마케팅 등 전문성이 요구되는 업무를 대행할 수 있다. 개별 업체가 이런 사업 서비스를 제공받으려면 많은 비용이 들지만 여러 업체가 참여하면 규모의 경제로 비용을 절감할 수 있다. 현재로서는 주로 소매 서비스업 분야의 자영업인들이 주 대상이 될 것이다.

정보통신기술의 발전으로 대형 할인점의 원스톱 서비스처럼 한 가게에서 동네 여러 곳의 물품이나 서비스를 주문하고 한꺼번에 배달받는 편리함을 제공할 수도 있다. 미장원에 앉아서 단말기를 통해 저녁 찬거리 장도 보고 아이들 학교 준비물도 한꺼번에 주문하여 집에서 배달받는 모습을 상상해보자.

둘째, 자영업인과 서민들을 위한 대안 금융기관의 설립이다. 대안 금융기관은 정부의 정책자금을 기초로 하여 조성할 수도 있고, 자영업인 내부에서 출자를 병행할 수도 있다. 이러한 대안 금융기관은 자영업의 경영 활동에 대한 전문적 컨설팅과 재무회계 지원 등 실질적으로 도움을 줄 수 있도록 운영되어야 한다. 이미 그라민 은행과 같은 대안적 은행들이 여성을 대상으로 하여 성공 사례를 보여주고 있다. 지역공동체가 이런 대안은행을 만들지 못할 이유가 없다.

그러기 위해서는 정부의 관료적 운영이나 이자놀이나 하려는 기존 금융기관의 관행을 뛰어넘는 금융기관으로 설계되고, 자영업인을 포함한 지역 주민이 함께 관리 운영할 수 있어야 한다. 현재 서민들의 저축이 지역 경제나 서민 살림을 돕는 과정을 통해 증식되는 것이 아니라 대자본에게 대출되어 지역 경제를 위협하거나 노동자의 일자리를 뺏는 데 활용되고 있다. 개미들이 모아서 공룡을 키우는 격이다. 그 공룡은 엄청난 식욕으로 개미들의 삶터를 황폐화시킨다.

대기업이 대형 마트나 프랜차이즈를 통해 지역 상권을 잠식해왔지만 보다 세밀하게 연구하면 지역 소상인들이 동네 주민들과의 친밀성을 바탕으로 고객의 욕구를 실현시키는 창의적인 협력 방안을 많이 내올 수 있다. 대기업과의 관계에서는 치열한 경쟁이겠지만 지역 내 자영업인들끼리는 '협력적 경쟁'이 기본적인 형태가 되어야 한다.

◆ 도시연대, 지역 주민운동의 주요 주체로

자영업인은 지역 경제, 지방자치제와 깊은 이해관계가 있다. 자영업인들이 대형 유통업체의 지역 진입을 막으려고 해도 허가권이 자치단체에 있는 것을 고려하면 지역 정치와 무관할 수가 없다. 그러나 소수의 토호를 제외하고는 제대로 자신의 이해를 대변할 수 없었다. 조직적 단결이 용이하지 않은 생활조건도 있었지만 대자본이나 관료집단을 중심으로 구성된 보수정당에 쉽사리 개별적으로 편입되어 버리거나 노동자, 농민과 달리 아래로부터 집단적 정치세력화를 추구한 경험을 가지고 있지 못하다.

몇몇 곳에서 대형 유통업체의 지역 경제 잠식을 막기 위해 투쟁했지만 부동산 가격 상승을 기대하는 주민들이나 대자본 편들기에 급급한 지자체장들의 행태를 제대로 제어하지 못해왔다. 최근 주민소환운동의 경우에도 자영업인들의 참여는 매우 중요하다. 자영업인이 대자본이나 기득권 관료들과의 관계에서 지역 주민들의 이해를 대변하여 나선다면 지역 공동체 강화에 크게 기여할 수 있다.

자영업인들이 지역 주민운동에 참여하면서 우선적으로 관심을 가져야 할 사항은 환경, 복지, 교육 문제다. 최근 식품 안정성에 대한 관심과 환경오염에 대해 경각심이 높아지면서 세계적으로 지역 먹을거리 시스템[29]에 주목하고 있다. 식품 이동의 물리적 거리를 줄이고 도덕적[30] 선택을 하자는 것이다. 아직은 출발단계의 실천이지만 석유값 상승과 화석 에너지 고갈 등은 앞으로 장거리 이동을 요하는 현재의 대형 유통업체 위주의 식량 수급 체계를 어렵게 하는 요인으로 작용할 것이다. 이처럼 높아지는 환경에 대한 관심은 자영업인들이 지역 내에서 대자본과 겨루어 생존할 수 있는 새로운 가능성을 열어주고 있다.

복지나 교육에 있어서도, 자영업인들이 경제 활동뿐 아니라 자신의 생활적 어려움을 함께 해결해나가기 위해 지역 공동체와 어우러지는 활동이 필요하다. 같은 생활권에 있는 자영업인들이 지역 공동체와 함께 육아나 교육과 관련한 어린이집, 공부방 설치 등을 통해 서로의 유대를 높이는 것은 자영업인 조직의 결속력을 보다 강화시켜 줄 것이다.

자영업인 조직이 지역의 풀뿌리조직과 연계하여 지역 공동체에 기여하는 사회적 활동을 한다면 고객은 지역 공동체를 구성하는 동료가 되는 것이다. 대기업과의 경쟁은 사실 지역 주민이라는 소중한 지원군이 없으면 이기기 힘들다. 자영업인들이 같은 지역에서 주거 환경, 교육 등과 관련된 문제들을 고객이자 협력자인 지역 주민과 함께 한다면 이보다 긴밀한 연대 활동도 없다.

자영업인의 조직이 단지 자신들의 경제적 이해관계로만 매몰되지 않기 위해서는 앞에서 언급한 연대 활동이 필요할 뿐 아니라 자영업인의 조직에 주민 대표들을 '공익 이사'와 같은 형태로 참여시키는 지혜도 필요하다. 자영업인 조직과 시민사회의 소통과 협력을 강화하고 자영업 조직의 이기주의를 적절히 견제하도록 하는 것은 지역 내 자영업인의 입지를 보다 견고히 하는 것이다.

결론적으로 고도로 발전한 도시형 사회로 바뀐 한국 사회에서, 자영업인은 신자유주의에 대항하는 도시연대(노동자, 자영업, 학생 등)의 주요한 구성 주체로서 잠재력을 충분히 가지고 있다. 자영업인들 스스로의 노력과 기존의 풀뿌리운동 단체, 교육, 복지, 환경 등을 의제로 삼고 활동해온 시민사회단체들의 적극적인 연대가 절실하다.

| 주 석

1   사회 일반적으로는 '자영업자'라는 용어가 주로 쓰이고 있다. 기업하는 사람들을 '기업인' '기업가'라고 부르지 '기업자'라고 하지 않는다는 점에 비추어보면 '자영업자'는 영세자영업 종사자들에 대한 다소 낮은 사회적 인식을 반영한 용어로 보인다. 이 책에서는 특별한 경우가 아니면 '자영업인'이라는 용어로 통일했다.

2   중산층에 대한 시대별 규정이 어떻게 변화해왔는지는 다음 세 문헌에 나타난 기준을 보면 알 수 있다.
    * 경제기획원(1985년) : 최저생계비 2.5배 이상의 가구 소득, 전세 이상의 거주조건, 자영업 이상의 직업 안정, 고졸 이상 학력
    * 현대경제사회연구원(1998년) : 월평균 250만 원 이상의 가구 소득, 아파트 기준 30평 전세 이상, 자가용 보유, 안정된 직장, 고학력, 외식 등 문화여가 생활
    * 서울대 홍두승 교수(2002, 서울시정개발연구원 자료 근거) : 계급적 지위로는 중상계급에서 구 중간계급, 2년제 대졸 이상의 학력, 도시 가구 월평균 소득 279만 2400원의 90퍼센트 이상이고, 자가 20평 이상이거나 전월세 30평 이상

3   '자영 고용주'란 표현은 '자영업주'란 용어가 자영업 종사자를 '자영업주'와 '무급 가족 종사자'로 구분할 때 사용하는 경우가 많기 때문에 '고용한 종업원이 있느냐에 따른 구분'을 명확히 하기 위해 이 글에서 사용한다. 2005년도 통계청 자료에 따르면 농업 포함 자영업 종사자 767만 1000명 중 고용주 166만 4000명, 단독 자영인 450만 8000명, 무급 가족 종사자 149만 9000명으로 각각 21.69퍼센트, 58.76퍼센트, 19.54퍼센트를 점한다. 이는 약 1:3:1 비율이다.

4   농업부문 자영업주는 113만 5000명, 무급 가족 종사자는 51만 9000명이다.

5   통계청, 〈경제활동 인구조사〉, 별도 표기가 없는 통계 수치는 모두 이 자료에 근거.

6   한국고용정보원의 〈산업직업별 고용구조 조사 2005년〉에 따르면 자영업 종사자는 전체 취업자 2319만 명 가운데 732만 명(31.5퍼센트), 자영 고용주 151만 명(6.5퍼센트), 단독 자영인 581만 명(25.0퍼센트)이다. 이 자료는 통계청 자료처럼 농업을 포함하고 있지만 비중 계산에는 무리가 없고, 무급 가족 종사자를 단독 자영인에 포함하고 있긴 하지만 자영 고용주와 단독 자영인의 비율(약 1:4)을 확인하는 데 유의미하다.

7   미국 시카고 대학의 National Opinion Research Center가 수집한 General Social Survey 자료.

8   통계청, 〈경제활동 인구조사〉, 각 연도.

9   김정주, 〈경제 위기 이후 산업구조의 변화와 대안적 산업정책 방향의 모색〉,《혁신과 통합의 한국 경제 모델을 찾아서》, 유철규 편, 2005.

10   한국고용정보원, 〈산업직업별 고용구조 조사 2005〉.

11   김정주(2005).

12   소득 부분의 통계는 무급 가족 노동 종사자를 제외한 좁은 의미의 자영업인, 즉 약 500만 명의 자영 고용주와 자영자를 대상으로 한다.

13   한국고용정보원, 〈산업직업별 고용구조 조사 2005〉.

14   한국노동패널, 2001, 2000년 최저임금 42만 8000원 기준.

15   중위소득의 3분의 2 미만.

16   중위소득의 3분의 2 이상.

17   한국노동연구원 노동리뷰, 2005. 3.

18   한국고용정보원, 〈산업직업별 고용구조 조사 2005〉.

19   구혜란, 2005.

20   성균관대 서베이리서치센터 · 삼성경제연구소, 한국종합사회조사, 2004.

21   중소기업연구 DB.

22   통계청, 〈2003년 사업체 기초통계 조사보고서〉.

23   민노당이 영세상인들과 함께 벌이고 있는 이 운동은 수수료율의 차이(대형가맹점 1.5~2.0퍼센트, 미용실 3.6~4.05퍼센트), 체크카드에조차 금융 비용을 챙기는 등 카드사의 부

당 거래를 근절시키기 위한 것이다.

24   한국여성개발원.

25   민승규, 〈소득 양극화 현황과 원인〉, 삼성경제연구소, 2006.

26   자영업인들의 편익을 위해 존재한다는 대부분의 협회가 회비를 받아갈 뿐 별다른 실
      익을 주지 않는다는 게 일반적인 생각이다. 자영업 창업을 하는 사람들이 협회 가입
      을 해야 하냐는 질문에 인터넷에 올라오는 답변의 열에 아홉은 '안 하는 게 좋다'는
      얘기들이다.

27   어느 지역 내에서의 경제환경을 도모해 지역 경제의 자립성을 높이기 위한 목적으로
      시작된 것으로, 특정 지역에서 통용되는 화폐로 상품과 서비스를 교환하는 체계를 가
      리킨다. 1983년 캐나다 코목스밸리의 컴퓨터 프로그래머 마이클 린턴이 'LETS'라는
      지역화폐를 사용하기 시작하여 지역통화운동의 선구자로 통한다. 지역화폐는 짧은
      시간에 전세계로 확대되었다. 영국은 400개 이상, 프랑스는 250개, 미국과 일본은 약
      200개 등 세계적으로 2500여 개의 지역통화가 있으며, 개발도상국을 포함해 그 수는
      매년 늘어나고 있다. 실제 돈을 찍어내지 않고 교환가치만큼 계좌로만 관리한다. 지
      역화폐 공동체에서는 100퍼센트 현금 거래는 하지 않는다. 품앗이의 의미가 없어지
      기 때문이다. 비싼 것은 10~50퍼센트만 지역화폐로 처리하고 나머지는 현금으로 내
      면 된다.

28   법률, 회계, 정보처리, 컴퓨터 운영, 연구개발, 건축기술, 엔지니어링, 광고, 디자인,
      컨설팅 등 기업경영에 필요한 지식기반 서비스.

29   로컬푸드시스템Local Food System, 일부에서는 생산자와 소비자가 신뢰할 수 있는 먹
      을거리 시스템을 의미하는 '얼굴 있는 먹을거리 운동'이라고 규정하기도 한다.

30   중국의 유기농산물이 아니라 국내산 유기농산물을 사먹는 것과 같이 국가 내, 지역
      내 경제주체들이 생존할 수 있는 방식을 선택하는 것을 의미한다.

| 참고자료

- 강우란, 〈낮은 고용률 : 현상과 대책〉, 삼성경제연구소, 2005.
- 구혜란, 〈자영업자의 직업 만족도 : 자발적 선택의 효과〉, 서베이리서치센터, 2005.
- 금재호·윤미례·조준모·최강식, 〈자영업의 실태와 정책과제〉, 한국노동연구원, 2006.
- 김기승, 〈자영업 진출 결정 요인과 정책적 시사점〉, 국회예산정책처, 2006.
- 김유선, 〈자영업 노동시장 분석〉,《월간 노동사회》, 2005.
- 김태홍, 〈한국의 여성 인력 활용 현황 및 국제 비교〉, 한국여성개발원, 2001.
- 노광표, 〈중소기업의 구조적 문제와 지역 산업의 실태〉, 진보정치연구소, 2005.
- 민승규, 〈소득 양극화의 현황과 원인〉, 삼성경제연구소, 2006.
- 오건호,《국민연금, 공공의 적인가 사회연대 임금인가》, 책세상, 2006.
- 장지연, 전병유, 부가청, 〈여성의 일자리 창출 정책 국제비교〉, 한국노동연구원, 2006.
- 최문경, 〈자영업, 선택인가? 한국과 미국의 비교〉, 서베이리서치센터, 2003.
- 황준욱, 신현구, 〈유럽 주요국 고령자 현황 및 고령자 고용정책〉, 2005.
- 통계청(www.nso.go.kr), 각종 자료.

새로운 사회를 향한 동력 형성을 위하여

새사연 연구센터

1

—

'대안'보다 중요한 '실현주체'

신자유주의를 넘어서는 대안사회는 단지 새로운 시스템 모델을 제시하고 국민이 이를 지지하고 동의하기만 한다고 해서 현실화되는 것이 아니다. 우리 국민 다수가 대안실현에 강력한 욕구를 가지고 그 실현 과정에 직접적이고 적극적으로 참여해야 한다. 이러한 참여는 삶의 뿌리에서부터 대안실현 욕구와 참여 동기가 발견될 때 이루어지게 된다.

우리 사회에서 절박하게 모색하고 있는 대안은 이제 막 대안모델에 대한 다양한 논의 수준을 통과했다. 대안모델 모색을 바탕으로 하여 '대안실현 경로 → 대안실현 주체 → 대안실천'으로까지 사고의 지평이 확장되고 상상력과 실천의 영역이 넓어져야 한다. 그런데 대안논의가 단지 대안모델에 대한 정책적 구상의 범위를 뛰어넘지 못하는 데는 몇 가지 이유가 있다.

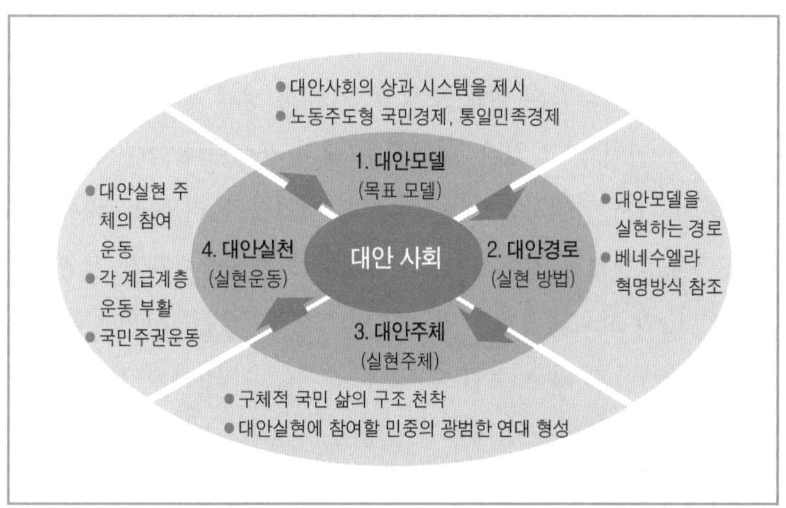

우선, 주로 학계에서는 대안주체에 대해 고려하지 않고 '세련된 대안정책'을 제시하는 데 노력하고 있기 때문이다. 우리 사회가 지난 10여 년간 신자유주의적 세계화의 외길로 줄기차게 돌진해온 것은 대안이 없기 때문이 아니다. 지금 지구상의 200여 개 나라들이 오로지 신자유주의적 방향으로만 나가고 있는 것도 아니다. 당장에도 다양한 다른 길이 존재하고 있으며 세계 민중들의 노력과 의지에 따라서 매일 새로운 길이 실험되고 창조되고 있다.

문제는 현재의 주류 정치세력과 사회세력이 대안을 찾아 실천할 의지가 없다는 데 있다. 학계에서도 우리 국민 속에 존재하는 대안실현 의지의 가능성을 신뢰하고 적극적인 동력으로 끌어올리는 데 주의를 기울이지 않고 있다. 국민 주체화에 대한 진지한 고려보다는 지금의 정치세력이 수용할 수 있는 '세련된 정책 구상'에 관심이 몰려 있기 때문에 대안논쟁이 여전히 모델 구상 수준에 머무르는 것이다.

둘째로, 수구세력과 각을 세우고 있는 이른바 '민주개혁' 정치세력의 모호한 입각점은 대안 모색을 '기능적 정책 구상'에 묶어두도록 하는 요인이 되고 있다. 대안은 정책적 완성도나 학문적 정합성 여부를 따져서 선택하는 것이 아니다. 대안을 둘러싸고 각자 놓여 있는 사회경제적 처지에 따라 전혀 다른 이해상충관계가 발생하기 때문이다. 한 사회세력에게 이익이 되는 대안은 다른 사회세력 입장에서는 유쾌하지 않은 것일 수 있다. 문제는 어떤 사회세력의 이해관계를 반영한 대안을 선택할 것인가다.

한국 사회의 미래 대안은 신자유주의 양극화와 분단으로 피해를 보고 있는 모든 사회세력의 이해관계를 대표하는 대안이 되어야 한다. 이는 불가피하게 양극화의 수혜자들에게는 이익이 되지 않을 것이다. 그러나 현재의 '민주개혁' 세력은 이러한 다수 이해관계의 편에 확고하게 서려는 의지가 없다. 그러다보니 대안실현에 대해 절박한 국민적 요구나 국민의 폭발적 잠재력을 보지 않으려 한다. 정책의 일관성도 없고, 문제를 오히려 확대시키는 정책을 수용하는 이유가 여기에 있다. 참여정부의 '좌파 신자유주의 정책'이 가장 대표적이다.

대선 시기만큼 각종 대안이 쏟아져 나오는 시기는 아마 없을 것이다. 공약을 통해서다. 그런데 후보들의 대선 공약을 평가할 때마다 공통으로 지적되는 사항이 바로 '실현 가능성'과 '재원 조달' 문제다. 그러나 이런 지적이 반드시 옳은 것은 아니다.

기존 정치권 시각에서 이런 문제가 발생하는 것은, 누구의 이익도

해치지 않고 피해세력들에게는 국가가 시혜를 베푸는 방식으로 공약을 짜기 때문이다. 대안실현은 반드시 소수의 특정 계층에게는 이익이 되지 않을 뿐 아니라 양극화 수혜 계층의 이익을 다수의 이익으로 전환시키는 과정을 동반해야 한다. 그리고 다수의 국민을 대안실현 요구주체로 동력화하여 극소수 계층의 반발을 제압해야 한다.

아무도 손해를 보지 않으면서 기존 피해 계층에게도 이익을 실현해 줄 수 있는 방법은 하나밖에 없다. 국가의 재정인 세금으로 해결하는 것이다. 그러나 신자유주의 작은 정부에서 재원은 절대적으로 제한되어 있으며, 세금 자체는 결국 국민의 혈세에 다름 아니다.

셋째로, 진보운동에서 대안실현 주체를 편의적으로 기존의 운동단체나 운동조직으로 대체해버리는 경향이 있다. 진보정당의 대중적 기반을 어떻게 만들 것인지, 한국진보연대 같은 전국적 연대조직에 대중을 어떻게 참여시킬 것인지에 대한 문제 역시 대안실현 주체에 대한 과학적인 분석으로부터 답을 얻을 수 있다.

지금은 사회운동의 대중적 지반 확대가 가장 중요한 문제다. 진보정당이나 연대체로 주체의 조직적 결속을 제대로 하기 위해서는 그것이 어떤 대중적 뿌리와 기초를 가질 것인지 분명해야 한다. 그러지 않고 기존 협소한 단체들의 재배열로 사회운동의 주체를 구성하고자 한다면, 그것은 대안실현 주체가 사회운동에 참여하고 정치적 조직으로 성장하는 데 한계를 갖게 될 것이다. 대안실현 주체의 문제는 사회운동 조직들이 어디에 뿌리를 두고 누구를 참여시켜 대안을 향한 사회운동을 해야 하는가에 대한 문제다.

일부에서는 사회운동을 보다 '급진적' 운동으로 발전시켜야 한다

맺는글　새로운 사회를 향한 동력 형성을 위하여

고 적극적으로 주장하기도 한다. 그러나 진정한 급진화는 이념적 과격성으로 표현되는 것이 아니다. 절대 다수 국민이 대안실현에 참여하도록 동력을 형성할 때 문자 그대로의 급진성이 역사적 현실로 나타는 것이다.

2

—

경제 자주화, 경제 민주화의 과제[1]

◆ 최신의 주주자본주의로 변화한 한국 사회

1997년 외환위기 이후의 한국 경제를 이제 더 이상 낙후된 천민자본주의로 치부할 수 없다. 독재정부가 인위적으로 지탱하는 전근대적인 경제 시스템을 벗어나 이미 주주자본주의라는 최신의 자본주의로 변모되었다.

물론 이것이 신자유주의 종주국이라고 할 수 있는 미국이나 영국 수준의 경제 시스템으로 도약했다는 말은 아니다. 한국에 이식된 경제제도는 영미식 모델의 전형보다는 훨씬 조악하고 가혹한 주주자본주의다. 여기에 과거의 낡은 유산이라고 할 수 있는 재벌의 전근대적 상속이나 지배구조 형태도 일정하게 남아 있다.

이를 기형적인 자본주의라고도 할 수 있겠지만 후진자본주의라

맺는글 　새로운 사회를 향한 동력 형성을 위하여

고 보는 것은 맞지 않다. 이런 점에서 산업 기반이 매우 취약하고 비공식 부문 종사자가 취업 인구의 절반을 차지하는 베네수엘라 혁명 방식과 한국에서 경제 대안모델을 설계하고 대안주체를 형성하는 방식은 상당한 차이를 보이게 될 것이다. 말하자면 한국은 상당히 고도화된 자본주의를 극복해나가는 높은 수준의 운동이 필요하게 된 것이다.

최신의 주주자본주의로 변했다는 것은 구체적으로 무엇을 의미하는가? 그것은 한국 사회가 '이식된 주주자본주의 시스템을 통하여 미국 중심의 거대 금융자본이 한국 경제의 명맥을 좌우하는 구조'로 되었다는 뜻이다. 즉 한국 경제의 운영 원리가 '(미국 금융자본 중심의) 주주이익을 최우선시하여 기업경영과 고용정책, 투자정책이 결정되는 시스템'으로 전환되었다는 것이다.

또 주주이익의 무제한 관철을 위해 규제완화라는 이름으로 국가의 역할을 대폭 축소시키고, 공적 영역에 속하는 공기업들까지 이른바 민영화를 통해 주주이익 실현을 위한 대상으로 끌어들이며, 거대 금융자본의 독주에 아무런 제약이 없는 시장환경을 조성하고 있는 펀드 자본주의 시스템이 되었다는 것이다. 이에 대한 사회적, 이데올로기적 경향을 신자유주의라고 통칭할 수 있을 것이다.

한국 경제가 세계적으로 유례없이 빠르게 주주자본주의로 전환된 것은 물론 자연스런 이행 과정이 아니었다. 외환위기라는 계기를 이용해 IMF를 앞세운 미국 중심의 초국적 금융자본이 이를 급격히 추진한 것이었다. 외환위기 당시의 협상 자료를 볼 때, 그리고 현재 외국 금융자본의 절반이 미국 자본인 것을 봐도 이는 명확하다. 더욱이 이 연장선에서 추진되고 있는 한미 FTA 과정을 보아도 이는 확정적이다.

과거에 한국 경제를 좌우했던 재벌들은 외환위기 이후 급격한 산업 재편 과정과 미국 금융 주주자본의 기업경영 개입으로 일견 갈등하기도 해왔지만[2] 그 가운데 살아남아 더욱 비대해진 그 자신들 역시 주주이익 제일주의의 수혜자로서 외국 금융자본과 이해를 같이해오고 있다. 그 대표적인 사례가 삼성이다. 여기에 공기업에서 민영화로 돌아선 소수 기간산업, 그리고 외환위기 이후 새로운 경제 강자로 부상한 금융기업 그룹이 한국 경제의 주요 플레이어로 떠오르게 되었다.

한마디로 미국 중심의 거대 금융자본의 주도 아래, 소수화되고 비대해진 재벌기업군, 민영화된 공기업, 금융기업 그룹이 최신의 주주자본주의를 이끌고 있는 것이 한국 경제의 새로운 모습이다.

그렇다면 외환위기 이전까지만 해도 '개발독재'니 '관치경제'니 하여 한국 경제에 막강한 영향력을 발휘했던 국가권력은 변화된 자본주의 시스템에서 어떤 역할을 하게 되었는가. 한국 정치권력은 신자유주의로의 전환과 함께 시장과 자본에 대해 최대한의 자유를 부여해주면서 실질적 권력을 경제권력에게, 주요 금융주주 권력과 재벌에게 이양한다.

이에 따라 외국 금융자본의 일거수일투족에 한국 경제 전체가 흔들리는 현상이 빈번하게 발생하고 있으며,[3] 우리나라 전체 재정 규모에 맞먹는 150조 원을 넘는 매출액을 자랑하는 삼성은 막강한 경제권력을 쥔 실체로서, 그리고 한국의 지배 이데올로기를 선도하는 이데올로기 권력으로서 한국 사회의 중심에 서게 되었다.

그러나 자본이 국가권력 통제의 그늘에서 벗어난 그 만큼, 일반 국민도 정치로부터의 자율과 자유를 동일하게 얻은 것은 아니다. 시장지상주의와 노동시장 유연화에 맞서는 우리 국민은 여전히 과거 못지않은 물리적인 폭력을 감당해야 하며, 여기에 덧붙여 물리적 폭력보다 가혹한 '시장의 억압 기제'에 무방비 상태로 노출되어 있다. 이것이 '권력이 시장으로 넘어간' 우리나라 정치구조의 현실이며 이른바 '개혁정부'의 실체다.

◆ 경제 자주화와 국민경제 회복

최신의 주주자본주의로의 전환이라고 하는, 이전에 겪어 보지 못한 경제변화 앞에 우리 국민은 새로운 과제를 안게 되었다. 그것은 다름 아닌 '경제 자주화'와 '경제 민주화'의 과제다.

1980년대까지만 해도 한국 경제는 주로 국가가 주도하는 '국가주도형 경제' '국가자본주의 경제'라고 말할 수 있다. 외국자본도 국가를 매개로 차관이라는 형태로 조달되었고, 노동력의 공급 역시 지금과 같이 유연한 노동시장 체계를 통하기보다는 국가가 강제로 이농을 부추겨 농촌에서 도시로의 노동력 공급을 조장하고, 노동자들에게는 물리적인 억압이 동반된 저임금정책을 강요하면서 공권력이 직접 노조 설립을 탄압했다.

더욱이 미국의 입장에서 한국은 자본이익의 실현 대상이라는 측면보다는 세계 공산주의 운동을 저지할 '반공기지'라는 정치군사적인 요인이 중요했다. 때문에 경제적 이익의 실현은 대부분 간접적인 방식을 취해왔고, 무게중심은 항상 정치군사 전략 요충지로서의 필요성에 두어졌다.

이런 조건에서 외환위기 이전까지만 해도 우리 국민에게는 경제 자주화의 요구보다는 항상 정치군사적인 자주권 요구가 선행되었고 전면에 부상하였다. 이 당시까지 경제 자주화의 문제는 기껏해야 '외채 위기'의 문제거나 극히 제한된 영역에 들어와 있었던 외국인 투자 기업에서의 노동운동 문제 수준이었다고 해도 과언이 아니었다.

그러나 1990년 냉전구조 해체와 이후 신자유주의의 이식으로 이런 상황에 변화가 발생했다. 미국 금융자본은 한국을 경제 규모 13위의 유력한 '신흥시장emerging market'으로 인식하기 시작한다. 한국 자본시장으로 쏟아져 들어온 외국 금융자본은 단순한 주가 시세차익 실현을 넘어서 대규모 인수합병, 우량기업의 경영권 장악, 고액 배당이익 실현, 그리고 금융자본의 위험분산 투자 대상으로 전환한다. 그리고 이러한 대상들은 기존의 사기업 범위를 넘어서 주요 우량 공기업을 민영화시키고 대부분 공적인 기관이었던 주요 은행을 공격적으로 인수합병하면서 확대해간다. 이를 방해할 수 있는 모든 규제의 철폐를 글로벌 스탠더드라는 이름으로 요구했을 뿐 아니라 IMF와 세계은행, 그리고 무디스, S&P와 같은 신용평가기관이 동원되었다.[4]

이제 금융화되고, 주주자본주의화된 한국 경제에서 경제 자주화, 즉 '경제주권의 실현과 국민경제의 복원'은 가장 첨예한 국민의 요구로 되었다. 외국 투기자본 규제, 민영화된 기간산업의 재공기업화, 금융 공공화, 국내 자본시장 보호 등이 새로운 이슈로 부각되고 경제 대안의 주요 축을 형성하게 되었다.

◆ 경제 민주화를 포괄하는 새로운 민주주의 과제

경제의 금융화, 주주자본주의화로 집약할 수 있는 신자유주의 이식은 이처럼 경제의 자주화라는 새로운 과제를 던져 주었다. 동시에 신자유주의로의 전환은 이전과 비교할 수 없이 복잡하고 중요한 경제 민주화의 과제를 안겨 주었다.

우선, 국가주도형 경제 시스템의 유산이라고 할 수 있는 재벌총수 체제의 불법적인 상속 관행과 불투명한 지배구조 해소라는 과제가 여전히 남아 있다. '투명 경영'과 '재무 건전성 확보' '국제 수준의 경영지표 도입'이라는 이름 아래 추진된 신자유주의적 경제 개혁에서도 이들 과거 유산은 전혀 사라지지 않았다.

외환위기 이전 30대 재벌 가운데 구조조정에서 살아남은 소수 재벌 그룹은 외환위기 이후 덩치를 키워 더욱 비대해지고 규모가 확대되었지만 불법, 편법 상속, 증여가 사라지지 않았을 뿐 아니라 순환출자 관행도 그대로다. 더욱이 최근에는 '출자총액제한 제도'와 '금산분리제도'까지 철폐하라고 요구하고 있다. 때문에 재벌경영 시스템에 대한 민주화 요구는 여전히 경제 민주화의 기초적인 요구가 되고 있다.[5]

둘째로, 신자유주의 구조조정 이후 경제 민주화의 가장 중요한 과제는 주주자본주의의 '노동배제적 고용정책'에 따라 '노동시장 유연화'가 급격히 진행되고 고용불안이 확산되는 지점에서 발생한다. 주주자본주의는 이른바 국민 기본권의 핵심이라고 할 수 있는 노동권에 대해 법적인 일체의 보호 장치를 제거하고 고용과 해고에 대해 자유권을 획득한다. 때문에 '고용안정'은 정규직 노동자나 비정규직 노동자, 그리고 청년 취업계층이나 중장년 직장인을 가릴 것 없이 경제 생활의 최대 문제가 되었다. 고용 문제 해결이 우리 사회의 가장 핵심적인 문제로 등장하게 된 것이다.

셋째로, 기본적으로는 고용 문제에서 파생되었지만, 우리 사회 경제 민주화의 가장 대표적인 과제로 대두된 것이 '양극화'로 표현되는 경제 불평등의 심화다. 산업구조 분석에서도 이미 살펴본 것처럼 양극화 문제는 단지 국민 소득 수준의 양극화나 분배의 양극화로 한정되지 않는다. 고용 안정성에서의 양극화, 산업구조에서의 양극화, 기업 규모별 양극화 현상 등 양극화는 우리 사회의 모든 영역에서 발견되어 최신 현상을 지칭하는 대명사가 되었다. 이제 양극화는 사회 통합을 저해하는 핵심 원인으로, 사회 안정을 위해 반드시 해결해야 할 가장 절박한 과제가 되었다. 양극화 해소 없는 사회 통합이나 사회 민주화가 더 이상 무의미해진 것이다.

넷째로, 사회복지 시스템을 미처 다 갖추고 있지 않은 한국에서 신자유주의의 급격한 도입은 국민에게 훨씬 심각한 충격을 주었다. 서방 국가들은 오랜 시간에 걸쳐 실업과 재취업 대책, 사회보장 시스템이나 사회 서비스 체계 등을 갖추어 놓은 상태에서 신자유주의를 도입했다. 그러나 국가주도형 경제체제의 한국은 사회복지 인프라가 미비한 상황에서 신자유주의로 빠르게 전환되었고, 이에 따라

다수 국민들이 생존권에 심각한 위협에 빠지고 자살, 가정 해체, 노숙자 발생 등이 확산되었다. 일을 하면서도 빈곤 상태를 벗어날 수 없는 근로 빈곤층도 다수 형성되었다. 최소한의 생존권 수준에서의 민주화 과제가 제기되고 있는 것이다.

이들 문제는 비단 어느 한 개별 집단의 경제적 요구에 국한된 것이 아니다. 정도의 차이만 있을 뿐이지 거의 대부분의 계급계층에서 공통적으로 나타나는 문제다. 이제 경제 민주화의 요구를 담아내지 못하는 정치적 민주화의 완성이라든지, 형식적 민주주의 완성이라는 말은 매우 공허하게 들릴 정도다.

신자유주의가 경제 민주화의 요구가 함축된 질적으로 새로운 수준의 민주화 과제를 던져주고 있다. 적어도 신자유주의 아래에서는 민주화가 더 이상 정치적 민주화만을 의미할 수 없으며 반드시 경제 민주화를 결합한 것일 때에만 진정 우리 국민에게 공감과 호소력을 불러일으키게 된 것이다.

결론적으로, 1997년 외환위기 이후 한국 사회를 변화시킨 신자유주의는 대안실현 주체들에게 경제 자주화와 경제 민주화라는 새로운 과제를 중요하게 부상시켰다. 최근 수년간 신자유주의를 넘어서는 대안경제 모델에 대해 실로 다양한 모색들이 진행되어왔지만 경제 자주화와 경제 민주화로 수렴할 수 있는 이렇다 할 합의나 공통 의제로 삼는 수준에는 아직 이르지 못하고 있다.

그러나 분명한 것은 투기적 금융자본 규제, 외국 자본운동으로부터 국민경제의 복원, 금융과 기간산업에서의 공공성 회복, 재벌총수 체제 근절과 양극화 해소, 고용 문제의 해결, 더 나아가 국민의 참여를 실현하는 참여 경제 등의 내용이 포괄되는 경제 대안이 요구된다는 것이다. 그리고 이들이 신자유주의 경제 시스템의 파생 결과라고 본다면 근본에서는 신자유주의를 넘어서는 경제 대안을 모색해야 한다.[6]

이런 점에서 현 시기 한국 사회의 대안을 만들어갈 주체는 곧 경제의 자주화와 민주화를 실현하는 주체이며 대안경제를 실현하는 주체라고 할 수 있다.

3

—

국민의 하향 분해와 새로운 다수화 전략

◆ 노동자 사회, 도시 사회, 금융 사회

앞서 한국 사회가 신자유주의로 전환함에 따라 우리 국민의 구성원 다수는 이전과는 다른 수준의 경제 자주화와 경제 민주화 과제를 안게 되었다는 점을 살펴봤다. 그렇다면 대안실현 주체들이 해결해야 할 과제만 변했을까? 앞 장들에서 살펴본 것처럼 대안실현 주체들의 조건과 구성 부문도 실로 다양한 변화를 경험했다.

우선 한국 사회는 양적, 질적 구성에서 사실상 노동자 사회가 되었다. 경제활동 인구의 65퍼센트가 임금을 받고 생활하는 노동자로 전환되었고 이 영향력은 다양한 계급계층으로 확산되고 있다.

이제는 고등학교가 아니라 대학이 노동시장 진입을 위한 사전단계에 배치되고 있고, 자영업은 노동시장에서 배제되거나 정규 노동시장 진입이 불가능한 계층을 수용하는 구조로 형성되고 있다. 지식인의 상당수도 지식노동이라는 구조로 자본에 편입되고 있다. 우리 사회 구성원의 다양한 분화는 이제 노동시장 외부보다는 노동시장 내부에서 발생하고 있다. 따라서 한국 사회에서 노동자 문제는 이미 노동계급 이기주의적인 문제가 아니라 사실상 전 국민의 문제이며 다수의 이해관계에 대한 문제다.

또 한국 사회는 거의 완전하게 도시화된 사회다. 농가 인구는 국민의 7퍼센트 미만인 330만 명으로 줄어들었고, 국민경제에서 차지하는 농업의 비중 역시 GDP의 3.6퍼센트에 불과한 수준으로 떨어졌다. 절대 다수의 인구가 도시에서 생활하고 있으며 절대적인 산업 생산이 도시와 공업, 도시 서비스업에서 만들어지고 있다. 심지어 정부기관조차도 '기업경영' 기법을 수용하기에 여념이 없을 정도로 한국 사회는 '기업사회'로 되었다. 이는 대안실현 주체의 압도적 다수를 도시에서, 도시의 생활 속에서 세워야 한다는 것을 의미한다.

또 신자유주의는 한국 사회를 '금융 사회'로 전환시켜나가고 있다. 한국에서 가장 수익성이 좋은 거대 기업군 가운데에는 은행을 중심으로 한 금융그룹이 빠지지 않고 등장한다. 과거 은행대출이라는 간접금융을 중심으로 움직이던 금융 흐름은 자본시장의 급격한 팽창으로 GDP 규모를 넘어선 1000조 원 규모가 되었고 그 역할이 어느 때보다도 중요해졌다.

우리 국민은 어느새 자신의 평생을 금융 시스템의 그늘 아래서 살아가고 있다. 여전히 부동산자산 비중이 60퍼센트를 웃돌지만 주식, 펀드 등 금융자산 투자가 예금자산에 비해 빠르게 늘고 있다. 요람에서 무덤까지 각종 보험상품, 금융상품, 대출상품에 의존하면서 살아야 하는 구조가 되고 있고 세계적 금융 변동성에 전 국민이 불안해하는 시대가 되었다.

이는 우리 사회가 금융 문제에 대해 대안적 실마리를 풀고 신자유주의 금융 사슬에서 해방할 것을 실천하지 않으면 대안실현이 어렵다는 것을 의미한다. 또 금융 문제가 단지 금융 노동자들만의 문제가 아니라 전 국민의 핵심적인 이해관계로 변했다는 것을 의미한다.

이처럼 한국 사회는 노동자 사회, 도시화 사회, 금융 사회의 틀 속에서 각자의 생활을 만들어나가는 모습으로 전환됐다. 이것이 신자유주의가 우리 국민 생활에 준 변화다.

◆ 절대 다수 국민의 하향 양극화

현상적 측면에서 볼 때, 신자유주의가 우리 국민의 삶을 변화시킨 가장 중요한 지점은 양극화다. 물론 자본주의에서 빈익빈 부익부 현상은 일반적인 현상으로 알려졌다. 그러나 신자유주의 아래에서 이런 현상은 훨씬 복잡하다. 우선 지난 10여 년간 양극화는 거의 모든 방면에서 발생한다. 노동자 사이에도, 대학 사이에도, 농민 내부에서도, 자영업인 내부에서도 기업 사이에서도 곳곳에서 양극화 현상이 발견된다.

그런데 여기서 중요하면서 간단한 사실은 이들 양극화가 모두 같은 종류의 양극화가 아니라는 사실이다. 이것들 중에는 명백히 '적대적 대립'의 성격을 가진 양극화가 있는 반면 '비적대적 대립'의 성격을 갖는 양극화도 있다. 이를 구분하지 않으면 우리 국민 내부 구성원의 갈등과 대립을 과장할 수 있고 진짜 본연의 양극화 대립 전선을 놓칠 수도 있다.

신자유주의 사회의 가장 중요한 적대적 모순은 극소수의 양극화 수혜세력과 압도적 다수인 피해세력 사이의 모순이다. 양극화 수혜세력에게서 수혜분을 되찾아 피해세력에게 돌려주는 것을 전제한다는 뜻에서 이는 명백히 적대적인 성격을 가지고 있다. 이는 한국 사회의 양극화가 보다 정확히는 다수 국민들의 '하향 양극화'로 진행되었기 때문이다.

그러나 비적대적 모순도 적지 않다. 우선 양극화 수혜세력 사이에서도 일정한 비적대적 갈등관계가 발견된다. 국내 산업자본과 국내외 금융자본 사이에 금산분리나 경영권 방어를 둘러싸고 갈등관계가 존재하고 있다. 정치적으로 보면 조갑제, 김용갑 류의 극단적 반공주의 세력과 뉴라이트나 이명박 등의 신자유주의적 신보수세력 사이의 갈등관계도 존재한다.

양극화 피해세력 내부에서의 비적대적 모순은 훨씬 다양하다. 당장 정규직 노동자와 비정규직 노동자 사이에 고용안정을 둘러싼 일정한 갈등이 존재한다. 우리사주 조합원으로서의 노동자와 임금 노동자로서의 자기갈등 관계도 있다. 대기업 노동자와 하청 중소기업 노동자 사이의 갈등도 적지 않다. 취업된 노동자와 실업청년 사이의 갈등관계도 있으며 고액 전문직 자영업인과 다수 영세자영업인 사이의 갈등관계도 있다. 도시와 농촌 사이의 갈등관계도 엄연히 존재한다. 중소기업인과 노동자는 동일한 양극화 피해자면서도 노동자와 자본가라는 본원적인 갈등이 내재한다. 첨단 벤처기업과 낙후 기업 사이의 갈등관계도 존재한다.

실상 신자유주의는 이처럼 국민 내부의 차이를 확대하고 갈등관계를 조성함으로서 국민을 끝없는 분열로 몰고 가는 토대 위에서만 존립할 수 있는 체제다. 한마디로 신자유주의 체제는 그 피해계층의 내부 분열의 복잡성을 중요한 특징으로 갖는다.

구체적으로 보면, 내부 분열이 계급구조를 따라 단선적 형태로 표현되지 않는다. 과거에는 '빈민-노동자/농민-소자산가-중소기업인-재벌'이라는 단선적 구조의 분열과 대립구조가 존재했다. 그러나 지금은 각 계급 내부의 분열 양상도 매우 복잡하며 층위구조도 단선적이지 않다. 소자산가보다 생활수준이 높은 노동자도 많이 존재한다. 빈민도 실업자는 물론, 노동자 속에도 자영업자 속에도 다양한 유형으로 분산되어 존재한다.

또 신자유주의는 적어도 형식적으로는 시장과 자본에 대한 국가 개입을 배제하고 법치주의와 개혁정부 시스템을 도입함으로써 '형식적 민주주의' 체제를 선호하고 있다. 그러나 극단적인 소수 구성원이 '승자 독식'하면서도 '형식적 민주주의' 체제를 유지할 수 있는 유일한 길은 절대 다수 구성원 내부에서 갈등관계를 조장하는 일밖에는 없다. 이것이 신자유주의가 민주주의 탈을 쓰고도 작동이 가능한 핵심 이유다.

따라서 '적대적 대립' 관계를 한국 사회 진보의 핵심 전선으로 설정하고, 나머지는 '연대'를 위한 조정과제로 여겨야 하는데 그렇지 않은 경향이 진보에서도 적지 않게 나타났다. 즉 신자유주의자들의 분열

구도에 말려들어가면서 주요 전선이 약화되고 때때로 부차적 갈등 구도가 전면화되면서 사회적 동력을 얻지 못하는 현상이 나타나고 있다. 이런 취지에서 본다면 사회운동의 핵심 가치 가운데 하나인 연대성Solidarity은 신자유주의 체제 아래 그 어느 때보다도 중요하다.

경제구조적으로 볼 때에도 5퍼센트의 재벌 대기업, 급부상한 금융기업, 그리고 민영화된 공기업만이 신자유주의 체제에서 이익을 향유하고 있고, 95퍼센트 이상의 중소기업과 중견기업, 농업, 서비스업이 피해를 보는 구조다. 여기에서 수출과 내수의 양극화, 대주주와 서민 사이의 금융이익의 양극화, 대기업과 중소기업의 고용 부담의 양극화 등 다양한 양극화가 집중적으로 표출된다.

즉 고용 기준 5퍼센트의 경제 부문이 금융주주 자본주의의 이익을 향유하면서 수출과 성장률의 대부분을 차지하지만, 나머지 95퍼센트 경제 부문과의 순환 고리가 끊어지고 이들은 고용과 자본, 금융과 기술의 수혜를 받지 못하는 단절된 경제 영역을 만들어냈다. 이른바 국민경제의 분단 현상이 발생하고 있는 것이다.

이러한 경제구조에 비추어 볼 때, 신자유주의를 반대하는 '반신자유주의 다수운동화 전략'은 적어도 물질적 토대에서 보면 절박하고도 가능하다. 그러나 신자유주의 이후 10여 년간 대중운동은 내부 분열과 갈등의 소지를 극복하지 못하고 '소수의 개별적, 고립적 운동' 수준에 머물렀다. 특히 "양극화의 최대 수혜자를 고립시키는 다수화 전략을 펴기보다는 양극화의 최대 피해자를 지원하는 소수화 전략"을 짜온 점도 지적되어야 한다. 실업자, 근로빈곤층, 비정규직, 여성과 이주 노동자 등 양극화의 최대 피해자에게 주의를 돌리는 것은 당연하지만, 기본 전략은 최대 수혜자에 대항하는 다수화 전략에 기초를 두어야 한다.

따라서 신자유주의 아래에서의 계급 분석은 반신자유주의에 이해관계를 가지고 있는 다수의 다양한 계급계층이 어떻게 신자유주의로 피해를 보고 있는지를 정확히 잡아내고 진정한 '다수운동 전략'을 펴기 위한 물질적 기초를 밝히는 것이다.

◆ 도시와 농촌에서의 주체 형성

1990년대를 거치며 농촌의 분해를 통한 도시화는 거의 완성단계에 이르렀다. 현재 남아 있는 농촌의 농민은 이미 고령화 되어 도시화가 불가능한 세대다. 이처럼 인구의 90퍼센트가 넘게 도시화가 진행된 현실은 지난날 농업과 농민이 상당수를 차지하던 시대와는 다른 유형의 운동 역량 편성을 요구한다.

우선, 도시화의 완성은 운동의 주요 무대가 도시를 중심으로 진행됨을 의미한다. 사실 20세기에 진행된 많은 제3세계의 사회변혁운동은 농촌형이 다수였다. 즉 공업화가 지연된 농촌 경제를 근거지로 삼고 농민을 주력으로 하여 도시를 포위하는 전략이 일반적이었다.

이러한 시기에는 도시의 노동자와 농촌의 농민 사이의 연대 형성이 매우 중대한 과제이자 주요 동력이었다. 이처럼 노동자와 농민이 대안실현 주체의 중심으로 나서는 구조가 한국 사회에서도 1980년대까지는 기본이었다. 그러나 지금은 도시가 중심이 되는 사회운동에서 농민이 주도적으로 영향력을 행사하는 것은 점점 어려워지고 있다.

도시형 사회운동이 성공을 거둔 대표적인 나라로 이란과 베네수엘라를 들 수 있다. 이들 나라의 공통점은 대중의 폭발적인 참여가 도시에서 일시에 전개되었다는 점이다. 즉 도시 구성원들 절대 다수의 지지 아래 집중된 공간에서 도시민들이 대규모로 참여하여 사회운동이 정치권력화하는 과정을 겪은 것이다. 우리 사회에서의 1987년 6월 항쟁도 유사한 초기적 형태라 할 수 있다.

그러나 도시를 중심으로 운동 역량이 형성된다는 것은 시민운동을 중심으로 주체를 형성한다는 것과는 거리가 멀다. 일각에서는 한국 사회에서 전통적인 노동자나 농민, 학생, 자영업인, 중소기업인과 같은 계급계층의 주체화는 더 이상 불가능할 것이라는 의견도 내놓는다. 이들은 그러한 인식 아래 다수자운동을 포기하고 환경이나 생태, 소비자, 시청자, 여성, 소수자 등 몇 가지 유형의 시민적 범주를 중심으로 하여 다양한 소수운동을 활성화해야 한다는 논리를 제시한다.

분명 환경이나 생태, 소수자운동 등 시민운동으로 국민의 사회적 참여 폭이 넓어지고 다양해지는 것은 진보적 삶을 바라는 국민들의 바람직한 지향이다. 그러나 이것이 전통적인 계급계층적 요구와 지향을 해결하기 위한 운동의 약화나 축소를 정당화시켜주지 못한다. 신자유주의 양극화는 시민적 권리의 침해 이전에 각 계급계층의 생존을 훨씬 더 높은 강도로 위협하고 있기 때문이다. 1990년대 부흥하던 시민운동이 신자유주의가 가속화된 2000년대 들어오면서 그 기세가 꺾이고 있는 상황은 신자유주의가 국민의 생존 자체를 더욱 어렵게 만들고 있는 현실을 반증한다. 결국 노동자 사회와 도시 사회로 전환되었다는 것은 더욱 강력하고 현대적인 계급운동의 지평이 넓어졌다고 해석해야 옳다.

도시를 중심으로 대안실현 주체를 형성하기 위해서는 도시 내부의 계급계층 사이에 반신자유주의의 상설적인 연대구조를 형성하는 것이 중요할 것이다. 신자유주의 대안을 모색하는 노동자와 학생, 노동자와 자영업인, 그리고 학생과 자영업인의 연대가 다각적이면서도 상설적으로 실현되어야 한다. 특히 도시에서의 노동자와 학생 사이의 연대는 과거 노동자와 농민 사이의 연대를 대체하는 새로운 축이 될 것이다.

물론 정치적인 선도운동을 담당한 과거식의 학생운동이 약화됐고 자영업인의 대안운동은 아직 제대로 태동된 것도 아니어서 도시에서의 반신자유주의 연대는 이제 시작단계에 불과하다. 어려운 여건에 비추어 볼 때, 먼저 낮은 수준에서 노동자와 학생의 연대 형성이 선결과제로 될 것이다.

또 대도시를 벗어나 지역으로 초점을 이동시키면 여전히 지역 차원에서의 도시와 농촌 사이의 연대성이 다양하게 존재하며 지역 노동자를 중심으로 한 도시민과 농민의 연대성이 복원될 수 있다.

과거에는 노동자가 질적으로 높은 선진성을 가지고 있었지만 양적으로는 소수였다. 그런데 조금 다른 각도에서 보면, 현재 농민은 양적으로는 소수가 되었지만 질적인 측면에서 볼 때 매우 중요한 역할을 담당하고 있다. 양적으로 환산할 수 없는 가치를 창출하고 있는 농업의 담당자라는 측면과 함께, 지역 차원에서 신자유주의 극복에 가장 첨예한 이해관계를 가지고 있다는 점이 그러하다. 따라서 지역 차원에서는 도시와 농촌을 결합시키고 도시 노동자와 학생, 자영업인과 함께 농민이 연대하여 신자유주의를 극복하기 위한 지역 거점을 형성하는 것이 주요 과제로 부상한다.

도시에서의 새로운 연대구조 형성과 지역에서의 도시민과 농민의 연대구조 형성이라는 두 개의 큰 축을 중심으로 하여 대안실현의 주체 형성을 고려할 필요가 있다.

소수 전략에서 다수화 전략으로

대안실현 주체에 대한 적극적인 사고가 결핍된 이면에는 은연 중에 한국 사회의 대안실현 주체의 폭이 과거처럼 넓지 못할 것이라는 가정이 깔려 있다. 이러한 가정은 현재의 대안운동이 소수의 운동으로 진행되고 있는 것을 불가피하게 보고 이것을 현실로 수용하는 태도로 나타난다.

우선, 진보정당에 대한 현재의 10퍼센트 가량의 지지 기반을 불가피한 것으로 받아들이는 경향이 존재한다. 합법적인 정당 영역에서 진보정당이 출현하고 그 공식적인 지지 기반을 10퍼센트 수준으로 확장한 것은 분명 한국전쟁 이후 처음 있는 일이고 의미가 적지 않다. 그러나 10퍼센트가 진화적으로 20퍼센트, 30퍼센트가 되고 집권에까지 이르는 것은 아니다. 즉 일관되게 진보를 표방하면서 국민적 지지와 동의를 구해나간다고 대중적 기반이 넓어질 것을 기대할 수는 없다. 지금도 우리 국민들은 양극화로 더욱 하향 분해되고 있고, 사회경제구조는 더욱 악화되고 있지만 이것이 곧 진보정당의 기반 확대로 이어지지 않는 현실이 이를 입증한다.

더욱이 소수 정당이나 소수 정치단체의 선도적 투쟁이 지속된다고 해서 다수가 쉽게 지지하고 공감하는 방식으로 대안운동이 전개될 가능성은 과거보다 더욱 줄어들고 있다. 우리 사회는 점점 더 복잡하게 변하고 있고 대안적 해결과제 역시 단선적인 형식을 벗어나 다수의 실질적인 참여가 없이는 해결이 불가능할 만큼 다양하고 복잡한 양상을 띠기 때문이다.

또 우리나라가 한편에서는 미국으로부터 신자유주의 압박으로 피해를 입고 있지만 동시에 이를 동남아시아로 전가시키고 있는, 경제 규모 세계 13위의 OECD 국가 일원으로 이른바 '아류 제국주의' 형태를 보이기 때문에 다수가 참여하는 신자유주의 극복운동이 불가능한 것처럼 간주하는 시각도 있다.

여기에는 중산층이 대자본의 강력한 물적 기반을 통해 이미 '개량화'되었다는 판단이 작용하고 있다. 이러한 시각에 따른다면 결과적으로 우리 사회의 가장 소외된 일부 소수세력에 의존하여 아주 장기적인 관점에서 사회변화를 추구해야 한다는 판단이 나올 법하다. 그러나 이 역시 지극히 일면적이고 추상적으로 우리 사회를 보기 때문에 나타나는 경향이다.

앞서 지적한 것처럼, 지금 한국 사회에서 지적되는 양극화 현상은 50대 50으로 사회계층이 양분되는 구조가 아니다. 한국 사회는 주주 자본주의 종주국에서 나타나는 20대 80의 양극화를 넘어선 10대 90 나아가 5대 95로 양극화된 사회다. 국민 구성원의 90퍼센트 이상이 신자유주의 양극화로 현실 생활에 어려움을 느끼고 있고, 미래의 삶

이 불투명한 것이 명백한데도 사회 구성원의 3분 1 정도만이 진보적
이라고 가정하는 것은 어떤 현실적인 근거도 없다.[7]

이렇게 볼 때, 진보와 보수를 막론하고 공통으로 사용하고 있는
'진보―중도―보수'라는 3분할 구도는 신자유주의 시대의 현실을
정확히 반영한 구분법도 아니고 진보에게 유리한 분할구조도 아닌
것이 명백하다. 외환위기 이후 수구세력이 자신의 외형적 변신과 생
존 전략을 택하기 위해 스스로 뉴라이트라고 부르며 진보를 공략했
던 입장에서 볼 때, 3분할 구도는 오히려 그들에게 유리한 구도다.
이는 반신자유주의 운동과 통일운동을 이념적으로 분열시키고자 했
던 그들의 의도와도 부합하고 있으며, 스스로를 한국 사회에서 적어
도 3분의 1의 지분을 갖는 주요 세력의 하나로 부상시키는 이데올로
기적 효과를 얻고 있다.

또 신자유주의에 편승하려는 일부 정치인들이 자신의 정치적 입
지를 '중도 개혁'이라는 애매한 지점에 위치 지으려 할 때에도 '진
보―중도―보수'라는 구도가 유리하다. 신자유주의 아래에서는 절
대 다수의 양극화 피해자 대 극소수의 양극화 수혜자 이외에 현실의
물질적 근거를 갖는 세력이 존재할 수 없지만 일부 정치인들의 이념
적 중도 노선은 이를 은폐하고 있다.

이처럼 3분할 구도는 수구의 생존전략으로는 훌륭하고 중도를 표
방한 정치인이나 지식인들에게도 그럴싸하겠지만, 결코 다수 국민
들에게 도움이 되는 것이 아니다. 그런데도 한국의 사회세력 간 대
립 구도를 설정할 때에 쉽게 '진보―중도―보수'를 나누는 것은 자
칫 대안실현 주체를 국민의 3분의 1에 불과한 소수운동으로 좁히는

결과를 낳을 수도 있다.

그렇다면 지난 20여 년 동안 다수화 전략의 대명사로 고려되어온 민주 대 수구의 대립은 여전히 유효한가? 물론 그렇지 않다. 우선 지금의 수구는 원시적인 반공주의 수구, 군사독재 정권 식의 전근대적 수구의 틀을 상당 부분 탈각해가고 있다. 뉴라이트라고 부르든, 공동체 자유주의라고 부르든, 이들은 스스로 신자유주의적인 보수세력으로 자신들을 변화시키고 있는 중이다.

과거의 민주세력은 여전히 역사의 진보적인 역할을 담당하고 있나? 이 역시 그렇지 않다. 과거 독재정권에 저항했던 정치인들 가운데 적지 않은 사람은 '개혁'이라는 이름 아래 이미 미국식 자본주의의 충실한 지지자, 집행자로 변해가고 있다. 이는 역대 가장 개혁적이라고 하는 참여정부가 스스로 앞장서서 한미 FTA를 추진하는 것을 볼 때에도 이론의 여지가 없다. 이 점에서 과거 민주 대 수구의 대립 구도 역시 이제 더 이상 의미를 갖지 못함을 알 수 있다. 87년 체제는 이미 붕괴되었다.

결국 소수의 운동이 지금까지 지속되어왔던 것은 사회의 객관적 현실이 그렇기 때문이 아니다. 1990년대 이후 변화된 한국 사회의 현실에 대해 전통적인 사회운동이 제대로 대응하지 못했기 때문이다. 전통적 사회운동은 최근까지 성장과 승리보다는 생존 자체가 더 절박했다. 이렇게 볼 때 현재의 소수운동을 인정하고 수용하려는 자세는 패배주의적 사고를 그 바탕으로 한다고 볼 수 있다.

결론적으로 추상적인 '진보-중도-보수'의 분할 구도를 뛰어넘고, 민주 대 독재라는 유효성을 상실한 과거식의 다수화 전략도 극복한 새로운 형식의 다수화 전략, 반신자유주의를 공통 목표로 한 새로운 다수화 전략을 구상하는 것이 대안실현 주체 형성에서 결정적인 과제로 될 것이다.

◆ 다수화를 위한 국민적 의제의 형성

또 신자유주의를 극복하기 위한 '다수의' 대안실현 주체 형성에서 중요한 과제는 반신자유주의 의제를 개별 계급계층의 의제가 아니라 '국민적 의제'로 만드는 것이다. 그동안 각계에서 신자유주의를 벗어나려 했던 활동이 없었던 것은 아니다.

젊은 여승무원들과 할인점 계산대 직원들의 비정규직 철폐운동은 반신자유주의 운동의 대표적 사례다. 젊은 청년학생들이 매학기 '등록금 인상 반대'를 내걸고 험난한 운동을 한 것도 명백히 대학을 잠식한 신자유주의 흐름을 꺾기 위한 운동이었다. 투기자본에 잠식된 은행의 노동자들이 투기자본 규제를 요구하며 노동운동을 한 것도, 심지어 자영업인들이 수익성만 좇는 카드사들에 맞서 수수료 인하운동을 한 것 역시 신자유주의 폐해를 극복해보려고 한 운동의 일환이었다. 그러나 이들 활동 대부분 각자 자기 집단의 이익을 위한 운동으로 오도되어온 것이 사실이다.

신자유주의가 이식되어온 지난 10여 년간 신자유주의 극복을 위한 국민적 이해관계가 일치한 운동은 한미 FTA 반대운동이 거의 유일하다고 할 수 있다. 그만큼 이 운동은 뜻 깊은 운동이었다. 그러나 이는 참여정부가 우리 국민에게 외부 충격을 던진 데 대해 대항하는 과정에서 생긴 것이지 우리 국민이 스스로 대안적 의제를 만들어내는 가운데 창출한 운동은 아니다.

이제는 다수 국민의 이해관계의 공통성을 찾아 국민적 의제로 신자유주의에 맞서야 한다. 그 좋은 사례가 농업에서의 '국민농업 대안'이다.[8] 국민농업 대안은 농업 문제를 300만 농민의 문제가 아니라 전 국민이 이해관계를 함께 가져야 할 국민적 문제로 전환시켰다는 점에서 매우 중요한 의의가 있는 대안 제시 방법이다.

다수화 전략에서 우선 '고용 문제'를 국민적 의제로 전환시켜 내는 것이 시급하다. 주주자본주의 한국에서 고용 문제는 노동부의 노동정책 문제도 아니고, 노동자만의 문제도 아니다.[9] 이미 앞에서 살펴본 것처럼 고용 문제는 노동시장에 진입해 있는 정규직, 비정규직 문제나 대기업, 중소기업 노동자 문제를 넘어선다.

고용은 청년실업으로 어려움을 겪고 있는 300만 대학생의 문제고, 점포 유지 불안에 시달리고 있는 자영업인의 문제며, 명예퇴직과 조기퇴직으로 노후 대비가 세워져 있지 않은 고령자 문제기도 하다. 여성의 경제 활동 참여율이 갈수록 높아지고 있는 지금 여성 문제의 핵심에도 고용 문제가 자리한다. 고용안정과 고용조건의 다양한 차이에도 불구하고 고용 문제가 전 국민적 의제로 되어야 하고 신자유주의를 극복하기 위한 핵심 의제가 되어야 하는 이유다. "고용을 국민의 최대 문제로, 최고의 복지를 고용으로, 반신자유주의의 시금석을 고용안정으로" 집중할 필요가 있다.

또 금융 공공성 회복과 진정으로 국민 생활을 위하는 국민금융 시스템 역시 절대 다수 국민의 이익을 위한 국민 의제다. 경제의 절대적 비중을 차지하는 재벌 기업군을 실질적으로 국민기업으로 전환시키는 것 역시 다수 국민이 공통으로 이해관계를 가지고 있는 국민적 의제다.

마지막으로 과거 20년간 우리 국민의 가장 큰 국민적 의제였던 '민주화' 요구는 경제 민주화가 결합된 새로운 민주주의로 발전시켜나가야만 진정으로 기존 수구세력과 맞서고 신자유주의를 극복하기 위한 국민 의제로 거듭날 것이다.

17대 대통령 선거에서 과거 민주화 세력들이 수구세력에 맞서 자신의 지향과 가치를 국민에게 전혀 인정받지 못한 것은 국민이 여론에 오도되었기 때문이 아니다. 신자유주의로 변화된 상황에서 국민이 원하는 민주주의의 실제 내용을 재정립하지 못하고 과거 식의 민주화를 반복했기 때문이다. 반신자유주의 민주화로 새로이 정립된 민주화의 국민적 의제 설정이 필요하다.

맺는글 새로운 사회를 향한 동력 형성을 위하여

4

각 운동주체 역할의 재구성

지금까지 '신자유주의 이식에 따른 새로운 과제의 제기' '도시에서의 새로운 주체 형성 구조와 농촌과 도시의 연대 형성 가능성' '소수화 전략을 넘어선 다수화 전략 필요성' '다수화 전략을 위한 반신자유주의 국민적 의제 설정 필요성'을 짚어보았다.

그렇다면 앞에서 살펴본 대안실현 주체의 생활적 처지와 조건에 비추어볼 때 대안실현 주체들은 전체 틀 속에서 각각 어떤 역할을 부여받고 있으며 어떤 연대관계를 설정해야 옳은가?

결론부터 말하자면 노동자는 반신자유주의 국민적 의제의 선도자이자 주도자로서, 농민은 국민농업 부흥을 위한 농촌의 핵심 역량으로서, 학생은 학교 내부에서부터 신자유주의를 극복할 주요 역량으로서, 그리고 자영업인은 도시 지역에서의 새로운 주체 형성의 주요 담당자로서 자신의 역할을 재정립해야 한다고 볼 수 있다.

◆ 국민적 의제의 주도세력인 노동자

신자유주의 양극화로 피해를 입는 절대 다수 국민을 대변하여 '국민적 의제'를 주도할 수 있는 세력은 대학생도 아니고, 농민도 아니며, 더욱이 각종의 NGO 운동이 아님은 말할 것도 없다.

노동자는 양적으로 규모가 팽창하여 경제활동 인구 가운데 65퍼센트를 차지할 뿐 아니라 질적으로도 변화를 거듭했다. 이미 대다수 노동자들은 농민을 부모로 가진 1세대 노동자들이 아니다. 2세대, 3세대 노동자들이 다수가 되는 사회로 변하고 있으며 자식 교육으로 신분 상승이 보장되지 않는 계급의 대물림은 더욱 강화되고 있다. 또 노동자들은 더 이상 못 배운 단순 육체 노동자들이 아니다. 한국의 노동자들은 세계 최고 수준의 고등교육을 받은 고급 노동자들이며 지식기반 경제의 이행에 따라 빠르게 지식 노동자의 대열이 확대되고 있다.

노동자는 우선 내부 고용 형태의 차이를 넘어 '총노동'의 공통 요구로 단합하는 것이 급선무다. 노동자 내부가 분열된다는 것은 대안 실현 주체의 절반 이상이 분열된다는 것을 뜻하기 때문이다. 이 과정에서 대기업 정규직 노동자들의 선도적 역할은 필수다. 조직된 대기업 정규직 노동자들이 주주자본주의의 장벽을 돌파해야만 비정규직 노동자들과 중소영세기업 노동자들이 어려운 조건을 이기고 전체 노동자들과 단합할 여지를 만들 수 있기 때문이다.

또 노동자들은 다른 계급계층과 연대하여 주주자본주의를 넘어서는 대안 시스템을 적극적으로 제시하고 그 실현을 위해 정치적 운동의 선두에 서야 한다. 과거처럼 대학생들이 국민적 이해를 대변하여 정치적 운동을 하는 시대는 지났다. 거꾸로 노동자가 학생들의 어려운 경제적 처지와 생활상의 문제를 지원함으로써 대학생들이 신자유주의를 극복하는 길에 함께 하도록 도와주어야 한다. 지금은 '학생들의 민중지원 활동'이 아니라 노동자들의 '학생지원 활동'이 절실한 때다.

또 노동자는 그 어느 때보다도 경제적 권익을 넘어선 진정한 정치적 대안실천 운동을 절실히 요구받고 있다. 노동자가 새로이 전개해야 할 정치운동은 6월 항쟁을 계승한 민주화 운동이 아니다. 그것은 7, 8, 9월 노동자 대투쟁에서 시작된 생존권 투쟁을 경제 민주화를 위한 새로운 수준의 민주화 투쟁으로 승화 발전시키는 것이며 주주 자본주의로 무너져가고 있는 경제 주권을 직장에서, 국민경제에서 지켜내는 운동이다. 질적으로 새로운 민주화 운동의 미래가 노동자에게 달려 있는 것이다.

◆ 국민농업을 부흥시킬 농민

지금 한국 사회는 공업이 농업을 희생시키고 있을 뿐 아니라 도시가 농업을 희생시키고 있다. 노동자와 농민의 유대는 도시와 농촌의 유대로 확대되어야 하고, 나아가 농업에 대해 전 국민이 이해관계를 갖도록 해야 한다. '국민농업' 대안은 바로 이런 취지를 반영하고 있다.

석유산업 의존이라는 특이성 때문에 베네수엘라 역시 일찍이 파괴적으로 도시화된 나라다. 혁명 과정을 밟고 있는 베네수엘라는 '농촌에서 도시로'가 아니라 '도시에서 농촌으로' 인구의 이주가 독려되고 있다. 미래에 한국 역시 도시인과 도시 청년의 농촌 이주를 장려하는 시기가 필연적으로 올 것이다. 문제는 그 이전에 농업의 회생 가능성이 원천적으로 파괴당해서는 안 된다는 것이다.

농민이 농촌과 농업 기반 붕괴에 대응하여 진정으로 국민농업을 부활시켜내려면 농업 문제를 전 국민적 문제로 만들어내는 국민농업 운동을 실천해야 하며 이를 위해 농민이 주도적으로 도시와 농촌의 적극적 연대를 만들어내야 한다.

농민이 농촌, 농산물과 관련된 도시민의 요구사항을 적극적으로 수렴하고, 도시는 자기 자신을 위해서라도 농업을 지키는 일에 나서야 한다. 농민은 신자유주의 아래에서 농업 보호의 당위를 역설하는 데서 그치지 말고 농업과 농촌, 농산물에 대한 도시민의 요구와 적극적으로 결합해야 한다. 친환경 농산물 요구, 안전한 학교급식 요구 등이 그 사례가 될 것이다.

국민농업은 국민의 절대 다수 구성원인 도시민에게 유일하게 안전한 먹을거리를 제공해줄 공급원이며 농촌이라는 국토의 절대 지역을 지켜낼 대안이다. 따라서 도시민에게 있어 농민은 더 이상 지원해주어야 할 동정의 대상이 아니라 도시민의 장기적 생존과 삶의 질 향상을 위해 함께 가야 할 동반자다.

과거에는 도시민의 부모가 농민 출신이라는 친화성을 가지고 유대를 형성했다면 향후에는 도시농업 실천과 같은 경험을 쌓는 과정에서 농업과 농민에 대한 친화성을 형성해야 한다. 도시민이 요구하는 안전한 먹을거리를 제공받기 위해서는 농촌의 오랜 문제인 토지 문제, 농협 문제, 그리고 신자유주의 개방농정 문제라고 하는 농업기반 문제에 공동대처해야 한다는 사실을 알아야 한다. 특히 지역 차원에서 농민은 농촌 지역과 인근의 도시, 인근의 산업과 대학을 함께 엮고 지방자치제를 민주화하여 새로운 지역 공동체를 모색하는 가운데 농촌과 농업을 살리고 농민의 활로를 모색할 필요가 있다.

◆ 학교 안에서부터 신자유주의를 극복해야 할 대학생

20년 전 6월 항쟁 때 거리에서 선두를 지켰던 100만 학도가 사라졌다고 해서 우리 사회의 대안실현을 위한 대학생들의 역할이 사라진 것은 아니다. 대학 역시 '대학의 세계화' '국제 경쟁력 확보'라는 구호 속에 신자유주의 영향권에 침윤되었고 외형상으로는 비영리 법인이지만 사실상 시장 경쟁에 준하는 경쟁 구도로 들어가고 있다.

신자유주의화되고 시장화된 대학 공간이 20년 전 대학 공간이 아닌 것처럼 지금의 300만 대학생은 더 이상 과거의 특권적 지위, 지식인적 특성을 독점적으로 가지고 있지 않다. 신자유주의는 학교 밖에만 있는 것이 아니라 학교 안에도 있으며, 홈에버 비정규직 노동자들만 신자유주의의 피해를 입고 있는 것이 아니라 대학의 학생들도 똑같은 피해를 입고 있다.

따라서 대안실현 주체로서 대학생들의 기본적이고 일차적인 과제는 학교 안에서 신자유주의 피해를 입고 있는 300만 대학생의 처지를 개선하는 운동에 나서는 것이다. 등록금과 취업의 족쇄를 벗어나 제대로 교육받고 떳떳하게 사회의 일원으로 직장생활을 할 수 있는 권리를 찾아야 한다. 이는 특정 시기에 특정 학교 울타리 안에서 싸워야 할 운동이 아니라 노동운동에 견주자면 치열한 경제투쟁으로 수년간 끈질기게 싸워야 하는 매우 어렵고 복잡한 과제다.

그러자면 대학생들의 반신자유주의 운동이 추상적 구호를 반복하는 것이 아니라 대학 안의 구체적인 문제들과 결부되어야 한다. 이런 조건에서 대학생들에게 신자유주의 극복은 신자유주의로 파괴되고 있는 '공교육 시스템 쟁취운동'과 예비 노동자로서의 '청년실업 극복운동'이 기본 축이 될 것이다.

또 대학생들은 '미국식 자본주의가 결코 우리의 미래가 될 수 없다'는 사실을 체계적으로 공부하고 한국 경제에서 발견되는 다양한 이슈들을 일관된 구조로 인식하고 이해하며 공유하는 것이 절대적으로 필요하다. 이것이 지금 필요한 반신자유주의 교육이다. '미군 철수'만 반복하여 강조한다고 대학생들에게 반미의 공감대가 만들어지는 것이 아니다. 통일운동 역시 우리가 추구해야 할 통일국가 모델이 무엇인지에 대해 다양한 연구와 토론이 대학 사회에서 만들어지고 젊은이들의 창조적 아이디어를 분출시켜낼 수 있도록 하는 것이 기본이 되어야 한다. 6.15 선언 행사를 이벤트 방식으로 하는 것에 그칠 수는 없다.

대학생들이 취업을 위해 많은 노력을 투입하는 취업 공부나 경제 공부도 개인적 생존과 활로를 모색하는 방식이어서는 대다수 학생들에게 도움이 될 수 없다. 신자유주의를 공동으로 벗어나기 위한 경제 연구와 대안경제 모색이 취업 공부만큼 절박한 이유다.

도시 지역 대안운동의 핵심 600만 도시 자영업인

한국은 식민지 시대 농촌을 근거지로 사회변혁을 추구하던 시기를 한참 지나왔다. 대안실현 주체의 중심 지역은 도시로 변화되었다. 도시지역 운동에서 매우 중요한 역할을 할 주체는 바로 600만 도시 자영업인이다. 300만 대학생과 300만 농민을 모두 합친 수에 해당하는 자영업인을 도외시하고서 도시에서 대안주체 형성을 꿈꾸는 것은 무의미하다.

지금의 자영업인은 더 이상 '중산층'의 상징도 우유부단한 '소자산계급'일 수도 없다. 절대 다수가 정규직 노동자보다도 못한 소득에 장시간 노동 생활을 하고 있고 사회보장이나 사회교육 시스템은 극히 열악하다.

그간 소박한 주민운동, 시민운동의 특성을 보였던 지역운동이 그 제한을 넘어 계급계층적 성격을 강하게 내포한 새로운 지역운동으로 거듭나기 위해서라도 자영업인의 역할이 가장 중요하다. 자영업인을 주축으로 하여 여성과 고령층을 포괄하는 반신자유주의 운동이 도시의 각 지역에서 일어날 때 우리 사회의 신자유주의 질주는 비로소 제동이 걸릴 것이다.

특히나 자영업인은 도시에서 노동자와 밀접한 유대관계를 가지고 고용안정 문제나 대안경제 시스템을 모색하는 과제를 함께 실천해야 한다. 지역 사회에서의 대안실현에서 자영업인은 대단히 중요한 몫을 담당해야 한다.

◆ 중소기업인은 신자유주의의 피해자

30만 중소기업인들은 20세기처럼 사회변화의 장애세력도 아니고 중간세력도 아니다. 현재 주주자본주의 확산으로 중소기업인들이 이익을 보고 있는 것은 없다. 중소기업은 납품단가 인하 압력으로 대기업으로부터 피해를 입고 있으며, 금융 세계화의 추세 속에서 자금 조달은 과거보다 더 어려워지고 있다. 이전보다 훨씬 더 많은 일터가 중소기업에서 만들어지고 있지만, 생산성과 이익률은 갈수록 낮아지고 있다. 중소기업인 역시 주주자본주의를 깨지 않고는 다른 살 길이 없다. 중소기업인들은 노동자와 적대관계에 있는 자본가로서가 아니라 주주자본주의를 극복하는 동일한 대안실현 주체로서 역할을 담당해야 한다.

특히 미래 대안 사회에서 혁신 중소기업의 창출은 국민경제의 활로를 여는 매우 중요한 역할을 하게 될 것이다. 그러나 단기 수익에 집착하는 대기업과 금융회사의 그늘 아래서 다수의 중소기업이 혁신형 기업으로 전환되기란 불가능에 가깝다.

중소기업인들은 주주자본주의 방식의 기업 모델, 경영 모델을 흉내 낼 것이 아니라 기업의 직원들과 공동의 이해관계를 가지고 이들의 노동 질과 능력을 높이는 방향에서, 그리고 직원을 참여시키는 과정에서 혁신형 기업으로 전환하는 것이 바람직할 것이다. 이 과정에서 중소기업인들은 고용된 노동자를 단지 피고용인으로서가 아니라 공동으로 국민경제를 창조하고 공동으로 창의적인 상품을 개발하는 기업의 공동 책임자로 수용해야 할 필요가 있다.

더욱이 중소기업인들이 남북경협에 매우 적극적으로 나서는 현상도 가벼이 여길 일이 아니다. 당장은 중소기업이 단지 비용절감 요인에 따라 남북경협을 선호하고 있지만, 경협 과정에서 남과 북의 현실을 이해하고 상호 도움이 되는 협력 방식을 공동으로 모색할 통일경제의 주요 주체로 부상하도록 해야 한다. 이처럼 주주자본주의를 극복하는 데에서도 통일경제를 실현하는 데에서도 중소기업의 역할은 매우 중요하다.

5

2008년, 분기점 그리고 새로운 출발

지난 10년 사이 우리 사회에 이식된 신자유주의는 글로벌 스탠더드도 아니고 영원불멸의 것도 아니다. 불과 30년 전만 해도 신자유주의는 세계적으로 소수에 불과한 의견이거나 제도였을 뿐이다. 또 2007년 집중적으로 드러나기 시작한 세계적 금융불안 현상에 비추어 볼 때, 그리고 신자유주의 종주국인 미국이 달러화 약세로 표현되는 경제력 약화를 볼 때도 신자유주의야말로 지속 가능한 시스템이 아닐 수 있다는 의심을 갖기에 충분하다. 지구 반대편의 남미에서는 더 이상 신자유주의가 대세도 아니고 대안도 아니다.

2007년 대선은 사실상 최초로 반신자유주의 대안실현 주체가 정치적 실체로 등장할 수 있는 정치 공간이었다. 2007년 대선은 역대 대선에서는 볼 수 없었던 경제 이슈를 전면에 부상시켰다. 이것은 말할 나위 없이 신자유주의 10년 동안의 사회 양극화 심화와 고용불안 가중에 대한 국민적 불만의 표출에 따른 것이다.

그러나 유감스럽게도 그것이 반신자유주의 요구로 집약된 것이 아니라 노무현정부에 대한 불신과 정권 교체 욕구로 굴절되었다. 말하자면 무능한 '좌파 신자유주의 정권' 대신에 '유능한 우파 신자유주의 정권'을 선택한 것이다. 이에 대한 책임은 명백히 '좌파 신자유주의'라고 스스로를 규정지은 참여정부에 있고 이로부터 절연하지 못한 여당인 대통합 민주신당에 있다.

그러나 진보 역시 자성해야 한다. 진보 역시 일견 과거 식의 '민주 대 반민주' 구도를 벗어나지 못했거나 국민의 삶과 구체적으로 연계된 반신자유주의 운동이 아닌 추상화된 반신자유주의 운동에 머물러 있기 때문이다.

그런 점에서 2008년은 비로소 제대로 된 반신자유주의 대안실현의 주체 형성을 새롭게 모색하고 이를 실천으로 옮기는 출발점으로 보인다. 절대 다수 국민이 원하는 대안을 향해 절대 다수 국민이 주체로 참여하는 대안실현 운동이 새로운 각도로 출발하는 해가 되기를 기대한다.

1   대안의 실현은 기본적으로 새로운 대안적 권력 수립이 분기점이 되어 현실화되기 시작한다. 따라서 대안실현의 모든 과제는 대안권력 창출로 집중되어야 한다. 그러나 여기서는 대안실현 주체 형성의 물질적 토대를 밝히는 데 초점을 두고 있는 만큼 주로 사회경제적 과제에 한정하여 살펴볼 것이다.

2   최근 삼성경제연구소에서 주주행동주의에 대해 우려하는 보고서를 내고 있는 것은 이를 반영하고 있다. (삼성경제연구소, 〈펀드 자본주의의 명과 암〉, 2006. 9. 20, 〈헤지펀드 행동주의 대두와 대응 과제〉, 2007. 4. 30)

3   2007년 8월과 11월, 미국 서브프라임 모기지 부실에서 시작된 금융 불안정성이 한국 주식시장을 요동치게 만들었던 사례가 대표적이다.

4   한국의 사회경제가 신자유주의로 전환된 후, 그 이전과 비교하여 한미관계가 어떠한 이해관계로 변동되었는지 검토하는 것은 매우 중요하다. 특히 한국에 대한 미국의 경제적 이해관계가 어떻게 변했는지를 분석하고, 이와 관련하여 전통적인 정치군사적 이해관계의 변화구조를 파악하는 것이 필요하다. 그러나 유감스럽게도 이런 방식의 분석 자료를 찾을 수는 없었다.

5   재벌총수 체제의 문제 해결을 요구하는 경제 민주화의 요구가 반드시 '소액주주운동'의 형식으로 되는 것은 아니다. 1990년대 중반부터 재벌문제 해결을 위한 경제 민주화의 요구가 이른바 '지배구조 개선' 문제와 연동되어 '소수 주주들이 주주총회를 통해 문제제기'하는 방식을 하나의 대안으로 하여 진행해온 경험이 있다. 그러나 소액주주운동은 경제 민주화의 성격보다는 주주자본주의 운동 방식 가운데 하나라는 것을 고려해야 한다는 지적이 있다.

6   그동안 학계와 일부 시민단체 사이에서 외국자본에 대한 국민경제의 보호, 즉 경제 자주화가 우선인가 재벌경제에 대한 경제 민주화가 우선인가를 놓고 대립하기도 했다. 그러나 현실에서는 외국 금융자본이 한국 경제의 명맥을 쥐고 있고, 재벌체제도 이 시스템에 편입하여 생존하고 있으며, 동시에 재벌총수 체제와 경제지배 체제 역시 온존하고 있다. 경제 자주화와 경제 민주화의 틀 속에서 각각의 건전한 문제의식을 결합시켜내는 것이 필요하다.

7   우리나라에 비하면 아류 제국주의는 고사하고 아예 제국주의 국가라고 불러야 할 프랑스의 경우를 살펴보자. 지난 2006년 3월 일어난 프랑스 학생과 노동자들의 최초고

용계약법 철폐운동은 과연 변혁적이고 진보적이지 않은 중산층 운동에 불과한가? 이 운동에 참여한 300만 프랑스 인들은 진보적이지 않은가? 답은 그렇지 않다는 것이다. 물론 확실한 것 가운데 하나는 한국의 사회변혁이 제3세계 저개발국의 양상보다는 상당히 고급하고 복잡한 경로를 겪게 될 것이라는 점이다.

8   국민농업 대안은 새로운 사회를 여는 연구원의 농업 모임이 연구하여 지난 2007년 6월에 발표한 농업대안이다. (박세길 외, 《우리농업, 희망의 대안》, 2007)

9   물론 중요한 사실 가운데 하나는 고용 문제가 노동자의 문제라 하더라도 노동자 사회로 변화된 지금 그것은 곧 65퍼센트 국민의 문제라는 사실을 잊어서는 안 된다는 것이다. 노동자의 문제는 곧 우리 국민의 3분의 2에 가까운, 사실상 국민의 문제일 수 있다는 것이다.

한국 사회의 진보적 미래를 책임질 혁신적 싱크탱크 〈새사연〉

새사연은 우리 사회의 대안 의제 수립을 목표로 2006년 2월 100여 명 운영위원의 깨끗한 뜻을 모아 설립한 민간 싱크탱크입니다. 새사연은 앞으로 5년간 '반신자유주의적 대안' 수립이라는 기조 아래 우리 사회의 근본적 전환을 위한 10대 의제를 설정하고 지속적인 연구와 함께 국민적 공감대를 형성하기 위한 사업을 해나갈 계획입니다.

새로운 진보의 전략, 새사연 10대 대안 의제에 담는다

새사연 10대 대안 의제

2008년 3대 대안 의제

1. 고용안정 의제 : 노동유연화 전략에 맞서는 고용 친화적, 노동 중심적 성장 전략
2. 금융 공공화 의제 : 신자유주의 금융 세계화의 실패를 넘어서는 대안적 금융 모델
3. 정치개혁 의제 : 대의제를 뛰어넘어 국민주권을 실질적으로 구현하는 민주주의 모색

4. 재벌기업 국민기업화 의제
5. 중소기업 부흥 및 산업 의제
6. 국민농업 의제
7. 교육개혁 의제
8. 부동산 의제
9. 보건, 사회복지 및 환경 의제
10. 통일, 동아시아 협력 의제